LE MESSIANISME JUIF
DANS LA PENSÉE
DU MAHARAL DE PRAGUE

Messianisme et Eschatologie, Encyclopédie de la Mystique Juive, Ed. Berg International, Paris, 1977 ; réédition : *Messianisme et Histoire Juive*, Ed. Berg International, Paris, 1994.

Le Croyant solitaire, R. J. D. Soloveichik, préface, traduction et notes, Editions de l'Agence Juive, Jérusalem, 1978.

L'Homme de la Halakha, R. J. D. Soloveichik, traduction, postface et notes, Editions de l'Agence Juive, Jérusalem, 1981.

Un Messie nommé Joseph (en collaboration avec Josy Eisenberg), Editions Albin Michel, Paris, 1983.

L'Âme de la Vie, R. Hayyim de Volozhyn (préface d'Emmanuel Lévinas), présentation, traduction et commentaire, Editions Verdier, Paris, 1986.

A paraître :

Le Flambeau de la Mitsva du Maharal de Prague, traduction, notes et commentaire.

Les Lumières du Retour, R. A. I. Kook, traduction, notes et commentaire.

Education et Humanisme juif.

BENJAMIN GROSS

LE MESSIANISME JUIF DANS LA PENSÉE DU MAHARAL DE PRAGUE

Albin Michel

« Présences du judaïsme »
Collection dirigée par Ménorah/F.S.J.U.
Conseiller éditorial : Janine Gdalia

Cet ouvrage a été publié en 1969 par le Centre de recherches et d'études hébraïques de l'Université de Strasbourg et la Librairie Klincksieck, Paris. Il est réédité grâce au concours de la Fondation pour la recherche et la diffusion de la philosophie du Judaïsme.

ISBN 2-226-06991-7
ISSN 0755-169-X

PRÉFACE À LA PREMIÈRE ÉDITION

Etant donné la rareté des études de fond traitant du messianisme et soulignant la spécificité de la position juive face aux options chrétiennes, rationalistes ou marxistes, la conception juive du messianisme est généralement ignorée du lecteur français. Les juifs eux-mêmes ont souvent quelques difficultés non seulement à se faire une idée précise de l'évolution de cette idée-force, qui a maintenu le courage de tant de générations en butte aux persécutions, mais aussi à donner un contenu concret et lucide à cette aspiration dont l'apport à la civilisation nous semble d'une importance capitale.

Nous trouvons-nous en face d'un rêve qui tient plus du mirage de l'utopie que d'une espérance raisonnablement fondée ? Quelle est la signification originelle de cette anticipation et s'agit-il vraiment d'un passage à la limite et d'une transfiguration de la condition humaine ? Une telle modification est-elle pensable ? Se réalisera-t-elle par l'irruption dans le temps de l'histoire d'un homme providentiel, où, quand, et pourquoi ?

Faut-il parler de Messie ou de messianisme — et dans quelle mesure l'aspiration juive a-t-elle été influencée, voire défigurée, au cours des discussions intervenues avec le christianisme ou à travers les tentatives de sécularisation de cette idée depuis la Révolution française et les mouvements du socialisme utopique du xix⁰ siècle ?

Pour un juif élevé dans l'esprit de la Tradition et habitué aux schèmes de la pensée occidentale, ces questions prennent, au lendemain d'Auschwitz et de la renaissance de l'Etat d'Israël, une tonalité particulièrement grave. A vue juive, certains s'interrogent sur le prix élevé — trop élevé ? — que dans sa patiente fidélité, le judaïsme paie pour assurer à l'humanité la redécouverte permanente d'une volonté de dépassement. Ils voient dans le messianisme une « vie en suspens », une attitude « anti-existentielle » qui ont détourné le peuple des tâches constructives du présent. Mais sur un plan plus général on perçoit, en Occident, la sourde angoisse d'une civilisation rongée par le sentiment de sa précarité. Dans sa marche vers la société affluente, elle ressent avec un désenchantement toujours plus évident cette « nostalgie de l'infini » qu'est l'ennui, et en vient à s'interroger sur le fondement même de son existence et de sa raison d'être.

Ainsi à tous les niveaux, dans un monde qui tente d'abolir les hiérarchies, nous rencontrons un besoin profond de « signification ». Nous sentions confusément que le messianisme juif qui avait assuré d'une manière tragique, il est vrai, mais avec un éclatant succès la pérennité d'Israël, pouvait nous être de quelque utilité dans notre quête de réponse au problème du malheur de la conscience moderne et de la particularité du destin juif.

Ces interrogations devaient trouver un écho particulièrement suggestif dans notre rencontre avec l'œuvre du Maharal. Ce Maître du siècle de la Renaissance nous a paru animé d'une inquiétude très proche de la nôtre — il projetait sur le sens de l'histoire juive une lumière qui conserve aujourd'hui encore, nous semble-t-il, tout son éclat. Dans son essai de définition des rapports d'Israël et des nations, il s'attache à retrouver le sens de la finalité de l'histoire, et s'efforce d'exprimer l'espérance messianique dans une conception formulée en termes d'une philosophie de l'histoire.

Notre travail s'inscrit dans le cadre des études entreprises ces dernières années sur l'œuvre du Maharal, et se limite à la description de la doctrine du messianisme, à l'élucidation de sa compréhension de l'Exil et de la Rédemption. Cependant en saisissant sa doctrine à travers l'analyse du destin historique du peuple juif, nous croyons nous être placé au centre de sa problématique, au point de départ qui a stimulé sa réflexion et donné naissance à son « système ». En reprenant le thème du messianisme à partir de ses origines bibliques jusqu'à la clôture du Moyen Age, et en essayant d'élucider la pensée du Maharal en fonction de cette approche préalable, nous espérons avoir réussi à décrire les lignes de force de l'évolution de l'idée messianique, et peut-être également à cerner les caractères permanents d'une espérance qui vise à l'édification d'une humanité authentique.

C'est dans le sein même de notre famille que nous avons trouvé un premier encouragement à entreprendre la rédaction de cette thèse. Dans notre recherche d'une meilleure approche de l'humain, c'est dans l'intimité familiale que nous avons découvert le sens réel de l'éthique, et par-là même le sens profond de l'espérance messianique. La Création n'est-elle pas le signe le plus tangible de l'amour de Dieu, et n'est-ce pas à travers autrui que se découvre le visage de l'Autre ? Cette leçon, puisée à même la vie et soutenue par la réflexion sur la pensée du Maharal, n'a cessé de s'imposer à notre esprit durant la rédaction de ces pages. Nous voudrions la transmettre à nos enfants, comme définissant le fond même de notre exigence et de notre espoir.

Cependant nos réflexions sur le messianisme seraient sans doute demeurées à l'état d'une méditation fragmentaire si, il y a quelques années, l'œuvre du Maharal n'avait été inscrite au programme des conférences de recherches de l'Institut d'Hébreu de la Faculté des Lettres et Sciences humaines de l'Université de Strasbourg.

C'est dire la dette de reconnaissance que nous avons contractée envers M. le professeur Neher, directeur de l'Institut, qui a bien voulu diriger nos efforts et nous guider de ses précieux conseils au cours de l'élaboration de ce travail.

Nous voudrions saisir cette occasion pour exprimer notre gratitude envers tous nos maîtres, ceux qui nous ont initié aux sciences du judaïsme, M. Speier, M. le Grand-Rabbin Deutsch, et ceux de l'Université de Strasbourg qui nous ont introduit dans le domaine de la culture philosophique. Qu'ils veuillent bien voir dans cette contribution un témoignage de la profonde reconnaissance que nous leur portons.

Strasbourg, janvier 1968.

PRÉFACE A LA SECONDE ÉDITION

Le « sionisme » du Maharal

Parue en 1969, notre étude sur la philosophie de l'Histoire de Rabbi Yehuda ben Bezalel Loeb de Prague se voulait essentiellement un travail de recherche en vue de mettre en relief le caractère systématique de la pensée du Maharal et de dégager les lignes principales de sa conception du messianisme. Nous avons par la suite élargi cette recherche par une réflexion sur l'émergence et l'évolution de l'idée messianique dans le judaïsme, depuis les origines jusqu'à l'époque contemporaine[1].

Cette démarche a renforcé en nous la conviction que l'analyse du Maharal marquait un changement important dans la compréhension de la signification de l'histoire juive en général et du phénomène de l'Exil en particulier. Sans rompre totalement avec la conception traditionnelle qui, préférant chercher la faute en soi-même plutôt que de l'attribuer à autrui, voyait dans la dispersion la sanction d'une culpabilité, le Maharal dépasse ce point de vue et inscrit l'Exil dans la structure métaphysique du réel[2]. Son analyse relève plus de l'ontologie que de la morale. Israël, dans sa dimension collective et à travers son existence singulière, est le porteur et le témoin du projet universel de la Création. Celle-ci instaure une dualité originelle fondamentale

---

1. « Messianisme et Eschatologie », *Encyclopédie de la Mystique Juive,* Ed. Berg International, Paris, 1977 ; pp. 1077-1291 ; réédition : *Messianisme et Histoire juive,* Ed. Berg International, Paris, 1994.
2. « La réponse considérant le péché comme la cause de l'Exil est insuffisante » (N.I., chap. 14). La situation d'Exil n'est qu'indirectement le résultat d'une conduite immorale. Il faut « rechercher la cause de la cause ».

qui frappe tout ce qui est d'une contingence radicale. La fragilité existentielle d'Israël n'est pas conséquente à une sanction qui le marquerait pour l'éternité du signe de Caïn, mais l'expression paradigmatique de la condition humaine dans sa réalité la plus authentique et la plus profonde. La différence ontologique d'Israël et des Nations, comme deux entités antinomiques et complémentaires, reproduit sur le plan de l'Histoire ce projet originel d'un monde imparfait qui aspire à son achèvement.

Peuple comparable à tous les autres dans l'ordre de la Nature, Israël, et lui seul, dispose d'une vocation surnaturelle : l'opposition d'Israël et des Nations, vivant en tension et se nourrissant de leurs contrastes, assure le mouvement de l'Histoire vers son accomplissement.

Cette thèse, fondée certes sur des thèmes bibliques et talmudiques, déplaçait l'intérêt porté durant la période médiévale de la cosmologie sur l'histoire et dans ce cadre conférait à l'existence juive une valeur métaphysique immuable. Rien n'altère dans le fond et d'une manière durable cette essence, qui tend imperturbablement à sa pleine actualisation. Le problème crucial était désormais celui de la définition du caractère de la nation juive, et de la Providence dont, en tant que telle, elle était l'objet. C'est dans ce but et pour ce motif que le peuple juif était à la fois inséré dans l'histoire universelle et mis à part pour un rôle unique. La brisure de l'origine, fait même de la Création, marquait la vie juive *à la fois* du signe de l'inachèvement et d'une invincible espérance de dépassement. Grâce à cette trace de l'Absolu dans l'Histoire que représente la présence insolite du peuple juif, la victoire de la Vie, malgré les tensions contradictoires qui l'animent, est assurée du triomphe final. A travers ces réflexions se profile l'idée que le messianisme pourrait bien être l'affirmation qu'entre le Bien et le Mal la lutte n'est pas égale et qu'en dernière analyse le Bien, jouissant d'une hauteur supérieure à toute essence, devrait finalement s'imposer. Le temps de la Rédemption, malgré son altérité radicale par rapport aux aléas du temps historique, pouvait être envisagé à partir de l'existence juive, parce que celle-ci se déroulait dans le sillage de l'Absolu, ouverte sur les exigences de la finalité de l'Histoire.

C'était dire que le messianisme n'était pas une idée théologique parmi d'autres, née au gré du hasard des événements, mais la source et le but de l'existence juive. Elle informait le vécu juif et demeurait sous-jacente à l'effort collectif de la nation, même lorsque un nombre important de ses membres ignorait ou se détournait de ses principes.

Parce que l'analyse originale du Maharal situe l'aspiration messianique dans la ligne du projet originel inscrit dans la structure même de la Création, et met de ce fait en relief non seulement l'espérance qu'elle suscite mais surtout la problématique qu'elle implique, nous avons choisi pour cette réédition le titre : *Le Messianisme juif dans la pensée du Maharal.* La pensée juive a certes élaboré au cours des siècles des visions différentes, voire contradictoires, du messianisme, et l'on ne saurait de toute évidence les réduire à la seule conception du Maharal. Cependant la tendance la plus caractéristique de son essai est de ramener le débat à ce qui me semble l'essentiel : le refus de l'absurde ou du vide, et l'insertion d'un sens dans le déroulement de l'Histoire. A travers les étapes d'une histoire ponctuée par des erreurs et par d'imprévisibles contingences, une ligne centrale et nécessaire s'affirme, marque de l'irruption de l'éternité dans le temps. Malgré les détours, une continuité se dessine qui, obéissant au projet initial, esquisse une voie vers le Retour, et confère un sens dynamique et orienté à l'aventure de l'Histoire. Le Maharal liait ainsi, dans un même dessein, l'Exil et la Rédemption, l'un étant le signe irrécusable de l'autre.

Ce sont ces thèmes que nous avions dégagés des textes parfois touffus de R. Loeb, et ils ont dans l'ensemble été reconnus comme constituant une analyse fidèle de la doctrine de la finalité de l'être selon l'auteur de *L'Eternité d'Israël.* Le messianisme comme refus des conditions immanentes de l'existence pour les ouvrir sur l'infini d'une transcendance, ne conduisait pas à la description naïve d'un au-delà de l'Histoire, mais à une eschatologie qui acceptait de vivre dans la permanente vigilance d'une responsabilité prête à s'investir.

Les études parues depuis la publication de notre travail, tout en précisant l'un ou l'autre détail, ne nous ont pas incité à réviser notre interprétation. Nous avons tenu compte de ces précisions, en étoffant certaines notes et en mettant à jour les données bibliographiques.

Nous voudrions cependant faire une mise au point sur un sujet qui a donné lieu à discussion et qui devrait nous permettre de mieux apprécier les intuitions de base des théories soutenues par le Maharal, et surtout des perspectives qu'elles ouvrent.

Elle porte sur ce que l'on a appelé le « sionisme du Maharal ». Dès 1944, en effet, Martin Buber, un des premiers à reconnaître la place éminente du Maharal comme penseur, décèle en lui un précurseur du sionisme moderne[3]. Cette thèse sera reprise avec certaines nuances en 1980 par André Neher, qui confirmera que l'œuvre du Maharal avait effectivement formulé les principes et établi les fondements du sionisme, en tant que mouvement prônant le retour historique du peuple sur sa Terre[4].

Nous avions, quant à nous, formulé dans notre travail, des réserves sur la tentative de Buber de classer le Maharal parmi les penseurs sionistes[5].

Notre première objection était d'ordre existentiel : contrairement à certains maîtres avant lui[6], et plus particulièrement

---

3. Martin Buber, *Ben ''Am leArtso,* (Le Peuple et sa Terre), en hébreu, Jérusalem, 1944 ; Trad. allemande : *Israël und Palästina ; Zur Geschichte einer Idee,* Zurich, 1950 ; Trad. anglaise : *Israël and Palestine, The History of an Idea,* Londres, 1952.
—, *On Zion. The History of an Idea,* New York, 1973.
4. André Neher, « Le Sionisme du Maharal de Prague d'après Martin Buber », *Revue internationale de philosophie,* 126, 1978, Fasc. 4. Voir également : Benjamin Gross, « André Neher et le Maharal de Prague » Hamoré 129, juin, 1990, pp. 24-30. Neher précise que « ce n'est pas de n'importe quel sionisme que le Maharal est un doctrinaire : il est l'annonciateur du sionisme de Buber » (p. 533). Il veut dire par là que le retour sur la Terre doit s'effectuer dans le but d'y accomplir la tâche messianique de l'homme, « celle de se cultiver soi-même, en cultivant la terre ». Malgré cette réserve, l'affirmation que le Maharal est un précurseur des théories du sionisme moderne est maintenue par l'auteur.
5. *Infra,* p. 170.
6. L'exemple de l'Alya de R. Yehuda Halévy, dont la doctrine concernant le peuple juif est par ailleurs très proche de celle du Maharal, est particulièrement éclairant sur ce point.

durant le XVIe siècle, le Maharal n'avait pas tenté de rejoindre la Terre sainte. Jamais il n'avait esquissé la moindre tentative dans ce sens.

Notre seconde remarque, idéologique celle-ci, portait sur le fond. Aucun des éléments à la base de la formation de l'identité nationale — territoire, unité, indépendance — n'était lié, dans la théorie du Maharal, à un contexte politique. La constitution de la nation autour d'un Etat ne lui semblait pas une condition nécessaire à son affirmation et à sa réalisation.

Neher ne conteste pas la validité de ces arguments, mais estime que sur ces points précisément le « sionisme » (très particulier) de Buber rejoignait celui du Maharal. « Sans la persécution nazie dans sa forme déjà aiguë, écrit-il, Buber serait probablement resté en Europe (...) comme le Maharal (...) sans que rien n'eût permis de mettre en doute la conviction profondément sioniste de sa pensée. (...) Quant à la notion d'Etat, Buber s'en méfiait et (...) il y a lieu de croire que ce défaut constituait un argument de plus en faveur d'une thèse décelant chez le Maharal une formulation classique du sionisme[7]. »

Certaines affirmations du Maharal sont en effet de nature à nous faire croire que nous nous trouvons en présence d'une pensée qui se propose de jeter les bases théoriques d'un mouvement de retour vers Sion. Son livre, *L'Eternité d'Israël,* s'ouvre sur une véritable proclamation d'une Charte des Nations qui établit entre autres, le principe du droit à l'indépendance et à la liberté de chacune d'entre elles, ainsi que son droit de vivre sur son territoire naturel. La Terre d'Israël est le lieu naturel du

---

7. Entre l'édition hébraïque parue en 1944 et l'édition anglaise publiée en 1952 et rédigée dès 1950, l'Etat d'Israël fut proclamé en mai 1948. Dans sa préface, Buber précise que ce fait ne l'avait pas incité à modifier son texte, « qui ne désirait pas élucider l'histoire d'une entreprise politique, mais celle d'une idée religieuse, ou plutôt l'histoire spirituelle d'une croyance. Dans quelle mesure l'entreprise politique et ses conséquences se montrera capable de la réaliser ne se révélera qu'au cours de plusieurs générations. Mais il convient de proclamer qu'aussi longtemps qu'une telle réalité spirituelle est vivante, l'histoire est comptable devant elle, plutôt qu'elle responsable devant l'histoire ».

peuple d'Israël : comme lui, elle comporte à l'intérieur même de sa conformation physique, une dimension et une vocation métaphysiques. A partir de ces prémisses, le Maharal conclut à l'anormalité de la situation de l'Exil, et quelle que soit sa durée, à son caractère nécessairement provisoire. Un retour à la normale, c'est-à-dire le retour du peuple juif, en tant que nation indépendante et souveraine, sur sa Terre, est inscrit dans ce qu'il appelle l' « ordre du monde », c'est-à-dire la finalité ultime de la Création.

Malgré ces principes — qui constituent indubitablement un des fondements du sionisme en tant que négation de l'Exil et tentative d'y mettre un terme —, force est de constater cependant que dans l'optique du Maharal la situation d'Exil est un mode d'existence particulier au peuple juif, qui découle de l'Election. A ce titre, elle est comme cette dernière un des éléments *nécessaires* de la structure du monde et de l'Histoire, et ne saurait, malgré les apparences, mettre en danger la pérennité du peuple juif. L'idée forte est que l'Exil reproduit au niveau de l'Histoire, la faille ontologique que constitue la Création ; il est un rappel constant de cette cassure originelle, non afin de la fixer, mais au contraire comme une provocation constante à un indispensable dépassement. De ce point de vue, l'Exil est un problème infini dont l'univers ne saurait se passer sans sombrer dans une léthargie spirituelle. L'existence juive se présente ainsi comme une question, un point d'interrogation implanté dans le monde, afin de lui rappeler son état de manque et d'inachèvement[8]. Ce serait — le Maharal le mentionne à de multiples reprises — la signification même du nom ISRAËL — « Tu as lutté avec Dieu et avec les hommes et tu as tenu » — un combat vécu et mené aux frontières de l'humain... et qui doit se poursuivre. Dieu, par une Guezéra, un serment solennel, s'applique à maintenir cette existence dans sa non-naturelle singularité, afin que le monde puisse passer vers le stade du « monde-à-venir ». L'Exil est ainsi paradoxalement à la fois un amoindrissement de

---

8. Cf. « Le juif ne pose pas seulement des questions : il est lui-même devenu question. » Ed. Jabès, *Du désert au livre,* Paris, 1980, p. 109.

l'intensité existentielle d'Israël et la condition de son maintien. Contrairement à la thèse sioniste de la négation de l'Exil, telle qu'elle s'est exprimée par exemple dans les écrits de Jacob Klatzkin, la situation exilique, bien que négative dans son essence, joue cependant, en attendant la Rédemption, un rôle positif. Un retour à Sion dans le cadre historique existant et sur initiative humaine, ne saurait en aucune manière constituer ni même amorcer une « solution finale » à ce problème d'ordre métaphysique et non historique. Dans ce sens, l'activisme politique qui caractérise le mouvement sioniste moderne ne me semble pas correspondre à l'intuition centrale de la thèse soutenue par le Maharal [9].

Il ressort nettement du commentaire qu'il consacre aux « Trois Serments » [10] que la situation de l'exil doit être maintenue jusqu'au moment ultime de la Rédemption. Israël lui-même doit s'abstenir de toute intervention pour contrer ce « décret », fut-ce par des moyens spirituels. Comment pourrait-il en être autrement puisque les conditions d'existence de ce monde sont, selon lui, aliénantes pour ce peuple voué à une vocation métaphysique ? « Ce monde-ci ne convient pas à Israël en tant que peuple saint ; c'est un univers essentiellement matériel, profane et privé de la sainteté divine ; il ne correspond pas à son essence : seul le monde-à-venir lui convient [11]. (...) Les coups et les épreuves qui atteignent Israël, non seulement ne l'anéantissent pas, mais au contraire le maintiennent [12]. »

9. On ne saurait cependant tirer de ces arguments — qui veulent surtout souligner le caractère « anormal » et pourtant « nécessaire » de l'Exil d'un point de vue divin — une quelconque conclusion d'ordre hilkhatique. Forçant exagérément la note pour des motifs idéologiques antisionistes, le R. Y. M. Teitelbaum *(Maamar Shalosh Shevouot)* a pourtant essayé d'interpréter le texte du Maharal dans ce sens. Voir la critique de ce point de vue M. Kasher, *Hatequfa hagedola* (La Grande Epoque), Jérusalem, 1968, p. 272 sq.

10. Voir *infra*, p. 211. N.I. chap. 24, 25 ; H.A. Ketubot 110b ; B.H. 7e Puits. L'interprétation du Maharal est d'autant plus significative qu'elle n'est nullement partagée par l'ensemble des commentateurs. Voir par exemple Maharsha et Rashi.

11. N.I. chap. 15. Voir également chap. 19.

12. Id. chap. 14.

Ces affirmations non équivoques montrent clairement la distance qui sépare le Maharal des thèses essentielles du sionisme.

Il est vrai et il faut le souligner avec force, que pour lui la vocation métaphysique du peuple juif est implantée dans une présence historique réelle et concrète. C'est bien du physique que le méta-physique se dégage et se déploie. Néanmoins les formules rapportées ci-dessus semblent indiquer que, au fur et à mesure que l'argumentation se développe dans son livre, cet aspect tend à s'effacer en faveur d'une spiritualisation, qui, elle, au contraire s'accentue dès que l'auteur se préoccupe des événements concrets et généralement dramatiques de l'histoire juive.

Faudrait-il donc conclure à une incohérence qui soutient simultanément l'anormalité provisoire de l'Exil et l'insolubilité du problème que symboliquement et concrètement il pose ?

Nous ne le pensons pas, et ceci pour deux motifs, l'un portant sur la structure de l'univers selon les théories du Maharal, et l'autre concernant le rôle d'Israël.

Pour lui, en effet, le monde créé n'est pas un monde statique. En plus des lois naturelles régies par le déterminisme, il porte en lui les éléments de développement nécessaires à une toujours plus grande spiritualisation du réel. A travers ce processus s'opère une transformation progressive de la matière, qui perd de son opacité et s'ouvre dans des conditions différentes et à un niveau plus élevé, à l'accueil de la forme. Un monde nouveau se dégage ainsi à travers les lois immanentes de la nature, qui actualise progressivement toutes les virtualités du réel, jusqu'à son achèvement. De ce fait, l'existence elle-même comporte une dimension eschatologique, et la Rédemption tout en se situant dans un au-delà de l'Histoire, n'est point totalement distincte du monde présent.

Sur le plan spécifique de l'existence juive, cela signifie que la condition provisoire et anormale d'Exil s'achemine forcément vers sa résorption, lorsque le monde sera parvenu à sa pleine maturité. Ce principe dialectique rend compte à la fois et du manque fondamental que constitue la situation exilique, et de son caractère non définitif : l'univers est un monde en devenir, qui va nécessairement vers son perfectionnement et son unité. Cependant, pour que ce processus soit effectif, il est indispensable qu'Israël soit maintenu dans sa situation spécifique, à l'écart de la vie des Nations. Dans ces conditions, tout activisme politique ayant pour but de ramener la situation à la « normale » paraît exclu. Ce qui n'empêche pas, nous semble-t-il, une activité portant sur la structure particulière du peuple, le renforcement de son unité et de sa dimension spirituelle, ainsi que des coutumes qui le maintiennent à distance de la société environnante. Sur ce plan, les mesures restrictives proposées par le Maharal dans la vie sociale et religieuse, de même que ses critiques et ses initiatives dans le domaine de la pédagogie, doivent être considérées comme des gestes rédemptionnels et constituent la seule intervention par laquelle l'homme peut contribuer à faire progresser le projet divin. Pour le Maharal, les conditions internes semblent plus déterminantes pour la survie de la nation que les circonstances extérieures qui ne modifient en rien sa véritable essence.

Si en conséquence on ne peut à notre avis classer le Maharal parmi les précurseurs du sionisme moderne, il faut cependant relever que sa théorie des Nations, sa mise en valeur de la dimension essentielle du collectif dans le judaïsme, sa méthode dialectique qui saisit le fait juif dans sa particularité et dans le cadre de sa signification universelle et cosmique ont sans nul doute influencé la pensée de Buber et surtout celle du Rav Kook, un des penseurs les plus éminents du sionisme religieux. Cette influence à elle seule n'aurait cependant pas été suffisante pour les amener à l'idée de la suppression de la condition de l'Exil par les moyens actifs d'une intervention humaine, qui constitue à notre sens un point central de la doctrine du sionisme politique.

En tout état de cause, cette discussion nous permet de mesurer à quel point la question de la définition du messianisme demeure dans la réalité juive moderne un des problèmes principaux pour la compréhension du mouvement historique du Retour, vécu comme la réalisation d'un espoir sur le mode du présent.

La contribution du Maharal à l'élucidation du contenu de cette espérance pour et par laquelle le judaïsme est né et qui confère à son histoire, aujourd'hui comme hier, une gravité métaphysique, demeure un apport indispensable pour saisir le rôle essentiel que la doctrine du messianisme joue comme problème permanent de l'existence juive.

Jérusalem, Pessah 5754 — avril 1994

A Miryam

et pour nos enfants
Joël, Michaël, Ariel, Tania, Emmanuel.

INTRODUCTION

למנות ימינו כן הודע ונביא לבב חכמה

‏(תהלים צ, יב)

Apprends-nous à compter nos jours, pour
que nous introduisions la sagesse en notre
cœur.

(Psaumes, XC, 12.)

S'il était possible de résumer l'histoire d'Israël dans un seul terme et de limiter son apport à une inspiration fondamentale, nous n'hésiterions pas à affirmer que la substance même de ce peuple est l'espérance. Espérance qui puise sa force dans le refus d'accepter, d'une façon définitive, la réalité du monde dans sa configuration actuelle, et la nécessité qui en découle de mériter son être par la recherche du salut. C'est sur cette trame, qui épouse les formes de la vocation du peuple juif en lui conservant son contenu universel, que s'est tissée l'idée du messianisme. Rien d'étonnant dès lors si, au cours des siècles, cette espérance en un changement radical a revêtu des formes diverses et variées, suivant les refus à opposer et les aliénations à dénoncer. Face à la violence et à l'injustice, en présence des empires qui fondaient leur pérennité sur la puissance de leurs armes, chaque fois que le faible triomphait du fort, le petit nombre du grand nombre, le droit légitime de la force brutale et bestiale, l'étincelle messianique illuminait le monde de la fatalité et faisait luire l'espoir de la transfiguration.

C'est Juda qui affirme son sens des responsabilités en face d'un Joseph irascible et triomphant[1], annonçant ainsi la vocation messianique de David, souverain temporel, roi puissant

---

1. La rencontre décisive entre Juda et Joseph, dont dépend le sort de Benjamin (*Genèse*, XLIV), est en elle-même riche de tout l'avenir du peuple. Elle préfigure non seulement le schisme, la figure des Messies fils de David et fils de Joseph, mais encore suggère déjà la vocation messianique de la tribu de Benjamin qui inspirera de nombreux midrashim (voir en particulier *Esther Rabba*). De plus, la Bible, en interrompant le récit de l'histoire de Joseph par l'épisode de Tamar (*Genèse*, XXXVIII), indique d'une manière subtile, mais non équivoque, les grandes lignes de la confrontation Juda-Joseph. A tra-

pour lequel l'exigence spirituelle restera cependant toujours l'impératif primordial. C'est Elie, le prophète mystique, le farouche zélateur, qui rejette toute duplicité[2] et s'engage tout entier en faveur du Dieu Un. C'est ce pèlerin de l'Absolu qui, selon le dernier des prophètes, Malachie[3], annoncera « le jour de l'Eternel, jour grand et redoutable ». Lorsque les armées de l'empereur assyrien, infiniment supérieures en nombre, cèdent devant Jérusalem et se retirent devant le minuscule royaume de Juda, le prophète Isaïe voit en Ezéchias le roi Messie, le roi idéal qui fera régner la Justice et la Paix, non seulement parmi les hommes mais encore dans la nature transfigurée[4]. Lorsque l'événement dément l'espoir, celui-ci loin de tarir, emprunte des voies nouvelles. C'est le peuple d'Israël tout entier qui est le Serviteur souffrant, honni des peuples et méconnu des hommes, mais choisi par Dieu pour porter le message de la Promesse à toute l'humanité. La ruine même du Sanctuaire, l'Exil de la nation, ne feront que renforcer la foi inébranlable en la venue du Rédempteur. Ezéchiel le voit comme un descendant de la dynastie de David, menant la lutte contre les forces du mal, Gog et Magog, et assurant la résurrection de la Maison d'Israël[5]. En Babylonie, l'espoir se meut en expectative. On scrute les fluctuations politiques et, dans l'impatience fiévreuse de la rédemption, tout événement devient signe et présage. Daniel examine les Livres pour déterminer le terme de l'Exil annoncé à Jérémie[6], et cette « recherche de la date de la Fin » inspirera, durant des siècles, tous ceux qu'une situation désespérante et humiliante poussera à trouver dans l'imagination et l'interprétation l'unique moyen de survie. Plus tard, entre le premier et le quatrième siècle, les Docteurs de la Mishnâh et

---

vers les événements les plus divers, elle nous apprend que se poursuit l'engendrement du Messie. Tamar, comme plus tard Ruth, triomphe de tous les obstacles pour participer au destin d'Israël. Par son union avec Juda, elle donnera naissance à Pérès, qui sera un ancêtre du roi David (*Ruth*, IV, 18-22).

2. Cf. *1 Rois*, XVIII, 21.
3. III, 23.
4. *Isaïe*, II, IX, XI.
5. *Ezéchiel*, chap. XXXVII, XXXVIII.
6. *Daniel*, chap. IX ; *Jérémie*, XXV, 11-14.

du Talmud projetteront leurs commentaires sur ces données bibliques.

Bien que quantitativement fort réduits [7], ces textes formeront la base de la conception messianique du judaïsme. Comme tous les textes du Talmud, ils présentent des avis souvent contradictoires. Cette ambiguïté, destinée à souligner la relativité dans la recherche humaine de la vérité et à stimuler le sens de la responsabilité de l'homme face à des options nécessaires et toujours à reprendre, ne sera pas uniformément saisie dans sa polyvalence par tous les chercheurs. Suivant les époques et les besoins du moment, les penseurs religieux, selon le sort heureux ou pénible de la communauté dont ils avaient la charge ou au milieu de laquelle ils vivaient, commentèrent telle ou telle partie de ces textes. Les divers aspects du thème messianique — Roi idéal, peuple martyr, qualités surhumaines du Rédempteur, catastrophes précédant l'avènement final, transfiguration de la société et de la nature, rétablissement de la souveraineté d'Israël sur sa terre, calcul de la date de la fin, monde à venir et jours du Messie, différence entre le monde actuel et les temps de la rédemption — donnèrent lieu à de multiples spéculations nourries parfois d'une imagination débordante. Toutes ces analyses ne sont que des variantes venues enrichir et approfondir le thème initial de l'attrait messianique dont l'exigence fondamentale nous semble résider dans une novation nécessaire des conditions d'existence de l'humanité, afin de mener ce monde jusqu'à sa plénitude.

Si pour nous il est relativement aisé de dégager un dénominateur commun dans l'ensemble si divers des écrits messianiques, il est évident que cette démarche était impossible aux auteurs de l'époque, pour lesquels il s'agissait généralement — nous le verrons — non seulement d'un problème théologique théorique mais d'un drame intensément vécu. De plus, le Talmud, dans son souci de retenir de l'événement, non son aspect contingent et son sens concret mais sa signification au niveau de la pensée, n'hésite pas à pulvériser la chronologie de l'histoire et à identi-

---

7. *T.B.*, Sanhedrin, 93 sq.

fier des faits et des noms fort distincts dans le temps, pour peu qu'ils lui semblent représenter un même type de réaction et de conduite morales [8]. Si l'ensemble des Docteurs de la Loi s'accordait sur la valeur absolue à attribuer aux parties juridiques du Talmud, la Halâkâh, il n'en était pas de même quant aux parties narratives, la Aggâdâh, que certains n'hésitaient pas à qualifier de « légendes », ne devant pas forcément être prises à la lettre [9]. D'où des difficultés pour dégager avec netteté, sur le plan même de la pensée juive, une ligne directrice parmi toutes les divergences d'opinion, concernant les prédictions messianiques et eschatologiques.

Il est probable, croyons-nous, que la tradition juive, de par son propre mouvement, ne se serait jamais attachée à coordonner en une seule doctrine cohérente les données éparses des multiples affirmations concernant l'avenir messianique. Sans doute n'était-il pas indispensable de donner une figure concrète au Messie, à la description de ses qualités surnaturelles ou aux formes de son règne. Il suffisait de s'exprimer sur ce point avec prudence et retenue, en restant dans les généralités et en permettant à l'imagination, parfois exaltée il est vrai, des penseurs, de se donner libre cours. Il suffisait à la tradition et même à la sensibilité du peuple d'aspirer à un dépassement des conditions actuelles d'existence du peuple juif et de l'humanité, pour rester

---

8. Citons à titre d'exemple :

a) Sanhedrin, 98 b : Le roi David de l'histoire et celui des Temps futurs. « Rabbi Yehûdâh dit au nom de Rav : Le Saint, béni soit-Il, leur désigne dans l'avenir un autre David, comme il est dit : « Ils serviront l'Eternel leur Dieu et David leur roi que je susciterai pour eux » (*Jérémie*, XXX, 9). Il n'est pas dit : « que j'ai suscité, mais que je susciterai. » Il s'agirait donc, pour rabbi Yehûdâh, d'un nouveau roi qui portera le nom de David. Pour Rav Pâppâ au contraire, c'est bien l'ancien roi qui reprendra sa place à la tête du peuple. « Rav Pâppâ dit à Abbayé : Il est pourtant écrit : « Et David, mon serviteur, sera leur prince pour toujours ! » (*Ezéchiel*, XXXVII, 25.) Et le texte conclut : « Il s'agit du roi et de son second. » L'ancien roi David sera le second du nouveau roi David considéré comme le personnage principal.

b) Voir *infra*, p. 206-207 (ainsi que la note 15, p. 207), le texte de *T.B.*, Makôt, 24 a, concernant la prophétie du prophète Urie.

9. Voir *infra*, p. 40.

fidèle à une vocation, profondément ressentie dès l'origine et depuis inébranlablement maintenue, de donner, malgré tout, un sens à l'histoire. Ce sont des événements et des doctrines extérieures qui ont forcé les penseurs juifs médiévaux à reprendre les sources bibliques et talmudiques du messianisme, à les systématiser, à les coordonner et à leur conférer ainsi parfois une place centrale et de premier plan.

La tendance générale de cet effort de synthèse nous semble être l'intégration des préoccupations messianiques dans le cadre général des théories philosophiques des auteurs. Lorsque les foyers de Palestine, puis de Babylonie se désagrègent, et que disparaît toute autorité centrale, l'évidence de l'exil et de la dispersion ne cesse de s'imposer avec plus de force. Nous assistons à une prise de conscience progressive de cette situation et à une formulation d'une théologie de l'histoire qui en tienne compte. L'essai le plus réussi et le plus complet dans ce sens est, sans conteste, l'analyse du Maharal [10] dans l'*Eternité d'Israël*, ouvrage auquel nous consacrons le présent travail. Afin de mesurer à sa

---

10. Yehûdâh ben Bezalel Liwa (ou Loeb), plus connu dans le judaïsme sous le sigle M.A.H.A.R.A.L. (Morénû Ha Raw Liwa — notre Maître, le rabbin Liwa), est né à Posen, en Pologne, probablement en 1512, cadet d'une famille de quatre enfants. Nous possédons peu de sources précises sur l'histoire de sa famille et de sa vie, mais il est probable que ses parents, originaires de Worms, avaient fui, comme de nombreux juifs, l'Europe occidentale pour s'établir dans l'Est, vers la fin du xve siècle.

Après avoir poursuivi des études rabbiniques dans sa ville natale et après son mariage en 1544 (il aura six filles et un fils, qui sera par la suite rabbin à Cologne), il occupe de 1553 à 1573 le poste de chef spirituel de la province de Moravie, avec siège à Nickolsbourg. Attiré sans doute par la vie intellectuelle intense qui règne à Prague, le Maharal quitte sa province pour fonder, dans la capitale de la Bohême, une Yeshibâh, connue sous le nom de « Klauss », où il enseignera, en dehors de toute fonction officielle, durant onze ans. En 1584, à la mort du grand-rabbin Isaac Melling, il pose sa candidature, pour la première fois, comme chef spirituel de la grande communauté ; mais écarté, sans doute au profit d'un candidat plus conformiste, il retourne à Nickolsbourg. Une seconde fois, en 1592, il postule le poste de grand-rabbin de Prague, mais de nouveau refusé, il accepte la responsabilité de la communauté de Posen jusqu'en 1598. Ce n'est qu'à cette date qu'il sera élu chef spirituel de la grande communauté

véritable valeur la synthèse exhaustive tentée par le Maharal
et d'en saisir toute l'originalité, il nous semble indispensable de
rappeler, dans ses grandes lignes, les tentatives qui ont précédé
et préparé celle de rabbi Liwa, avec l'espoir de pouvoir dégager
ensuite la direction générale et les motifs de l'évolution de la

---

de Prague, à laquelle son nom restera désormais éternellement lié.
C'est dans cette ville qu'il s'éteint, après une assez longue maladie,
le 18 Elloul, 22 août 1609, et c'est dans le cimetière juif des bords
de la Moldava que l'on peut encore, de nos jours, reconnaître sa
tombe.

Depuis le début du XVI⁰ siècle, sous les règnes successifs de Sigismond I⁰ʳ (1506-1548) et de son frère Sigismond II Auguste (1548-
1572), pendant une période qui fut sans doute une des plus brillantes
de l'histoire polonaise, les juifs jouissaient d'une assez grande tolé-
rance en Pologne. Durant ce siècle, si cruellement déchiré par les
luttes religieuses, la Pologne fut le seul pays tolérant, et les juifs,
pour leur part, devaient bénéficier également de l'esprit généreux de
ses souverains.

Quant à la Bohême, qui avait toujours vécu dans la sphère d'influence allemande, elle tombe en 1526 sous la domination des
Habsbourg. Les juifs y étaient établis depuis le X⁰ siècle ; à Prague
en particulier, on comptait en 1500 près de trois mille juifs. D'une
manière générale, la vie des juifs dans le Saint-Empire est assez précaire : souvent menacés d'expulsion, ils fuient d'un Etat vers un
autre plus accueillant, profitant de la subdivision de l'Empire en une
multitude de communautés nationales assez indépendantes et généralement peu unies.

La Bohême fut dans l'ensemble une terre tolérante pour les juifs.
Cependant ceux-ci vivaient à l'écart des chrétiens et étaient soumis à
des mesures souvent vexatoires et à des outrages plus ou moins régu-
liers. A Prague, le Judenstadt, quartier réservé aux juifs, connaissait
une vie intense à l'intérieur de la grande cité, à laquelle Rodolphe II
essaie de rendre un regain de splendeur. A l'intérieur du Judenstadt,
les juifs, qui jouissaient d'une grande autonomie interne, étaient surtout des petits artisans, des commerçants et des usuriers. Certains
parvinrent à édifier de grandes fortunes, comme le financier Mordehaï
Meisel, qui devait se révéler un généreux mécène et soutenir également le Maharal.

En raison des relations très rares entre le ghetto et le monde extérieur, on comprend que la légende se soit emparée du fait que le
Maharal était un familier de Tycho Brahé et qu'il ait eu un entre-
tien en 1592 avec l'empereur Rodolphe II. De fait, les juifs étaient
soumis au port d'un vêtement particulier et de la rouelle, et les
archives municipales mentionnent encore, en 1531, le chapeau spécial
dont ils devaient se coiffer.

Dans cet univers refermé sur lui-même, la personnalité du Maharal

pensée juive, dans un domaine qui joua, et qui continue à jouer, un rôle vital dans l'idéologie du judaïsme.

Nous devons la première présentation systématique du messianisme à Saadia Gaon (882-942), le chef de la grande Académie de Bagdad. Rédigeant le premier système de philosophie juive, il ne manque pas d'y inclure le sujet du messianisme [11]. Son exposé, fondé sur les prophéties bibliques et les commentaires talmudiques, semble argumenté sur trois grands principes, qui serviront de base à presque toutes les études ultérieures. Tout d'abord la certitude de l'avènement : elle s'appuie sur les éléments de la tradition, mais également sur le raisonnement logique. L'Exil est un châtiment, qui ne peut se prolonger indéfiniment ; il suffit donc de conserver la foi en un retour qui ne saurait faire de doute. Mais les prophéties ne se sont-elles pas réalisées ? L'attente n'est-elle pas vaine ? Certains Karaïtes, d'esprit très rationaliste, affirmaient volontiers que les prophéties bibliques s'étaient accomplies lors de l'époque du Second Temple. Ils rejoignaient ainsi dans leur conclusion l'argumentation chrétienne, selon laquelle les juifs s'obstinaient inutilement, Jésus ayant entièrement réalisé les prédictions des prophètes. C'est surtout pour riposter à ces controverses que Saadia s'attache à prouver en quinze arguments, versets bibliques à l'appui,

---

apparaît comme celle d'un Maître assez hautain, dont la vaste et solide science inspire le respect, mais dont les altières exigences spirituelles dépassent le commun et inquiètent *.

* Sources : *Gesellschaft für Geschichte der Juden in der Cechoslovakischen Republik,* Prague, 1935 ; Wachstein (Bernhard), *Zu biographie Löw ben Bezalels in Festschrift zu Simon Dubnows 70 Geburstag,* Londres, 1930, p. 172-179 (étude critique des sources précisant l'activité du Maharal de 1573 à 1592) ; Gold (H.), *Die Juden und die Judengemeinden Mährens ;* Pereles (Meyer), *Megillat Yûhâsîn,* Londres, 1902 ; Gottesdiener (A.), *Haari shebahakmé Prag,* Jérusalem, 1938 ; Blau (Bruno), « Nationality among Czechoslovak Jewry », *Historica Judaica,* Vol. X, 1948 ; Kisch (Guido), « Linguistic Conditions among Czechoslovak Jewry », *Historica Judaica,* Vol. X, 1948 ; Kisch (Guido), « Linguistic Conditions among Czechoslovak Jewry », *Historica Judaica,* Vol. VIII, 1946, et *The Jews of Czechoslovakia,* vol. 1, Philadelphie, 1968 ; Ganz (David), *Tsemah David,* Prague, 1592, réimpr. Jérusalem, 1983 ; Evans (R. W. J.), *Rudolf II ana His World,* Oxford, 1573.

11. *Emûnôt Vedeôt,* chap. VIII.

invoquant l'histoire et faisant appel à son expérience personnelle, que la période du Second Temple ne correspond en rien
aux espoirs messianiques et ne remplit aucune des conditions
de la fin.

C'est en vue de réfuter ces thèses, qui alimentaient les discussions et jetaient le trouble dans les esprits, que Saadia sentit
la nécessité de clarifier la position juive et de l'exposer avec
netteté. Les juifs pouvaient hâter la venue du Messie par leur
repentir, mais le rédempteur viendrait inéluctablement à la date
fixée. A vrai dire, c'est à la recherche de cette date, à travers
les exégèses de la Bible et principalement du livre de Daniel,
qu'est consacrée la majeure partie de sa démonstration. Même
si cette recherche, comme le veut Maïmonide [12], répondait au
besoin de rassurer la masse inquiète et désorientée du peuple,
elle traduit sans aucun doute l'espoir d'une réalisation prochaine, elle est le signe d'une impatience qui jouera un rôle
capital, non seulement dans le comportement populaire, mais
également dans la pensée, sinon des philosophes, du moins des
dirigeants religieux. Désormais le cadre est tracé : du Xe au
XVe siècle, ces idées de base revêtiront des expressions nouvelles, afin de les rendre plus compréhensibles et parfois plus
adéquates aux événements du moment, mais les positions fondamentales varieront peu. En particulier, les spéculations apocalyptiques concernant la date de la fin, s'étendront à l'occasion
de grands conflits ou des souffrances spécifiques au peuple juif.
Elles susciteront également des réactions inverses, mais force
est de constater que celles-ci resteront isolées et en marge du
grand courant qui, à travers tout le Moyen Age, n'a cessé d'agiter
les communautés juives dans tous les pays de la Dispersion.

La situation particulièrement dramatique des communautés du

---

12. « Nous voudrions excuser rabbi Saadia en soulignant que, tout
en sachant que cela était défendu, il a été amené [à supputer la date
de la fin] par le fait du scepticisme et de l'égarement de ses contemporains... Son effort pour unir les masses par l'annonce des pronos-
tics du calcul de la fin n'avait d'autre but que de renforcer leur attachement à la vérité. Il n'agissait que pour la gloire de Dieu et il n'y
a pas lieu de l'accuser à cause de l'erreur de sa computation. »
(Maïmonide, « Igéret Temân » — Epître au Yemen.)

Rhin durant les croisades, devait animer avec vigueur les spéculations messianiques. La destruction et le massacre de nombreuses communautés, l'ampleur, l'animosité et la pression des
exigences chrétiennes de conversion, réduisaient le peuple au
désespoir. Le doute s'installait parfois et minait la force de résistance de ceux qui étaient soumis à de constantes tribulations,
à des vexations incessantes. Tandis qu'en France et en Allemagne les juifs sont menacés, en Palestine, sous les coups
convergents des conquérants Turcs et Chrétiens, disparaissent
les derniers vestiges de la présence juive, en Espagne ils sont
la proie tantôt des Chrétiens, tantôt des Mahométans. Une telle
situation exigeait une reformulation des anciennes prédictions,
car toutes les dates étaient épuisées, toutes les fins présumées,
dépassées, et le rédempteur n'était pas en vue. Déjà Abraham
bar Ḥiyya, en Espagne [13], voyait se réaliser les prophéties de
Daniel : l'emplacement sacré du Temple était profané par les
Croisés et les juifs chassés de Terre Sainte, le processus de la
délivrance était engagé. Il concernait surtout les juifs, pour lesquels la Création avait été entreprise et dont le déroulement
préfigurait d'ailleurs les périodes de l'histoire. Celle-ci, après
avoir passé par l'apogée de la Révélation du Sinaï, s'achemine
vers sa fin. Bar Ḥiyya mettra toutes ses connaissances mathéma-
tiques et astrologiques, toutes ses investigations exégétiques au
service de la recherche de la date de la rédemption. Nous
croyons cependant pouvoir discerner chez lui le besoin de s'é-
lever au-dessus des événements contingents de l'histoire et de
dégager une idée directrice qui permettrait de mieux les saisir,
mieux les comprendre pour, sans doute, mieux les supporter. Cet
essai timide et confus, qui ne réussit pas à écarter la supersti-
tion, ni à s'élever à un niveau de réflexion philosophique, témoigne néanmoins de l'aspiration des juifs de l'époque de parvenir
à une représentation plus organisée de la finalité de leur destin.
L'écart entre le principe maintenu et hautement affirmé — surtout face aux allégations chrétiennes — de l'élection du peuple
et de la pérennité de l'Alliance et la réalité de la dégradation
continue de la situation politique et sociale posait un problème

---

13. Voir *infra*, p. 288.

de théodicée. Le prolongement de l'exil et la dispersion du peuple à travers de nombreuses nations, incitait à traduire ce problème en terme d'histoire.

C'est le grand mérite de Yehûdâh Halévy (1080-1141) d'avoir, le premier, esquissé cette théologie de l'histoire, dans son célèbre ouvrage le *Kûzari*[14]. Après avoir insisté sur le fait que le judaïsme était une religion historique, fondée sur l'événement de la Sortie d'Egypte et de la Révélation, Yehûdâh Halévy montre que le divin, pour être accessible, doit se donner une expression. Israël, à la suite d'Adam dont il conserve le sens de la prophétie, répond à cette intention. Au moment où il peut constater la disparition des peuples antiques de la scène de l'histoire, l'auteur du *Kûzari* ne manque pas de souligner que la présence physique d'Israël, dont la survie par contraste revêt une valeur révélatrice, correspond à cette vocation. A travers Israël, c'est la présence de Dieu qui se manifeste ; d'où l'importance privilégiée de son histoire, qui est le centre de toute l'Histoire. La faiblesse d'Israël s'explique alors par le témoignage qu'il doit fournir d'être le porteur de la révélation : elle constitue une protestation en même temps qu'un appel. D'ailleurs, le christianisme et l'islamisme, religions issues du judaïsme et qui marquent un progrès par rapport au paganisme dans la voie de l'adoption du monothéisme biblique, prouvent la nécessité de répandre la semence juive à travers les nations. Cette position, si elle tempère l'excitation des tenants de l'apocalypse et des calculateurs, n'exclut nullement la nostalgie du retour. S'il faut accepter l'exil[15], il ne faut cependant pas s'y complaire. Depuis que les exilés refusaient de chanter le chant de Sion sur la terre étrangère[16], nul n'a trouvé des accents aussi poignants que ce poète-philosophe, pour crier son amour brûlant pour les pierres et son affection angoissée pour la poussière de Jérusalem, qu'il rejoindra et où, semble-t-il, il mourra. On le voit, ici le messianisme quitte les allées populaires de la prédiction pour s'insérer dans une vision générale, non seule-

14. Voir *infra*, p. 120 sq.
15. Voir *infra*, p. 202.
16. *Psaumes*, CXXXVII.

ment de l'histoire juive, mais même de l'humanité. Cette philosophie, qui marque une étape importante dans la prise de conscience du judaïsme par lui-même, inspirera désormais de nombreux engagements ultérieurs, et en particulier celui du Maharal.

C'est avec soin que Maïmonide (1135-1204) veillera à soustraire sa foi en la venue du rédempteur de toute fantaisie eschatologique [17]. Intransigeant sur le principe dont il fait remonter l'origine à la prophétie de Moïse [18], et qu'il inclut parmi les articles de Foi, il se refuse à lui donner un contenu précis et une élaboration détaillée. Il lie cependant la période messianique à une résurrection nationale et à une période de paix universelle, qui doit permettre au peuple juif de s'adonner à sa tâche sacerdotale et à l'étude de la Loi. « Toutes ces questions, écrira-t-il en parlant des conditions de l'avènement, et celles qui s'y rattachent, nul ne sait comment elles se présenteront avant qu'elles ne se réalisent en fait. Elles sont exposées d'une façon ésotérique par les prophètes, et les Sages n'ont aucune tradition à leur sujet, autre que l'exégèse de certains versets de l'Écriture. C'est pourquoi des divergences existent à ce propos [19]. » Si Maïmonide conseille en conséquence de s'abstenir de trop approfondir la question, de ne point scruter les Écritures en vue du calcul de la fin, « mais de croire dans le principe général de Sa venue », il est évident que la masse du peuple, surtout en période de crise et de tension, ne pourra pas épouser cette sagesse. Maïmonide lui-même, dans le désir de calmer la fièvre messianique des habitants du Yémen qui lui demandent conseil, ne résistera pas à la nécessité d'annoncer la venue prochaine du rédempteur, d'après une date dont le secret lui viendrait d'une tradition familiale [20].

Au cours du XIIIe et XIVe siècle, devant l'intensité de la lutte du christianisme face au judaïsme, la position prônée par Maïmonide ne pourra pas se maintenir. Le « problème juif » s'impose aux nations avec une vigueur accrue : les juifs consti-

---

17. Voir *infra*, p. 312.
18. *Mishné Tôrâh*, Hilkôt Melakim, XI, 1.
19. *Id.*, XII, 2.
20. Voir *infra*, p. 289.

tuent un corps étranger inassimilable. Il suffit de rappeler que la société se trouvait alors sous l'influence totale de l'atmosphère religieuse, pour comprendre que le refus des juifs d'adopter la religion dominante exaspérait les chrétiens. Aussi la contrainte s'impose-t-elle chaque jour avec plus d'intolérance. Quelques dates permettent de saisir la pression exercée durant cette période, avec une violence sans réserve, à travers presque tous les pays d'accueil : 1242 : premier autodafé du Talmud ; 1290 : expulsion des juifs d'Angleterre ; 1306 : expulsion des juifs de France ; 1336 : troubles en Allemagne et, vers le milieu du xive siècle, la Peste Noire, et les accusations qui s'en suivent envers les juifs entraînent le désastre pour de nombreuses communautés disloquées et obligées de fuir vers l'est de l'Europe. La conversion seule pouvait les sauver et l'expulsion devient un moyen de contrainte pour arriver à ce but. Les disputations poursuivaient un résultat identique : elles devaient imposer l'exégèse chrétienne des textes bibliques et talmudiques. Menées souvent par des renégats du judaïsme, elles tendaient à prouver, par des textes acceptés par la synagogue, que le Messie était venu et que les juifs devaient renoncer à leur vaine et stérile attente. En 1263, par exemple, Moïse ben Naḥman (1195-1270), défend devant le roi d'Aragon, et avec succès, la thèse juive, en réfutant point par point les arguments d'un juif converti [21]. Il consacrera à son tour un ouvrage entier au problème du messianisme, tendant à établir une nouvelle date d'après l'exégèse du livre de Daniel [22], afin d'assurer le peuple de maintenir intacte sa foi dans la rédemption à venir.

Ce rapide survol nous permet de constater, ainsi que Maïmonide l'affirme explicitement, un certain désarroi dans l'attitude juive. Désarroi quant aux dates avancées : autant d'auteurs, autant de prédictions, toutes infirmées d'ailleurs. Désarroi également quant à l'argumentation : comment expliquer les thèmes bibliques du messianisme, à quelle époque les rapporter, contenu de la transfiguration attendue. A toutes ces questions,

---

21. Cf. Eisenstein, *Ozar Wikûḥim*, New York, 1928, p. 86 sq.
22. Voir *infra*, p. 290.

nullement académiques et de la solution desquelles dépendait parfois la vie même des communautés, les responsables juifs donnaient bien des réponses, mais ces réponses étaient trop variées et trop divergentes pour s'imposer et donner aux masses une confiance suffisante dans l'avenir de leurs destinées juives. On ne peut s'empêcher de relever une certaine gêne dans les exposés des auteurs juifs : elle provient, croyons-nous, du fait que la doctrine intrinsèque du messianisme juif n'exigeait nullement une formulation plus précise, mais les événements tragiques de la vie juive de la dispersion, les attaques et les pressions des religions dominantes et surtout la polémique avec le christianisme, forçaient les reponsables à prendre position sur des questions que la doctrine du judaïsme préférait laisser dans le vague, car leur importance leur semblait secondaire par rapport à l'accomplissement immédiat des devoirs de justice et de moralité. Des philosophes juifs reprochent à Maïmonide d'avoir inclu la croyance en la venue du Messie parmi les principes essentiels de la foi ; il s'agirait selon eux d'un concepte d'une moindre portée [23]. Cependant les divergences que nous avons soulignées, s'ajoutant au sort toujours plus précaire des communautés, créeront un sentiment d'incertitude et de trouble contre lequel il fallait absolument réagir.

A la fin du Moyen Age, à l'aube de la Renaissance, comme si l'histoire passée voulait se ramasser en un suprême effort pour conserver tout l'acquis de haine et d'opposition au peuple juif avant de permettre l'éclosion d'une période nouvelle, les persécutions se déchaînent avec plus d'agressivité. L'expulsion des juifs d'Espagne, en 1492, puis du Portugal, et les migrations qui s'ensuivent, bouleversent d'une manière radicale la situation des communautés juives. Plus que jamais auparavant, le sentiment d'être les parias de la société s'empare des juifs ; placés devant le choix du baptême ou de l'exil, ils ne trouvent de repos ni dans l'une ni dans l'autre de ces terribles options. L'Inquisition traque impitoyablement les juifs ayant accepté la conversion, mais qu'elle accuse de « judaïser », tandis que ceux qui se sont

---

23. Cf. Crescas (Hasdaï), *'Or 'Adonaï*, III, 8; *Albo* (Joseph), *"Iqârîm*, I, 23 et IV, 42.

décidés à fuir tombent dans les mains des pillards, prêts à les rançonner.

Avec la ruine de la société juive, les principes eux-mêmes sont remis en question. « Voici leur sagesse évanouie, leurs subtiles analyses oubliées, l'étude, la Loi, les commentaires perdus, car la main de Dieu les a frappés [24] ! » On imagine sans peine l'angoissante crise de conscience de ces hommes, traqués non seulement dans leurs biens et dans leur existence physique, mais également dans leurs plus intimes convictions [25].

C'est Isaac Abarbanel (143. 1508), homme politique, exégète et philosophe, ayant lui-même connu un exil à titre individuel du Portugal, en 1481, et ayant participé à l'exil collectif d'Espagne en 1492, qui prendra sur lui la tâche « de révéler aux enfants de Juda le jour de la rédemption ; d'annoncer à pleine voix que le salut est proche, qu'Israël n'est point abandonné, que l'arrivée du Messie est imminente et ne saurait plus tarder ». Rassemblant les thèses de la philosophie religieuse du Moyen Age et les réinterprétant à la lumière des événements, Abarbanel, habitué à donner à sa pensée une expression politique et historique, s'attachera à présenter un système cohérent de la pensée messianique du judaïsme. Sa tentative coïncidant avec l'événement considérable que fut l'expulsion d'Espagne et précédant immédiatement celle du Maharal, peut être considérée, à la fin du Moyen Age, comme l'expression la plus exhaustive des aspirations messianiques du judaïsme à cette époque. Par l'influence qu'elle a pu exercer sur rabbi Liwa, mais surtout par le contraste qu'elle présente avec l'œuvre du Maître de Prague,

---

24. Abarbanel, *Mayené hayeshû"âh* (*Les sources du salut*), Introduction.
25. Cf. Shemoueli (E.), *Don Yzhâq Abarbanel vegirûsh Sephârâd*, Jérusalem, 1963, p. 46 sq. L'auteur rapporte que de proches amis d'Abarbanel avaient renoncé à quitter l'Espagne et accepté la conversion, entre autres un de ses collègues à la cour d'Espagne, Don Abraham Schneour. Ces réactions négatives se manifestaient surtout dans le milieu aristocratique et parmi les intellectuels — le petit peuple restant davantage fidèle aux traditions. Elles soulignent davantage encore la noblesse de l'attitude sans équivoque d'Abarbanel et de sa famille.

la synthèse d'Abarbanel mérite de notre part une attention particulière.

Toute l'œuvre de cet auteur, ouverte par ailleurs aux problèmes historiques de son temps et à l'exégèse chrétienne de la Bible, est traversée par l'idée de l'élection d'Israël et de sa proche délivrance. Cependant Abarbanel consacre trois œuvres particulières à l'analyse du messianisme, montrant ainsi l'objet de ses préoccupations principales. Tous les problèmes traités par ses prédécesseurs sont examinés à nouveau, toutes les sources reprises et éclairées à la lueur de l'actualité. Exégèse du livre de Daniel (*Ma''éné hayeshû''âh — Les sources du salut*), analyse de toutes les prophéties à caractère messianique de l'ensemble de la Bible (*Mashmy''a yeshû''âh — Le messager du salut*), commentaire des textes talmudiques et des midrashim relatifs au Messie (*Yeshûot meshîhô — Le salut de son Oint*). Dans ses livres philosophiques, Abarbanel reviendra également sur ce problème, en particulier dans *Rosh Amânâh* (*Les principes de la Foi*), où deux chapitres lui sont consacrés [26]. Aucun auteur, à aucune époque, n'a mis en évidence avec une telle insistance et un tel luxe de détails, les fondements de la doctrine messianique du judaïsme. Aucun, sans doute, n'avait eu à faire face à un chaos spirituel d'une telle envergure, à un bouleversement de la vie sociale et politique d'une telle ampleur. On peut donc légitimement compter Abarbanel comme le premier théoricien de la pensée messianique, depuis les sources bibliques et talmudiques jusqu'aux plus récentes interventions des philosophes médiévaux. D'où l'intérêt particulier de cette Somme, qui, rappelons-le, précède directement celle que tentera le Maharal.

Ce qui frappe tout d'abord chez Abarbanel, c'est d'une part une conception d'ensemble systématique du problème messianique et l'exégèse des textes qui s'y rapportent, et d'autre part, le sentiment hautement affirmé de l'imminence d'événements inéluctables. Un souci de polémique traverse toute l'argumentation et la volonté non déguisée de ne pas éviter le heurt et la confron-

---

26. Voir surtout les chap. xiv et xv.

tation avec des idéologies adverses et en particulier avec les thèses chrétiennes.

La doctrine messianique d'Abarbanel est intimement liée à sa conception de l'histoire, à laquelle elle s'intègre naturellement aussi bien dans son mouvement que dans son aboutissement. L'évolution de l'histoire répond en effet à un plan et a pour but une vie de perfection pour l'homme. Dès l'origine, la création le place dans les conditions naturelles les meilleures, tant au point de vue de ses dispositions physiques et morales que du lieu de son implantation [27]. Mais nous assistons, par un mauvais emploi de la liberté qui lui a été accordée, à une dégradation continuelle. Faute d'Adam, péché de la génération du Déluge, errement de la génération de la Tour de Babel, autant d'étapes sur la voie déclinante de l'humanité ! Le motif de la culpabilité sera, selon Abarbanel, toujours le même, entraînant cependant à chaque fois l'accentuation de la déviation initiale : c'est la concupiscence et l'attrait de l'artificiel [28]. Goût du luxe, attrait des honneurs, abandon de l'égalité naturelle en faveur de la hiérarchie, c'est la civilisation qui est cause de corruption. Ce qui est caractéristique dans cette approche de l'évaluation des premiers âges décisifs de l'humanité, c'est qu'Abarbanel ne rapporte pas la chute à une diminution des possibilités de progression éthique pour l'individu, mais à une mauvaise orientation collective de la société.

La défiguration de la nature, due au triomphe de l'inégalité, si elle suggère à Abarbanel l'idée de la décadence continuelle de la société, ne provoque cependant pas chez lui la préoccupation d'y remédier. Il défendra certes le régime républicain contre la monarchie, mais il s'agit alors de tirer les conséquences d'une longue expérience politique et non d'un souci de réforme des institutions. S'il pense que c'est bien l'homme qui doit porter la responsabilité de la dégradation, et non Dieu, force est de constater qu'il ne s'élèvera jamais à une explication métaphysique de ce moindre-être dans l'homme et

---

27. Commentaire *Genèse*, III, 1 et II, 8.
28. *Id.*, XI, 1.

n'envisagera en conséquence aucune réforme pédagogique susceptible de permettre un retour vers l'état de nature primitif. Parti de présuppositions identiques, Rousseau ne manquera pas de les compléter par une philosophie politique et une théorie de l'éducation, qui confèrent à sa célèbre analyse de la nature toute sa fécondité. Le Maharal, bien que ne suivant pas Abarbanel dans son diagnostic de base, mais constatant également un écart entre la réalité et les virtualités de l'homme — écart dans lequel il inscrira sa vocation historique — tentera d'en rendre compte sur le plan de la métaphysique, et tout naturellement sera amené à esquisser un projet de réforme de l'éducation et de la pédagogie, dont on a pu dire qu'il atteignait « l'envergure d'un acte messianique[29] ». Mais Abarbanel reste cohérent : son pessimisme face à la civilisation est total, et aucune réforme sociale ne semble susceptible de redresser une histoire radicalement mal engagée. La conséquence des erreurs de la génération de Babel, qui s'est attachée à la construction de cités artificielles, fut l'éclatement de l'humanité en groupes désunis, différenciés par la langue et vivant une vie sociale fondée sur l'inégalité. Cependant le plan de Dieu se poursuit, et parmi les nations occupant désormais la scène de l'histoire, Il choisit celle susceptible de recueillir l'héritage d'Adam : Israël prendra le relais.

Suivant de très près le schéma tracé par Yehûdah Halévy, c'est par une sélection progressive, affirme Abarbanel, que les enfants de Jacob seront confirmés dans leur mission de réaliser les buts de la condition humaine. Il est vrai que celle-ci se situe déjà à un niveau inférieur, car elle inclut comme donnée acceptée l'acquis artificiel établi par les générations précédentes. Si la technique, la constitution de l'Etat, l'alimentation animale sont tolérées, des restrictions sont imposées dans chaque domaine[30]. Israël occupe donc une situation particulière parmi les nations, et de fait Dieu le place dans des conditions identiques à celles qui furent offertes jadis à Adam : une loi parfaite, une éducation suivant la nature durant son séjour

---

29. Neher (A.), *Le Puits de l'Exil*, Paris, 1966, p. 81.
30. Commentaire sur *Genèse*, XI, 1 sq.

prolongé dans le désert, une Terre Sainte où le peuple, sous la conduite directe de Dieu, peut atteindre une vie de perfection.

Mais très rapidement, nous assistons à une détérioration des mœurs, qui entraîne avec elle des conséquences parallèles à celles qui ont affecté les premiers âges de l'histoire. De même qu'Adam fut chassé du Paradis, que la Providence abandonna la génération du Déluge et que la dispersion suivit la faute de la Tour de Babel, Israël connaîtra, à son tour, Exil, abandon, dispersion. C'est la chute du Temple qui marque la césure : depuis lors, le châtiment s'intensifie et ne prendra fin qu'à la fin des Temps. Car l'histoire est appelée à s'arrêter et l'échéance du drame est certaine. Limité dans le temps comme dans l'espace, le monde parcourt un temps précis pour s'anéantir. L'histoire se répète ainsi indéfiniment, Dieu appelant à l'existence des mondes successifs. Lorsque le temps est accompli, l'univers s'effondre, rétablissant Dieu — et Dieu seul — dans son absolue souveraineté [31].

Cette conception de l'histoire explique parfaitement le pessimisme d'Abarbanel face au déclin continu de la société ; elle rend compte aussi de l'impatience et de l'angoisse face à l'écoulement du temps. Car le texte du Talmud sur lequel il se fonde est formel : « On a enseigné dans la maison d'Eliyahou : La durée du monde est de six mille ans ; deux mille de confusion, deux mille de Tôrâh et deux mille de temps messianiques [32]. » Deux mille ans de confusion, avant le don de la Tôrâh, deux mille ans de Tôrâh, jusqu'à la destruction du second Temple, et enfin deux mille ans de période messianique précédant la destruction, après laquelle débutera un nouveau cycle [33]. Le Messie doit donc être attendu au début du cinquième millé-

---

31. Cf. *T.B.*, Rosh Hashânâh, 31 a — Sanhedrin, 97 a — Abôdâh-zârâh, 9 a. « Rav Ketina dit : Le monde dure six mille ans, et il reste détruit durant un millénaire, suivant la parole d'Isaïe (II, 17) : « Et Dieu seul sera élevé ce jour-là. »

32. *T.B.*, Sanhedrin, 97 a.

33. Un jour de Dieu correspondant à mille ans (*Psaumes*, XC, 4), Abarbanel (commentaire *Genèse*, II, 1), comme Nahmanide (commentaire *Genèse*, II, 3), établit un parallèle entre les jours de la création

naire [34]. C'était l'argument avancé par les chrétiens, qui tiraient témoignage de ce texte, accepté par les juifs eux-mêmes, pour prouver la messianité de Jésus, dont l'apparition coïncide bien avec la période prévue par le Talmud pour être celle des Temps messianiques [35]. La réponse d'Abarbanel [36] distinguera entre les

et les événements marquants des millénaires de l'histoire. Nous les indiquons brièvement sous forme de tableau :

1er jour :	Lumière	correspondant à Perfection : Adam, Seth (Lumière).		
2e jour :	Ténèbre Séparation des eaux supérieures et inférieures	ADAM ABRAHAM	Faute : Caïn (Ténèbre) Sépare les croyances supérieures des superstitions	
3e jour :	Terre ferme Flore	Sortie d'Egypte	Comme la terre émerge de l'eau, Israël quitte l'Egypte. La Tôrâh, arbre de vie.	
4e jour :	Luminaires	Les deux Temples	1er Temple : soleil 2e Temple : lune	
5e jour :	Reptiles Oiseaux	Développement des « nations »		
6e jour :	Animaux Homme	Vie politique et avènement messianique	Animaux : rois des « nations » Homme : Messie	
7e jour :	Shabbat	Destruction de l'univers et règne de Dieu		

34. Ce texte est à rapprocher d'un autre texte talmudique (*T.B.*, Sanhedrîn, 97 b) qui nous permet d'aboutir à des conclusions identiques. « Le monde ne dure pas moins de 85 jubilés, et c'est au dernier jubilé que le fils de David vient. Au début ou à la fin de cette période ? On l'ignore. » Un jubilé correspondant à 50 ans, le Messie devrait donc venir après 4 250 ans. — Naturellement il faut admettre le calcul du calendrier juif qui prend comme référence d'origine la date admise pour la création du monde.
35. Voir Colloque de Tortose, in *Ozar Wikûḥim*, *op. cit.*, p. 106. Abarbanel a consacré le second volume de sa trilogie messianique, *Le salut de son Oint*, à la discussion des arguments avancés dans ce colloque. Il s'en prend particulièrement à Joshua Lorki, juif converti, qui affirmait que le Messie était déjà venu.
36. L'originalité de la position d'Abarbanel a été mise en relief par Posnanski, « Le colloque de Tortose et de San Mateo », in *R.E.J.*, LXXV, 1922.

périodes où la venue du Messie est impossible, celle où elle peut se réaliser grâce au mérite du peuple, et enfin celle où elle est inéluctable. Lorsque les Sages du Talmud parlent des deux mille ans de « temps messianiques », ils entendent la période à partir de laquelle l'avènement peut se produire, car avant cette date il est de toute manière impensable. Aussi cette époque fut-elle agitée par de nombreuses fermentations messianiques, Jésus, Mahomet et de multiples faux-messies, dont l'apparition témoigne que nous sommes entrés dans l'ère des possibilités, mais non forcément des réalisations.

Le Messie ne s'étant pas manifesté durant cette seconde période [37], il reste que sa venue est immanquable durant la troisième période, et les textes de la Bible comme ceux du Talmud peuvent nous livrer le secret de la date précise de son avènement. Or, il semble à Abarbanel que cette date est proche. Le peuple juif n'a-t-il pas atteint le plus bas degré possible ? Acculé à la conversion et à l'exil, il est touché, d'une manière décisive, aussi bien dans son moral que dans son existence physique. La considération des événements ne pouvait que renforcer Abarbanel dans l'idée que les temps étaient consommés et que l'histoire rédigeait l'ultime page dans le livre du Temps.

En 1453, la chute de Constantinople marque la disparition, après plus de mille ans d'existence, de l'Empire byzantin. Le croissant remplace la croix et semble poursuivre ses triom-

---

37. Le refus de la reconnaissance de la messianité de Jésus a amené les auteurs juifs à préciser les conditions de la rédemption, à multiplier les changements qui marqueront l'ère nouvelle et dont la réalisation ne s'était indiscutablement pas produite. Abarbanel fait le point de la question en groupant 22 conditions, dont 14 principales, toutes fondées sur l'examen des textes prophétiques, ceux d'Isaïe en particulier (*Le messager du Salut*, III, 15, p. 491 sq.). Parmi les conditions citées, relevons : vengeance des opprimés et passage en justice des persécuteurs, rassemblement des exilés, fertilité de la terre d'Israël, pénitence du peuple et retour de la prophétie, suppression de l'exil et reconnaissance universelle du monothéisme. Jésus n'ayant réalisé aucune de ces transformations essentielles à l'ère messianique, ne peut donc être qualifié de rédempteur. (Voir aussi **Colloque de Tortose**, in *Ozar Wikûhim, op. cit.*, p. 106 sq.).

phales conquêtes : en 1497, les Turcs sont au golfe de Corinthe et parviennent jusqu'en Italie du Nord. Entre les Etats italiens, les guerres sont perpétuelles, tandis que s'affrontent à leur sujet les ambitions des rois de France et d'Espagne. A cette menace extérieure qui s'étend sur la chrétienté, s'ajoute l'opposition interne à la Papauté, qui se cristallise dans l'éclosion de mouvements hérétiques et provoque un sentiment de malaise général de plus en plus sensible.

Attentif à ces convulsions, l'exilé d'Espagne attend le grand cataclysme, d'où émergera la rédemption d'Israël. Depuis longtemps il avait scruté les Ecritures, les Prophètes et surtout le livre de Daniel en vue de calculer la date de la fin, et voici que l'événement de la rédemption approche. Pour lui, en effet, cette recherche n'est pas à proscrire. Si le Talmud la déconseille [38], c'est l'astrologie qu'il condamne, mais non l'exégèse méticuleuse des paroles prophétiques. Celle-ci témoigne au contraire de la ferveur de l'attente, et doit être considérée comme une prière, dans laquelle l'homme projette son inextinguible besoin de rédemption, son brûlant désir que se réalise, dans les meilleurs délais, le royaume de Dieu.

Les calculs de Saadia, de Rashi, de Bar-Hyya, de Nahmanide sont une prise de conscience de la situation dramatique de leur peuple, l'expression bouleversante d'un manque et d'une privation, et peut-être aussi d'une impuissance, qui cherche dans la Parole une promesse, signe d'une enrichissante Présence. Certes, les textes sont obscurs et un voile recouvre leur interprétation ; sans doute, ces rabbins illustres ont avancé des termes qui se sont révélés illusoires, mais ces faits ne sauraient nous inciter à renoncer. Les prophètes ont volontairement recouvert leurs prédictions messianiques d'indications vagues, afin de ne pas ébranler la force de résistance du peuple, eu égard à la longue durée de l'exil. Le secret de la date ne se dévoile et n'apparaît, dans son évidente clarté, qu'au fur et à mesure que les événements nous permettent une lecture plus juste et plus rigoureuse des textes. Rien d'étonnant, dès lors,

---

38. *T.B.*, Sanhedrîn, 97 b.

si les recherches précédentes avaient abouti à des conclusions erronées ; les temps n'étaient pas mûrs pour une interprétation correcte [39].

Désormais, la fin de l'exil étant imminente [40], une meilleure approche des textes devient possible. Abarbanel y excelle : son analyse, qui ne néglige aucun détail, embrasse l'ensemble des textes messianiques et parvient toujours à un résultat identique, une seule date qui s'impose par sa fréquente répétition, sa proximité et le ton convaincant de la démonstration. Ce sont les versets de Daniel [41], ceux-là mêmes que ses prédécesseurs avaient déjà analysés [42], qu'il soumet à un nouvel examen. Le règne du Messie devant se réaliser après « un temps, des temps et la moitié d'un temps [43] », Abarbanel estime « qu'un temps » doit correspondre à une portion de temps bien définie, et il ne peut s'agir selon lui que de la durée du premier Temple, soit 410 ans. Notre verset parle donc d'un total de trois temps et demi, soit 1 435 années. Si on accepte l'an 68 de notre ère comme étant celui de la destruction du second Temple, 1503 sera l'année de la rédemption [44] et de la fin de l'exil. Ramener toutes les prédictions de Daniel à cette date, telle est la tâche que s'impose notre exégète. Il la retrouve d'abord dans un autre verset annonçant le rétablissement du sanctuaire [45] : « Encore deux mille trois cents soirs et matins, et le sanctuaire sera rétabli dans son droit. »

Alors que l'interprétation de Saadia sur ce point était assez confuse [46], celle d'Abarbanel est au contraire fort claire. Elle est pour lui l'occasion de rappeler que le déclin du peuple a

---

39. *Les sources du Salut*, chap. I, § 1 et 2.
40. Dans *Les sources du Salut*, XII, 7, il exprime sa certitude que le Messie est né avant l'Exil d'Espagne.
41. Abarbanel consacrera un très long chapitre (*Les sources du Salut*, chap. III) à prouver, contre Maïmonide, la qualité supérieure de la prophétie de Daniel.
42. Voir *infra*, p. 286, le détail de l'explication de Saadia.
43. *Daniel*, VII, 25 et XII, 7.
44. *Les sources du Salut*, VIII, 10.
45. *Daniel*, VIII, 14.
46. Voir *infra*, p. 286-287.

commencé lors du schisme des deux royaumes, premier soir d'une longue nuit qui ne s'achèvera que par le matin de la délivrance. Celle-ci surviendra donc 2 300 années (1 jour signifiant ici une année [47]) après le schisme ; ce dernier s'étant produit en 2964, c'est en 5264 (d'après le calendrier israélite), soit en 1503, que l'unification des royaumes sera le signe du renouveau de la Maison de David [48]. Avec beaucoup d'ingéniosité, Abarbanel, joignant les ressources du calcul aux faits de l'actualité, retrouvera encore 1503 comme devant être l'année cruciale pour le bonheur du monde, dans une troisième analyse d'une prédiction de Daniel. « Et depuis les temps où cessera le sacrifice perpétuel et sera établie l'abomination de la désolation il y aura 1 290 jours. Heureux celui qui attendra et parviendra à 1 335 jours [49]. » Pour percer le mystère de « ces paroles secrètes et scellées [50] », Abarbanel ajoute la valeur numérique du mot « yâmîm » (jours) à 1 290, soit 1 290 + 100 = 1 390. C'est bien la période qui s'est écoulée depuis la suppression du sacrifice quotidien, peu avant la destruction du second Temple, jusqu'à la récente prise de Constantinople, en 1453, signe indiscutable de la prochaine et inévitable chute de l'Empire romain.

Comme après la captivité de Babylone, l'Edit de Cyrus annonçant le retour fut promulgué cinquante ans après la destruction, c'est dans un demi-siècle après la chute de Constantinople que les signes du retour se manifesteront, soit donc en 1503. Années difficiles et meurtrières, où dans un dernier sursaut, les forces ennemies s'attaqueront, avec une rare violence, au peuple juif : années d'exil, de persécutions et de mort. Sous chacun de ces termes, le contemporain d'Abarbanel pouvait mettre le nom

---

47. C'est une des caractéristiques de l'exégèse d'Abarbanel d'expliquer les mêmes termes toujours de la même manière. C'est ainsi qu'il proposera, pour toutes les prédictions, d'interpréter le mot « jours » par « années ». S'élevant contre la thèse chrétienne qui rapporte ces faits à l'époque d'Antiochus IV, en conservant au mot « jours » son sens littéral, il montre, d'accord avec Abraham bar Hiyya et Gersonide, l'impossibilité de défendre ce point de vue. Cf. *Les sources du Salut*, IX, 7.

48. *Les sources du Salut*, IX, 7, p. 360.

49. *Daniel*, XII, 11, 12.

50. *Id.*, XII, 9.

d'un proche, d'un ami, d'une famille. Il n'avait aucune difficulté à acquiescer à la suite du verset : « Heureux celui qui attendra et parviendra à 1 335 jours », surtout s'il suivait l'explication proposée par Abarbanel. Il maintient évidemment la valeur numérique du mot « jours-yâmîm » et obtient ainsi 1 435 années, exactement le même résultat que pour la première prophétie du chapitre VII. Il suffit alors de reprendre le compte à partir de la destruction du second Temple (en l'an 68 de notre ère) pour retrouver la date à laquelle la rédemption doit immanquablement se réaliser : 1503 [51].

Il est remarquable qu'Abarbanel retrouve cette même date dans un autre texte, non plus biblique, mais midrashique. Les « *Pirqé de rabbi Eliézer* [52] » affirment en effet que les « quatre royaumes » qui symbolisent les Nations poursuivront leur règne politique durant « un jour de Dieu », soit mille ans [53]. Cette opinion est complétée par une seconde, qui précise qu'il faut déduire de ce temps « deux tiers d'une heure », soit d'après notre code, cinquante-six ans. Selon Abarbanel, notre texte ne parle que du jour, alors que le jour de Dieu comprend le jour et la nuit. Il faut doubler la durée pour obtenir un jour entier, soit deux mille ans. Ce compte part de la destruction du Temple par le roi Nabuchodonosor, en 3319, et nous obtenons en conséquence l'année 5319. En déduisant les cinquante-six ans, on retrouve l'année 5263, c'est-à-dire l'année civile 1503 [54]. Cette date paraît donc à notre auteur comme la plus probable ; il admet cependant qu'elle pourrait correspondre au début d'une période pouvant se poursuivre jusqu'en 1531 [55].

C'est à Naples, où il s'est réfugié après l'exil d'Espagne, que l'ancien ministre des rois du Portugal et d'Aragon rédige sa trilogie messianique. Ces trois ouvrages, qui couvrent l'ensemble

---

51. *Les sources du Salut*, XI, 10.
52. Chap. XXVIII.
53. Cf. *Psaumes*, XC, 4.
54. *Le salut de son Oint*, chap. I, p. 6 sq.
55. *Le Messager du Salut*, V, 2, p. 713 ; *Le salut de son Oint*, chap. I, p. 6 b.

de tous les textes relatifs au phénomène messianique de source juive, paraissent coup sur coup en 1496, 1497 et 1498, c'est-à-dire quelques années à peine avant la date annoncée comme devant être le terme crucial de la fin de l'exil ! Ce seul fait permet de mesurer l'importance et la foi accordées par Abarbanel à ses calculs. Etant donné le rôle politique de tout premier rang qu'il avait assumé dans le passé, la notoriété que lui avaient assurée ses écrits et le prestige dont il jouissait dans toutes les communautés juives, Abarbanel ne pouvait se permettre de décevoir ses contemporains, déjà si éprouvés. Il avait sans nul doute une foi absolue dans sa démonstration. Le souci d'expliquer l'actualité, à la lueur des prophéties bibliques, renforcait encore la valeur de l'argumentation, en lui conférant une allure moderne susceptible d'une application immédiate [56]. De plus, l'événement quittait l'aire étroite d'une histoire locale riche en incidents, mais dépourvue de toute exaltation, pour s'élever au niveau d'une aventure universelle. Le juif, exilé et rejeté de la sphère politique, rentrait sur le devant de la scène de l'histoire à travers l'eschatologie. Le ministre déchu le sentait certainement lorsqu'il réinterprétait le songe de Daniel, en pensant aux bouleversements récents, qui lui semblaient transformer d'une façon radicale et décisive l'ordre du monde.

Daniel avait en effet révélé à celui qui avait détruit le Sanctuaire de Jérusalem, le roi Nabuchodonosor, le contenu et la

---

56. Il est probable que les mouvements messianiques qui ont ébranlé la judaïcité dans la première moitié du XVIᵉ siècle ont été directement ou indirectement influencés par les écrits d'Abarbanel. En 1502, une année avant l'année messianique annoncée par Abarbanel, Asher Lämmlein se présente à Istria, près de Venise, comme l'annonciateur du rédempteur. D'après une chronique de l'époque (Joseph Hacohen, 1496-1575), auteur du "Emeq habâkâh (La Vallée des Pleurs), il fut suivi non seulement par la masse mais également par de nombreux chefs de communautés.

L'aventure de David Reubeni (vers 1524) et celle de Salomon Molko (mort en 1532), son disciple, devaient bouleverser la vie juive en Italie, en Turquie et en Palestine. Leurs activités messianiques, auxquelles le pape Clément VII lui-même attacha une certaine crédulité, furent facilitées par l'attente du peuple d'un événement crucial après l'exil d'Espagne. Les écrits d'Abarbanel avaient d'autre

signification de son rêve [57]. Une immense statue, d'aspect terrible, se tenait devant le roi, sa tête était d'or fin, la poitrine et les bras d'argent, les reins et les cuisses de bronze, les jambes de fer et les pieds en partie de fer et en partie d'argile. Une pierre se détache « sans l'aide d'aucune main », frappe les pieds de la statue et la pulvérise, et cette pierre devient une grande montagne qui remplit toute la terre. Suivant l'explication de Daniel, il s'agit de quatre royaumes, qui seront remplacés par le cinquième royaume qui, lui, subsistera à jamais. Le schème des cinq royaumes reviendra dans un songe de Daniel [58] et fournira la trame d'innombrables spéculations. Cette fois-ci, ils se présentent sous forme de bêtes, surgies de la mer : un lion avec des ailes d'aigles, un ours, une panthère à ailes d'oiseau, et enfin une quatrième bête, différente des précédentes, et portant dix cornes. De ces cornes se dégage une autre petite corne. Ces quatre bêtes seront jugées et anéanties, tandis qu'apparaît « un fils d'homme », dont la domination sera éternelle et dont le royaume ne sera pas détruit. Il s'agit naturellement des quatre royaumes de Babylonie, de Perse, de Grèce et de Rome. Pour Abarbanel, nous sommes toujours sous le règne du « quatrième royaume », de la Rome « qui mange, broye et écrase », et ne vit que dans les projets de conquête. Rome est devenue chrétienne, et c'est dans la conduite des rois chrétiens qu'Abarbanel retrouve tout ce qui caractérise le « quatrième royaume ». Les dix cornes dont parle Daniel représentent les dix empereurs qui ont gouverné Rome, avant la destruction du second Temple, tandis que la petite corne qui s'en dégage est une allusion à l'évêque de Rome, dont l'autorité ne cessera de s'étendre. Dans cet univers qu'il qualifie de « romain », l'islamisme apparaît comme un élément dissolvant, un ferment de désunion. Ce sont les pieds de fer et d'argile, deux substances qui ne se mélangent pas, car désormais la lutte pour l'hégémonie est engagée, sans compromis possible, jusqu'à

---

part préparé les esprits à ces manifestations ; nul doute que son attente d'un heurt entre la chrétienté et l'Islam avait fait une profonde impression et enflammé les imaginations.

57. *Daniel*, II, 31-45.
58. *Id.*, VII, 2-14.

ce que la pierre se détache et pulvérise la statue des « nations ». Cette destruction, qui englobe dans un même destin christianisme et islamisme, est l'œuvre de Dieu, sans qu'intervienne une puissance humaine, « sans l'aide d'aucune main [59] ».

Abarbanel est donc particulièrement sensible à toutes les difficultés internes du christianisme, à tous les schismes qui se dessinent, ainsi qu'à la lutte que mènent les musulmans. La prise de Constantinople n'est, à ses yeux, que le prélude de l'attaque contre Rome, et de la guerre apocalyptique proche surgira la rédemption d'Israël, parvenu au plus bas degré de son existence physique et morale [60]. Ce sera « une grande tuerie dans le pays d'Edom [61] », après laquelle il sera clair aux yeux de tous que c'est aux portes de Rome, comme l'indique le Talmud, qu'attend le Messie. Cette interprétation nous permet non seulement de constater combien l'actualité était présente dans l'exégèse des textes, mais encore de saisir comment Abarbanel, à tout propos, prenait le contre-pied des positions chrétiennes. Celles-ci affirmaient naturellement que le « cinquième royaume », celui du « fils de l'homme », était celui de Jésus, la petite corne représentant l'Antéchrist, s'opposant aux tenants de la Foi avant le jugement dernier et la Parousie.

Interprétation non conforme aux textes, ne cessera de clamer Abarbanel, car le « cinquième royaume » doit s'établir sur la ruine du quatrième ; or, le christianisme est antérieur à la chute de Rome. D'ailleurs le dernier royaume ne doit-il pas être exclusif, et qui pourrait affirmer que le christianisme le soit ? Face à l'islamisme, il constitue même une minorité ! De plus, le texte parle d'un royaume, donc du gouvernement exclusif d'un peuple, d'un gouvernement temporel, et Abarbanel ne manque aucune occasion pour rappeler que toutes les prophéties visent un rétablissement temporel et non simplement spirituel, comme le prônait le christianisme. De la même manière et d'une façon systématique, il conclut presque tous les chapitres

---

59. *Ibid.*, II, 34. *Les sources du Salut*, VI, 2 et VIII, 8 ; *Le salut de son Oint*, chap. V.
60. *Le Messager du Salut*, III, 7.
61. *Isaïe*, XXXIV, 6.

du *Messager du Salut* en démontrant que les prophéties messianiques ne pouvaient se comprendre qu'en fonction de l'époque ultime et non, comme l'affirmait la thèse chrétienne, comme se rapportant à la période du second Temple. On comprend l'insistance d'Abarbanel, si on considère la faiblesse de l'argumentation juive antérieure sur ce point. On acceptait parfois certaines prophéties comme se rapportant à l'époque du second Temple, tandis que la réalisation de certaines autres étaient rejetées à la fin des temps, sans qu'aucun principe clair n'ait été défini en la matière [62]. Ici, comme partout ailleurs, se manifeste la volonté d'Abarbanel de faire œuvre nette, qui puisse emporter la conviction et raffermir le courage. Un exemple particulièrement digne d'intérêt pour la suite de notre étude nous en est fourni par la prise de position originale sur la valeur des récits narratifs du Talmud, les Aggâdôt. Ferme et sans équivoque quant à la valeur absolue de la Halâkâh, la pensée juive n'arrivait pas à définir quelle signification il convenait de donner à ces récits souvent déroutants, et que les commentateurs interprétaient à leur guise, sans critère de référence. Depuis des siècles, il était admis que cette partie du Talmud ne s'imposait pas à la croyance du fidèle, à tel point que son étude était de plus en plus abandonnée et négligée.

Dans son *Introduction au Talmud,* Samuel ibn Nagdila (surnommé Hanagid, 993-1055), avait déclaré sans ambages que tout ce qui était sans contenu juridique pouvait être laissé à l'appréciation individuelle ; et cette thèse sera reprise, sans aucune modification, par tous les Maîtres, aussi bien en monde ashkenaz qu'en milieu sefarad. Elle sera soutenue par Yehiel de Paris (mort en 1286), aussi bien que par Nahmanide [63]. Ce dernier, au cours de la disputation contre le frère Paul en 1263, compare le Midrash aux sermons prononcés en chaire ou à une conversation entre amis : « Il est bon d'y ajouter foi, mais il importe peu si on les rejette. » Il faudra certes attendre le Maharal

---

62. Cf. *Le salut de son Oint,* chap. IV, et une discussion des thèses chrétiennes in *Les sources du Salut,* X, 8.
63. Yehiel de Paris ; *Ozar Wikûhim, op. cit.,* p. 82 ; Nahmanide, *id.,* p. 89.

pour qu'il rende à l'Aggâdâh toute sa dignité, et fasse la brillante démonstration de sa valeur philosophique ; du moins, faut-il reconnaître qu'Abarbanel lui a frayé la voie.

Contrairement à ses prédécesseurs, il attache une valeur positive à l'Aggâdâh, estimant impossible que les Sages du Talmud, dont tout le monde s'accorde à reconnaître la sagesse, puissent proférer des paroles insensées dès qu'ils s'expriment sous la forme du Midrash. Il établit donc le principe que l'on ne saurait qualifier ces textes de subversifs, mais qu'il faut au contraire rechercher leur sens, en se fondant non sur la mystique — pour laquelle il ne se reconnaît ni goût ni compétence —, mais sur la tradition et l'histoire. Il reste effectivement prisonnier de ce schéma et tente, toujours à la lumière de l'actualité, de rendre un sens précis à ces textes qui, jusqu'à lui et au mieux, ressortissaient du domaine de l'homilétique. De ce fait, l'Aggâdâh reste limité dans le cadre de l'événement, étroitement rivé à la contingence du vécu, et il faudra les audacieuses perspectives du Maharal pour l'élever au niveau d'une sagesse, voire de la sagesse spécifique de la pensée juive. Mais par son refus de choisir entre les midrashim valables et ceux qui le seraient moins ou pas du tout, par son acceptation inconditionnelle de l'ensemble de la pensée aggadique, Abarbanel, bien que non dégagé des préoccupations apologétiques, annonce la tentative du Maharal de réintégrer le Midrash dans le cadre de la science juive.

L'effort d'exégèse d'Abarbanel, aussi bien en ce qui concerne la Bible que le Talmud, sur le plan de l'analyse des textes messianiques, présente donc une allure nouvelle. Peu d'innovations, au contraire, quant à la description de la personne du Messie et de son action présumée. Nous avons déjà noté l'importance toute secondaire que le judaïsme attachait à ces questions, qui semblaient primordiales pour la pensée chrétienne : Abarbanel ne s'y arrêtera que dans la mesure où il lui faudra montrer que les conditions annoncées par l'Ecriture pour les temps messianiques ne se sont nullement réalisées depuis Jésus. Le souci de s'opposer à la thèse chrétienne reste perceptible à travers toutes ses descriptions des temps futurs. Le Messie sera un homme, doué d'un pouvoir surnaturel ; c'est dire que les transformations qu'il opérera se feront sans violence. C'est par son rayonnement spirituel qu'il obtiendra la coopération des nations pour rétablir Israël dans son pays : les musulmans lui livreront la Terre Sainte, tandis que Venise et Gênes mettront leur flotte à sa disposition pour assurer le retour des juifs. Tous reviendront, même ceux qui ont cru, en acceptant la conversion, pouvoir se perdre parmi les nations. L'accent est mis sur le règne de la justice : fidèle à sa critique de la monarchie, Abarbanel préfère voir dans le Messie un prince de paix, un juge dont la fonction essentielle est d'élever le niveau spirituel de l'humanité. Il sera aidé dans cette tâche par les changements décisifs intervenus dans les conditions d'existence : suppression des luttes armées, retour de la nature à son état primitif et élimination des maux d'une civilisation artificielle. Israël pourra désormais accomplir la Loi dans son intégralité et remplir son rôle de nation-prêtre, tandis que le monde vivra dans la perfection en vue de laquelle il a été créé [64].

La venue du Messie
Haggâdâh du quinzième siècle

Le messianisme occupe ainsi une place centrale dans l'œuvre d'Abarbanel, il est le thème majeur d'une pensée qui se meut

64. Commentaire *Genèse*, I, 2.

tout entière sous le signe de l'historicité [65]. Celle-ci a marqué
sa vie politique, elle a donné le ton à son exégèse, elle a inspiré
sa manière de penser dans son expression comme dans son
contenu et sa finalité. Aussi cette doctrine, qui résume assez
bien les tendances eschatologiques juives durant tout le Moyen
Age, est-elle intimement liée à l'actualité du moment, aux événements politiques et aux courants de pensée du siècle. La
catastrophe de l'exil d'Espagne est l'avant-dernier acte du
drame qui se joue, elle inspire toutes les angoisses et réclame
l'accomplissement de toutes les promesses, tandis que la controverse judéo-chrétienne est sous-jacente à toute l'argumentation
et anime l'ensemble du débat. C'est sans doute la grande valeur
de la tentative d'Abarbanel : en réalisant l'inventaire complet
des textes messianiques et en les soumettant à un examen critique, en présentant un exposé systématique et cohérent du
messianisme juif, de plus, en plaçant toutes les prédictions
dans le cadre des événements de l'heure, il rendait au peuple,
meurtri et déçu, l'espoir d'une délivrance proche et la foi en
une doctrine solide et claire.

Mais ces considérations apologétiques, faites à partir d'analyses méticuleuses des textes, marquent aussi la limite de son
entreprise : inspirées par l'événement, elles en gardent l'éphémérité, et, oserons-nous ajouter, la fragilité. Il avait pourtant
tracé la perspective d'une véritable philosophie de l'histoire.
Plus sensible au destin collectif de l'humanité qu'au salut de
l'individu, il avait tenté de donner une explication intelligible
de l'histoire dans sa totalité, depuis son origine jusqu'à sa fin.
Il n'avait pas manqué, dans son commentaire des premiers
chapitres de la Genèse, de dégager les causes de décadence, et,
par la suite, d'insister sur l'action directrice de Dieu, transcendance sans laquelle les faits demeurent incompréhensibles,
même dans leur détail. Il y a un lien étroit, insuffisamment
relevé croyons-nous, entre cette philosophie de l'histoire et le
chiliasme d'Abarbanel. C'est parce que cette histoire dure pour
un temps déterminé, et qu'elle se déroule entièrement selon

---

65. Selon Heschel (A.), *Don Yizchak Abravanel* (en allemand), Berlin, 1937, p. 28.

l'ordre providentiel, qu'il est possible de déceler dans l'Ecriture Sainte comme dans l'analyse des faits, l'ordre que Dieu assigne aux événements. Retrouver cet ordre, c'est reconstruire l'univers selon la loi profonde qui l'organise, et se livrer au calcul de la fin, c'est participer, dans une certaine mesure, à son élaboration — la seule sans doute qui soit accessible à l'homme.

Le sentiment profondément éprouvé de se trouver à la veille de la transformation ultime fut, pour Abarbanel, comme une saisie de l'objectivité de l'histoire, une tranche de surnaturel arrachée à l'obscurité du destin et offerte à ses contemporains comme une révélation prophétique. Si les bases sont ainsi jetées pour une authentique philosophie de l'histoire, il faut cependant constater qu'Abarbanel ne parviendra jamais à la formuler et à la développer. L'élan est coupé, et l'envol de la pensée s'abîme en un jeu stérile de dates et de formules, à travers lesquelles ne se transmet aucun message. Pour avoir restreint les prophéties bibliques aux événements contemporains et limité la philosophie du Talmud à la contingence des faits quotidiens, Abarbanel les vidait de leur vérité et de leur spiritualité vivante. Faute d'avoir su dégager les textes de leur interprétation purement historique, il a été amené à situer son messianisme dans le seul domaine d'un concret immédiat, qui donne à son œuvre une certaine pesanteur et la prive de l'extension à laquelle, par quelques intuitions novatrices dont elle témoigne, elle aurait par ailleurs pu prétendre. En vain chercherions-nous chez lui la signification interne, la densité spirituelle et morale de la révolution qu'il annonce : il attend le prochain effondrement du monde comme un événement inéluctable, qui viendra s'inscrire dans le cadre du temps, indépendamment du niveau de transfiguration morale atteint par l'humanité. C'est Dieu qui dirige toutes choses vers leur fin, et Abarbanel, tout en affirmant la liberté de l'homme dans son accomplissement personnel, semble le priver de toute influence décisive sur la marche de l'histoire. Celle-ci se déroule suivant le plan de Dieu, et tout au plus est-il possible de discerner, à travers les textes de la Révélation et l'affirmation explicite de la création et de la fin,.

le sens général de son évolution et la certitude qu'un ordre préside à son développement.

Tendu vers cette certitude et tout entier attentif à la dimension verticale de l'histoire, Abarbanel négligera l'analyse des relations humaines, de leurs heurts et de leurs aspirations contradictoires. De l'élection d'Israël, il retiendra la causalité particulière qui régit l'histoire d'un peuple appelé à témoigner de Dieu, mais il ne se préoccupera ni des motifs qui ont dicté cette sélection ni surtout des relations organiques qui pourraient lier Israël et les nations. De l'exil d'Israël, il dira certes qu'il constitue une anomalie qui ne saurait se perpétuer indéfiniment, il reprendra la thèse classique et admise de sa fonction expiatrice, mais il ne s'attachera pas à découvrir le dynamisme interne de cette situation exceptionnelle et ne l'insérera pas dans l'économie générale de sa conception de l'histoire. C'est par un arrêt brusque, une irruption soudaine de la transcendance, que la dispersion et l'exil prennent fin, sans que nous comprenions ni le sens exact de cette aliénation politique ni la valeur privilégiée du moment de sa levée.

On perçoit ici, à travers les retenues d'Abarbanel et son manque d'audace pour pousser jusqu'aux avenues de la pensée les perspectives qu'il ouvre, les hésitations qui déchiraient cet homme du Moyen Age mourant, devant les crises qu'annonçait l'aube de la Renaissance, en ce début d'un siècle fertile en bouleversements politiques, sociaux, philosophiques. Comme s'il n'osait affronter délibérément les courants nouveaux qu'il ressent, il se raccroche avec d'autant plus de force aux certitudes confirmées de l'enseignement scolastique, nous livrant quelques intuitions souvent brillantes, mais généralement stériles. Tributaire dans ses options philosophiques des grands systèmes médiévaux, en particulier de celui de Maïmonide auquel il se réfère souvent, critique envers Crescas et Gersonide, il refuse de s'engager dans la voie de la mystique et de l'étude de la Cabbale, mais il se montre par contre hardi dans ses initiatives concernant l'exégèse des textes bibliques et aggadiques, comme dans les controverses qui l'opposent aux thèses chrétiennes. De même que devant les rois catholiques, à un moment où son destin personnel recouvre celui de son peuple, il n'arrive pas à éviter la double cassure de sa carrière et de la vie de la communauté, ainsi son œuvre nous semble dépourvue de ce souffle audacieux et profond, qui eut pu lui conférer la certitude sereine et solide des grandes synthèses et le caractère achevé d'une œuvre spirituellement féconde.

Un demi-siècle plus tard, prenant à son tour la mesure des cataclysmes que venait de subir le peuple juif, le Maharal ressent la nécessité de reprendre la synthèse d'Abarbanel. Comme lui, il a la conviction qu'une page décisive vient d'être tournée dans l'histoire juive et que l'exil et les persécutions ont atteint un point culminant. « Aussi Te supplions-nous », écrit-il [66], « de ne pas nous livrer aux mains des étrangers comme un objet de honte et de mépris parmi les nations ; prends-nous en pitié et délivres-nous ! » Comme lui également, il n'ignore rien de la riche littérature messianique du passé, des analyses des philosophes médiévaux concernant l'élection d'Israël, et de plus, il est un familier des œuvres de la mystique, du *Séfer Yesirâh,* du *Séfer Habâhîr,* du *Zohar,* et de la récente publication du *Abôdat haqôdesh,* de Meir ibn Gabbaï. Comme Abarbanel encore, il est obsédé par l'écart qu'il constate entre la grandeur et la perfection ontologique de la nation, dont l'existence est fondée en Dieu lui-même, et le destin misérable auquel elle est soumise. Cependant ni le rationalisme individualiste de Maïmonide, ni la conception pessimiste de l'histoire trop fortement marquée et limitée par son époque d'Abarbanel, ni l'approche trop statique, souvent timorée, des mystiques du XIII° et du XIV° siècle dans leur appréciation des forces contradictoires qui animent le monde, ne pouvaient rendre compte de la situation existentielle, si difficile et si particulière, du peuple juif, après la catastrophe de 1492. Plus lancinante que jamais s'impose l'alternative : ou le retour à la normalité et le rétablissement d'Israël sur sa Terre — et le récent échec des prévisions d'Abarbanel portait un coup sévère à cet espoir —

---

66. *N.I.,* chap. XLIX.

ou la disparition du peuple juif et les persécutions de plus en
plus meurtrières pouvaient faire craindre cette issue absurde
à une histoire glorieuse [67]. Le prolongement de l'exil, « que nous
ressentons plus durement de jour en jour [68] », constituait un
problème que le Maharal pose d'emblée dès la préface de son
premier livre, *Gevûrôt Hashém,* consacré à la signification de
l'exil et de la délivrance d'Egypte. Mais alors que le ministre exilé d'Espagne rédigeait ses écrits en pleine crise, animé
souvent d'un vif esprit de vengeance envers les tortionnaires de
son peuple, victime lui-même du drame et incapable de prendre
ses distances par rapport à l'événement, c'est dans un climat
relativement bien moins troublé que le Grand-Rabbin de Prague
soumet à une réflexion critique le « problème juif », tel qu'il
se présente à lui en cette seconde moitié du xvi° siècle.

Des bouleversements qui ébranlent ce siècle, il n'ignore rien :
découverte du Nouveau Monde et de l'imprimerie — la première presse juive est établie à Prague en 1512 —, révolution
copernicienne ; il est attentif aux guerres de religion qui, en
Bohême surtout, favorisent les progrès de la Réforme ; dans la
capitale des rois autrichiens, qui tentent de faire de Prague un
lieu de rencontre d'alchimistes, d'astronomes et d'artistes, il
est au centre de tous les courants d'idées qui s'affrontent en
ces années d'apogée de la Renaissance. Cependant, lorsqu'il
se penche sur le destin juif, ce ne sont pas ces événements
extérieurs qui retiennent son attention, et tout son intérêt se
concentre sur la qualité et la densité interne de la vie juive.
Ce qui lui paraît décisif pour la fin de l'exil, qu'il estime
proche [69], c'est moins l'évolution des relations entre les nations
ou le schisme chrétien que l'unité des juifs autour de leurs
valeurs spécifiques. Redonner à ces dernières leur fonction
rédemptionnelle, tel est le but de la réforme pédagogique qu'il
propose : soustraire les études talmudiques au jeu stérile d'une
gymnastique cérébrale, grâce à un retour aux sources de la
Mishnâh qui doit susciter la redécouverte de l'enseignement

---

67. *Id.,* chap. xxiv.
68. *Ibid.,* chap. xxv.
69. *Ibid.*

éthique et religieux des textes ; structurer et hiérarchiser les études, afin de leur conférer non seulement plus de clarté et de précision, mais en vue de favoriser chez l'étudiant le sens de la notion du développement de la Loi ; la pratique religieuse enfin, l'accomplissement des miswôt, doit déborder largement la transformation intime de la personnalité individuelle, pour devenir l'instrument même par lequel le monde recouvrera son unité. Enseignement pour tous, cohésion de la communauté, entente entre ses membres, strict respect des ordonnances qui limitent son assimilation aux nations, ces appels que le Maharal lance d'un accent pathétique, lors de ses grands Sermons dans la synagogue de Posen ou de Prague, visent moins à assurer la paix sociale du groupe dont il revendique la charge qu'à l'inciter à participer à une œuvre d'unification qui, dans une perspective messianique universelle, serait le prélude à l'élimination de la diversité des nations [70].

Ainsi, dans ses considérations sur le messianisme, le Maharal ne fait-il allusion à aucun des événements politiques et historiques qui ont marqué son époque, et si à travers son exposé on perçoit l'écho des controverses avec le christianisme, auxquelles il a sans doute lui-même souvent participé, toute polémique explicite en semble absente [71]. Cette approche, si différente de celle d'Abarbanel, nous permet déjà de saisir que ce n'est pas exclusivement à des circonstances extérieures que le Maharal rattache le destin d'Israël, mais qu'il s'efforce, dès l'abord, de définir également, sur le plan anthropologique, la modalité

---

70. *Ibid.* ; *G.H.*, chap. XLIII.

71. Les disputations publiques, fréquentes au Moyen Age, se font beaucoup plus rares dès le début du XVIe siècle. Les juifs vivaient en cercle fermé, ayant dans l'ensemble peu de contacts avec le monde extérieur. Cependant des discussions privées, portant essentiellement sur des questions religieuses, devaient certainement se poursuivre. Le Maharal semble y faire allusion dans *N.I.*, XXV et *T.I.*, LXIX. D'après Katz (J.), *Bén Yehûdîm laGôyîm — Juifs et Gentils* (en hébreu, Jérusalem, 1960, p. 134 sq.), le dernier ouvrage rendant compte d'une disputation serait celui de rabbi Yom Tob Lippmann Mulhausen de Prague : le *Séfer Hanisahôn*. Cet ouvrage dont la rédaction fut contemporaine du Maharal, aurait paru à Prague en

d'une participation à laquelle il ne veut point renoncer. Le besoin d'élargir les limites restrictives adoptées par Abarbanel, de déborder de toutes parts en les insérant dans un schéma plus fécond de l'alliance qui lie l'homme à Dieu et des relations qui régissent Israël et les nations, en même temps qu'il confirme le caractère original et personnel de son orientation, confère à son œuvre une dimension et un dynamisme exceptionnels.

Dimension qui ne tient point, comme chez Abarbanel, à la multiplication des œuvres messianiques. S'il est vrai que dans les ouvrages du Maharal les divers thèmes se recouvrent, s'entrecroisent et se développent simultanément, un seul volume cependant est exclusivement consacré au problème de la Rédemption. Dédié au 9 Ab, jour anniversaire de la Destruction des deux Temples, il porte le nom significatif de *Nesah Israël* (*Eternité d'Israël*). Répondant ainsi d'emblée à ceux qui voyaient dans la dispersion le signe d'une malédiction, et dans l'extermination la solution finale, en jouant sur la double acceptation du terme Nesah, qui signifie à la fois « éternité » et « victoire », le Maharal énonce dans un même souffle la pérennité du peuple d'Israël et la victoire de Dieu sur la volonté de puissance des Nations[72]. Toutes ses analyses, menées par degrés et approches successives jusqu'à la confrontation des notions qu'elles concernent, déroulent devant nous, dans une saisissante dialectique, l'opposition d'Israël et des Nations, de l'Exil et de la Rédemption, du mérite et de la grâce, jusqu'au point de dépassement de leurs contrariétés. A travers elles, c'est non seulement la structure et les modalités de l'Alliance entre Dieu et Israël, ou la séparation entre Israël et les peuples dont nous découvrons

---

1644. D'après le même auteur, certains commentaires du Maharal en seraient directement inspirés (*op. cit.*, p. 141, n. 27).

Sur les différences entre la conception du Maharal et le Christianisme, voir Bokser (B.Z.), *From the world of Cabbalah. The Philosophy of Rabbi Judah Loew of Prague*, New York, 1954, p. 147 à 178. Cependant, Bokser exagère nettement les tendances polémistes du Maharal. Contrairement à la plupart des auteurs du Moyen Age, et spécialement d'Abarbanel, c'est à une problématique interne au judaïsme que semble répondre rabbi Liwa.

72. *N.I.*, Introduction.

l'exaltante aventure, mais c'est le processus même de l'univers qui, dans ses chutes et ses élans, ses échecs et ses victoires s'oriente vers son achèvement et sa plénitude qui se révèle à nous. C'est dans la perception de ce mouvement, qui exige, le Maharal le souligne, la collaboration à l'œuvre de création dans une lutte incessante pour dépasser les contradictions, que se situe le dynamisme d'une œuvre, suspendue cette fois non à l'attente anxieuse d'un don, mais à la tension d'un effort qui se déploie vers l'édification de sa propre perfection.

Nous sommes donc en présence — et la suite de notre étude s'efforcera de le démontrer dans le détail — d'une véritable mutation de la conception du messianisme et d'une nouvelle idée morale de l'humanité et du peuple juif.

Ce renversement de perspective, qui par certains aspects fait penser aux œuvres presque contemporaines du Maharal, des Maîtres de Safed et de l'Ecole de Luria, est certainement consécutif aux événements de 1492. Alors que les contemporains de l'expulsion étaient assaillis par les problèmes concrets, attentifs au caractère catastrophique d'une crise dans laquelle ils voyaient se profiler les prodromes d'un effondrement annonciateur de leur délivrance, il appartenait à ceux qui — dans le temps et dans l'espace — étaient moins directement impliqués dans le drame, d'en tirer les conséquences sur le plan de la pensée religieuse. L'apologie cède alors le pas à la théologie, et l'exégèse s'engage dans l'élaboration d'une philosophie de l'histoire.

Nous nous interrogerons, dans le corps même de notre étude, sur les traits essentiels de cette philosophie, et tenterons, par l'examen approfondi de sa formulation, d'en rechercher les sources et d'en préciser les fondements. Qu'il nous suffise, pour l'instant, de suggérer que le Maharal était particulièrement apte à procéder à cette révision, à en tracer l'orientation et à en définir les termes, par la passion profonde qu'il portait à tout ce qui touchait à la littérature midrashique. Non seulement il consacre un ouvrage entier, le *Beér Hagôlâh* (*Le Puits de l'Exil*), au rejet des attaques dont elle a été l'objet, mais surtout il ne consent à nous livrer l'essence de sa propre pensée qu'à travers l'exégèse des textes de l'Aggâdâh. Pour aborder le contenu de son œuvre, on est arrêté, en effet, par la particularité de sa méthode. Au lieu de présenter le problème traité d'une façon directe, dans un exposé analytique révélant d'emblée ses intentions, le Maharal préfère amener son sujet et le développer à travers une aggâdâh talmudique ou un midrash. En examinant le choix des textes retenus et l'interprétation proposée sous forme de touches successives, enveloppées parfois dans d'apparentes digressions, on peut espérer découvrir ses intentions et mettre à jour ses options.

L'objet principal de notre travail consistait précisément, à travers les exégèses suggérées par le Maharal, l'ordre adopté dans sa présentation des textes, l'ordonnance des chapitres et la coordination des thèmes relatifs à notre étude dans tous les livres de l'auteur, à faire la démonstration que nous nous trouvions en présence d'une doctrine cohérente et systématique du messianisme juif. On peut être sûr qu'un esprit, aussi organisé que celui du Maharal, n'a pas laissé au hasard le choix de son mode d'expression ; l'aggâdâh était pour lui le seul langage possible. Prenant le contre-pied d'une tradition solidement implantée, nous avons vu [73] qu'Abarbanel, frayant la voie, ne considère pas l'aggâdâh comme un discours improvisé, fruit de l'imagination vagabonde de maîtres naïfs. Comme lui, le Maharal, se refusant à choisir parmi les textes mais les acceptant dans leur intégralité, affirme leur sérieux et la nécessité de les considérer comme l'expression authentique de maîtres inspirés. Mais alors qu'Abarbanel limite la valeur de leur contribution à des indications historiques sur les problèmes du moment, le Maharal voit en l'aggâdâh la substance même de la pensée juive authentique. Les commenter, c'est retrouver, à travers ce que d'aucuns considéraient comme des narrations, des légendes ou des récits édifiants, une science fondée sur la valeur métaphysique des paroles des Sages d'Israël. Dans les explications d'Abarbanel, le Maharal voyait sans doute déjà s'affirmer une méthode pouvant conduire à une connaissance « scientifique » des textes midrashiques, telle que la formulera explicitement Azarya dei

---

73. Voir *supra*, p. 41.

Rossi (1514-1578) [74], et à laquelle il s'opposera avec vigueur dans *Beér Hagôlâh*. M. Neher, dans son analyse du débat avec Azarya dei Rossi, a parfaitement mis en lumière la différence établie par le Maharal, entre le contenu et les méthodes de la recherche profane et celles de la tradition révélée [75]. Nous voudrions, quant à nous, attirer l'attention sur les liens profonds qui nous semblent exister entre le Midrash et l'optique nouvelle, moins statique et plus nettement ouverte à l'action humaine, que le Maharal introduit dans sa compréhension du messianisme.

Une précieuse indication dans ce sens nous est fournie par le titre même que rabbi Liwa donne à son apologie du Midrash : *Beér Hagôlâh*, le *Puits de l'Exil*, qui paraît d'ailleurs la même année que l'*Eternité d'Israël*, en 1600 [76]. Défense de l'aggâdâh contre ses détracteurs, comme Isaac s'élève contre les contestations de ses adversaires au sujet des « Puits » qu'il a creusés [77] ? Certes ! mais pourquoi « de l'Exil » ? Ne serait-ce pas parce que le Maharal voit dans le Midrash, dans les interrogations auxquelles il répond comme dans les objections qu'il suscite, l'apport spécifique de l'Exil, sur le plan de la pensée juive ? Alors que la Halâkâh ne vise que la praxis individuelle, la Aggâdâh est une réponse à une situation existentielle du peuple ; elle est non seulement née en exil, mais dans son essence elle a jailli de l'expérience durement ressentie de cette situation si singulière, dont on ne trouvait aucune référence dans d'autres expériences nationales. L'interrogation que la durée de l'exil rendait de jour en jour plus angoissante — et que nous avons trouvée comme étant également celle du Maharal au seuil de sa réflexion sur le destin juif —, l'élection est-elle compatible avec le mépris dont souffre l'élu, était bien celle

74. *Meor ''Enayim, 'Imré Binâh*, XI-XXVIII.
75. *Le Puits de l'Exil*, op. cit., chap. IV.
76. La date de publication n'est évidemment pas significative pour la rédaction de l'ouvrage. Il est probable que certains livres ont été rédigés bien avant leur impression. Cependant il est remarquable que *Nesah Israël, Beér Hagôlâh*, ainsi d'ailleurs qu'un autre livre qui touche à la philosophie de l'histoire, *'Or Hadash* et *Nér Miswâh*, aient tous paru la même année, en 1600.
77. *Genèse*, XXVI, 12-33.

qui se posait dès l'origine du drame, celle qui s'exprime à travers les « narrations » du Midrash.

M. Slonimsky, dans sa tentative de dégager la philosophie implicite de l'aggâdâh, ne s'y est pas trompé lorsqu'il écrit : « ... Le Midrash, grande Bible post-biblique, écrite... pour rendre compte des souffrances de Dieu et de l'homme, dans leur effort pour amender le monde [78] ». C'est dans l'expérience de l'exil que se forge, à travers le Midrash, l'élucidation de la notion d'Alliance, et la souffrance d'Israël s'y affirme dans sa dimension cosmique. Slonimsky a fort bien aperçu la liaison intime qui unit le Midrash et le messianisme à leur naissance, dans une première prise de conscience de la réalité de l'exil ; il a non moins bien souligné l'implication de cette « théologie constructive » qu'il situe dans l'importance de l'action libre de l'homme. Qu'il nous soit permis d'ajouter que dans la mentalité juive, au cours des siècles et jusqu'à nos jours encore, par une coïncidence qui ne nous semble nullement fortuite, la manière de saisir la signification de l'aggâdâh entraînait toujours une façon identique de concevoir le messianisme. Soutenir que les broderies du Midrash ne reflètent que des opinions personnelles, qui n'engagent pas la foi du croyant, qu'elles sont en conséquence un jeu, c'est lier le messianisme à l'eschatologie.

Au contraire, accorder du sérieux à l'aggâdâh, la considérer comme l'expression imagée d'une authentique pensée théologique, c'est opter pour l'histoire et la reconnaissance de la valeur éminente de l'acte moral. Le Midrash était ainsi, pour le Maharal, l'acquis intrinsèque de l'exil, c'est-à-dire l'élaboration, à côté de la Halâkâh, d'une éthique et d'une philosophie du judaïsme qui, après l'arrêt de la Prophétie, était la réponse du juif au Silence de Dieu, — un puits que l'exil avait creusé et auquel le juif ne cesse de retourner, pour y puiser consolation et espoir. En repoussant, dans le *Puits de l'Exil,* les contestations dont l'aggâdâh avait été l'objet, et en recherchant, dans

---

78. Slonimsky (H.), « The Philosophy of the Midrash », *H.U.C.A.,* XXVII, Cincinnati, 1956 ; un extrait de cet article a paru, en traduction française, dans la revue *Evidences,* n° 70, mars 1958.

l'*Eternité d'Israël*, les motifs de la pérennité de l'Alliance, c'est
à un seul et même problème que semble s'attaquer le Maharal,
l'un portant sur la pensée spécifique et l'autre sur le destin
historique particulier du peuple juif. Dans les deux cas, ce qui
était en cause, c'était la continuité de l'effort que représentait
le judaïsme pour la transformation du monde en monde humain.
Les deux chapitres de conclusion du *Beér Hagôlâh* sont
d'ailleurs hautement significatifs à cet égard : ils s'interrogent
justement sur l'universalité de la science et de la société humaines par rapport à la science et à la société juives[79]. Par sa
familiarité avec la littérature aggadique, le Maharal était donc
conduit à envisager le messianisme juif en termes d'histoire,
et à retrouver, par-delà les déviations que lui avait fait subir
le Moyen Age, l'orientation humaniste que lui avait donnée la
Bible.

De cette orientation le Midrash témoigne par son contenu,
mais également par sa forme. Articulé non pas suivant les règles
logiques du discours, mai pétri de sensibilité cueillie à même
le vécu, le Midrash exprime l'expérience juive non d'une
manière abstraite mais en situation. Subtilement, il suggère que
l'universel ne s'appréhende qu'à travers le particulier, saisi
dans son exemplarité, illustrant ainsi l'idée que le peuple se
faisait de la signification de son histoire. Bien plus, il précise
cette signification : en expérimentant l'Alliance dans sa nouvelle dimension, l'homme juif qui sentait peser sur lui — et
sur lui essentiellement — la responsabilité de l'œuvre de
création, crée et élargit le royaume de Dieu. De ce courage,
le Midrash rend l'audace ; la fluidité de ses images, la richesse
de son style, son anhistoricité, visent, à travers le langage, à
un dépassement du langage, comme la vie juive tente dans ce
monde de réaliser le monde à venir. Par son mépris de la chronologie, bouleversant un ordre apparent que nous avons appris
à considérer comme l'ordre, le Midrash faisait luire le miracle
dans l'ordinaire, l'éternité dans le temps. A la connaissance
abstraite du raisonnement, il substituait une communication

---

79. *Beér Hagôlâh*, 6ᵉ et 7ᵉ **puits.**

plus directe, qui s'attache au permanent et exprime les moments de la vie intérieure comme une continuité vécue.

À ces récits souvent discrédités, dans lesquels on voyait une représentation naïve des choses et des faits, le Maharal, en discernant la vision du monde qu'ils portaient, rend leur dignité de pensée, de même qu'il fait retrouver leur dignité d'hommes à ceux qui, parce qu'ils portaient en eux la certitude de l'accomplissement, osaient continuer d'affirmer que l'homme était plus que l'homme.

Face à la synthèse d'Abarbanel, qui pour l'essentiel reste étroitement tributaire des schèmes et des thèmes médiévaux, l'œuvre du Maharal est animée d'un esprit nouveau. Son humanisme, qui est celui de l'homme de l'Alliance, lui permet de redécouvrir, dans les sources de la Tradition, tout ce que la vie humaine comporte de divine ferveur.

L'ensemble de cette œuvre, qui fut publiée dans les trente dernières années d'une vie presque centenaire, le Maharal en annonce le plan dans la troisième préface de son premier grand ouvrage, *Gevûrôt Hashém*. Fondé sur un verset des Chroniques [80], et dédié aux principales fêtes religieuses de l'année juive, le projet prévoit six ouvrages, dénommés d'après les six premières sefirôt de la Cabbale. Cette œuvre encyclopédique doit comprendre :

a) Le *Séfer Hagedûlâh*, le *Livre de la Grandeur*, portant sur le Shabbat et le thème de la Création.

b) Le *Séfer Hagevûrâh*, le *Livre de la Force*, consacré à Pessah et à la Sortie d'Egypte.

c) Le *Séfer Tif'éret Israël*, le *Livre de la Gloire d'Israël*, portant sur Shabûôt et la Révélation.

d) Le *Séfer Nesah Israël*, le *Livre de l'Eternité d'Israël*, consacré au 9 Ab et au thème de l'Exil et de la Rédemption.

e) Le *Séfer Hahôd*, le *Livre de la Louange*, portant sur Sûkôt et la prière.

---

80. *I Chroniques*, XXIX, 11.

f) Le *Séfer Shâmâyim Vâ'âres*, le *Livre du Ciel et de la Terre*, consacré à Rosh-Hachânâh et à Yom-Kippour.

D'autres livres, consacrés aux fêtes de Pûrim (*Or Hâdâsh, La Lumière Nouvelle*) et de Hanûkâh (*Nér Miswâh, Le Chandelier du Commandement*), ainsi que des traités de morale (*Dérek Hayyîm, Le Chemin de la Vie*) et (*Netivôt '' Olam, Les Sentiers du Monde*), sans oublier naturellement *Beér Hagôlâh, Le Puits de l'Exil*, paraîtront en dehors des ouvrages prévus. Par contre, le Maharal ne réalisera que partiellement son projet initial ; des six livres annoncés, seuls voient le jour : *Gevûrôt Hashém* (1582), *Tif'éret Israël* (1599) et *Nesah Israël* (1600). Cette trilogie, qui représente sans conteste l'œuvre maîtresse de rabbi Liwa, est significative à bien des égards de l'orientation générale de sa pensée. Le reste de son œuvre, malgré son importance quantitative, l'identité des méthodes et une tonalité similaire, semble composé en marge de ces ouvrages principaux. Ceux-ci, quoique traitant de sujets différents, s'articulent autour d'un même thème central, le sens de l'histoire d'Israël et la signification universelle de celle-ci, thème qui nous semble avoir constitué le principal objet de méditation et de préoccupation du Maharal.

Naissance d'Israël tout d'abord, c'est le thème de l'Exode. Et déjà s'affirme avec force le fondement sur lequel repose l'ensemble de la « théologie dialectique » du Maharal : la polarité de l'univers. C'est en rupture avec l'Egypte, dont l'essence se situe aux antipodes de celle d'Israël, que ce peuple se constitue en nation, non sur sa terre mais asservi dans un pays étranger, suivant la loi dégagée par le Maharal et qui veut que toute chose ne parvienne à l'existence qu'à partir de son contraire. Dans *Gevûrôt Hashém*, comme dans les livres qui vont suivre, il ne se contente pas d'énoncer le principe, mais il innove résolument en s'appliquant à le justifier par l'étude de la loi interne qui le rend possible, des modalités qui en expliquent l'évolution et permettent à la pensée d'en saisir le contenu. Cette méthode trouvera une application particulièrement heureuse dans *Tif'éret Israël*, où le Maharal s'interroge sur la Loi que Dieu donne à Israël, pour qu'il puisse réaliser son « achèvement » et parvenir à la plénitude pour laquelle il a été appelé à l'existence. La Tôrâh, ordre du monde, d'essence divine et de caractère métaphysique, comment peut-elle être saisie par l'homme plongé dans la matière, lié à l'univers physique et participant de son éphémérité ? Et le Maharal développe le rôle de la miswâh, de l'effort humain qui arrache l'homme à son corps pour le diriger vers l'esprit et le rendre apte à saisir le contenu de la « révélation », qui l'élèvera au-dessus de lui-même jusqu'à la réalisation intégrale de toutes ses virtualités.

N'est-ce pas pour cette conquête ultime et pour ce grand dessein que le monde a été créé et qu'Israël a été « élu » ? Alors, comment expliquer la situation politique si misérable dans laquelle Israël se débat depuis des siècles ? On reconnaît le problème de fond du *Nesah Israël*, que le Maharal développe autour de la dialectique de l'Exil et de la Rédemption, au cours des soixante-trois chapitres de ce troisième volume de sa trilogie. Il constitue, on le voit, la conclusion logique des deux premiers ouvrages, dont il récapitule — à travers l'examen des données spécifiques de l'histoire juive et de son déroulement concret — la problématique. Aussi, bien que notre étude soit pour l'essentiel un commentaire explicatif du *Nesah Israël*, avons-nous jugé indispensable de nous placer au centre de cette problématique, et d'en faire la trame de notre exposé. Si nous avons ainsi bouleversé le plan formel adopté par le Maharal dans l'*Eternité d'Israël*, nous croyons être resté fidèle à l'esprit qui l'avait inspiré, en reprenant à notre compte et pour notre sujet, le plan qui avait présidé à la rédaction de la Trilogie dans son ensemble.

Nous avons donc articulé notre étude autour de l'examen de trois sujets principaux : la Création, la Révélation, le Royaume, division qui nous a été suggérée par l'ordre de développement adopté par le Maharal pour ses ouvrages, et qui a l'avantage de nous placer d'emblée au niveau auquel il situe les réalités d'Israël, de l'Exil et de la Rédemption. En suivant les lignes de structure de sa pensée, nous avons le sentiment d'avoir saisi l'intuition centrale qui anime son « système » et confère à sa doctrine messianique une unité cohérente, que l'on chercherait en vain chez ses prédécesseurs. Suivre de près cet « ordre » qui supporte la construction philosophique, ne devait pas nous faire perdre de vue, bien au contraire, la formulation conceptuelle que l'auteur lui a donné. C'est pourquoi, malgré notre désir de traduire cette pensée, fortement tributaire d'une terminologie médiévale, exprimée dans un style lourd, difficile à suivre, dans ses nombreuses redites, sous une forme accessible pour le lecteur moderne, nous avons tenu à conserver parfois le mode d'exposition adopté par le Maharal. Certains midrashim ont, pour ce motif, été traduits et reproduits dans le corps de notre travail, permettant au lecteur de langue française de se faire une image plus précise de la méthode originale de l'auteur.

Comme notre rapide introduction s'est efforcée de le mettre en relief, c'est à intégrer la signification du destin juif dans une théorie universaliste de l'Histoire que visait le Maharal : dans notre présentation comme dans le fonds de notre exposé, nous avons tenu le plus grand compte de cette aspiration de notre auteur, par laquelle il se pose non seulement comme un des grands Maîtres de la Renaissance, mais comme un des précurseurs de la véritable « Renaissance » juive que constitue l'époque moderne.

Nous pensons, en effet, qu'au xvie siècle, dans les couches profondes du peuple, le monde ashkenaz n'a pas été directement atteint par le courant qui transformait alors l'Europe. Cette période se caractérise par une migration continue des populations d'Allemagne vers l'Est de l'Europe, jusqu'en Ukraine. Dans ces régions, les juifs restaient toujours sous la menace des expulsions, bien que dans l'ensemble, surtout en Pologne, l'atmosphère était plus détendue qu'au siècle précédent. Les rapports entre juifs et non-juifs subissaient, il est vrai, du fait des transformations économiques en cours et de l'affaiblissement progressif de la féodalité, des changements notables. Devenus une sorte de classe moyenne, les juifs avaient avec le monde extérieur des contacts plus fréquents, mais ils demeuraient cependant confinés dans des quartiers spéciaux. A Prague même, la vie des juifs se déroulait dans le ghetto, d'où ils ne sortaient que pour vaquer à leurs occupations professionnelles. Mais c'est surtout sur le plan spirituel que l'on doit constater, pour la masse du peuple, un repliement et un isolement bien plus marqués que dans les périodes précédentes. Le christianisme a cessé, malgré les discussions qui se poursuivent, d'être une préoccupation inquiétante ; les juifs en profitent pour se livrer à une activité intellectuelle intense, mais sans référence au milieu extérieur. C'est dire toute l'originalité du Maharal qui, au contraire, est ouvert à toutes les mutations dont, avec un admirable sens des réalités, il pressent l'importance. Rien d'étonnant, dès lors, si dans son siècle, ce Maître est un isolé. A noter que son premier ouvrage, *Gevûrôt Hashém*, paraît anonymement, non à Prague, mais à Cracovie. A deux reprises, la communauté de Prague, malgré — ou à cause — de ses Sermons, dans lesquels il tente d'élever les fidèles à la hauteur de leurs responsabilités universelles, refuse de le placer à sa tête comme chef spirituel. Même lorsque, au crépuscule de sa vie, il est enfin nommé grand-rabbin de Prague, il semble porter son principal effort sur l'Ecole qu'il a fondée, et dans laquelle il tente d'initier quelques élèves à sa doctrine. Un de ses disciples, qui d'ailleurs lui succédera plus tard, Yom-Tob Lipmann Heller (1579-1654), poursuivra la méthode inaugurée par le Maharal et sera l'auteur d'un remarquable commentaire de la Mishnâh.

Mais il faut bien reconnaître que par la suite, en dehors de la légende, curieuse mais semble-t-il sans fondement, qui en faisait le constructeur d'un merveilleux robot, le Golem, le Maharal, est demeuré un inconnu et ses œuvres, quoique non ignorées, n'ont jamais été systématiquement étudiées. Dans la conscience populaire, le nom du Maharal était, certes, auréolé d'un très grand prestige, mais celui-ci tenait plus à la légende du personnage qu'à la connaissance de l'œuvre d'un grand Maître. Au xviiie siècle, si les rabbins hassidiques se réfèrent à lui, c'est surtout aux passages homilétiques et à ses œuvres éthiques qu'ils portent leur intérêt, sans reconnaître, à travers ses multiples exégèses, le caractère systématique d'une pensée cohérente [81]. Aussi bien les maîtres des grandes Yeshibôt que

---

81. Voir Kasher, introduction, in *Aggadôt Hashas*, 1er vol., Jérusalem, 1958, p. 26 sq.

les tenants de la Science du Judaïsme au XIXᵉ siècle, ignoreront
la contribution du Maître de Prague. Tout au plus, trouverons-
nous parfois une allusion aux réformes pédagogiques qu'il avait
introduites, sans que pour autant soit reconnue la portée réelle
qu'il leur attribuait. Il est tout à fait remarquable que, jusqu'à
ces dernières décennies, la philosophie du Maharal ait été totalement ignorée, et qu'en particulier sa philosophie de l'histoire
n'ait suscité aucun écho ni dans la masse ni parmi les érudits.
N'est-il pas surprenant, alors que les mouvements messianiques
continuaient d'agiter les foules, qu'aucune attention n'ait été
portée à un ouvrage comme le *Nesah Israël,* qui introduisait
pourtant, croyons-nous, un tournant décisif dans la conception
du messianisme juif ? C'est G. Scholem qui le premier, en 1948,
dans ses *Grands courants de la mystique juive* [82], parlant du
Maharal et de l'*Eternité d'Israël,* mentionne que « l'on a trop
peu tenu compte, dans les études messianiques, de son livre
remarquable ». Cette éclipse d'une des œuvres les plus consi-
dérables de la littérature religieuse du judaïsme, l'une de celles
dont la pensée nous semble la plus structurée, ne s'explique,
à notre avis, que par les conditions sociologiques de la vie
juive durant ces trois derniers siècles.

La confrontation entre le judaïsme et les humanismes euro-
péens, au niveau le plus élevé de la pensée et en dehors de
toute polémique, ne pouvait en effet s'ébaucher d'une manière
sérieuse et valable, que durant ces dernières années. Avant
l'émancipation des juifs, la vie spirituelle se confinait exclusivement au domaine religieux. L'osmose avec le milieu ambiant,
fortement restreinte par la ségrégation des juifs dans des quartiers réservés, était très limitée, du fait de l'éducation maintenue en vase clos et de l'emploi de dialectes différents de la
langue du pays. Tout concourait ainsi à encourager le conser-
vatisme, et si la concentration spirituelle restait vive, elle
demeurait cependant purement interne, et forcément bornée
par un horizon restreint. Il est naturel, d'autre part, que les
brimades incessantes, et souvent fort humiliantes, dont ils

---

82. Paris, 1950, p. 420, n. 43.

étaient l'objet de la part des Gentils, ne disposaient pas les juifs à envisager le sens de leur vocation spécifique par rapport à celle de ceux qui représentaient à leurs yeux « l'humanité ». Au contraire, la rupture de toutes relations humaines entre les juifs et le milieu extérieur, engendrait, sinon le mépris, du moins l'indifférence envers des réalisations dont ils étaient de toute manière exclus. Le « message » du Maharal, sa conception universaliste de la tradition juive, ne rencontraient dans ces conditions aucun terrain favorable ; il devait fatalement rester incompris non seulement de la masse du peuple, mais même par les rabbins, plus enclins à approfondir la tradition selon des méthodes reçues et confirmées qu'à se lancer dans les voies aventureuses ouvertes par l'audacieux Maître de Prague. En conséquence, comme nous l'avons vu, seuls des fragments, généralement empruntés aux parties les plus « édifiantes » de son œuvre, sont alors pris en considération. Mais le débat que le Maharal tente d'inaugurer ne peut s'engager, car personne n'est prêt à en saisir le sens.

A l'inverse, l'émancipation des juifs, à la suite de la Révolution française, devait rapidement ouvrir les vannes de l'assimilation. Eblouis par une culture et un mode de pensée dont des siècles d'intolérance les avaient tenus à l'écart, les juifs, à la sortie du ghetto, oubliaient rapidement leur culture spécifique. Dans leur hâte de rejoindre les rangs de la société et de s'intégrer à tout ce qui était humain, les juifs abandonnaient non seulement leur vêtement distinctif et leur langue particulière, mais également leur culture traditionnelle. A supposer qu'ils n'aient point été rebutés par les difficultés de langue et de style, la synthèse du Maharal ne leur aurait pas moins semblé rejoindre un obscurantisme dont ils avaient depuis longtemps cru devoir dénoncer l'archaïsme. Ayant perdu le sens du fonds culturel qui constituait leur être, ils ne pouvaient plus servir d'interlocuteurs valables dans le dialogue souhaité par le Maharal. Quand à ceux qui conservaient fidèlement l'héritage, on comprend aisément que c'est dans un renforcement des barrières défensives qu'ils se réfugient ; le langage du Maharal ne pouvait leur être d'aucun secours immédiat dans leur lutte farouche pour le maintien de leur authenticité. Ainsi la judaïcité, par les conditions de vie dans lesquelles elle était placée, n'était pas préparée à saisir les conceptions hardies que, par une intuition véritablement prophétique, le Maharal avait formulées à l'aube des Temps Modernes.

La seconde guerre mondiale et la catastrophe qu'elle entraîna pour le judaïsme européen, devaient dissiper les illusions de ceux qui avaient placé tous leurs espoirs dans la lutte pour l'égalité. L'émancipation était à refaire, en tenant compte cette fois des leçons de l'histoire. A partir du particularisme juif, témoigner des valeurs universelles, telle nous semble être la devise du judaïsme moderne ; sans renoncer à l'acquis de l'émancipation, il revendique le droit à la différence. Peut-être aura-t-il fallu, comme l'eut formulé le Maharal, aller jusqu'au cœur de la contradiction entre Israël et les nations, pour saisir, en même temps que leur irréductible opposition, leur nécessaire liaison. Où trouver la signification théologique de ces rapports nouveaux qui s'amorcent, de la confrontation inédite à laquelle le peuple juif semble convié, sinon dans les riches et fertiles analyses du Maharal de Prague ? Qui mieux que lui s'était penché sur les contradictions inhérentes aux relations humaines, qui avait réclamé avant autant d'insistance le droit pour tous les peuples à disposer d'eux-mêmes, et qui avec plus de lucidité avait analysé la dynamique interne de l'histoire juive et fixé sa vocation par rapport à l'histoire humaine ?

Du coup, l'œuvre du Maharal, pensée et mûrie après le désastre de l'expulsion d'Espagne, trouvait au lendemain de cette autre catastrophe qu'était la destruction du judaïsme européen, une nouvelle et, peut-être, première actualité. Pour les rescapés, il devenait évident que leur accession à la culture universelle passait forcément par l'expérience singulière de leur fonds culturel propre, et même les tentatives de synthèse du mouvement de la Haskâlâh révélaient subitement leur inconsistance. La création, au lendemain de la seconde guerre mondiale, de l'Etat d'Israël, s'inscrit peut-être comme l'expression la plus tangible de ce profond besoin du peuple de retrouver les nappes créatrices de son génie culturel, en vue de participer d'une façon valable au grand dialogue des civilisations qui s'amorce. Martin Buber, Nathan Rotenstreich, le raw Kook ne s'y trompent pas : c'est dans le Maharal qu'ils recherchent les sources de cette nouvelle orientation, que l'un d'entre eux appelle « un Tournant » décisif.

Si notre hypothèse s'avérait exacte et si le bouleversement introduit par le Maharal était celui de poser en termes universels le problème de la destinée d'Israël, elle nous permettrait de comprendre à la fois le silence qui l'a entouré durant plusieurs siècles et l'intérêt qu'il suscite actuellement, aussi bien en Israël que dans la Diaspora, chez les agnostiques comme chez les croyants.

A un moment où les civilisations s'aperçoivent, non sans un sentiment d'angoisse, qu'elles sont mortelles, l'expérience vécue par Israël du dépaysement de l'Exil et de la rencontre avec des cultures diverses et multiples, prend figure de symbole et d'anticipation. La méditation sur l'*Eternité d'Israël* nous invite, dans cet esprit, à saisir non seulement le sens du destin d'un peuple, mais encore la signification d'une diversité qui est simultanément prétexte d'affrontement et occasion de dialogue.

PREMIERE PARTIE

ISRAEL
OU L'ORDRE DE LA CREATION

כה אמר ה׳ נותן שמש לאור יומם חוקות ירח וכוכבים לאור
לילה רגע הים ויהמו גליו ה׳ צבאות שמו:
אם ימושו החוקים האלה מלפני נאום ה׳ גם זרע
ישראל ישבתו מהיות גוי לפני כל הימים
(ירמיה ל״א לד—לה)

Ainsi parle l'Eternel, qui établit le soleil
pour la lumière du jour, les lois de la lune
et des étoiles pour la lumière de la nuit,
qui soulève la mer et agite ses flots, Eternel Dieu des armées célestes est Son nom :
*Si ces lois disparaissaient devant moi, parole
de l'Eternel, alors la semence d'Israël cesse-
rait d'être une nation devant moi, pour
toujours.*

(Jérémie, XXXI, 34-35.)

Chapitre I

LES CIVILISATIONS NATIONALES

La réflexion du Maharal sur l'histoire prend son départ dans une analyse détaillée sur la nature et la fonction des nations, conçues comme des unités closes de civilisations diverses. Celles-ci forment la cellule de base de l'humanité, et c'est à travers elles, conçues commes des unités organiques, que s'élabore le processus de l'histoire. Chaque nation est représentative d'un certain nombre de valeurs qui lui sont spécifiques, qui la définissent et qui constituent sa raison d'être. La nature particulière de chacune n'est pas la résultante de son adaptation au milieu géographique, de son évolution sociale ou de ses avatars politiques ; elle lui est conférée selon la loi de l'ordre du monde, loi naturelle voulue par le Créateur. L'essence distincte de chacune n'est conditionnée par aucun enracinement territorial, n'est dictée par aucune évolution temporelle ; bien au contraire, les éléments d'ordre matériel constitutifs de la nation ne s'imposent à elle que dans la mesure où ils répondent à sa nature propre.

L'esprit d'un peuple apparaît non comme la résultante de forces naturelles diverses, mais comme une donnée première qui se définit par son contenu spirituel. L'individualité de chaque civilisation, son originalité, se trouvent affirmées avec netteté, comme présentant un caractère particulier et unique.

C'est ainsi qu'un lien intime rattache la nation au sol : liaison mystérieuse entre la terre et les hommes, qui fait que telle parcelle de l'univers répond mieux que telle autre aux efforts de tel groupe, car « le Saint béni soit-Il a établi chaque nation dans l'endroit qui lui convenait [1] ».

De cette conception de base, le Maharal dégage une véritable charte du droit des nations, qui ne manque pas d'étonner sous la plume d'un auteur du XVIe siècle. Cette période est bien celle où l'idéal médiéval d'une communauté mondiale se heurte à l'éclosion d'Etats nationaux, et au cours de laquelle nous pouvons constater une plus grande diversité des expériences sociales et culturelles. Cependant, avant le siècle de la Révolution française, nous ne trouverons pas, affirmée avec une telle autorité, une déclaration aussi nette des droits des diverses nations et des règles qui doivent présider à leur coexistence.

Chaque nation a droit à un territoire qui lui est destiné de par sa nature et qui constitue son bien inaliénable. Elle peut y vivre et s'y développer suivant les normes de son individualité. Grâce à la correspondance établie entre la nation et le sol le plus qualifié pour développer ses potentialités, la terre protège le groupe et forme l'assise matérielle la plus favorable pour promouvoir sa progression ininterrompue.

D'autre part, toute chose naturelle forme un tout, indivisé, ayant sa place définie dans l'espace. La nation, correspondant elle aussi à l'ordre naturel, se présente comme une unité indivisée, qui ne saurait subir une partition que pour une durée provisoire et passagère. Ses membres ont le droit de se réunir et de se grouper, en vue de bâtir ensemble leur avenir ; rien ne saurait justifier une division arbitraire, un éparpillement contraire aux règles élémentaires de l'ordre de la création.

Enfin, « le Saint béni soit-Il a créé chaque nation pour elle-même [2] », dans une indépendance totale et absolue. Il en résulte pour chacune le droit à la liberté, pour toutes l'égalité. « Aucune nation ne peut en asservir une autre », la réduire en esclavage,

---

1. *N.I.*, chap. I.
2. *Id.*

ou plus simplement restreindre son indépendance ou sa liberté. Quant à l'égalité qui doit régir les rapports entre les nations, elle rejoint une distinction fondamentale établie par notre auteur tout au long de son œuvre, entre la forme — Sûrâh —, et la matière — Hômêr. Comme tous les autres éléments, la nation est un composé de matière et de forme. « Toute nation présente deux aspects, l'un en tant que peuple, et par ce côté elle se rattache à la matière, l'autre en tant que peuple particulier, ce qui la qualifie du point de vue de la forme [3] ». Groupement d'individus, collectivité qui s'affirme dans un mouvement de repli et de protection, la nation porte en elle la marque de la matière. Mais en tant que nation particulière, elle exprime une valeur qui lui est propre, elle représente un principe spirituel, ce qui permettait à Renan de dire qu' « une nation est une âme », et ce que le Maharal définit dans un langage emprunté aux catégories aristotéliciennes, en affirmant que la nation est une forme [4].

Ainsi la vocation spécifique de chaque groupement national n'est que l'expression concrète de l'une des valeurs possibles, et aucune nation ne peut se vanter de les représenter toutes. L'égalité des nations se trouve, de ce fait, inscrite dans l'ordre du monde, et « aucune ne peut légitimement exercer son pouvoir sur une autre [5] ». L'humanité ne se réalise qu'à travers le prisme des diverses nations : chacune, selon sa vocation propre, est le reflet singulier de l'universel, et le perfectionnement de chacune augmente la qualité de l'ensemble de l'humanité.

---

3. *G.H.*, chap. III et *G.A.* sur *Nombres*, XIII, 18.

4. Nous traduisons ainsi un terme qui revient souvent sous la plume du Maharal, aussi bien en ce qui concerne le développement de l'individu que l'histoire des nations. Il s'agit de dispositions particulières innées, « hakânâh », possibilités virtuelles qui doivent s'actualiser, passant de la puissance à l'acte, grâce à l'effort constant et à la durée des personnes et des groupes.

En ce qui concerne les nations, leur « hakânâh » s'exprime et se révèle dans des réalisations originales, au premier rang desquelles il convient de citer la langue (cf. *Netivôt "Olâm*, Netiv haseniût, chap. III), l'organisation juridique (cf. *N.I.*, chap. XI) et naturellement les aspirations religieuses (cf. *B.H.*, 7ᵉ puits et *infra*, p. 82).

5. *N.I.*, chap. I.

Il est remarquable qu'aucun des impératifs qui conditionnent la formation des nations, le territoire, l'unité nationale, l'indépendance, ne soit lié, dans la pensée du Maharal, à un contexte politique. La constitution de la nation autour de l'Etat ne lui semble pas une condition nécessaire à son affirmation et à sa réalisation. Cette remarque prend toute sa valeur si, comme nous y invite Martin Buber [6], nous comparons la conception de notre auteur à celle de ses contemporains : Machiavel, Calvin, Grotius. Quoique divergents sur de nombreux points, tous les trois s'accordent à reconnaître la liaison entre la nation et l'appareil politique qui l'incarne comme essentielle.

Machiavel (1469-1527), mort dans les jeunes années du Maharal, voit la raison d'être de toute société, le ciment de sa cohésion interne, dans son unité politique. Témoin attentif et conscient des événements de son temps, il s'applique à dégager les conditions qui président à la formation des grandes monarchies et au groupement des individus, dans une société toujours plus étendue et plus puissante. C'est ainsi qu'il prend conscience de l'importance des facteurs géographiques et économiques dans la poussée des Etats vers un Etat plus puissant, capable d'assurer à ses ressortissants une défense plus efficace, dans un cadre plus stable et plus prospère. Aussi portera-t-il toute son attention sur la conduite des Etats et de leur gouvernement, ne considérant l'histoire qu'à travers leurs luttes internes et externes. S'il souligne l'évolution de l'histoire dans une direction définie, s'il s'applique à mettre en relief le lien causal intime qui lie les différentes étapes dans un effort conjugué et suivi à travers les siècles, Machiavel ne donne cependant aucune valeur morale ou métaphysique à cette évolution. Bien au contraire, et dans sa méthode et dans sa pensée, il s'oriente vers une conception positiviste, abordant les problèmes à travers l'histoire comparée et l'observation directe, mesurant toujours le rapport des forces concrètes et ne considérant la société qu'en pensant à l'Etat. Il a ainsi défini l'Etat comme un « objet » politique, auquel l'étude de l'histoire apportera une technique de gouvernement [7].

---

6. *Israël and Palestine*, Londres, 1952, p. 78.
7. Discours livre I, chap. XXXIX, in Machiavel, *Œuvres complètes*, La Pléiade, Paris, 1952.

Rien d'étonnant, dès lors, si ses analyses historiques se concentrent surtout sur les initiatives du Prince, force autonome dans laquelle il aperçoit l'acteur principal, sinon exclusif, de l'histoire. Pour le Maharal, se sont les nations et les peuples, dans leurs diversités respectives, qui font l'histoire, non en vue de la suppression de leurs caractères spécifiques dans le but d'une augmentation de leur bonheur matériel, mais dans le maintien absolu des valeurs particulières, qui constituent — à elles seules — leur raison d'être et le fondement de leur participation à l'histoire universelle. La notion, nettement dessinée chez le Maharal, de l'interdépendance des nations, est de ce fait totalement ignorée par Machiavel : chaque Etat, organisme indépendant, poursuit sa propre vie selon l'instinct naturel de son égoïsme. D'autre part, la poussée des Etats vers une concentration plus structurée, n'introduit qu'un changement provisoire dans l'équilibre de l'univers, car « le monde reste toujours immuable [8]. D'où une conception statique de l'histoire sur le plan de l'évolution morale, une attitude généralement pessimiste, dues, croyons-nous, au fait de sa représentation « finie » de l'Etat, considéré comme un but en lui-même.

Calvin (1509-1564), nourri aux sources de la Bible et respectueux de la Loi de Dieu, se rapproche naturellement davantage de la position adoptée par le Maharal. Bien qu'il soit difficile de discerner chez lui une conception générale de l'idée de nation, il importe cependant de souligner l'importance qu'il accorde à l'élection, par la Providence, d'entités collectives. « L'Eglise, c'est l'ensemble de tous ceux qui sont élus par la Providence de Dieu [9] », élection qui a pour principe la pratique de la Loi, dont l'histoire du peuple hébreu demeure la meilleure illustration. Les fidèles, dans le cadre de la collectivité élue, ont en conséquence une mission religieuse à remplir, qui dépasse les impératifs de la société civile. La doctrine de Calvin semble donc poser la primauté d'une vocation spirituelle de la collectivité, mais il convient de remarquer que cette voca-

---

8. Discours livre II, chap. i.
9. *Institution chrétienne*, p. 266, Paris, 1911.

tion ne peut s'épanouir qu'à travers les institutions d'un Etat souverain. Il est vrai qu'une telle attitude est directement inspirée de l'exemple de la société biblique dont l'exigence de justice s'étend à l'ensemble des rapports sociaux et englobe même tous les rouages de l'Etat. C'est à l'intérieur de l'organisation politique que les revendications éthiques trouvent leur incarnation et leur possibilité concrète de vérification. Mais en avançant le postulat que tout pouvoir venait de Dieu et exprimait la volonté de Dieu par rapport aux citoyens de la cité, Calvin acceptait par avance la possibilité d'une séparation du politique et de l'éthique. Il justifiait ainsi l'autorité pour elle-même et conférait à l'Etat une valeur exagérée, qu'il est loin d'occuper dans la pensée du Maharal. Restreignant la liberté du citoyen à la seule liberté de conscience — seule absolument inaliénable — Calvin ne prônera-t-il pas la soumission inconditionnelle au Prince, qui demeure — même injuste et tyran — le bras de la justice de Dieu ? Bien que subordonnant l'Etat aux exigences de la Parole, la haute importance accordée au gouvernement séculier semble marquer la distance qui sépare la conception de Calvin et celle du Maharal.

Hugo Grotius (1583-1645), âgé de vingt-six ans à la mort du Maharal s'est attaché dans son ouvrage *De jure belli et pacis,* à définir les droits particuliers des nations [10]. A l'opposé de rabbi Liwa, il se refuse à fonder ces droits sur la Providence, et souligne au contraire l'indépendance de la loi naturelle par rapport à la volonté divine. Le droit naturel découle de la nature raisonnable de la société humaine. Grotius est ainsi amené à mettre en relief l'existence d'un lien social fondamental, en dehors duquel l'individu ne saurait se concevoir. Cette sociabilité essentielle de l'homme ne coïncide nullement avec le lien étatique : le collectif ne s'identifie pas à l'Etat. Sur ce point précis, Grotius rejoint le Maharal, en se démarquant par rapport à la pensée antique. Mais d'un autre côté, il rappelle que la souveraineté nationale est l'émanation essentielle de l'unité du

---

10. Grotius connaissait les théories politiques des penseurs juifs. Il cite explicitement Abarbanel dans *De jure belli et pacis*, livre I, chap. I, § 6.

peuple, en dehors de toute influence extérieure et transcendante. S'il avance les principes d'un droit international, il y souligne fortement la souveraineté des Etats particuliers, et reconnaît à l'existence politique de la nation une valeur certaine. La perte de la souveraineté nationale signifierait la disparition même de la nation.

Ces trois penseurs, qui illustrent des tendances divergentes du siècle de la Renaissance, s'accordent cependant, quoique avec des nuances, à identifier nation et Etat. Ils ne sauraient imaginer une existence nationale poursuivie en dehors d'un cadre politique organisé, en dehors des limites territoriales. Ils portent leur intérêt et leur réflexion surtout sur le statut politique de l'Etat et sur les rapports qu'il doit entretenir avec d'autres collectivités, au détriment de l'analyse des qualités particulières qui caractérisent les diverses nations. Le Maharal, au contraire, tout en n'ignorant point que l'Etat peut contribuer efficacement à l'épanouissement de toutes les virtualités nationales, n'englobe pas la politique comme valeur constitutive de la nation. Sans doute peut-on penser que cette attitude correspond au souci du Maharal de tenir compte de la situation du peuple juif en Diaspora : exilé de son pays, dispersé parmi les nations, asservi et dépourvu de toute influence politique, il n'en demeurait pas moins une nation avec toutes les prérogatives et tous les devoirs qui s'attachent à cette qualité. Nous verrons cependant que cette définition ne répondait pas seulement à l'intention de rendre compte d'une situation de fait, mais qu'elle s'inscrivait dans la ligne profonde de la réflexion de notre auteur. Elle place au centre de ses considérations non l'organisation technique des collectivités, mais leur signification au niveau de la conscience ; elle saisit l'originalité du groupe dans ce qu'il a de plus créateur, dans son vouloir-vivre spécifique, dans sa manière d'être concrète de réaliser l'humain. C'est dans ce sens que le Maharal parle de nation pour désigner ce que nous aurions plutôt tendance de nommer aujourd'hui civilisation. D'ailleurs la mentalité juive associe généralement au terme « âm » (nation) l'expression « weLashôn » (langue), nous suggérant de nous placer, pour saisir l'essence d'une nation, sur le plan concret où elle s'exprime dans son « style » de vie propre. En nous invitant à concentrer notre attention sur cet aspect, le Maharal désirait peut-être nous faire prendre conscience de ce qui engage le destin de toute civilisation, sa survie, ou au contraire son élimination : sa façon concrète de vivre les valeurs qu'elle incarne. La tendance de ne retenir de l'histoire que les événements et les personnalités nous cache parfois les pulsions profondes qui animent en réalité son mouvement. Ce n'est pas seulement ni même principalement, au niveau du pouvoir politique et de l'autorité publique que l'on peut discerner l'orientation de la destinée d'un peuple, mais plutôt dans l'élan et le dynamisme dont fait preuve la majorité de ses membres pour l'actualisation des valeurs qui sont sa raison d'être.

On peut se demander sur quelles sources le Maharal s'appuie pour fonder sa théorie des nations, considérées comme des unités organiques dans leur irréductible originalité.

Il nous semble qu'une réflexion générale sur le judaïsme pouvait suggérer à notre auteur l'idée de la situation centrale du peuple et non de l'individu dans l'histoire. — N'est-ce pas un peuple qui fut choisi par Dieu pour recevoir la révélation de sa Parole au Sinaï ? — En ce moment privilégié, c'est la collectivité en tant que telle qui eut l'expérience du divin ; ce n'est qu'en participant à ce qui le dépasse et l'inclut à la fois, que l'individu se réalise pleinement ; ce n'est que dans le cadre d'un peuple que la justice peut se manifester à travers les institutions dans lesquelles elle s'incarne, dans la réalité quotidienne et concrète des situations les plus diverses ! La notion de responsabilité collective, qui inspire toutes les paroles des prophètes d'Israël et explique la situation historique du peuple juif dans l'union exigeante et impérative de l'Alliance, autant de données susceptibles de suggérer à rabbi Liwa le principe d'un peuple, préexistant et supérieur à l'individu, et exprimant dans la pratique de la vie nationale, l'absolu [11].

---

11. Sur le plan de l'histoire, c'est la nation qui se trouve investie d'une mission de témoignage. D'où l'exigence d'une conduite conforme aux statuts de la Tôrah non seulement pour l'individu, mais encore, mais surtout peut-être, pour les peuples et les Etats. On comprend ainsi l'intervention des prophètes dans les problèmes politiques de

Mais le Maharal a certainement puisé dans les sources explicites de la tradition juive, les éléments essentiels de sa théorie. Conformément au récit de la Genèse [12], la tradition nous enseigne que la division de l'humanité en soixante-dix nations fut une conséquence de l'épisode de la Tour de Babel. Depuis cette dispersion, soixante-dix « princes célestes » — sârim — représentent auprès du Trône divin, les diverses nations [13]. C'est par

---

la nation (en particulier Isaïe), et leur volonté de soumettre non seulement la conduite personnelle du roi, mais encore ses décisions politiques et militaires à la volonté de Dieu.

Le christianisme, en éliminant le rôle de la nation en tant que telle dans l'édification du Royaume de Dieu, proclamait ainsi la liberté du prince. En rendant « à César ce qui était à César », il restreignait la vie morale à l'individu, et détournait par là même l'intérêt envers le progrès moral de la Cité. Il est vrai que l'autorité de l'Eglise s'appliquait à limiter l'autonomie des Etats, d'où les conflits incessants durant tout le Moyen Age. Il est intéressant de noter que la désagrégation de l'Eglise et la crise du christianisme ont régulièrement amené les penseurs à reposer le problème de la mission religieuse de la nation, en s'interrogeant sur le destin particulier du peuple juif. C'est dans ce sens qu'il faut comprendre les recherches de Vico sur la voie historique spéciale du peuple juif, et de Hegel sur la conscience malheureuse, dans son effort pour saisir le sens du passage de la cité antique au monde moderne (cf. Jean Hyppolite, *Introduction à la philosophie de l'histoire de Hegel*, Paris, 1948, p. 25 sq.).

Signalons également que Dostoïevski, qui fut plus que tout autre sensible à la crise du christianisme, s'est fait l'écho de cette problématique dans son roman *Les Possédés* (cf. Buber (Martin), « Les dieux des peuples et Dieu », in *Revue de la Pensée juive*, Paris, avril 1950, n° 3). Ce retour en temps de crise aux sources juives n'a rien d'étonnant. Il nous permet de saisir le point précis de rupture entre le judaïsme et le christianisme. En fixant l'élan messianique sur la personne de Jésus, le christianisme interrompait en quelque sorte l'histoire. Celle-ci se trouvait alors dépouillée de sa signification sociale, elle ne formait plus que le cadre, plus ou moins indispensable à l'actualisation du salut personnel. Celui-ci n'ayant plus rien à attendre dans ce temps et dans cet espace — qui avaient déjà vu la réalisation de la Promesse — se reportait entièrement vers l'au-delà. L'insistance du Maharal sur ce point, dictée par un problème interne au judaïsme, n'est peut-être cependant pas étrangère au désir de se situer par rapport à la doctrine chrétienne.

12. Chap. XI.
13. Cf. *Daniel*, chap. VIII, 15-21.

leur intermédiaire que les peuples sont dirigés dans leur évolution historique, tandis qu'Israël, seul parmi tous, n'a pas de Sâr ; Il est placé sous le gouvernement direct de Dieu lui-même [14]. Nous trouvons déjà cette théorie, reprise par presque tous les commentateurs traditionnels de la Bible, et en particulier par Abarbanel, dans les *Pirqé de rabbi Eliézer*. Ce recueil rapporte au chapitre xxiv, en conclusion à son exégèse sur l'épisode de la Tour de Babel, que « Dieu désigna un ange pour chaque nation, tandis qu'Israël échut en héritage à Dieu lui-même ». C'est dans ce sens qu'il convient d'interpréter le verset du Deutéronome [15], « car le lot de Dieu, c'est Son peuple ». Chaque peuple, sous la conduite de son Prince, exprime sa propre particularité, et incarne un ensemble de valeurs qui constitue sa raison d'être, sa façon unique et originale de participer à l'édification du monde.

Soulignons que, selon rabbi Liwa, la division de l'humanité en nations, bien qu'effectivement réalisée seulement à la suite de l'épisode de la Tour de Babel, était cependant déjà comprise dans le dessein primitif de Dieu dès la création de l'homme. Bien qu'unique, celui-ci contenait en puissance la multiplicité des peuples [16]. La diversification apparaît à notre auteur d'une telle importance qu'il se refuse à admettre cette séparation comme une simple conséquence de la faute des constructeurs de la Tour de Babel. Le projet des nations est inscrit dans la nécessité même de la Création ; leur morcellement ainsi que leur solidarité sont coextensifs de l'ordre du monde. Le seul fait de situer le problème de la nationalité sur le même plan que la création de l'homme elle-même, et de dépasser ainsi la lettre des sources que nous venons de citer, montre la valeur primordiale que le Maharal attache à cette notion, fondement essentiel de sa philosophie de l'histoire.

On a souvent repris et cette dichotomie que la tradition juive établit entre Israël et les nations, et le concept d'esprit particulier incarné par chacune d'elles, aussi bien dans l'histoire de

---

14. Cf. *Zohar*, I, p. 108 b.
15. XXXII, 9.
16. *G.H.*, chap. lxvii.

la pensée juive que non-juive. Un siècle après le Maharal, en effet, un penseur chrétien exprimera à son tour une thèse semblable, et préparera la voie à Hégel. Giambattista Vico (1668-1743) [17], dans son effort pour saisir l'intelligibilité du devenir historique et la loi qui dirige les événements contingents de l'histoire, accorde une valeur primordiale non aux Etats, mais aux peuples et aux nations. Le titre même de son essai : *Principe d'une science nouvelle relative à la nature commune des nations* est significatif à cet égard. Pour Vico, en effet, si la Providence est l'architecte de ce monde, l'homme en est l'ouvrier. L'étude de la formation des groupes sociaux ne relève donc pas de données impossibles à saisir et soustraites à notre investigation, mais constitue au contraire un domaine privilégié pour la science. « Ce sont les hommes qui ont fait eux-mêmes ce monde des nations [18] », affirme Vico, mais il ajoute aussitôt qu'à leur insu, ils développent ainsi des structures qui permettront à l'humanité de préparer la cité idéale, entièrement soumise à la législation de Dieu. Pour lui, comme pour le Maharal, l'humanité ne se réalise qu'à travers des nations particulières, qui développent chacune les idées propres à leur nature. Les deux auteurs exposent un système du droit particulier des nations, dont le fondement se trouve dans la Providence divine. Vico souligne l'importance primordiale du fait religieux dans la sociabilité originelle de l'homme, et voit dans l'acceptation de la religion le ciment essentiel de la nation. « Sans une religion enseignant le culte d'une divinité, jamais les hommes ne se seraient groupés en nation [19]. »

Il est vrai que pour le Maharal, la religion n'est pas seulement l'expression d'un profond besoin de l'homme, mais un appel de la transcendance, de même que la formation de l'humanité en nations n'est pas à mettre au compte de l'activité humaine, mais le résultat de l'œuvre divine. Il n'en reste pas moins que

---

17. Son principal ouvrage, *La science nouvelle*, paraît en 1725 à Naples.
18. Vico (J.-B.), *Œuvres choisies*, publiées par J. Chaix-Ruy, P.U.F., Paris, 1946, p. 179.
19. *Id.*, p. 34.

la compréhension générale du développement de l'histoire, à partir de ces points divergents, est très semblable chez les deux penseurs. Certains repousseront même la réserve que nous venons de formuler et se refuseront à considérer la pensée de Vico comme une philosophie de l'immanence, estimant que « les divers dieux (forgés par les hommes), sont comme la préfiguration et la représentation grossière de ce Dieu unique, autour duquel se grouperont un jour les nations dans une commune aspiration [20] ». Il est en tout cas remarquable que non seulement Vico, à l'instar du Maharal, parle de « l'humanité des nations », mais encore établit la distinction entre le peuple hébreu et les nations païennes [21]. Il a parfaitement reconnu la spécificité d'Israël, en mettant en relief le privilège de son élection. Sans doute s'agit-il, dans la pensée de l'auteur chrétien, de l'Israël primitif qui, d'après lui, trouvera son épanouissement dans le christianisme, tandis que rabbi Liwa n'établira aucune distinction entre l'Israël actuel et l'Israël historique [22]. Cependant le relief que Vico donne à cette distinction, la place qu'elle occupe dans l'économie générale de sa pensée, autorisent, croyons-nous, la comparaison entre les deux auteurs. Nous essaierons de montrer, dans la suite de notre étude [23], que ces points communs et la volonté affirmée des deux penseurs de remonter du fondement des nations, des principes universels et nécessaires qui permettent leur formation et leur subsistance, aux principes de la science ou de l'ontologie, aboutiront à une conception presque identique de leur philosophie de l'histoire.

20. Chaix-Ruy (J.), « Pour le bicentenaire de J.-B. Vico », *Revue de Métaphysique et de Morale*, 1945, p. 223.
21. Cf. Chaix-Ruy (J.), *Vie de J.-B. Vico*, Gap, 1943.
22. Nous relevons ce point en nous fondant sur une note de M. Chaix-Ruy (Vico (J.-B.), *Œuvres choisies*, p. 24). Cette distinction nous semble en effet justifiée par le ton général de l'œuvre de Vico et son attachement aux dogmes chrétiens. Mais en toute rigueur, à ne considérer que les termes précis du texte de référence, on ne remarquera aucune restriction ni aucune distinction entre l'Israël actuel et l'Israël historique : « les Hébreux dès le début s'élevèrent, *et depuis se maintinrent*, guidés par les pratiques d'une justice éternelle ».
23. Voir *infra*, p. 98, n. 37.

L'influence du Maharal, mais très certainement aussi celle de J.B. Vico, est très sensible dans l'œuvre du philosophe juif Naḥman Krochmal du XIXᵉ siècle (1785-1840). Dans son *Guide des égarés du temps présent,* rejoignant consciemment ou non, les théories développées par Vico, Krochmal, en se fondant d'autre part explicitement sur les textes de la tradition juive et en particulier sur le principe des sârîm, affirme que chaque peuple possède un esprit national, une faculté maîtresse à laquelle toutes les autres sont soumises et qui constituent son génie spécifique. Chaque peuple a pour tâche de développer cet « esprit particulier » — « Rûḥâni prâtî » —, étant entendu qu'une fois sa mission accomplie, il devra céder la place. Toutes les nations obéissent ainsi à une évolution identique : formation de l'esprit national, apogée et finalement dissolution. Cette loi ne s'applique point cependant à Israël, qui n'est pas soumis à un esprit particulier — sâr — mais au « spirituel absolu » — Rûḥânî kelâlî — unique et éternel [24]. Il échappe ainsi, grâce à son lien avec l'absolu, à la loi de la disparition et connaît un renouvellement et une renaissance perpétuels [25].

Remarquons en passant que la tradition juive ne condamne

24. *Môré nevûké hazemân,* porte VII ; édité par Rawidowicz, éditions Ararat, Londres, 1961.

25. Rawidowicz (Simon), *Kitvé Naḥman Krochmal,* éd. Ararat, Londres, 1961 (Introduction, § 3), nous met en garde contre la tentation de confondre la théorie des nations selon Krochmal et la conception hégélienne du Volksgeist. L'identité de la formulation ne doit pas nous cacher la différence de signification que les deux auteurs donnent aux termes employés. Pour Hegel, par le jeu de la dialectique, un peuple ne peut pas parvenir deux fois à réaliser son idéal national : parvenu à son apogée, il doit immanquablement disparaître. Or Israël, selon les dires de Krochmal, n'est point soumis à cette loi des peuples.

D'ailleurs le concept même de « spirituel absolu », affirme Rawidowicz, doit être compris chez Krochmal comme synonyme du Dieu d'Israël, dans une conception identique à celle que les philosophes juifs du Moyen Age se faisaient de la « cause première ». Krochmal définirait donc l'esprit absolu en lui-même, sans aucune référence aux esprits particuliers, et en dehors de toute opposition avec ceux-ci. De plus, le spirituel absolu ne serait pas une unification des contraires ; il s'imposerait à l'homme et n'en serait point une émanation.

Si Rawidowicz souligne à juste titre la primauté des sources juives

nullement l'attachement des nations à leurs sârîm respectifs
et aux valeurs qu'ils ont mission d'incarner et de défendre ;
chaque peuple a un rôle spécifique à jouer, chacun à travers

---

dans la pensée de Krochmal, il nous semble cependant qu'il n'attache
pas suffisamment d'importance à la tonalité générale de sa pensée.
Celle-ci reste fortement imprégnée de l'enseignement de l'idéalisme
allemand du XIXe siècle.

Tout d'abord, il semble bien que, pour Krochmal, chaque nation
élève sa propre particularité au niveau de l'absolu : elle adore son
prince et se transforme elle-même en idole. Israël, se refusant à
faire de ses facultés suprêmes son idole, ne se prosterne que devant
l'absolu. Comme le remarque très justement Buber : « ce n'est pas
Dieu qui est le point de départ mais l'homme » (Buber (M.), « Les
dieux des peuples et Dieu », in *Revue de la Pensée juive,* avril 1950,
n° 3). Les « sârîm » ne seraient donc que la représentation toute
subjective que chaque peuple se donne de ses facultés maîtresses,
alors que dans la pensée juive, ils sont l'expression d'une réalité
objective voulue par Dieu. Quoique la notion de « spirituel absolu »
soit peu claire dans la pensée de Krochmal, on est en droit de se
demander si nous ne nous trouvons pas ici aussi devant un choix
subjectif du peuple juif : se refusant à se considérer lui-même
comme l'absolu, il adorerait l'absolu en tant que tel. Krochmal
remettrait ainsi en question les fondements mêmes de la Révélation,
qui nous semblent résider dans l'appel que la transcendance lance
à l'homme, par opposition à la « découverte » humaine de Dieu.

Nous sommes confirmés dans notre point de vue par le fait que
la position de Krochmal reste purement intellectualiste. L'absolu
demeure chez lui une idée métaphysique qui ne s'incarne jamais en
une personnalité, s'adressant personnellement à l'homme.

Si sur ce point il nous est impossible de suivre Rawidowicz, il
nous semble par contre que c'est à juste titre qu'il souligne la
conception génétique et non dialectique que Krochmal se fait de
l'histoire. L'évolution des nations selon la loi des trois âges est une
évolution naturelle, et il est vrai qu'il recherche plutôt la suppression des contraires et leur retour à la source de l'Unique. Remarquons cependant que la distinction entre Israël et les nations occupe
une place importante dans la pensée de Krochmal : l'ensemble du
chapitre VII de son œuvre y est entièrement consacré. S'il n'érige
point explicitement cette opposition comme étant un élément moteur
de l'histoire, c'est qu'il n'a peut-être pas tiré toutes les conclusions
qu'impliquaient ses positions de base. En effet, comment comprendre
l'exception que constitue Israël au milieu des nations ? La survie
d'Israël s'expliquerait par son adoration de l'absolu : face aux
nations qui se prosternent devant leur propre entité, et encourent
ainsi une mort certaine, Israël échappe au jugement de l'Histoire

le prisme de sa personnalité exprime une part du divin. Réfraction imparfaite, partielle, mensongère, dans la mesure où elle se veut exclusive, parfaite et fidèle, mais semble-t-il, réfraction utile et nécessaire sur le plan de l'histoire globale de l'humanité, jusqu'à ce qu'éclate dans sa limpide transparence la lumière irradiante de Dieu. Le Maharal, en considérant les nations comme l'expression particulière — et partielle — de l'universel, en reconnaissant à chacune son autonomie et son indépendance, nous semble — avec plus de précision que Krochmal — se placer dans la ligne de la tradition juive la plus authentique, la plus exigeante avec elle-même et la plus tolérante à l'égard des autres valeurs.

D'autre part, bien avant Hegel, nous pouvons voir le Maharal avancer l'idée d'un *Volksgeist*, de l'esprit, de l'âme d'un peuple.

---

grâce à sa foi dans l'absolu. Mais le peuple, en tant que tel, est-il vraiment resté fidèle à ce principe, non seulement dans sa pensée mais dans sa vie ? Israël a-t-il toujours servi l'absolu ? Et celui-ci est-il toujours demeuré tel ? Israël n'a-t-il pas succombé à la tendance « de transformer en absolu son entité nationale » ? (Buber, *op. cit.*).

Ces questions prennent d'autant plus de relief que Krochmal assigne à Israël la mission d'enseigner aux peuples de se plier devant l'absolu et non devant leurs génies nationaux érigés en dieux. Israël, par l'exemple de sa vie, peut-il honnêtement prétendre être ce pédagogue des nations ?

L'histoire nous oblige peut-être à reconnaître qu'Israël a surtout présenté aux nations sa « nuque roide » et le témoignage négatif de sa mission. Comment rendre compte alors de la pérennité d'Israël ? Pourquoi ce peuple n'a-t-il pas été entraîné dans le cycle des nations? Quel est donc le mystère de sa constante renaissance ?

Nous chercherions en vain une réponse à ces problèmes dans l'œuvre de Krochmal. Considérant d'une façon trop abstraite la tâche d'Israël, et ne poussant pas jusqu'à leurs conséquences ultimes ses hypothèses de départ, il n'a pas réussi à élucider la question de la survivance d'Israël.

Parti de données identiques, mais respectant plus scrupuleusement la lettre et l'esprit des textes, le Maharal, deux siècles auparavant, avait pourtant indiqué des éléments de réponse (cf. *infra*, p. 149 sq.). Krochmal, qui connaissait l'œuvre du Maharal (il le cite : *Môré nevûké hazemán*, porte XIV, *op. cit.*) et appréciait son exégèse des textes du Midrash, avait méconnu l'apport de l'auteur de *l'Eternité d'Israël* à la compréhension du problème de l'existence d'Israël.

Comme lui, il pense que la religion est la manifestation primordiale d'une nation, l'aspect essentiel de son génie propre [26]. Comme lui encore, il posera le primat des facteurs spirituels sur les forces naturelles dans la constitution du peuple. C'est le même souci de la recherche de l'esprit concret, de l'insertion de l'éthique dans l'organisation objective de la société, qui amènera les deux auteurs à la conception que l'humanité ne se réalise qu'à travers les divers peuples, à travers les réalités vivantes des multiples civilisations. Nous avons dégagé plus haut les sources qui ont pu amener le Maharal à sa conception du *Volksgeist* ; quant à Hegel, on a essayé de voir l'origine de sa théorie dans l'influence qu'aurait exercée sur lui la lecture du *Contrat social*. Il aurait été frappé par l'idée de Rousseau de fonder la société sur la base de la « volonté générale » du groupe, volonté qui se manifeste comme un idéal transcendant par rapport aux aspirations individuelles, lors de la genèse de l'acte d'association sociale.

Nous serions tenté de rechercher le point de départ de la pensée de Hegel dans sa méditation de la Bible, et dans sa réflexion — dès les travaux de Berne — sur le « destin » du peuple juif. C'est là que Hegel, à travers les choix, les crises et les échecs des individus privilégiés d'abord, du peuple élu ensuite, découvre l'inadéquation de l'action et de l'être, qui projette le destin, révélation extérieure d'une vocation intime et profonde. Le philosophe d'Iéna est longuement revenu sur ces travaux, dans ses analyses de l'histoire du peuple juif depuis Abraham jusqu'à la domination romaine. Bien que la volonté collective qui fonde l'esprit d'un peuple soit, pour Hegel, plutôt une manifestation immanente des aspirations profondes de la nation, tandis que pour le Maharal, l'âme d'un peuple est le reflet des principes spirituels imposés au groupe par la volonté transcendante du Créateur, cependant pour les deux auteurs la

---

26. Maharal : « Seule la religion différencie les nations ». *B.H.*, chap. VII. — Nohl, *Hegels theologische Jugendschriften*, Tübingen, 1907 : « La religion privée forme la moralité de l'homme individuel, mais la religion d'un peuple — ainsi que les circonstances politiques — forment l'esprit d'un peuple » (p. 27).

conception du peuple comme une individualité distincte est à l'origine de leur vision dynamique et historique de l'univers. Nous touchons ici à une idée fondamentale de la pensée du Maharal, qui sera à la base de sa philosophie de l'histoire, de la même façon que pour Hegel, l'affirmation de l'incarnation de l'éthique dans la vie d'un peuple est le point de départ de sa conception dialectique de l'évolution de la communauté humaine. La situation particulière que le Maharal reconnaîtra au peuple d'Israël, introduira une notion de valeur qui semble absente de la théorie de la négativité et de la contradiction chez Hegel, et orientera l'histoire autour d'un point fixe, d'un axe central, source perpétuelle d'une éternelle renaissance.

Nous devons donc rechercher quelle sera la vocation particulière du peuple d'Israël ; sur quel thème privilégié exprimera-t-il sa participation à l'universelle symphonie des nations?

A cette question, rabbi Liwa, après avoir souligné avec force l'égalité qui devait s'établir dans les rapports entre les nations sur le plan des relations politiques, répond en mettant en relief les différences spirituelles fondamentales qui séparent l'histoire d'Israël de celle de toutes les autres nations. Pourquoi cette distinction et pour quel motif le destin d'Israël est-il soustrait aux lois qui régissent l'évolution de toutes les autres nations de la terre ?

CHAPITRE II

ISRAEL ET LES NATIONS

OPPOSITION : La « *forme* » *et la* « *matière* ».

Si toutes les nations, en tant qu'unités organiques individuelles, participent à la fois de la matière et de la forme, *Israël* n'échappe point à cette loi générale de tous les éléments créés. Cependant, le Maharal introduit une différence fondamentale en soulignant que certaines nations ont une attirance particulière pour la matière, alors que d'autres, et essentiellement Israël, tendent vers la forme, vers l'intellect, vers le spirituel. Certains peuples sont portés vers la violence, le débordement des sens, la débauche ; Israël, par contre, se complaît dans la miséricorde, la retenue, la pudeur. La matière se caractérise par la multiplicité et la fluidité : exposée à tous les chocs, elle épouse indifféremment tous les aspects. A plusieurs reprises, notre auteur insiste sur l'instabilité et la mobilité de la matière, qui dans la Bible est symbolisée par l'eau[1]. La forme, au contraire, est l'expression de la recherche de l'unité, de la rigueur et de la fermeté.

Ainsi la naissance d'Israël se déroule sous le signe de la « Sortie des eaux » : Moïse, le Sauveur d'Israël, sera « retiré des eaux[2] », les Egyptiens, ennemis et oppresseurs d'Israël,

1. *G.H.*, chap. 14 et 18.
2. *Exode*, II, 10.

périront dans les flots[3], tandis que pour les enfants de Jacob, les eaux se diviseront et formeront une muraille à leur droite et à leur gauche[4].

Le développement d'Israël est en effet la lente maturation d'un peuple, dont toute l'essence consiste à tendre vers une séparation radicale avec la nature et la matière et vers une identification toujours plus parfaite avec le monde du spirituel et du métaphysique. Non seulement toutes les qualités du peuple d'Israël portent la marque de cette aspiration vers l'absolu et de cette ténacité dans la voie du dépassement, mais ses défauts eux-mêmes sont encore le témoignage de la fidélité, de la constance, de la fermeté. Israël n'est-il pas ce « peuple à la nuque roide[5] », dont l'entêtement, pour répréhensible qu'il soit, trahit cependant une certaine force et un certain courage ? Les autres nations portent, jusque dans leurs qualités, l'emprise que le monde de la matière exerce sur elles. Elles sont « promptes au repentir », car malléables et inconstantes, elles subissent avec souplesse toutes les fluctuations[6].

La nature d'Israël est donc bien distincte de celle des autres peuples : tandis que ces derniers se laissent envahir par la matière et par le monde physique, Israël conserve intacte sa « Sûrâh » — sa forme, son aspiration métaphysique —, afin que celle-ci ne s'absorbe point jusqu'à disparaître dans le — Hômer — dans la matérialité. On le voit, il ne s'agit pas de nier ou de minimiser la place et le rôle de la matière, mais de la soumettre au principe spirituel, de la subordonner à la Sûrâh, qui doit conserver sa perfection sans se laisser altérer. L'affranchissement de la matière et le maintien de la Sûrâh dans sa plénitude, exigent une recherche permanente d'équilibre dans laquelle le Maharal aperçoit le propre de la tâche de l'homme. Ne peut être qualifié d'homme que l'individu « qui ne tend point exagérément vers la matière[7] ». Or les nations,

---

3. *Exode*, XIV, 28.
4. *Exode*, XIV, 21 et 29.
5. *Exode*, XXXII, 9, XXXIII, 3, 5, XXXIV, 9; *Deutéronome*, IX, 6, 13.
6. *G.H.*, chap. 44 ; *N.I.*, chap. 14.
7. *G.H.*, chap. 44 ; *N.I.*, chap. 15.

en tant qu'êtres collectifs, ne réalisent point cet équilibre : chez elles, la matière prime la forme, et elles ne parviennent pas à se dégager de l'impureté du monde physique. Israël, au contraire, est « séparé de la matière » : celle-ci n'est pour lui que le support indispensable pour permettre à l'intellect de se « poser », sans que pour autant elle puisse revendiquer pour elle la première place[8]. Lorsque l'équilibre est rompu au profit de l'un des deux éléments, on peut, affirme le Maharal, réduire l'ensemble à l'élément majoritaire.

Aussi, dans le cadre d'une vision globale des principes qui définissent les relations entre les nations, rabbi Liwa estime-t-il, sur les conclusions des analyses précédentes, que les diverses nations relèvent du H̲ômêr — de la matière, tandis qu'Israël participe de l'ordre de la S̲ûrâh — de la forme.

Ce monde et le monde à venir.

Séparé de la nature, distinct de la matière, quelle va être la situation d'Israël dans le monde ? Celui-ci n'est-il pas l'univers de la nature et de la matière, où tout nous invite à la capitalisation et au confort, à la stabilité et au bien-être ? Comment concilier la nature particulière du peuple juif et sa présence dans un univers si contraire au sens intime de sa vocation ?

De fait, conclut le Maharal, ce monde ne peut convenir à Israël. Ce peuple ne trouvera la réalisation totale de ses qualités que dans le « monde à venir », pour lequel il est réservé. Ce monde-ci ne correspond pas à ceux qui se veulent véritablement « hommes », à ceux qui, comme Israël, ont le souci permanent de leur « équilibre » et dont toute l'essence est de dépasser le monde de la matière. Monde de la multiplicité et de la confusion, monde du mouvement et de la tension, le « ʾôlâm hazé », ce « monde-ci », s'oppose au « ʾôlâm habâh », au « monde à venir ». Ici, tout se cherche et se prépare, rien n'y a trouvé sa place définitive ni son arrangement final, tout y est provisoire et sujet à révision ; là, tout est calme et repos,

---

8. *T.I.*, chap. I.

les éléments épars se fondent dans l'unité, et toute la création est parvenue à sa perfection. Si ce « monde-ci » correspond bien à l'implantation terrestre des « nations », qui inscrivent dans la pierre leur angoisse devant la fuite des jours, le « monde à venir » est réservé à ces « bâtisseurs du temps », qui se refusent obstinément à voir, dans la transformation matérielle de l'univers, le but ultime de l'existence humaine.

C'est dans cette perspective que notre auteur examine [9] un Midrash extrait des *Pirqé de rabbi Eliézer* [10], dans lequel, suivant une typologie généralement admise dans la littérature midrashique, Esaü représente les nations du monde tandis que Jacob est le symbole d'Israël. Commentant le verset « Vends-moi, dès ce jour, ton droit d'aînesse [11] », le Midrash nous raconte :

> Lorsque Jacob et Esaü furent dans le sein de leur mère, Jacob dit à Esaü : Deux mondes s'offrent à nous, ce monde-ci et le monde à venir. Dans ce monde nous pouvons manger, boire, commercer, prendre femme, engendrer des enfants, dans le monde à venir ne s'applique aucune de ces normes. Veux-tu prendre ce monde et m'abandonner le monde à venir ? suivant la parole de l'Ecriture « Vends-moi, dès ce jour, ton droit d'aînesse ». A cette heure, alors qu'ils se trouvaient dans le sein de leur mère, Esaü nia aussitôt la résurrection des morts, en s'écriant : « Voici que je vais mourir ! A quoi bon pour moi le droit d'aînesse [12] ? » Alors Esaü prit sa part dans ce monde tandis que Jacob attend sa récompense dans le monde à venir.

Jacob et Esaü « s'entrechoquaient [13] » dans le sein de leur mère, car ils représentaient deux principes contraires qui ne peuvent cohabiter dans un même univers. L'un est lié à la sainteté, l'autre tend vers l'impureté et la débauche. Certes, poursuit le Maharal, on comprend le sens de leur lutte, car chacun des deux désirait avoir en partage les deux univers, le « ”ôlâm

---

9. *N.I.*, chap. 15.
10. Chap. 35.
11. *Genèse*, XXV, 31.
12. *Genèse*, XXV, 32.
13. *Genèse*, XXV, 22.

hazé » et le « ” ôlâm habâh », car « les deux ont été conçus
pour l'homme », mais il est impossible, d'après l'ordre de la
création, que les deux « contraires » puissent se réaliser en
même temps dans un cadre spatial identique. Les « mains
d'Esaü » bâtissent le monde tandis que la « voix de Jacob »
lance l'appel vers d'autres temps et d'autres espaces qui ne
peuvent être conquis par la violence, à la pointe de l'épée. La
lutte pour le droit d'aînesse concrétise donc la volonté de
Jacob vers l'aspiration du « second monde », du monde spirituel de la perfection, séparé de la matière. Esaü affirme hautement la primauté du « ” ôlâm hazé », il nie la résurrection des
morts, confine l'homme dans les limites de l'univers spatial, en
lui refusant les perspectives d'un perfectionnement moral qui
pourraient le faire déboucher sur un monde nouveau. Celui-là
seul correspond, selon Jacob, à la dimension profonde et véritable de l'homme, à sa destination ultime.

Aussi les nations se sont-elles installées à demeure sur la
scène de l'histoire. Parées de tous les atouts de la puissance
temporelle, foulant aux pieds tous ceux qui entravent ou retar-
dent leur marche orgueilleuse et triomphale, elles enfoncent
leurs racines jusqu'au centre de la terre. Car cette terre est la
leur ; point n'est besoin d'aller à la recherche d'une terre promise. Esaü se sent « accompli » — shâlêm — parfait dans ce
monde-ci, et ce n'est pas un hasard, souligne le Maharal[14], si la
valeur numérique de « êsâw » égale celle de shâlôm, paix[15]. Les
nations n'acceptent-elles pas ce monde de la confusion et de la
dualité, de la guerre et des conflits, comme un monde « normal » ? Ne pactisent-elles pas avec des civilisations fondées sur
la violence, le fer et le sang ? Ce monde-ci n'est point en
« paix », s'écrie Israël ! Il ne le sera qu'à la fin des temps, et il
nous appartient de le mener vers l'unité et la félicité. L'histoire
d'Israël est un dramatique refus des conditions d'existence de
l'univers, une protestation pathétique contre une paix fondée sur
l'élimination d'autrui, une exigence radicale de rétablissement
de l'unité.

---

14. Derûsh leshâbât hagâdôl.
15. La valeur numérique d' ” êsâw et de shâlôm = 376.

Alors qu'Esaü se sent arrivé, installé, solide, c'est boiteux [16] que Jacob se présente au milieu des peuples. Boiteux, c'est-à-dire insatisfait et incomplet ; entre lui et le monde il y a un hiatus essentiel [17], une distance. Non que la nature ou la matière soient mauvaises en elle-mêmes, mais il convient de rejeter avec force leur suprématie. Aussi longtemps que les hommes n'auront pas réussi à s'affranchir de la matière, jusqu'à renverser même l'immutabilité des lois de la nature, Israël se présentera dans le monde en protestataire. Tout en lui témoigne de cette exigence ultime, de ce dépassement nécessaire, de cette nostalgie d'unité.

Adam, explique le Maharal, fut un homme dans la totalité de son être : il disposait à la fois du « sélém » et des « malbûshîm », de l'image de Dieu et des vêtements. Du « sélém [18] », c'est-à-dire de ce que l'homme a de plus secret et de plus intime, de l'âme, de cette force obscure qui l'appelle vers l'indivisible, l'arrache à la multiplicité et le pousse vers la voie de l'unification d'un monde, placé par la création sous le signe d'une dualité essentielle. Des « malbûshîm [19] », des vêtements dont Dieu a revêtu l'homme après la faute, c'est-à-dire de tout ce qui est extérieur et superficiel, de tout ce qui permet de cacher à l'autre sa nature véritable, de tout ce qui par conséquent permet à l'homme d'augmenter la confusion et le désordre. Car si le « sélém » place l'homme devant l'interrogation de sa propre destinée, les « malbûshîm » supposent un tiers et imposent la recherche d'une coexistence sociale et la construction d'un univers qui n'est plus orienté dans le sens de la verticale, mais qui se déploie dans la dimension horizontale. Adam se définissait donc par une double relation qui le rattachait ainsi à Dieu et au monde. De l'homme ainsi unifié, Esaü, suivant le Midrash [20], a hérité les « malbûshîm », les honneurs et la gloire, tandis que Jacob reçut en partage le « sélém », la mission de poursuivre la tâche unificatrice de l'homme. Pour le premier, il n'y a aucun décalage

---

16. Cf. *Genèse*, XXXII, 32.
17. *N.I.*, chap. 16.
18. Cf. *Genèse*, I, 26, 27.
19. Cf. *Genèse*, III, 21.
20. *Genèse Rabba*, 63.

entre lui et le monde, les limites de celui-ci dessinent le cadre de son activité. Pour le second au contraire, l'impératif d'un perfectionnement continu, une tension perpétuellement entretenue vers la nécessité d'un « accomplissement » — d'une hâshlâmâh — montrent à l'évidence son inadaptabilité et son inadéquation fondamentale au monde.

En résumé, on peut dire que le Maharal fait une distinction catégorique entre la nature d'Israël et celle des autres nations : Israël est lié à la forme, tandis que les nations peuvent être assimilées au principe de la matière. Israël, n'ayant pas réalisé sa perfection — le point ultime auquel il peut légitimement aspirer étant donné sa nature — est réservé pour le « monde à venir », tandis que les nations parviennent à leur plénitude et au développement de toutes leurs qualités dans ce monde-ci.

CONFRONTATION : *L'Union des contraires.*

Pour soutenir cette analyse, il nous faut à présent définir les modalités qui régissent les rapports entre Israël et les nations. Nous avons vu le Maharal, dans un premier mouvement, dissocier nettement la forme et la matière, Israël et les nations, ce monde-ci et le monde à venir. Et certes, nul n'a mieux campé la figure d'un Israël séparé des peuples, animé d'une vocation particulière, nul n'a insisté avec plus de force sur l'antinomie des deux principes et sur l'incompatibilité de leur suprématie simultanée dans un même moment de l'histoire. Mais nul n'a mieux compris et personne n'a exposé avec une telle profondeur leur coexistence nécessaire.

Les contraires, en effet, procèdent d'une même cause unique : ensemble ils réalisent l'achèvement du tout. Tout élément créé, étant un effet par rapport à la cause, porte en lui une imperfection fondamentale — un hisârôn. Création implique par conséquent multiplicité et diversité, séparation et antinomie. La Tôrâh, nous fait remarquer le Maharal, fait débuter le récit de la Genèse par la lettre « bêt », dont la valeur numérique est deux, afin de souligner que la dualité est inhérente à la création. Sous le contraste des extrêmes, il faut discerner un état de ressemblance : ne s'opposent que les choses de même espèce, à l'intérieur d'un même genre [21]. Le jour et la nuit, le noir et le blanc, forment un couple antithétique, parce que ces notions s'opposent sur un fond de ressemblance : le temps, la couleur. On ne saurait établir les mêmes associations entre le jour et la chambre, le doux et le noir, car ces notions ne comportent aucun élément commun de comparaison. On comprend ainsi que les contraires procèdent l'un de l'autre et que leur coexistence nécessaire découle des lois mêmes de la création. Les deux extrêmes sont complémentaires et forment ensemble la trame de la réalité concrète, dans son parfait achèvement. Reprenant à la suite du Midrash [22] les paroles de Job [23] : « Qui fait sortir d'un être souillé, un homme pur ? N'est-ce pas l'Unique ? », rabbi Liwa interprète ainsi la filiation d'Abraham fils de Têrâh, celle d'Ezéchias fils d'Ahâz, la naissance d'Israël au milieu des nations, et la succession du monde-à-venir, faisant suite à la vie de ce monde-ci. C'est l'Unique, Dieu, qui unifie l'ordre des existants, car étant la cause première, il assure dans le mouvement de la création d'abord, dans celui de l'histoire ensuite, la filiation et la coexistence des contraires. « Plus les extrêmes sont éloignés l'un de l'autre, plus ils sont aptes à procéder l'un de l'autre [24] » : ce principe très général a une application universelle, car « même le mal procède de l'Unique ».

Et de fait, il est impossible de réduire la pensée du Maharal à un dualisme du type cartésien. S'il prend un soin extrême de séparer la forme et la matière, cette distinction n'est valable d'une façon absolue que sur le seul plan des essences. Car la « sûrâh » ne se révèle que par ses manifestations matérielles, elle n'atteint sa perfection qu'en informant la matière. Et celle-ci, à son tour, ne parvient à sa nature complète et véritable, à sa destination précise, que par l'apport de la « sûrâh », qui lui confère la perfection de son genre.

----

21. *G.H.*, chap. iv.
22. *Nombres Rabba*, chap. xix.
23. XIV, 4.
24. *G.H.*, chap. v.

« Hasûrâh hi sûrâh lahômer [25]. » Nous ne croyons pas trahir la pensée de notre auteur en affirmant que plus l'union est parfaite, plus l'ensemble peut être estimé comme se rattachant à la forme [26]. Dans le composé concret chaque élément conserve son indépendance, mais accomplit la fonction qui lui convient exactement selon l'ordre des choses établi par le Créateur.

C'est dans cette perspective que l'on peut comprendre l'existence simultanée de ce monde-ci et du monde-à-venir, la coexistence d'Israël et des nations. De même que les contraires se complètent pour réaliser l'existant dans sa totalité et dans sa perfection, Israël et les nations forment ensemble le genre humain [27]. Quelle que soit la valeur d'Israël sur le plan de l'essence, son apport à l'histoire serait nul sans la présence des nations.

C'est à partir de cette bipolarité que se développe ce que nous croyons pouvoir appeler la conception dialectique de l'histoire du Maharal [28]. Pour lui, comme pour Hegel, le point de départ

---

25. *G.H.*, chap. IV.
26. Cf. *G.H.*, chap. 43.
27. *B.H.*, chap. V.
28. L'ensemble de la pensée du Maharal est charpenté selon une vision dialectique qui s'attache, pour chaque chose, à découvrir le terme contradictoire et à surmonter la contradiction par la synthèse d'un troisième terme. A. Neher, dans *Le Puits de l'Exil (op. cit.)*, a parfaitement décelé les grands axes de la « théologie dialectique du Maharal », en retrouvant à travers toute son œuvre la perpétuelle tension des structures polarisées du monde. C'est en suivant les lignes de clivage de cette dialectique, en accentuant la contrariété des termes opposés, que A. Neher découvre chez rabbi Liwa la synthèse conciliante et plénifiante du « émtsa ». Il la retrouve, non comme un moyen-terme mais comme un dépassement, constante exigence et réalité métaphysique, aussi bien dans son éthique, sa sociologie, que dans sa théorie de la connaissance.

L'intuition centrale du Maharal nous semble résider dans une saisie de la mobilité des choses et de leur changement, et dans la recherche de la modalité et de la finalité de cette perpétuelle évolution. Elle introduit dans son œuvre non seulement une formulation dramatique des problèmes et une analyse des processus de l'évolution, mais surtout l'amène à scruter dans leur profondeur l'être de l'homme et la nature des choses.

La réalité vue sous l'angle de l'histoire, la haute conscience de l'importance du temps dans l' « ordre du monde », constituent à

demeure le peuple, la nation. Rejetant l'idée d'une humanité abstraite et insaisissable, Hegel voit dans la nation l'incarnation concrète de l'esprit universel. Il s'applique, surtout dans ses écrits de jeunesse, à discerner le destin historique des peuples,

---

notre sens les fondements de tout le système du Maharal. Tout naturellement, nous retrouverons les notions essentielles de la « théologie dialectique », analysées par M. Neher, dans la philosophie de l'histoire, non comme une application d'une vérité générale à un fait historique singulier, mais comme la prise de conscience initiale d'une expérience existentielle, étendue à l'ensemble du savoir théorique. C'est bien en ce sens que nous sommes en présence d'une véritable philosophie de l'histoire dans laquelle non la logique abstraite, mais « l'ordre du monde » voulu par le Créateur, se révèle à travers des événements apparemment divers et disjoints. Il ne s'agit donc pas pour le Maharal d'expliquer l'histoire à la manière dont la science s'efforce de rendre rationnel le réel, mais de déchiffrer certains aspects généraux de l'évolution et de dégager un sens global d'orientation.

Un premier exemple nous est fourni par un thème dans lequel nous nous plaisons à reconnaître la pierre angulaire de la doctrine juive, et auquel le Maharal donne une formulation originale et un relief particulier : la coexistence des contraires.

La contrariété est signe de progrès, de développement et de relation. C'est pourquoi le Maharal affirme sous forme de « théorèmes de l'antithèse » (*Puits de l'exil, op. cit.*, p. 175 sq.), les deux principes suivants : « l'union est impossible entre les identiques » et « une chose n'existe qu'à partir de son contraire ». Or, il est significatif pour notre propos que les exemples apportés par le Maharal sont tous développés à partir de thèmes historiques, employés de façon typologique. C'est Abraham qui naît en Chaldée ou Israël qui se développe au milieu du peuple le plus distinct de lui, l'Egypte. Les contraires s'opposent comme Israël et les nations, comme l'unité et la multiplicité, mais cette distinction a sa source dans un fond de ressemblance qui unit tous les peuples en Dieu.

Une seconde illustration, bien plus probante encore pour la prééminence du souci de la valeur de l'histoire dans l'œuvre du Maharal, nous sera fournie par son analyse de la notion de vérité : la conquête de la Vérité par l'homme, la possibilité pour lui d'aller à la rencontre de l'absolu grâce à une lutte incessante, est exemplairement expérimentée par l'histoire d'Israël (cf. *infra*, p. 216 sq.) et la situation particulière du peuple juif en exil.

Ce n'est pas un hasard ou un simple artifice d'exposition littéraire si la tradition juive d'une manière générale et le Maharal en particulier s'appuient constamment sur des exemples bibliques pris comme « types ». C'est que cette manière de s'exprimer était plus

à saisir à travers les manifestations extérieures leur intériorité profonde, à pénétrer le sens de leurs vocations. Chaque nation ne présentant dans son individualité qu'un aspect de la totalité, l'histoire sera la dialectique des peuples. La réflexion du Maharal se dessine selon un schéma identique. Toutefois, ainsi que nous l'avons souligné, en vertu de la distinction radicale qu'il a établie entre la vocation du peuple d'Israël et celle de toutes les autres nations, la tension dialectique ne s'exercera point entre les différentes nations, mais entre Israël et tous les autres peuples, considérés globalement comme un des termes de l'opposition.

Essayons de saisir ce mouvement de l'histoire à travers un exemple privilégié, que le Maharal développe, à son tour, mais selon une optique bien différente de celle adoptée par Abarbanel dans son commentaire sur le même texte [29].

S'appuyant sur la vision de Daniel [30] et sur l'interprétation rabbinique de ce passage [31], rabbi Liwa considère l'action des nations à travers l'apogée et la chute des « quatre royaumes ». La Babylonie, la Perse, la Grèce, Rome enfin ont successivement amoindri, puis ruiné et détruit la royauté d'Israël. Ils représentent, sur le plan de l'histoire politique et morale, l'imperfection fondamentale de la création, l'élément qui annihile la présence de Dieu dans l'univers, qui empêche Sa gloire de se répandre et s'oppose par conséquent à Israël dont le rôle et la fonction se situent aux antipodes.

Le pouvoir passe d'un royaume, d'une forme de civilisation à l'autre, jusqu'à l'établissement définitif du royaume de Dieu.

---

apte qu'aucune autre à rendre et la signification et la tonalité d'une doctrine qui était, au premier chef, non une philosophie de la connaissance mais une philosophie de l'histoire.

Forme et fond s'unissent ici harmonieusement pour souligner, en écho à la tradition biblique et rabbinique, le sens de la recherche du Maharal : à travers les dualités constitutives du réel retrouver la voie de l'Unité.

29. Voir *supra*, p. 37 sq. Voir en particulier *Nér Miswâh* et *N.I.*, chap. XVII, XVIII et XXI.

30. *Daniel*, chap. II.

31. *Genèse Rabba*, II, 5.

Chacune de ces quatre nations traduit, dans la ligne ascendante de son apogée, le succès du principe spirituel dont elle est représentative, et sa chute survient, non comme le pensera Hegel au sujet des nations en général, parce qu'elle exprime imparfaitement cet aspect de l'universel, mais au contraire parce qu'elle adhère totalement à un principe imparfait.

On se souvient que dans une première vision, Daniel se représente les royaumes sous l'aspect des parties du corps d'une statue à forme humaine. La tête est d'or pur, la poitrine et les bras d'argent, le ventre et les cuisses d'airain, les jambes de fer et les pieds en partie de fer, en partie d'argile[32]. Le Maharal, comme Abarbanel, lie cette vision à celle d'un autre songe de Daniel[33], dans lequel le prophète voit apparaître quatre grands animaux. Un lion avec des ailes d'aigle, un ours qui tient trois côtes entre les dents, un léopard avec, sur le dos, quatre ailes d'oiseau, et un quatrième animal, très différent des précédents, avec de grandes dents de fer. Dans ces animaux, notre auteur reconnaît les quatre royaumes, dont chacun représente une des forces de l'homme. Force de domination, volonté de puissance, lion à ailes d'aigle, tête d'or, la Babylonie fonde son empire en écrasant la présence divine sur la terre, en réduisant en cendres le sanctuaire du Dieu Un. La Perse se caractérise par sa voracité, sa gloutonnerie, son goût de la richesse et du luxe : elle correspond à la substance corporelle de l'homme, matière opaque et lourde, dont la pesanteur l'attire vers la terre. Le léopard à ailes d'oiseau symbolise la vigueur de pensée, l'agilité d'esprit des Sages de la Grèce. Grèce, mère des lettres et des arts, dont la sagesse s'oppose à la révélation éthique de la Tôrâh et que le tranchant des raisonnements de ses philosophes situe au niveau de l'intellect chez l'homme. Rien d'étonnant à ce que le heurt entre Athènes et Jérusalem se soit manifesté, non dans les batailles sanglantes, mais dans un antagonisme irréductible entre deux civilisations. Mais, souligne notre auteur, aucune de ces forces distinctes, Néfesh (force vitale), Gûf (corps) et sêkêl (intellect) ne constitue l'homme. Il faut, suivant la suggestion de Maïmo-

---

32. *Daniel*, chap. II.
33. *Daniel*, chap. VII.

nide (Introduction aux huit chapitres), les grouper dans une unité substantielle. C'est à celle-ci que semble correspondre le « malkût rebîî », le quatrième animal, très différent des précédents et qui se manifeste par une rage destructrice pour tout ce qui lui résiste, une expansion irrépressible, une volonté de régner et d'occuper à titre exclusif la scène de l'histoire. Toute son énergie tendra à réduire et à supprimer la force d'Israël.

Nous sommes ici en présence d'une saisie de l'homme dans sa dimension politique et historique. Les « Bêtes », ce sont les nations dans leur volonté de falsification, dans leur orgueil de puissance. Lion, ours ou léopard, à travers la diversité des régimes, nous trouvons la monstrueuse stabilité d'un pouvoir qui semble ruiner l'essence de l'homme dans son fondement. Violence dévastatrice, inhérente à toute politique qui développe sa « grandeur » selon les normes démesurées de sa passion. Abus de la tyrannie qui, dans le vertige de sa folle et arbitraire puissance, est tentée d'ignorer toute limite. C'est le quatrième empire qui monopolise à la fois toutes les ressources, monstre totalitaire qui détient tous les moyens et qui dicte toutes les options, dont l'opposition à Israël sera la plus violente et la plus inhumaine. Cependant ces quatres « bêtes » disparaîtront pour laisser la place, à la fin des Temps, au royaume d'Israël symbolisé par l'Homme [34].

Cette analyse nous permet sur un exemple précis, de constater la différence d'interprétation d'Abarbanel et du Maharal : tout ce qui chez le premier s'intégrait dans les faits de l'histoire vécue, passe chez le second au niveau d'une explication abstraite et générale. Elle nous permet aussi de mettre en relief la similitude, sur ce point, entre la pensée du rabbi de Prague et celle du philosophe d'Iéna. Nous verrons par la suite que ce point de départ commun divergera vers des conclusions radicalement distinctes, mais il est intéressant de souligner que les deux auteurs se rejoignent dans quelques affirmations fondamentales de base. Il apparaît clairement que les nations, dans la diversité de leurs civilisations, expriment un aspect de l'universel, et que

---

34. *Daniel*, VII, 13.

l'antagonisme né de cette pluralité ne se résoud que dans l'histoire. Les essais du Maharal pour expliquer les événements « selon l'ordre du monde », nous semblent trouver leurs parallèles dans la pensée de Hegel, suivant laquelle « l'histoire est une théodicée [35] ».

La distinction établie par notre auteur entre Israël et les nations n'est que la traduction, sur un plan particulier, de cette constatation commune à rabbi Liwa et à Hegel, que les contraires ne trouvent leur « repos » que dans le tout.

Pour le Maharal, l'opposition d'Israël et des nations constitue le fondement de l'histoire de l'humanité. Les différentes civilisations, dans leurs diversités, expriment la multiplicité de ce monde-ci, tandis qu'Israël, qui unifie en lui l'ensemble des valeurs, représente le principe d'unité de ce monde. Aussi les « royaumes » sont-ils au nombre de quatre, chiffre qui symbolise la séparation, la multiplicité, le fini, tandis qu'Israël est unique et présente une affinité particulière pour le spirituel et l'infini [36]. Au centre de l'univers, à égale distance de tous les extrêmes, Israël introduit dans l'histoire une valeur. Il oriente l'histoire, qui sans lui se jouerait sur le plan de la coexistence, dans l'amalgame des nations, n'évoluant dans aucune direction et ne débouchant sur aucune perspective [37].

---

35. E. BRÉHIER, *Histoire de la Philosophie moderne*, Hegel, Paris, 1957, p. 773.

36. *N.I.*, chap. XXI.

37. Nous avons déjà relevé les similitudes de pensée entre le Maharal et J.-B. Vico (cf. *supra*, p. 77), dans lequel on se plaît généralement à reconnaître un précurseur de la philosophie de l'histoire. Le philosophe napolitain nous semble avoir compris dans ses implications profondes — bien qu'il n'en ait point tiré toutes les conclusions — la dichotomie qu'il avait établie entre le peuple hébreu et les nations païennes. Dans une généreuse intuition, il a pressenti que cette distinction ne pouvait être qu'une expression de la pédagogie divine à l'œuvre. Une seule et même Providence fonde le droit divin chez les Hébreux et « instruit dans une sagesse barbare » les peuples païens. Le texte suivant, extrait de l'*Autobiographie* de Vico, développe à ce sujet certaines suggestions pleines d'intérêt et mettent bien en lumière l'importance qu'il accordait à cette question.

« Toujours il (dans son *Autobiographie*, Vico parle de lui à la troisième personne) observe les essentielles différences qui exis-

Pour le Maharal, Israël est cet « 'émsâ" », cet « intermédiaire », dont la fonction, en dehors du Temps et de l'Espace, séparé de la matière, consiste a affirmer une vocation métaphysique, à unifier les valeurs et à tenter cette expérience impossi-

tent en tout ceci entre les Hébreux et les païens ; les Hébreux dès le début s'élevèrent, et depuis se maintinrent, guidés par les pratiques d'une justice éternelle ; les nations païennes au contraire, *dirigées par les décrets absolus d'une Providence éternelle*, sont passées, au cours de leurs développements constants et partout uniformes, par trois espèces de droits correspondant aux trois époques et aux trois langues des Egyptiens : le premier droit fut un droit divin sous le gouvernement du vrai Dieu, chez les Hébreux, et des faux dieux, chez les peuples gentils ; le second fut un droit héroïque ou propre à des héros, il est intermédiaire entre le droit des dieux et celui des hommes ; le troisième enfin est le droit humain, droit d'une nature humaine entièrement déployée pour ainsi dire, et reconnue égale entre tous les hommes; c'est avec ce droit, le dernier de tous, que peuvent apparaître les philosophes qui savent le porter à son plein épanouissement par leur raisonnement, en le plaçant sous la dépendance des maximes d'une justice éternelle. C'est ici qu'ont erré de concert Grotius, Selden et Pufendorff ; l'absence d'une critique appropriée a fait qu'ils ont cru que les fondateurs de ces nations étaient des sages, entendant par là des hommes cultivés, des philosophes ; ils n'ont point vu que la Providence fut, pour les peuples païens, la divine maîtresse qui les instruisit dans une sagesse «barbare», toute vulgaire, dont au terme de nombreux siècles, sortit la sagesse réfléchie ; par suite ils ont confondu le droit naturel des nations, droit dont la source est les coutumes qui expriment les caractères de ces nations, avec le droit naturel des philosophes qui sont parvenus à le définir à force de raisonnements ; et de plus ils n'ont pas su distinguer, en lui reconnaissant un privilège, un peuple élu par Dieu et maintenu par Lui dans le vrai culte, de toutes les autres nations qui s'étaient écartées de la vraie religion. »

(Extrait de *Vita di J.-B. Vico scritta da sé medesimo* (*Autobiographie*), p. 49-54 ; insérée dans le *Recueil d'opuscules scientifiques et philologiques* de Calogera, paru chez Zaoui, à Venise, en 1728 ; Vol. I, p. 145-256. Texte traduit dans *Vie de J.-B. Vico, op. cit.*, par J. Chaix-Ruy, Ed. Jean, Gap, 1943.)

Convaincu que « le monde des nations païennes a été certainement fait par les hommes », préoccupé par la recherche des lois qui président à la formation de ces nations, Vico a orienté ses recherches vers l'étude sociologique des sociétés. Le Maharal, par contre, a concentré son effort sur l'analyse de la société hébraïque, afin de définir avec précision ses caractéristiques et fixer la nature du lien particulier qui l'unissait à Dieu. Nous ne sommes donc point étonnés de retrouver chez les deux auteurs des attitudes de pensée communes, quoique leurs études aient porté sur des sujets différents.

ble et toutefois nécessaire : à travers le monde du multiple et du fini, dégager l'un et l'infini [38].

DIALOGUE : *La vocation prophétique d'Israël.*

Ainsi se précise le destin ambigü d'Israël qui doit à la fois vivre parmi les nations et séparé d'elles, comme il lui faut vivre dans le monde d'ici-bas tourné vers le monde-à-venir, étant ici et déjà ailleurs.

C'est bien cette vocation prophétique qui fixe, en dernière analyse, le plan de clivage entre Israël et les nations [39]. Lorsque le Maharal qualifie la nature d'Israël d' « 'élôhît », il n'est point dans son intention de conférer à Israël une nature sacrée indépendamment de son comportement. Il veut plutôt, croyons-nous, mettre en relief les virtualités qui s'offrent à ce peuple particulier et qui peuvent lui permettre, plus qu'à d'autres, d'accéder au sacré. Il s'efforce de déterminer les conditions à partir desquelles, au-delà de l'emprise de la nécessité, il peut s'élever à la liberté. Sans doute l'homme dispose-t-il, comme l'animal, d'une force vitale qui le pousse à organiser son existence. Mais s'il ne peut se soustraire aux impératifs que lui impose sa condition finie, il est évident que son destin ne peut se réduire à la seule organisation de ses forces biologiques. Les animaux, remarque le Maharal à la suite du Talmud [40], trouvent leur nourriture sans effort. L'homme au contraire, est astreint au travail et à la modification du milieu extérieur naturel. Cette relation entre l'homme et la nature souligne bien le caractère dépendant de l'homme par rapport au milieu, son insertion dans le physique, et nous permet de saisir pourquoi le Maharal voit dans l'homo faber une définition péjorative de la condition humaine. En effet, l'activité qu'implique le travail ne saurait

---

Nous devons être plus attentifs à leur complémentarité qu'à leur opposition, si nous voulons saisir le sens des rapports entre Israël et les nations.

38. Sur la place du « emtsa » dans la philosophie du Maharal, voir Neher (A.), *Le Puits de l'Exil, op. cit., passim.*

39. Cf. *T.I.*, chap. I.

40. *T.B.*, Qidûshîn, 82 b.

se justifier que par son utilité par rapport à nos besoins ; or ceux-ci ont été imposés à l'homme comme conséquence du péché, ils sont le signe d'une dégradation, d'un manque, d'une limitation, et non de l'expression de la vocation profonde de l'homme.

S'il est juste de relever que le travail constitue un moyen de libération de l'homme par rapport à la nature, il nous semble que le Maharal se refuse à considérer ce moyen comme le moyen idéal ; il vise à une libération plus absolue, à un affranchissement total qui éliminerait toute sujétion [41]. Non seulement il dénonce ceux qui voient dans le travail une fin en soi, une justification de la vie, mais encore il aperçoit clairement la portée restreinte de toute libération, fondée exclusivement sur l'activité créatrice de l'homme dans le domaine de la matière,

---

41. Le Maharal revient à plusieurs reprises sur le problème de la valeur du travail, et insiste sur la nécessité absolue pour l'homme de se livrer à une activité laborieuse. Tout d'abord, évidemment, dans le but d'assurer dignement son existence matérielle et ne point tomber à charge de la société. C'est pourquoi, le Sage surtout, le Talmid hâkâm, aura à cœur d'avoir un métier afin d'assurer sa subsistance. Mais bien au delà d'un problème d'utilité sociale, le problème du travail est envisagé par le Maharal comme celui d'une transformation par l'homme de la nature en général et de sa nature en particulier. Définissant l'homme comme un être déficient qui tend vers la perfection, rabbi Liwa voit dans le travail un des aspects de cette loi de l'effort qui résume la vie humaine. Le travail s'oppose alors à la paresse, à l'inertie d'un être qui s'accepte dans son état de nature sans s'engager dans la voie de libération de ses facultés. Le travail peut ainsi assurer l'épanouissement de la personnalité ou, comme l'affirme explicitement le Maharal, constituer une « hashlâmâh », un achèvement et une plénitude pour l'homme.

Mais pour rabbi Liwa, cet effort de libération indispensable reste toutefois incomplet dans la mesure où il ne nous permet pas d'atteindre la finalité véritable de l'homme et de dépasser le stade de l'utilité et de l'instinct. La volonté d'affranchissement de l'homme doit être étendue jusqu'à son ultime possibilité, et nous amener à subordonner le travail à une tension qui puisse trouver en elle-même sa propre finalité.

De cette manière, on comprend parfaitement que le Maharal puisse, d'une part, voir dans le travail un élargissement de la personnalité (D.H., chap. I, 10 et II, 2) et, d'autre part, se refuser à le considérer comme une justification de la vie humaine (T.I., chap. I).

libération dans laquelle l'homme risque de se perdre, par l'enlisement dans la nature. Le travail n'a pas son sens en lui-même, il ne peut être libération qu'en vue d'une fin extérieure. Si travailler est faire, parler c'est se faire, c'est dépasser le niveau du vécu pour accéder à celui de la signification. Dans une formule profonde, le Maharal définit l'homme non par son activité laborieuse, mais par ses possibilités de dégagement, de détachement du travail : l'homme est un être parlant[42]. Qu'est-ce à dire, sinon qu'il dispose d'un recul en face de son œuvre, d'un pouvoir de s'arracher à l'engrenage de la nécessité des choses pour s'élever à une liberté plus radicale. L'homme ne doit pas se perdre dans son activité : son but ultime est au-delà. La Parole, définissant l'homme, le situe à la fois dans son individualité propre et dans son insertion collective, elle nous fait découvrir la dimension universelle de l'homme sans l'arracher à la singularité de sa vie privée et des perversions de la domination. La Parole, et la Parole seule, ouvre à l'homme le sens des relations, le fait émerger de l'inconsistance à l'ordre, de la bête à la condition humaine. Le travail risque au contraire de lui cacher ses véritables perspectives, de le priver d'horizon. Tout travail entraîne en effet un nouveau travail, ouvre de nouvelles possibilités ; aucune œuvre humaine ne résiste au temps, et nécessite en conséquence un incessant investissement de forces. Lié à la matière, le travail participe à l'érosion dûe à l'inertie de la matière : il ne saurait donc résoudre à lui seul le problème de l'affranchissement de l'homme de la nature. Sur le plan de l'économie, en tant qu'être biologique, la lutte de l'homme ne peut déboucher que sur une illusion.

Mais la spécificité de l'homme ne réside point dans cette détermination naturelle et dans cette dépersonnalisation qui nous mène à l'ennui. Contrairement à l'animal, il dispose d'une âme sacrée spirituelle, directement reliée à Dieu et échappant ainsi au conditionnement inhérent à ce monde-ci. Dans la mesure où l'homme se refuse de lier sa fin à sa finitude et s'applique au développement de son âme spirituelle, il échappe à l'asservis-

_____

42. Voir *infra*, p. 184.

sement inévitable de sa condition mortelle. C'est à la satisfaction des « besoins » de cette partie de notre être que répondent les commandements de la Tôrâh, située elle aussi hors de l'ordre de ce monde-ci [43].

En suivant la logique même de ses analyses précédentes, le Maharal montre l'adéquation parfaite entre l'ordre de la nature et la structure de ce « monde-ci » : l'un adhère parfaitement à l'autre. Aussi la réalité naturelle s'applique-t-elle d'une façon identique à tous les êtres : les besoins biologiques sont la chose du monde la mieux partagée. Les qualités spirituelles par contre, et en particulier la vocation prophétique, ne sont point réparties également parmi tous les êtres vivants. Si tel était le cas, ce monde-ci serait en tous points assimilable au « monde supérieur », séparé de la matière et relié à Dieu dans sa totalité. La diversité spirituelle des êtres, comme l'individualité des nations d'ailleurs, est le signe le plus évident que notre existence se déroule dans le cadre de ce monde-ci, dans la tension des contraires, dans la projection de l'histoire.

Israël est la nation qui dispose d'une préparation particulière en vue de la réception du divin. En lui s'épanouit l'âme spirituelle qui l'arrache aux éléments contraignants de ce monde-ci, le dégage de la nécessité naturelle et le hausse au niveau du métaphysique. Ainsi Israël représente non une catégorie particulière d'hommes, mais l'Homme dans sa destination véritable et ultime. Le Talmud n'affirme-t-il pas, parlant d'Israël, « Vous êtes appelés du nom d'homme, mais non pas les autres peuples [44] ? ». La différence entre l'homme et les autres vivants, commente le Maharal, consiste dans la possibilité pour l'homme, grâce à son âme, d'accéder au divin, d'être sensible à la prophétie. Cette aptitude est spécialement développée dans le peuple d'Israël, qui marque une prédisposition remarquable pour la recherche de la sainteté et la culture de l'âme. Il pousse ainsi jusqu'aux plus extrêmes limites les virtualités humaines, il est Adam dans la spécificité absolue de sa vocation, dans l'extension

---

43. Cf. *D.H.*, chap. III, Mishnah, 6.
44. *T.B.*, Yebâmôt, 61 a.

ultime de ses possibilités. Plus que tout autre il confirme d'une manière parfaite le dessein dans lequel il a été créé, le but qui lui a été assigné dès l'origine.

Cette propension vers l'absolu, cette tendance naturelle vers le sacré et cette disposition pour l'inspiration prophétique sont les caractéristiques de la nature d'Israël, nature distincte et antinomique de celle des nations [45].

---

45. Cf. *G.H.*, chap. LXVII :

« Quant à l'objection : toutes les nations n'ont-elles pas été conçues égales dans leur nature — cette objection ne nous semble pas recevable. Car nous ne nous plaçons pas, dans notre propos, sur le plan de la *nature*, mais sur celui des possibilités humaines d'acquérir la « chose divine » ('' inyân 'élôhî) ; cette faculté ne se trouve pas et ne peut pas se trouver identiquement chez toutes les nations. »

Cette différenciation, le Maharal la retrouvera également à l'intérieur même d'Israël.

Cette dernière remarque nous permet de préciser qu'il est impossible d'interpréter la conception du Maharal de l' « élection » d'Israël dans le sens de l'acceptation d'une théorie raciste. Une telle interprétation a parfois été retenue contre Yehûdâh Halévy ou contre le Maharal (par exemple Kleinberger (A.F.), *Hamáhâshâvâh hâpédâgôgît chél HâMaharal Miprag* (*Les conceptions pédagogiques du Maharal de Prague* (en hébreu), Jérusalem, 1962, p. 3, 9 et *passim*). Il est évident à notre sens que lorsque le Maharal parle d'Israël ou des nations, c'est la fonction des groupes organiques qu'il définit, et ses comparaisons visent à nous faire saisir sa pensée à travers des images généralement empruntées à la Bible et interprétées dans le sens de l'allégorie et de l'analogie. Ainsi, opposant les animaux aux oiseaux, le Maharal déclare que le corps des premiers est composé d'une matière plus grossière et plus pesante, de même que le corps des nations est d'une constitution moins délicate que celle d'Israël (*G.A.* sur *Genèse*, XV, 10). Faut-il en conclure que la nature physique des juifs est différente de celle des gentils ? (Cf. Kleinberger, *op. cit.*, p. 40). Pourtant le Maharal précise explicitement : « et c'est pourquoi la prophétie est l'apanage d'Israël et non des autres peuples », démontrant ainsi que c'est de l'ensemble du groupe dont il était question et non de la nature physique de chaque individu. Sans doute, le Maharal affirme-t-il l'existence d'aptitudes différentes, de dispositions particulières suivant les nations, voire l'impossibilité d'échapper à ces données premières (*G.H.*, chap. XLII), mais il se refuse justement à étendre cette prédestination jusqu'à interdire l'entrée des prosélytes dans la communauté d'Israël. Rien n'illustre mieux la position du Maharal sur notre problème que son attitude universaliste envers le prosélytisme. Il partait de textes talmudiques dont on

Nous comprenons ainsi que dans le cadre de ce monde-ci,
Israël et les nations se situent respectivement suivant les normes
de la forme et de la matière. En face des nations, qui jouent
dans l'histoire le rôle de la matière, Israël représente la forme,

---

se plaît généralement à relever le caractère contradictoire (cf. Simon
(Marcel), *Verus Israël*, Paris, 1948, p. 318 sq.). De fait, les opinions
rapportées par le Talmud semblent très divergentes. Elles témoignent
tantôt d'une rude animosité envers la gentilité, tantôt d'un immense
respect envers ceux qui embrassent la loi difficile de la Tôrâh. On
en jugera par la simple juxtaposition des deux textes les plus couramment cités (*T.B.*, Yebâmot 47 b, Qidûshîn 70 b) : « Rabbi Helbô
dit : « Les prosélytes sont aussi pénibles pour Israël que la lèpre »,
et rabbi Eléazar ben Pedat dit : « Dieu n'a exilé Israël parmi les
nations que pour qu'il s'accroisse par les prosélytes. Car il est dit
(*Osée*, 11, 25) : « je la sèmerai pour moi sur la terre ». Sème-t-on
donc une mesure de grains à d'autres fins que d'engranger plus de
blé ? » (*T.B.*, Pesâhîm, 87 b). Si, dans la théorie, le judaïsme n'a
jamais renoncé à sa mission universelle, l'attitude pratique des
rabbins a évolué suivant les nécessités historiques du moment. Il est
certain cependant que jamais les conversions n'ont cessé et que les
deux tendances ont continué à coexister, même durant le Moyen Age
(voir Katz (Jacob), *Bén Yehúdim lagóyim, op. cit.*, chap. XI et XII).
Le Maharal devait forcément se heurter à ce problème, sinon dans
la pratique, tout au moins dans le but d'élucider, au regard de sa
conception générale de la mission du judaïsme, la possibilité accordée par la Loi d'accepter des prosélytes.

Aussi bien Kleinberger (*op. cit.*, p. 41) que Katz (*op. cit.*, p. 149)
soulignent les difficultés rencontrées par le Maharal dans sa recherche
pour concilier sa théorie de la nature particulière des nations et la
possibilité du prosélytisme. A suivre ces auteurs, rabbi Liwa ne
serait pas parvenu à une conception claire et non contradictoire sur
cet « obsédant problème ». Enfermé dans sa conception particula-
riste des nations, selon laquelle la nature du juif et celle du non-
juif sont déterminées et non susceptibles de transformation, il expliquerait la démarche du prosélyte par le fait qu'en réalité il disposait
déjà virtuellement d'une âme juive et que, de toute façon, il ne saurait s'intégrer totalement à la nation juive. Il n'échapperait point à
la difficulté de défendre par ailleurs la théorie de la liberté, alors
que dans notre cas, il accepterait le principe du conditionnement. Il
nous semble au contraire que la pensée du Maharal concernant le
prosélyte ne présente aucune faille et s'intègre parfaitement dans
l'ensemble de ses conceptions. Il suffit pour s'en convaincre de ne
jamais perdre de vue l'originalité fondamentale de cette pensée : dans
le monde de la « création », rien ne trouve sa justification en lui-

la « sûrâh », l'élément central autour duquel tout s'ordonne et
se coordonne, s'oriente, acquiert son individualité et sa valeur.

Israël, forme des nations, cette définition va nous conduire
à approfondir encore la nature de ce peuple particulier et
à préciser la relation entre cette forme et la source de toute
forme, entre Israël et Dieu.

---

même, tout s'explique par son insertion dans un plan dialectique
général.

Ainsi la particularité d'Israël, sa vocation spécifique, ne s'explique
que par rapport aux nations, elle n'a de sens que dans le cadre d'une
aventure humaine, dans un plan général de pédagogie divine. Aussi,
à aucun moment, le Maharal ne ferme-t-il la porte du judaïsme au
prosélyte ; au contraire, il affirme sans ambage : « lorsqu'il s'est
converti, il s'agglomère à la nation juive et en fait partie intégrante » (T.I., chap. I in fine). Il souligne explicitement l'universalité
de la Tôrâh qui, vue du côté de Dieu, de l'Absolu, en dehors du
morcellement de la création, doit s'appliquer à tous : « il en résulte
que c'est précisément la possibilité du prosélytisme qui nous renseigne sur la valeur supérieure de la Tôrâh (D.H., Abôt, V, 22). Sans
doute n'est-il point nécessaire de se livrer à une activité missionnaire : chaque homme peut, à l'intérieur du groupe qui lui a donné
naissance, accomplir sa vocation, c'est-à-dire participer à la vocation
universelle de l'homme. En se rattachant à Israël, il ne modifie pas
fondamentalement l'économie de l'univers, il risque au contraire, par
le dépaysement que lui cause sa situation nouvelle, de pouvoir moins
bien assumer sa condition humaine. C'est pourquoi, refusant la traduction que nous avons proposée ci-dessus de l'affirmation de rabbi
Helbô, le Maharal comprend le terme de « sâpâhât » non comme
exprimant la lèpre, mais un supplément (G.H., chap. XXXII).

Le Maharal élimine ainsi tout ce qui pourrait être blessant pour
la personne du prosélyte, ne retenant dans la pensée de rabbi Helbô
que ce qui concerne la fonction et la finalité de la conversion. Peut-
être n'est-il pas exagéré d'affirmer que, pour rabbi Liwa, la conversion témoigne de certaines dispositions qui viennent à maturité et se
réalisent, mais elle ne constitue pas un critère de valeur morale.
Nous sommes loin non seulement de toute théorie raciste, mais encore
de tout impérialisme spirituel ! C'est donc à juste titre, croyons-
nous, que M. Neher peut écrire (Le Puits de l'Exil, op. cit., p. 87) :
« Les barrières paraissent alors s'estomper entre le juif et le non-
juif », car la pensée du Maharal repose essentiellement sur le fait
qu' « il existe nécessairement un lien organique entre la condition
humaine et la condition juive ». C'est pour avoir méconnu la valeur
capitale de ce lien, dans la lutte qui oppose Israël et les nations, que
MM. Kleinberger et Katz se sont fermé à la compréhension d'un aspect
essentiel de la philosophie du Maharal.

Chapitre III

ISRAEL ET DIEU

Rapport de filiation.

Vivant en marge des lois naturelles, disposant d'une qualité particulière qui l'oriente dans la voie de la sainteté et de la prophétie, Israël est lié à Dieu par un lien intrinsèque, parfait et éternel. Si tous les existants, en tant que créatures, sont en rapport avec Dieu et recèlent des parcelles de sainteté, Israël est uni à Dieu par un lien infiniment plus intime, plus étroit et plus direct. Non seulement Israël est le réceptacle de la Parole, ayant un destin différent de celui de l'humanité, mais le Maharal affirme de plus qu' « il est de l'essence même de Dieu[1] ». Cette essence se manifeste en premier lieu par l'unicité : à l'unité de Dieu répond l'unité d'Israël, l'une témoignant de l'autre[2]. L'Ecriture n'appelle-t-elle pas Israël « fils de Dieu[3] » et pour éviter toute équivoque « fils premier-né[4] » ?

Prenons ces qualificatifs comme le texte nous les offre, dans leur littéralité, pour souligner la filiation directe qui relie Israël à Dieu. Pour relever aussi, et notre auteur y insiste à de nombreuses reprises, l'inamovibilité de ce lien. Fils respectueux ou rebelle, séjournant dans la maison paternelle ou vagabondant

---

1. *N.I.*, chap. XI.
2. Cf. *T.B.*, Hagîgâh, 3 a.
3. *Deutéronome*, XIV, 1.
4. *Exode*, IV, 22.

sur les routes, conservant jalousement le patrimoine familial ou
dilapidant l'héritage, rien ne saurait, jamais, briser le lien qui
rattache l'enfant à son père, Israël à Dieu [5]. Il est vrai, en ce qui
concerne Israël, que cette relation ne s'applique qu'à la collectivité ; celle-ci, en tant que telle, et non les individus qui la
composent, se trouve unie à Dieu par ce lien indissoluble. La
faute et le péché ne sauraient rompre une union, dont il nous
faut rechercher l'origine non dans l'effet mais dans la cause. La
raison d'être d'Israël, c'est-à-dire sa situation particulière dans
l'histoire de l'humanité, n'est pas la conséquence d'une initiative
du peuple, ne dérive pas de la volonté exprimée par cette
nation d'œuvrer dans tel sens ou dans tel autre, mais elle résulte
de la nature même de Dieu. Avant d'approfondir ce point important de la pensée de notre auteur, précisons avec le Maharal non
seulement la nature du lien spécifique qui unit Israël à Dieu,
mais encore la signification et la fonction de cette relation.

SENS D'UNE RENCONTRE.

Nous croyons pouvoir déduire sa pensée d'après le commentaire qu'il donne au Midrash suivant [6] :

> Rabbi Yohanan dit : Rabbi Shimôn ben Yohaï a demandé
> à rabbi Eléazar fils de rabbi Yossi : As-tu entendu de ton
> père une explication au sujet du verset : « Avec la couronne
> dont sa mère l'a couronné [7] » ? Il lui répondit : Oui. —
> Laquelle ? — La chose est comparable à un roi, père d'une
> fille unique qu'il affectionnait par-dessus tout. Il l'appelait
> « ma fille ». Son amour s'intensifiait sans cesse, à tel point
> qu'il l'appela « ma sœur ». Son amour se développa encore
> et il finit par la nommer « ma mère ».
>
> De la même manière, le Saint-béni-soit-Il aimait Israël et
> l'appelait « ma fille », selon le verset : « Ecoute, ma fille,
> vois [8]. » Son amour s'intensifia au point qu'Il l'appela « ma

5. Cf. *T.B.*, Qidûshin, 36 a.
6. *G.H.*, chap. XXIII.
7. *Cantique des Cantiques*, III, 11.
8. *Psaumes*, 45, 11.

sœur », d'après la parole du Cantique des Cantiques[9] « Ouvre-moi, ma sœur, mon amie ».

Son affection augmenta encore et Il la nomma « ma mère », selon le texte de l'Ecriture[10] « Mon peuple, sois attentif ! Ma nation, prête-moi l'oreille ! » Il n'est point écrit « ma nation », mais « ma mère[11] ».

Rabbi Shimôn ben Yohaï se leva, l'embrassa sur la tête et lui dit : « Si je n'étais venu que pour entendre de ta bouche cette explication, cela aurait valu la peine[12]. »

Ce Midrash précise la nature de la rencontre entre Dieu et Israël. Remarquons tout d'abord qu'elle s'engage dans l'amour, c'est-à-dire dans la recherche de deux êtres qui tendent l'un vers l'autre et qui, pour cette même raison, sont distincts l'un de l'autre. Le mouvement qui les rapproche met en relief la distance qui les sépare, sans que nous puissions à aucun moment confondre les deux interlocuteurs dans une seule et même personne. Ce détail prend toute son importance si nous songeons à la perspective chrétienne, suivant laquelle Dieu s'est incarné en un corps. On pourrait être tenté d'accorder au corps d'Israël, dans l'économie de la pensée juive, la place que le Christ occupe dans l'incarnation de la substance divine dans la pensée chrétienne. En situant les relations entre Dieu et Israël sur le plan de l'amour, le Maharal semble bien s'opposer à toute union substantielle, et écarter toute possibilité de considérer Israël comme une incarnation de Dieu.

La progression dans l'intensité de l'amour que Dieu, suivant le Midrash, éprouve pour Israël, nous invite au contraire à situer les partenaires dans la détermination de leurs différences, voir de leur inégalité. Inégalité qui s'exprime dans le rapport de filiation, traduit par l'appellation « ma fille », et

---

9. *Cantique des Cantiques*, V, 2.
10. *Isaïe*, LI, 4.
11. La Massôrâh ne semble point avoir retenu cette version ; elle est cependant couramment admise par le Midrash et par le Zohar. Elle est citée par Rachi dans son commentaire *Cantique des Cantiques*, III, 11 et s'appuie sur la similitude des expressions le'ûmî et le'imî.
12. *Cantique des Cantiques Rabba*, III, 21.

selon laquelle Dieu est la cause de l'existence d'Israël. A ce niveau, un lien de dépendance unit Israël à Dieu, mais il est juste de constater qu'Israël partage ce privilège avec toutes les autres créatures. Quoique Dieu soit plus particulièrement la cause d'Israël, parce que la nature de ce peuple et sa vocation prophétique dérivent plus directement de Son essence que celles de toutes les autres créatures, on ne saurait cependant admettre ce niveau de relation comme constituant une différence significative entre Israël et les nations.

Aussi le Midrash nous invite-t-il à sortir de cette subordination, en la considérant uniquement comme une possibilité de départ vers une union plus équilibrée, où les deux partenaires se rencontrent non dans la sujétion affectueuse qui lie la fille à son père, mais dans la communication du dialogue où, d'égal à égal, le frère et la sœur cherchent à résoudre le problème quotidien de leur coexistence. « Ouvre-moi, ma sœur », ces paroles ne sont plus termes d'obéissance, mais appel à la persuasion, elles ne transmettent point des instructions à un enfant que l'on éduque, mais s'adressent à un être libre, que l'on sait pouvoir vous répondre. Si Dieu, dans une première découverte, nous apparaît sous les traits austères et lointains de la transcendance, nous ne tardons pas, dans une seconde approche, à distinguer son insertion dans le monde des hommes.

A ce niveau, Dieu participe à l'histoire d'Israël : ce peuple, parvenu à sa maturité, se dégage des formes puériles de la soumission, fait l'apprentissage des responsabilités viriles, il devient un interlocuteur valable. « L'effet s'unit à la cause — dit le Maharal —, alors Israël est appelé « ma sœur ». L'amour de Dieu s'amplifie en faveur d'Israël : il ne se présente plus sur le simple plan de l'existence, mais se trouve élevé au niveau du dialogue et de la relation éthique. Tournés l'un vers l'autre, Israël et Dieu, dans une conversation toujours renouvelée, cherchent à résoudre le problème de leur coexistence. A ce stade également, nous distinguons clairement les différences avec la pensée chrétienne. Alors que celle-ci, pour établir la relation entre Dieu et l'homme, efface les différences qui les séparent, réduit la transcendance de Dieu, pousse l'homme dans un mou-

vement d'évasion hors de sa condition vers les sommets de
l'extase, la pensée juive maintient l'homme debout, dans la
plénitude de ses facultés humaines, dans la responsabilité de
l'effort et sans aucune renonciation, devant Dieu, avec Dieu.

ACCOMPLISSEMENT DE L'HISTOIRE.

Si la relation entre Israël et Dieu se trouve ainsi précisée, si
le rapport de filiation s'élargit jusqu'à s'élever au niveau du
dialogue, le Midrash donne cependant à cette participation une
signification plus dynamique. En effet, Dieu appelle Israël
« ma mère », renversant le signe de la causalité primitive. Dans
l'intimité de leur liaison, la cause prend conscience de la nécessité de l'effet. Seule la présence de ce dernier confère à la cause
son caractère créateur, et dans la succession continue des éléments, la situe à l'origine. Ce n'est pas dans une communication
statique, mais dans le déroulement d'une histoire, que s'engage
la rencontre entre Israël et Dieu. La cause et l'effet indissolublement unis par des liens de réciprocité, participent à la même
aventure, sont impliqués dans un même drame qui oriente le
temps selon les coordonnées de l'histoire. Peut-être le Midrash
désire-t-il nous suggérer que la relation d'Israël et de Dieu, axe
central autour duquel gravite l'histoire du monde, traduit en
dernière analyse un devenir de Dieu, devenir que l'action
d'Israël, agissant en conformité avec la volonté divine, est seul
à pouvoir promouvoir ? C'est bien dans ce sens que rabbi
Shimôn ben Yohaï, cette figure originale de la mystique juive,
nous semble avoir saisi la signification de la couronne qu'Israël,
la mère, offre à Dieu, lorsqu'il qualifie cette nation de « seul
peuple digne de la vie de Dieu ».

A travers ce commentaire se dessine la ligne directrice de la
pensée de rabbi Liwa, concernant la nature d'Israël : la destinée d'Israël participe de celle de Dieu, car l'une et l'autre sont
intégrées dans la même histoire. L'histoire des hommes, grâce
à Israël, est une histoire sacrée. Rattaché à Dieu sur le plan de
l'existence, de l'éthique et de l'histoire, Israël se situe au point
central de l'évolution, il est une anticipation de l'humanité. Par

son interdépendance avec Dieu, par sa corrélation avec les nations, Israël occupe une fonction médiane — 'emsaït —, intermédiaire, dans la pleine extension que ce terme revêt chez notre auteur, dans son aptitude à servir d'élément unificateur, de facteur de transition et de germination, dans sa signification éthique et métaphysique à la fois. La dialectique qui oppose et associe Israël et Dieu d'une part, Israël et les nations d'autre part, est la source d'où jaillit l'histoire, vers un avenir qui se projette dans la double dimension de la verticale et de l'horizontale, du ciel et de la terre, de Dieu et des hommes.

Si nous voulons suivre la pensée du Maharal jusqu'à ses conséquences ultimes, nous devons méditer encore sur le motif qui l'a incité, parmi tous les midrashim, à porter son choix sur le nôtre pour expliciter sa conception des relations entre Dieu et Israël. En effet, le symbolisme le plus généralement admis, et fréquemment commenté par le Midrash — surtout dans ses gloses sur le Cantique des Cantiques, d'où notre texte est extrait — est le symbolisme conjugal. Thème favori des prophètes pour suggérer l'amour de Dieu envers le peuple élu, des chapitres entiers de la Bible [13] décrivent cette expérience conjugale, depuis l'éveil de la passion jusqu'à la rupture et la réconciliation, à travers toutes les péripéties de l'union des époux.

Les prophètes, affirme A. Neher [14], y trouvaient une ressource pour exprimer leur conception dramatique du monde, pour illustrer l'alliance entre Dieu et Israël comme une rencontre et une participation dans une destinée historique commune. Cette métaphore leur permettait de souligner la dynamique interne de l'alliance, la modification incessante des relations entre les époux, qui donnaient à l'union un rythme dramatique et l'inséraient dans un devenir. Les périodes d'approche, de tension, de regrets, de désirs, de retour, de fidélité et d'infidélité, de satisfaction et de nostalgie, toutes les nuances de la vie conjugale se prêtaient admirablement à rendre compte, dans un langage

---

13. Voir en particulier *Ezéchiel*, XVI et *Osée*, II, III.
14. Neher (A.), « Le Symbolisme conjugal : expression de l'histoire de l'Ancien Testament », in *Revue d'Histoire et de Philosophie religieuses*, n° 1, 1954.

expressif, des incidents des relations entre Israël et Dieu. Nous avons nous-même retrouvé bien des éléments de ce symbolisme conjugal, dans les métaphores employées par le Midrash analysé par le Maharal, et en particulier, la notion très importante de l'insertion des relations entre Dieu et Israël dans une structure historique.

Cependant dans l'ensemble de son œuvre, le Maharal semble avoir évité de caractériser les rapports entre Israël et Dieu dans le cadre d'une rencontre conjugale : il préfère toujours évoquer cette relation dans la description de l'amour paternel du père pour son fils ou sa fille, ou, plus fréquemment encore, de l'amour fraternel qui unit le frère et la sœur.

C'est croyons-nous, dans le but bien affirmé de mettre en relief un aspect de la nature de cette relation, dont le symbolisme conjugal ne peut rendre compte avec une intensité suffisante. Il importait surtout à rabbi Liwa de montrer l'inamovibilité de cette union, qu'aucun événement ne saurait remettre en cause. Or la vie conjugale, bien que subissant généralement des modifications à l'intérieur d'un amour stable, est cependant amenée parfois à des ruptures brutales et définitives. Sans doute l'amour des premières rencontres doit-il permettre des relations harmonieuses, même si la vie commune connaît par la suite des moments difficiles, mais nul n'ignore — et la Tôrâh elle-même ne nous le cache point [15] — qu'une séparation apparaît quelquefois comme inéluctable. Le lien conjugal, quoique fondé sur l'amour, ne s'accomplit que par la conclusion d'un contrat qui lie les époux selon certaines conditions bien définies, dans le cadre strict des droits et des obligations des contractants. L'association est ainsi l'expression d'un accord mutuel, librement consenti et révocable à la convenance des partenaires.

On comprend que le Maharal, désirant insister sur le caractère indissoluble de la relation entre Israël et Dieu, ait préféré, parmi les images qui servent à décrire cette alliance, celles du couple père-fille ou frère-sœur à celle du couple époux-épouse.

---

15. Cf. *Deutéronome*, XXIV, 1-3.

La terminologie employée rejoint la même préoccupation et reflète les mêmes intentions : au terme de Berit — alliance — généralement utilisé, il préfère Ḥibûr — union — ou Sirûf — fusion —, pour mettre en relief le caractère existentiel et non contractuel de cette union, tout en lui conservant son facteur dynamique, sa projection dans une structure historique. Aucune influence extérieure ne saurait altérer une relation, qui s'incruste certes dans les moments divers et changeants de la durée, mais dont la nature reste identique et constante, fondée sur la nécessité de la construction d'une œuvre commune. Le Maharal s'attaque ainsi à la base de l'argumentation chrétienne qui voyait dans le christianisme non seulement une extension et l'accomplissement du judaïsme, mais aussi une rupture de l'Alliance conclue par Dieu avec l'Israël charnel.

Il ne s'agit donc point, on le voit, entre Israël et Dieu, de la conclusion d'une alliance, d'un rapport établi et fixé, mais d'un engagement continu et constant, d'une coexistence et d'une collaboration, d'un appel et d'une participation.

Dans cette perspective, si nous saisissons parfaitement la nature spécifique d'Israël, le problème du choix de ce peuple, de sa distinction parmi tous les autres groupes humains, demeure cependant entier. Comment s'est effectuée cette sélection et suivant quels critères ? Israël dispose-t-il de mérites particuliers, ou est-il l'objet de la grâce arbitraire du Créateur ? Le choix doit-il être confirmé par les actes ultérieurs de l'élu, ou est-il sans corrélation avec sa conduite postérieure ? Enfin, dans quel but Dieu a-t-Il procédé à cette séparation, pourquoi a-t-Il singularisé ce peuple parmi tous les autres, semblant établir une discrimination parmi Ses enfants ?

Nous essaierons d'élucider ces questions en abordant l'étude des fondements existentiels d'Israël.

L'ELECTION

Nature de l'élection : *Collective et non individuelle.*

L'élection d'Israël, la singularisation de ce peuple parmi toutes les nations de la terre, doit être comprise, selon le Maharal, non comme la conclusion d'un contrat liant la divinité et le peuple élu, mais comme un engagement des deux partenaires dans une aventure historique commune. Le choix d'Israël n'est donc point la conséquence des mérites du peuple, de sa conduite exemplaire et de sa détermination à se consacrer à Dieu, mais résulte simplement de la volonté du Créateur, d'après les lois qu'Il lui a plu d'établir dans l'Univers. Nous verrons par la suite que la volonté manifeste de Dieu de créer le Monde impliquait dans son projet la nécessité du choix d'un groupe privilégié, rattaché à Lui par des liens particuliers et indissolubles. Ce groupe devait être le peuple d'Israël, le peuple des Patriarches. Dieu aurait certes pu porter son choix sur un autre groupe humain, ses caractéristiques n'en auraient pas moins été celles d'Israël, son histoire s'identifierait en tous points à celle du peuple juif. Israël est précisément ce groupe d'hommes que Dieu a singularisé, non dans un geste d'amour gratuit ou dans un mouvement capricieux, mais dans la ligne nécessaire du plan de la Création.

Si la collectivité juive n'accède au rang de nation que dans le creuset de l'esclavage égyptien, les éléments qui lui donne-

ront naissance sont contemporains de la division de l'humanité
en nations, lors du péché de la Tour de Babel. L'histoire
d'Abraham inaugure en effet l'engendrement progressif du
groupe humain, qui prendra nom Israël, et dont la mission prophétique orientera dans une voie nouvelle l'évolution du monde.

En Abraham, ce n'est pas l'individu qui est appelé, son élection est celle d'un peuple et non celle d'une personne ou d'une
famille. Nous ressentons là une différence essentielle entre la
distinction dont furent l'objet Adam et Noé et l'élection d'Abraham. La nature de la relation entre Dieu et Adam ou Noé était
fonction de la situation de ces hommes, de leur attitude psychologique et morale, de leur insertion dans un milieu social
donné, bref du temps et de l'espace dans lesquels ils évoluaient.
Aussi l'appel qui les touche se limite-t-il à leurs personnes ;
leurs enfants ne participeront pas de la même relation, ils ne
transmettront aucun message à leurs descendants, ne se senti-
ront investis d'aucune mission envers leurs contemporains.
Comme la Bible ne saurait envisager le monde sans le dialogue
entre l'homme et Dieu, Adam, Noé et quelques autres privilégiés
se voient interpellés, mais cette révélation reste partielle et
individuelle, à aucun moment elle ne débouche sur le plan de
l'histoire. L'élection d'Abraham, au contraire, est « kelâlît »,
elle concerne un peuple, elle se situe à l'origine d'une lignée.
Elle tient au fait fondamental de la volonté de Dieu, sans lien
direct et intrinsèque avec les qualités de l'élu. Dès les premières
paroles, Dieu fixe à Abraham les perspectives de sa mission :
« Je te ferai devenir un grand peuple[1] », lui signifiant sans
équivoque que la révélation qui lui était faite visait une communauté future, au-delà des limites de sa personne et dans la
promesse d'une réalisation lointaine. Révélation qui dépasse la
finitude subjective de l'individu auquel elle s'adresse pour
s'élever au niveau de l'objectif et annoncer l'histoire d'un
peuple.

---

1. *Genèse*, XII, 2.

Election selon l'ordre de la grâce et non celui du mérite.

L'élection de Noé étant liée à sa personne se trouve de ce fait justifiée au préalable par ses qualités de piété et de justice [2]. Au contraire, souligne avec force le Maharal, l'élection d'Abraham, dépassant les cadres de son individualité, n'est point motivée par la Bible. L'élection s'empare d'Abraham et le saisit dans la brutalité de l'impératif divin : « Va-t'en [2]. » A peine la Bible nous indique-t-elle le nom de son père, de sa femme et de son lieu de naissance ; nous ignorons tout de son passé spirituel, de ses recherches, de ses doutes, de ses certitudes. C'est, précise le Maharal, afin de nous éviter de voir dans les vertus d'Abraham les motifs du choix de Dieu. Choix nécessaire et indépendant de la conduite d'Abraham, de ses actes, de ses exploits, de son passé et de sa foi [4].

Nahmanide, dans son commentaire du Pentateuque, avait également manifesté avec véhémence son étonnement devant le silence du texte, qui semble intentionnellement vouloir nous celer les causes de l'élection d'Abraham : « On ne comprend pas pourquoi le fait de quitter un pays justifie une promesse divine [5]. » Ce silence est d'autant plus frappant que la Tôrâh consacre un chapitre entier [6] afin de nous présenter Moïse, avant son élection, comme aidant les persécutés, recherchant la justice, révolté contre les inquités.

Le Midrash, il est vrai, abonde en récits sur les exploits et les épreuves d'Abraham dès son enfance. Il nous décrit longuement les réflexions d'Abraham sur la Cause première de l'univers, et les luttes sévères qu'il dut mener dans son entourage pour imposer sa conception révolutionnaire d'un Dieu unique et créateur. Jeté dans la fournaise sur l'ordre du roi, il ne dut qu'à un miracle d'échapper au martyre. Ce sont ces manifestations de dévouement à la cause du Dieu unique qui auraient valu à Abraham, selon Nahmanide, l'élection de Dieu.

2. *Genèse,* VI, 9.
3. *Genèse,* XII, 1.
4. *N.I.,* chap. xi ; *D.H.,* chap. v, 3-4 ; *G.H.,* chap. xxiv.
5. Commentaire sur *Genèse,* XII, 2.
6. *Exode,* II.

Maïmonide fut lui aussi très sensible au fait que la Bible ne relate aucun des événements du passé d'Abraham, se contentant de nous indiquer en quelques versets sa généalogie et les noms des membres de sa famille. Dans son ouvrage sur les lois relatives à l'idolâtrie [7], il s'étend sur la description de l'histoire spirituelle de l'humanité jusqu'à l'apparition d'Abraham. Dans le monde hautement civilisé et cependant vulgairement idolâtre de Chaldée, Abraham reconnaît l'erreur de ses contemporains et proclame « le nom de l'Eternel, Dieu de l'Univers », malgré les dangers auxquels il s'expose de la part des prêtres et du pouvoir royal. Il faut souligner que Maïmonide ne tire point argument des mérites d'Abraham pour en faire la cause de son élection et justifier ainsi le choix de Dieu. Sommes-nous cependant autorisé à penser que l'auteur du Guide des égarés, en citant et en développant tous les éléments fournis par le Midrash sur le passé militant d'Abraham, voyait dans la préparation morale et intellectuelle du patriarche les motifs de son élection ? En effet, le philosophe juif subordonne la vocation des prophètes à leur perfection éthique, et voit dans le choix de Dieu une confirmation des qualités morales des élus [8]. La grâce divine, loin d'être arbitraire, viendrait consacrer un effort humain préalable et récompenser une initiative entreprise et menée par l'homme.

Bien que Dieu puisse refuser le don de la prophétie, même à ceux qui s'y sont activement préparés, il n'en reste pas moins qu'une disposition intérieure, morale et intellectuelle, est indispensable pour favoriser le choix de la Divinité. Le passé d'Abraham, ses luttes contre la polythéisme et son combat missionnaire pour répandre l'idée de l'unicité divine, pourraient donc constituer, pour Maïmonide, la préparation indispensable à l'accueil de la prophétie, et justifier ainsi l'élection du patriarche. Cependant Maïmonide affirme par ailleurs que l'élection d'Israël n'était due qu'à la grâce de Dieu et à sa bonté, « qu'à la volonté de Dieu... et au décret de Sa sagesse ». C'est que pour

---

7. *Mishné Tôrâh* : Livre de la Connaissance, 4e partie. Règles sur l'idolâtrie, I, 3.
8. Cf. *Môré Nevûkîm*, chap. II, 32.

Maïmonide, l'élection d'Abraham est une élection individuelle qui l'élevait au niveau de la prophétie, grâce à ses qualités morales et intellectuelles, tandis que l'élection du peuple d'Israël est une élection générale qui ne relève pas des critères qu'il fixe pour l'accession à la prophétie [9].

Pour le Maharal au contraire, l'élection d'Abraham est caractéristique pour le choix d'Israël. Elle illustre d'une façon particulièrement nette que l'élection n'a pas à être justifiée par des critères moraux. Point d'itinéraire spirituel ou de cheminement moral : l'appel vient de Dieu. C'est bien intentionnellement que la Bible fait le silence sur le passé d'Abraham, mais non point, comme le voudrait Maïmonide, pour éviter d'expliciter les croyances idolâtres, mais dans le but de souligner que l'alliance entre Dieu et Israël est une sollicitation de Dieu, une invite non provoquée et totalement indépendante de la volonté de l'appelé. L'ordre s'impose à Abraham, l'empoigne et le dirige : l'appel résonne dans la plénitude de son contenu et le dialogue s'engage à la suite de ce choc initial : nulle recherche, aucune préparation de l'âme, pas d'élévation progressive et par étape, mais une intimité immédiate entre deux êtres qui sont engagés sur une même route, en marche vers le même but. Comme Maïmonide [10], le Maharal affirme donc que le choix d'Israël ne peut être la conséquence des mérites antérieurs du peuple, mais contrairement à lui, il situe ce choix à l'intérieur du plan général de la création et de l'histoire. Il ne découle pas seulement, comme le veut Maïmonide, de ce que Dieu aime ce peuple « et veut respecter l'alliance jurée aux patriarches » ou de Son insondable volonté, mais de la nature même de l'Etre divin et de la structure du monde.

La conception du Maharal se rapprocherait plutôt de celle exprimée par Yehûdâh Halévy dans le *Kûzâri*. Nous y retrouvons la même perspective historique, le même souci d'expliquer la destinée particulière du peuple d'Israël au milieu des nations,

---

9. Maïmonide considère qu'Abraham n'a été investi d'aucune mission. Il s'efforçait de guider ses proches vers sa vérité, par son exemple et son exhortation, sans jamais cependant se présenter comme l'envoyé de Dieu. Cf. *Môré Nevûkîm*, chap. II, 39.

10. Cf. *Epître aux juifs du Yemen, passim*.

la même volonté de rendre compte du sens de cette singularisation en la situant non seulement dans le cadre de l'évolution humaine, mais à l'échelle même de l'univers, du cosmos.

Malgré ces points communs et une façon identique de poser le problème, malgré une tonalité générale semblable des deux thèses, nous devons cependant constater de nettes divergences entre les deux auteurs. Pour Yehûdâh Halévy en effet, l'élection d'Israël est l'aboutissement d'un mouvement de particularisation au sein de l'humanité afin de promouvoir un dépassement qui trouve son expression ultime dans la prophétie[11]. Les éléments créés sont susceptibles, suivant leur genre, d'atteindre quatre niveaux de perfection : l'âme végétative, la force vitale, la raison et la faculté de prophétie[12]. Cette dernière est exclusivement réservée à Israël et confère à ce peuple, non une différence de degré par rapport aux qualités des autres nations, mais une différence de nature. Dès l'origine, Adam fut gratifié de ce don exceptionnel qui lui permettait de donner aux choses sensibles leur signification profonde et véritable. Par la suite, cette faculté échut en héritage à un seul homme par génération, reconnu seul digne d'être le témoin privilégié de Dieu. Hénok, Noé, Sem, ˮEvér, mériteront que s'attache à eux cette qualité particulière qui fait de l'homme un être proche de la Divinité.

Une différence essentielle apparaît avec l'histoire des patriarches : plus que leurs prédécesseurs ils firent pénétrer la connaissance du Dieu unique parmi leurs contemporains[13], mais leur élection reste une élection individuelle jusqu'à Jacob, dont aucun fils n'est rejeté. Désormais toute la maison d'Israël sera « élue », elle devra toutefois prouver par ses actes ultérieurs le bien-fondé du choix de Dieu. L'accession d'Israël à la prophétie semble donc être la réalisation de la promesse faite aux patriarches. Ceux-ci ont bénéficié d'une certaine grâce divine à l'origine, mais par leur ferveur et leur mérite propre ont assuré la promotion de tous leurs descendants. Il est remar-

11. *Kûzâri*, chap. ii, 44.
12. *Id.*, chap. ii, 14.
13. *Ibid.*, chap. iv, 17.

quable que pour l'auteur du *Kûzâri*, l'élection doive constamment être entretenue par l'observance de la Tôrâh [14] et par
le séjour du peuple dans le pays de Canaan [15]. L'accomplissement des commandements divins, qui ne s'adressent qu'à Israël
et à tous ceux qui désirent partager le destin de ce peuple,
est la condition essentielle et indispensable pour le maintien
de l'élection. La terre d'Israël, nécessaire pour l'épanouissement
du peuple et le maintien de la prophétie, ne constitue cependant pas la condition fondamentale de son existence. L'exil —
quoique ne marquant point la fin de l'existence nationale aussi
longtemps que le peuple demeure fidèle aux impératifs de la
Loi — traduit bien une régression de la densité de l'élection.
Ainsi, l'élection d'Israël se situe dans le prolongement de la
création de l'homme, elle est un héritage dont l'origine remonte
a Adam, l'homme parfait.

Pour le Maharal également, la nature d'Israël, nous l'avons
vu, est radicalement distincte de celle des autres peuples. A
l'instar de Yehûdâh Halévy, il voit dans la nature prophétique,
dans le lien particulier qui unit ce peuple à Dieu, son essence
et le fondement de sa mission d'être le témoin de l'absolu. Mais
à aucun moment il ne fait intervenir la notion de mérite : ni
le choix d'Abraham ni la délivrance de l'esclavage égyptien et
l'élection d'Israël ne sont fondés sur les actes de l'élu [16]. Sans
doute le don de la Tôrâh et la fixation du peuple en Terre
Sainte favorisent-ils l'éclosion d'une intimité plus profonde
entre Israël et Dieu, mais l'absence de ces éléments ne saurait
altérer la nature même de l'union qui demeure immuable. La
différence de perspective est nette : l'élection n'est pas dépendante de la conduite de l'homme, elle a sa référence en Dieu.
Vivre dans le cadre de l'alliance ce n'est pas ordonner son
existence suivant des prescriptions — quelle que soit par
ailleurs la nécessité de l'obéissance à la Tôrâh sur le plan de
la vie morale —, mais ressentir tout d'abord, suivant l'heureuse

---

14. *Ibid.*, chap. I, 27.
15. *Ibid.*, chap. II, 12.
16. *G.H.*, chap. XXIV.

expression de Heschel [17], que « l'homme n'est point seul », le divin l'enserre de toutes parts et l'accompagne sur la route de l'histoire.

Au-delà du bien et du mal, l'option est métaphysique avant d'être éthique. On comprend dès lors l'insistance du Maharal à justifier le silence du texte biblique qui introduit l'élection d'Abraham : il précise que le choix n'est pas motivé par la piété d'Abraham, par ses qualités individuelles, mais par le fait qu'il est d'une lignée associée à Dieu. Le Maharal ne refuserait sans doute pas d'attribuer aux patriarches une part de l'héritage spirituel d'Adam, mais il ne saurait voir dans ce legs le tout de l'élection ; Abraham ouvre une ère nouvelle dans l'histoire du monde, en rupture avec tout ce qui précède, comme la lumière tranche sur les ténèbres [18].

Les générations précédentes étaient parvenues à un niveau moral extrêmement bas ; leur existence n'avait aucune densité, aucune réalité. De même que le peuple de Dieu naîtra en Egypte, au sein d'une nation dotée d'une civilisation raffinée mais moralement corrompue, ainsi Abraham apparaît à la suite d'une chaîne de générations n'ayant laissé aucune trace dans l'histoire et dont la signification est négative par rapport à la réalisation du plan divin. Il est, lui, le « début », le « commencement » et représente une réalité nouvelle et essentielle, riche en promesses : figure dont le relief est d'autant plus accusé qu'elle se détache sur un fond de démission, de vanité et de néant [19].

Il manquait à Adam et à Noé une insertion solide dans le monde matériel, qui seule permet un développement harmonieux de la vie spirituelle. Arbres aux branches touffues et aux ramifications nombreuses, mais dépourvus de racines profondes et faiblement ancrés au sol, leurs qualités spirituelles dépassaient leurs possibilités physiques, leur perfection nuisait à leur perfectibilité. Adam disposait certes du sélém, de l'image de Dieu, Noé de la sûrâh, de la faculté du langage qui marque la

17. Heschel (A.), *Man is not alone*, New York, 1950.
18. *G.H.*, chap. v.
19. *D.H.*, chap. v, 3.

distinction entre l'homme et les autres êtres de la nature, mais seul Abraham avait une constitution physique — gûph — adaptée à ses qualités spirituelles. Chez lui se trouvait assurée la possibilité d'une élévation progressive par l'acquisition des plus hautes valeurs sur un fondement solide ; l'intellect « se pose » sur la matière, et pesant sur elle, prend son envol.

Abraham fut ainsi le premier homme, c'est-à-dire le premier être pour lequel la vie représentait une lutte, non dans le but de nier la matière, mais de s'élever au-dessus d'elle, dans un mouvement de progrès permanent.

Le Maharal n'ignore évidemment pas les récits de la Loi orale relatifs aux épreuves subies victorieusement par Abraham, mais il se refuse à considérer son attitude exemplaire comme la cause de l'élection.

L'épreuve, inutile pour Dieu qui connaît parfaitement la réaction de l'élu, ne peut être comprise que par rapport aux autres hommes : elle favorise et assure la traduction en actes de ce qui jusqu'à présent n'était qu'en puissance et ignoré de tous. Les épreuves fournissent à Abraham l'occasion de démontrer à tous sa valeur, de se perfectionner dans la voie de la pureté et de l'attachement à Dieu ; sa conduite sans failles est un exemple pour les nations. L'élection toutefois se situe à un autre niveau, elle trouve en elle-même sa raison d'être, sans aucun besoin de confirmation extérieure [20].

Election métaphysique et non éthique.

La Bible, poursuit notre auteur, affirme explicitement à plusieurs reprises le caractère métaphysique et non éthique de l'élection d'Israël. En effet, le texte précise d'abord « Je serai pour vous un Dieu » et ensuite seulement « et ils seront pour moi un peuple [21] » : l'élection est inconditionnelle et n'est pas liée aux œuvres de l'élu. La relation inverse régit les rapports

20. *Id.*, chap. v, 4.
21. *Lévitique*, XXVI, 12.

de Dieu et des autres nations : seuls leurs actes et leurs mérites les rapprochent de Dieu : « Car qui oserait de lui-même s'approcher de moi ? dit l'Eternel. Vous serez mon peuple et Je serai votre Dieu [22]. » L'obéissance des nations à la morale conditionne leur relation avec Dieu ; la valeur de leurs actes détermine la qualité de l'union. Il n'est donc point étonnant que cette relation soit éphémère et variable, selon la courbe ascendante ou descendante de leur conscience morale. La relation des peuples à l'absolu est fonction de leurs œuvres, tandis que le lien qui rattache Israël à Dieu est d'une essence radicalement différente : il n'est soumis à aucune exigence morale, il porte en lui-même sa raison d'être, sans référence à ce qui lui est extérieur. Aussi bien ce rapport immédiat avec Dieu ne peut-il subir aucune altération, aucun changement : il est aussi immuable que Dieu lui-même. Nous touchons ici à la qualité fondamentale de l'élection d'Israël : elle souligne, aux dires mêmes de notre auteur [23], la « différence principale » entre Israël et les nations.

Il s'agit d'une « élection collective » de tout un groupe, indépendante des actes des individus qui le composent. On comprend dès lors que l'alliance, réalité supra-individuelle, s'étende bien au-delà des personnes qui la « contractent » et englobe tous ceux qui partagent — ou partageront dans l'avenir — le destin du peuple d'Israël : « Et ce n'est pas avec vous seuls que je conclus cette alliance... mais encore avec quiconque se trouve ici présent aujourd'hui avec nous en face de l'Eternel, notre Dieu, et avec quiconque ne se trouve pas ici aujourd'hui avec nous [24] ! » Ayant son origine en Abraham, premier de la lignée, le lien qui unit Israël et Dieu semble éternel et immuable. Le processus de maturation du peuple, qui doit le préparer à assumer ses responsabilités, ne prendra fin que par la délivrance de l'esclavage égyptien. L'exode d'Egypte marque non seulement la fin d'une ère de tyrannie et d'oppression, elle ne permet pas seulement l'acquisition de la liberté physique, mais

---

22. *Jérémie*, XXX, 21, 22.
23. *Deráshôt Maharal* : Derûsh leshâbbât hagâdôl, p. 59, Jérusalem, 1958.
24. *Deutéronome*, XXIX, 13, 14.

elle coïncide avec le dégagement du peuple de la matière —
représentée par l'Egypte dont l'essence se rattache à la matière
— et son accession au niveau de la forme, de la sûrâh, de sa
qualité particulière qui l'unit au spirituel et le place sous la
dépendance de l'ordre métaphysique. Le peuple d'Israël est
désormais prêt à accueillir tout ce qui relève de cet ordre,
et en particulier la Tôrâh, intellect suprême. La Révélation
du Sinaï sera l'étape finale de la formation du peuple.

Si l'on saisit ainsi dans toutes ses nuances la nature du lien
qui unit Dieu et Israël, si nous avons pu suivre l'établissement
de cette « alliance » à travers toutes les étapes de la formation
du peuple, depuis Abraham jusqu'à la révélation du Sinaï, un
problème majeur reste néanmoins sans réponse : quelle est la
cause de cette discrimination ? Pour quels motifs ce lien était-il
nécessaire ? Cette question n'a cessé de préoccuper tous les
penseurs juifs. Yehûdâh Halévy la formule ainsi par la bouche
du roi des Khazars : « N'aurait-il pas mieux valu que Dieu
améliore toute l'humanité ; cela aurait été plus juste et plus
sage [25] ? » Après nous avoir montré pourquoi et comment Abraham et sa descendance furent précisément l'objet du choix de
Dieu, le Maharal va s'attacher à justifier la nécessité de
l'élection.

CAUSES DE L'ÉLECTION : *L'ordre du monde.*

L'élection n'étant point justifiée par les œuvres antérieures
de l'élu, nous devons rechercher sa motivation non dans le
caractère du bénéficiaire — meqabêl — mais dans les qualités
du donateur — nôtén. De fait, Dieu a créé le monde en y instituant un certain ordre nécessaire : la Tôrâh. Celle-ci est « la
forme de tous les existants [26] », aussi bien de celle de l'homme
que de celle de la nature. La signification profonde de l'univers
comme le sens et le but de l'existence humaine, ne s'obtiennent
qu'à travers l'interprétation des normes édictées par la Tôrâh.

---

25. *Kûzâri*, chap. I, 102.
26. *T.I.*, chap. XXV.

Intellect divin suprême, sans aucune attache avec le monde de la matière, soustraite à l'emprise du temps, la Tôrâh est l'ordre du monde. C'est elle, et non le monde sensible qui n'en est qu'un reflet, qui constitue l'essence même des choses[27]. Aussi le Midrash[28] affirme-t-il que Dieu a créé le monde en contemplant la Tôrâh, soulignant ainsi l'antériorité de la Tôrâh par rapport à la création. Celle-ci, en effet, demeura suspendue jusqu'au moment de la révélation du Sinaï, l'introduction effective de la Tôrâh dans le monde marquant l'achèvement de la création de l'univers.

Indispensable au maintien du monde, la Tôrâh, intellect suprême, ne pouvait être accordée qu'à un groupe dégagé de l'emprise de la matière et rattaché étroitement au divin et au métaphysique. D'où la nécessité, en vertu de l'ordre qui est la loi du monde créé, de la formation d'un peuple privilégié destiné à accueillir la Tôrâh et à la réaliser le plus parfaitement possible. Le monde ne pouvant subsister sans la Tôrâh et la Tôrâh sans Israël, l'élection l'Israël découle nécessairement du fait même de la création du monde[29]. La sortie d'Egypte et la révélation du Sinaï marquent l'achèvement de la Création.

Fidèle à sa pensée, le Maharal ne reconnaîtra aucun mérite à Israël d'avoir « accepté » la Tôrâh. Celle-ci lui fut imposée en vertu de sa nature propre et de l'ordre du monde ; elle constitue non un honneur ou une récompense mais une charge. Répondant à l'essence particulière d'Israël, parfaitement adaptée à sa constitution, elle est certes susceptible d'assurer le bonheur de ce peuple[30], mais elle n'avait pas pour but initial de garantir le succès et la félicité ; elle est plutôt une manifestation de la volonté divine, comme « un roi impose ses décrets à ses serviteurs ». Le Talmud nous rapporte en effet que Dieu renversa la montagne sur Israël, en les menaçant et en s'écriant : « Si vous acceptez la Tôrâh, tout sera dans l'ordre,

---

27. *Netîv hatôrâh*, chap. I.
28. *Genèse Rabba*, chap. I.
29. *N.I.*, chap. XI.
30. Cf. *Deutéronome*, VI, 24.

si vous la rejetez, cet endroit sera votre sépulture [31]. » L'acceptation et le don de la Tôrâh ne sauraient dépendre de la bonne volonté d'Israël, de même que la création du monde n'est pas liée à la libre décision de la créature. La Tôrâh fut imposée à Israël en vertu des lois qui régissent la nature : un même déterminisme préside à l'élection d'Israël et à la création du monde [32]. Chaque nation a un rôle particulier à remplir, chacune a une fonction spécifique correspondant à sa vocation propre, et l'on ne saurait modifier l'ordre établi. C'est pourquoi l'ordre de la Tôrâh est en parfait synchronisme avec la nature du peuple d'Israël, et l'imposition de la Tôrâh répond à une sorte d'harmonie préétablie.

C'est dans ce sens que le Maharal explique un Midrash, apparemment contraire à sa thèse, selon lequel Dieu, avant de donner la Loi à Israël, l'aurait proposée aux autres peuples [33]. Chacun la refuse, en découvrant dans la Tôrâh un impératif qui va à l'encontre de ses passions : la race d'Esaü, l'interdiction du meurtre ; les Ammonites et les Moabites, la prohibition de l'inceste ; les Ismaélites, la défense du vol et de la rapine. Seul Israël accepte la Loi avant même de prendre connnaissance du détail des préceptes en affirmant : nous l'accomplirons et nous l'étudierons ! En effet, commente rabbi Liwa, chaque nation réagit suivant les valeurs qui la définissent : la Tôrâh était incompatible avec le génie national, l'esprit particulier des différents peuples. Seul Israël pouvait accepter la Tôrâh, parce que celle-ci répondait à sa vocation et exprimait parfaitement ses aspirations les plus profondes : c'est en participant à cette réalité qui le définit qu'il accède à la liberté la plus totale et se réalise pleinement, à la place et dans la fonction qui sont les siennes dans l'ordre du monde.

En tout état de cause, le Maharal maintient le caractère nécessaire du don de la Tôrâh, et affirme explicitement que l'on ne saurait parler d' « acceptation » dans le cas de la

---

31. *T.B.*, Shabbat, 88 a.
32. Cf. *Jérémie*, XXXIII, 25.
33. Cf. *T.B.*, Abôdâh Zârâh, 2 b.

révélation du Sinaï [34], mais d'imposition par la force, de « viol » et de contrainte [35]. L'alliance n'étant pas laissée à la libre appréciation du peuple ne pourra, pour les mêmes raisons, être rompue par lui. Une fois de plus, le Maharal nous demandera de porter toute notre attention sur le caractère fondamental de l'élection d'Israël : son immuabilité. Le monde régi par la Tôrâh, il n'est pas exagéré d'affirmer que l'univers dépend d'Israël : l'existence du monde, d'après les lois que nous lui connaissons, justifie l'élection d'Israël et rend compte de la nécessité qui lui est inhérente.

La formation de ce peuple particulier loin d'être une action arbitraire ou une simple manifestation de la grâce divine, s'insère dans le plan général de la création ; c'est un phénomène de nature cosmique. Nous sommes en présence d'une vision d'ensemble, qui considère la Tôrâh comme l'ordre du monde et Israël comme le support indispensable pour l'accueillir. Malgré l'originalité de cet essai de résoudre le problème de la singularisation d'Israël au milieu des nations, à ce niveau

---

34. *T.I.*, chap. XXXII.

35. D'après le Maharal, cette situation se maintiendra durant toute la période que l'on pourrait appeler « biblique », celle qui continue et illustre le phénomène « révélation du Sinaï ». Cette période est celle de la prophétie, où la Parole de Dieu ne cesse de surprendre l'homme. Elle prendra fin par l'institution, par Israël lui-même, d'une nouvelle loi, lors de la fête de Pûrim (*'Or hâdâsh,* Introduction). En effet, en proclamant l'obligation de procéder annuellement à la lecture du rouleau d'Esther, le peuple juif apportait la preuve irréfutable qu'il avait désormais accepté de plein gré ce qui lui avait été autrefois imposé. En ajoutant une nouvelle loi, il démontrait du même coup qu'il avait parfaitement assimilé l'héritage du passé. Il est particulièrement remarquable que cette nouvelle ère corresponde à la fin de la période prophétique : Israël prend désormais le relais de Dieu. Que la première manifestation de ce nouveau rapport entre Dieu et Israël, dans le cadre de l'antique alliance, soit étroitement liée au phénomène de l'exil (Exil de Babylone), nous confirmera dans l'idée, défendue dans l'ensemble de ces pages, de la valeur particulière de l'exil et pourra constituer une justification du titre de notre second chapitre : « L'exil ou l'ordre de la révélation ». L'exil permet la découverte d'une dimension nouvelle de l'Alliance, celle où la valeur humaine d'Israël atteint son apogée. (Cf. Neher (A.), *L'Existence juive,* Ed. du Seuil, Paris, 1962, p. 73-78, et Askenazi (L.), « Les nostalgies de Dieu », Revue *Targoum*, Paris, janvier 1954.)

le Maharal ne nous semble pas avoir répondu à la principale difficulté : le choix d'un peuple particulier qui s'identifie aux valeurs de la Tôrâh et assure ainsi la pérennité de l'univers était-il nécessaire ? L'humanité tout entière n'aurait-elle pas pu se charger de cette mission avec plus d'efficacité qu'un groupe réduit, à l'audience forcément restreinte ? L'ordre du monde ne serait-il pas mieux garanti si tous les hommes se sentaient responsables de son maintien et de sa persistance ?

Conscient de ce problème, le Maharal va s'attacher à justifier l'élection d'Israël, en se livrant à une analyse plus poussée de la notion de création. Elle fera apparaître avec une plus grande clarté pour quels motifs, la Tôrâh étant considérée comme l'ordre du monde, seul un peuple séparé de tous les autres, ayant une affinité particulière pour la forme et relevant de l'ordre métaphysique, pouvait en réaliser le dessein.

La création.

L'affirmation de la création du monde par un Dieu unique est la vérité fondamentale du judaïsme. Il n'est pas exagéré de soutenir que cette notion est le point de départ de toute la philosophie juive ; les difficultés qu'elle soulève, amplifiées par une réflexion qui puise aux sources de la pensée grecque sa formulation et sa tonalité, ont été à la base de la philosophie médiévale [36], et nous pouvons suivre les prolongements du problème à travers les schèmes principaux de la philosophie des temps modernes, jusqu'à la pensée contemporaine. Le Maharal, qui a parfaitement mis en relief le caractère historique du devenir humain en général et du destin juif en particulier, ne pouvait se dispenser de remonter à la source même de sa conception du monde, à l'affirmation première du premier verset de la Bible : « Au commencement Dieu créa le ciel et la terre [37]. »

---

36. Cf. Gilson (E.), *L'esprit de la philosophie médiévale*, Paris, 1932, chap. III et IV, 1re série.
37. *Genèse*, I, 1.

Dans ce texte capital, Dieu est défini d'emblée, dans une affirmation de majestueuse sérénité, comme l'Etre auquel le monde se rapporte nécessairement. Remarquons que la Bible ne semble pas insister sur le caractère unique de la divinité, celui-ci dérivant naturellement de l'idée qu'elle se faisait de Dieu. L'existence de Dieu en tant que Dieu créateur implique son unicité, son exclusivité : considéré comme l'Etre dans sa parfaite plénitude, en Lui et en Lui seul l'essence s'identifie à l'existence. Etre parfait et infini, aucun rapport de dépendance n'est concevable avec ce qui Lui serait extérieur ; tout ce qui Lui est extérieur trouve en Lui sa raison suffisante. Seul Etre à disposer de l'existence authentique, ce qui Lui est extérieur ne peut se définir que dans un rapport de moindre existence — un hisârôn — un manque. La perfection de Dieu porte en elle-même l'exigence d'une infinité d'être : celle-ci dépassant la conception statique que nous pouvons nous faire de l'être pur, trouve son expression dans l'acte de création. Dans le monde sphérique de l'éternité grecque, la pensée hébraïque, en présentant Dieu comme l'Etre absolu *mais* créateur, introduisait la possibilité et la nécessité d'un devenir historique.

Dieu se définit dans l'acte créateur : c'est la seule approche réservée à l'homme pour la compréhension du divin. C'est pour ce motif sans doute que le texte hébreu ne fait apparaître le terme « Dieu » qu'après nous avoir entretenu de l'acte de création : « au commencement créa Dieu, le ciel et la terre ». Allant immédiatement à l'ultime, il ne cherche pas à rendre claire à notre esprit la connexion des éléments — la pensée rationnelle y parviendra par ses propres ressources — mais le pourquoi des choses. Celui-ci tient à l'être de Dieu qui est cause de tout ce qui est, car l'être requiert la cause. L'Etre étant défini, non comme une pure pensée qui se pense dans une contemplation éternelle et immuable, mais comme l'acte d'exister, on comprend que l'effet, avant de se manifester dans son indépendance, soit impliqué virtuellement dans la cause. Le don de l'être, la transmission de l'existence, est ainsi la qualité essentielle de ce qui est vraiment : Dieu est un Dieu créateur.

Il est très caractéristique que la définition explicite de Dieu comme l'être même ne figure pas dans la Genèse, mais dans l'Exode, non dans le récit de la Création mais dans la relation d'une intervention manifeste de la divinité dans l'histoire des hommes. Moïse, envoyé vers ses frères captifs pour annoncer leur libération, interroge Dieu sur Son nom, c'est-à-dire sur Sa véritable essence ; on connaît la réponse du Dieu d'Abraham, d'Isaac et de Jacob : « Je suis celui qui est [38]. » Le Maharal explique [39] que cette définition présente Dieu comme la cause des créatures, comme Celui qui maintient l'ensemble de l'univers dans l'existence et comme le créateur exclusif du monde. Il précise que l'interrogation portait sur le pouvoir de Dieu de promouvoir la délivrance, sur la possibilité pour l'être de participer au devenir, et la réponse souligne par conséquent — aux antipodes d'une conception platonicienne ou plotinienne de l'être — l'immanence de Dieu et l'intérêt constant porté par la Transcendance à la marche de l'univers dans la voie de la progression.

Cette remarque nous permet de cerner de plus près l'intention profonde du premier verset de la Genèse. Le fait de la création nous renseigne sur la véritable nature de Dieu, sur l'altérité de Dieu par rapport au monde créé, mais il nous tairait l'essentiel s'il nous laissait dans l'ignorance de la signification de cet unique événement, du jaillissement de l'univers dans le temps de l'histoire. Or, l'objet essentiel du récit de la Genèse semble bien être, pour la pensée juive, de mettre en relief le dessein du plan de Dieu. Dieu créa « beréshît », au commencement, ou en suivant de plus près le texte biblique, par le commencement, en vue d'un commencement. Créer, pour Dieu, ce n'est pas réaliser la totalité du possible, c'est au

---

38. *Exode,* III, 14. La lecture juive de ce chapitre de l'*Exode* met parfaitement en relief l'expérience juive de la connaissance de Dieu : une expérience historique. Le verset 14 du chapitre III est interprété dans ce sens par le *Talmud* (Berâkôt, 9 b) : « Je suis avec eux dans la détresse présente, comme Je serai avec eux dans leur asservissement sous d'autres empires. » On ne peut affirmer plus nettement non seulement que Dieu est l'Etre, mais encore que la manifestation de cet Etre aux regards des hommes passe par la Création et l'Histoire. Ici encore, c'est l'exemplarité de l'histoire d'Israël, et en particulier le phénomène de l'Exil, qui nous sert de repère.

39. *G.H.,* chap. xxv.

contraire limiter la puissance infinie de son extension, poser
un commencement, inaugurer une histoire. Rien d'étonnant,
dès lors, si la tradition juive s'est interrogée sur le contenu de
ce commencement, dans le but de saisir la finalité de la création et de dégager le sens de l'histoire.

C'est dans cette perspective que le Maharal s'applique
constamment à retrouver dans ce qui est premier non le début
d'une numération ordinale, le premier terme d'une série, mais
le fondement, le principe, le but ; il s'attache à discerner dans
ce qui se situe à l'origine le sens de l'évolution, l'orientation du
devenir.

Le Dieu transcendant, dans la plénitude achevée de l'être,
est aussi le Dieu immanent qui participe au devenir humain.
Le souci de notre auteur de situer l'élection et le particularisme
d'Israël dans le cadre de cette histoire, devait forcément l'inciter à méditer la notion de création et à dégager toutes les
conséquences qu'elle implique [40].

S'il est vrai que la causalité fait partie intégrante de l'être,
et que la création est incluse dans la définition même du Dieu
de la Bible, il faut avouer que ce rapport reste obscur et
présente pour la pensée logique certaines difficultés. Comment
expliquer que Dieu, à la fois, est et n'est pas ce dont il participe ? Si nous lui reconnaissons des caractères identiques aux
autres êtres, nous ne saisissons pas pleinement Sa fonction
créatrice, et en Lui refusant ces qualités, nous nous privons
de toute possibilité rationnelle de saisir son essence. La notion
de création impliquerait que l'univers créé, procédant de la
causalité inhérente à l'être, soit analogue à Dieu. Sans doute,
la créature diffère-t-elle de la cause par un degré moindre
d'être, elle devrait néanmoins s'identifier à cette dernière par
sa substance et sa nature, et en tout cas elle n'est pas susceptible de présenter un caractère antinomique. Ainsi le feu
peut-il transmettre la chaleur à d'autres corps, mais il n'a pas
la faculté de communiquer le froid, et d'une manière générale
nous retrouvons dans l'effet, aussi bien dans l'expérience sen-

---

40. *N.I.*, chap. III.

sible que dans le monde végétal et animal, le genre et l'espèce de la cause. Or, constate le Maharal, l'univers est le monde de la multiplicité : faut-il conclure à des causes multiples ? Devrons-nous admettre à l'origine du monde d'innombrables divinités, suivant la variété des genres que nous pouvons y déceler ? D'autre part, si nous soutenons au contraire, comme nous l'avons montré pour la Bible, la nécessité d'un Dieu unique, comment rendre compte de la diversité que nous rencontrons dans l'univers ? Comment le multiple procède-t-il de l'Un rigoureusement simple ?

Ce problème, suivant notre auteur, nous permet de saisir le fondement idéologique du polythéisme. Celui-ci n'est pas simplement, comme la conception populaire se plaît à l'imaginer, la déification de la matière et l'adoration des idoles, mais l'affirmation de la pluralité et de la relativité des valeurs en dehors de toute hiérarchie, le refus d'une origine unique à laquelle nous devrions fidélité et référence. Les contraires ne pouvant être engendrés par l'Un sont posés dans leur pureté et dans leur contradictoire diversité, à l'origine.

Certains, poursuit rabbi Liwa, ont essayé de justifier la multiplicité à partir de l'Un par l'introduction d'un intermédiaire, d'un démiurge ; émanation de l'Un, il organiserait et façonnerait les éléments sous le signe de la diversité. Le démiurge, émanation de l'Intelligence suprême, informe le monde sensible, par l'intermédiaire des astres, qui deviennent à leur tour principe d'organisation pour d'autres êtres. Ceux-ci présentent en face du caractère absolu de l'Idée, une pluralité[41] : Tous contenus dans l'Un, ils se distinguent, se divisent et s'éparpillent.

Il est superflu d'insister sur la tonalité platonicienne de cette thèse. Le Maharal se réfère ici, sans doute, au passage du Timée dans lequel Platon nous entretient de la pluralité des âmes et de la difficulté d'accorder cette pluralité avec le caractère absolu de l'esprit[42]. Platon, renonçant à unifier un divers qu'il

---

41. *Id.*
42. *Timée*, chap. 41 b — 42 d.

ne saurait déduire de l'Intelligence une et éternelle, confie à des
intermédiaires le soin de l'organiser : c'est le rôle du démiurge
et secondairement des astres [43]. C'est d'eux que dérive la multiplicité, et non des essences qui demeurent dans leur unité res-
pective, séparée de la variété infinie des phénomènes sensibles.
Si le philosophe doit atteindre la vérité par la connaissance
de l'intelligible dont ces divers « participent », il n'en reste
pas moins que la procession des phénomènes multiples à partir
de l'Un simple, ne trouve sa solution dans le Timée que par
l'introduction des intermédiaires, dans le cadre des équivoques
de la logique de participation.

Ajoutons que les interprètes chronologiquement proches de
Platon, ont été plus sensibles à cette difficulté que les philosophes modernes. Les néoplatoniciens en particulier se sont
penchés sur le problème, et Plotin exprime bien la confusion
ressentie également par le Maharal : l'être est-il un ou multiple [44] ? Faut-il établir à l'intérieur même de l'être une hiérarchie, y reconnaître une multiplicité ordonnée, placer l'Un
simple au-dessus de toute intuition intellectuelle, dans une
transcendance absolue ? Le Maharal, constatant qu'elle a mené
à des hypothèses divergentes sur la nature de l'Un, repousse
énergiquement cette thèse. Il ne s'arrête pas à la question pré-
judicielle de l'absence de toute idée de création dans la doctrine platonicienne [45], mais souligne sans détours qu'elle aboutit
à un rejet de Dieu hors du monde des hommes. Par la médiation
du démiurge, un écran est dressé entre le divin et l'humain :
Dieu s'élève au-dessus du destin des hommes dans les hauteurs

---

43. Avant de leur ordonner de créer de nouvelles espèces, celui qui
a engendré le Monde déclare aux intermédiaires : « Si je les faisais
naître moi-même, si elles participaient de la Vie par moi, elles
seraient égales aux dieux » (*Timée*, 41 c). Remarquons avec Gilson (E.), *op. cit.*, p. 229, que Platon n'a jamais identifié l'Idée du
Bien avec le Démiurge ; cette coordination transformerait en effet
intégralement le sens de toute sa philosophie.

44. *Ennéade*, VI.

45. Une seule ligne du *Timée* évoque le problème (*Timée*, 29), sans
aboutir naturellement à la conception d'un devenir historique. L'Un
a donné naissance au multiple parce « qu'il était bon, et un être bon
n'éprouve jamais de jalousie ». Comment expliquer cette libéralité ?

de l'Olympe, dans l'ignorance de leurs soucis et dans l'insouciance de leur devenir. En séparant radicalement le monde sensible du monde des Idées, en posant une matière contemporaine de l'Idée, Platon pouvait expliquer leur compossibilité, mais il esquivait une question primordiale : pourquoi l'Un a-t-il donné naissance au multiple, comment justifier la nécessité d'un développement de l'univers ? Pourquoi l'homme a-t-il une histoire [46] ?

Aussi le Maharal n'hésite-t-il point à qualifier cette doctrine d'idolâtrie, car elle confine Dieu dans une transcendance radicale et isole l'homme de son créateur. Nous avons peut-être quelque peine à comprendre aujourd'hui la violente opposition que manifeste le Maharal envers une philosophie qui semble bien avoir conçu l'idée d'une totalité de l'Etre, et ouvrir la voie à la représentation d'une divinité dégagée de tout le matérialisme du polythéisme grec. C'est, croyons-nous, parce que rabbi Liwa discerne avec clarté toutes les implications de la doctrine platonicienne, surtout dans ses conséquences pratiques sur la conduite humaine. Dans le monde mécanique dans lequel nous évoluons, nous avons appris à nous contenter de l'explication du comment en acceptant l'ignorance du pourquoi du monde. Le devenir humain, privé de toute référence par rapport à une origine, se déroule sans orientation, en proie à une angoissante interrogation et en quête de sa justification.

---

46. L'organisation du monde s'effectue selon un ordre intelligible, et le philosophe a précisément pour tâche de retrouver l'intelligible dont les divers sensibles participent. La pensée hébraïque reconnaît au contraire, à l'origine de la nature, le principe d'une *volonté* créatrice. On ne saurait assez souligner l'importance fondamentale de ce dernier point. Il nous permet en effet de tracer le plan de clivage entre la pensée juive et les doctrines de l'émanation, telles le néoplatonisme ou certaines philosophies de l'Inde. Pour celles-ci, les choses découlent nécessairement de l'essence même de la substance de l'Etre — elles aboutissent ainsi à poser l'éternité du monde. Le judaïsme, en affirmant que le monde est le résultat de la libre volonté de Dieu, situe l'univers dans le temps de l'histoire, et insère l'homme dans une aventure. Toute la métaphysique et l'éthique du judaïsme ne se comprennent qu'à partir de cette perspective, dont l'origine doit être recherchée dans l'idée biblique de création.

L'homme peut-il alors éviter de se prendre lui-même comme centre ? Dieu rejeté hors des limites de l'univers, reste-t-il une autre possibilité que de s'attacher à la compréhension du monde selon les lois exclusives de la causalité physique ? La matière étant posée en même temps que Dieu, celui-ci n'étant point la cause de celle-là, l'homme devait fatalement être amené à se prosterner devant ses propres valeurs et à ne reconnaître dans le monde que le rapport des forces matérielles.

D'autre part, la volonté d'accéder à l'unité de l'être intelligible, du Bien et de l'Un, devait conduire à une dépréciation de la nature et du monde sensible, et à la préférence de la vie contemplative au détriment de l'action. Du néoplatonisme jusqu'à Schopenhauer, nous pouvons suivre la trace de cette volonté de fuite, de cette sensation du malheur de l'existence, qui souvent détourne l'homme de ses devoirs de justice et lui fait croire qu'il transcende le devenir par la seule force de sa méditation.

Peut-être même le Maharal perçoit-il l'écho de cette dévaluation dans le christianisme et voit-il dans l'ascension mystique de l'homme vers Dieu, dans cette participation éphémère et épuisante, une évasion de l'existence, hors des limites de notre condition !

Aussi notre auteur affirme-t-il catégoriquement l'exclusivité de Dieu par rapport à la création, en dehors de tout principe médiateur. Quant au problème de la procession de la multiplicité à partir de l'Un, le Maharal essayera de résoudre la difficulté en distinguant deux moments dans l'acte de création. En un premier mouvement, de l'Un ne procède que l'un, le « Réshît », le commencement. Dieu, l'Un rigoureusement simple, ne saurait donner naissance qu'à une chose unique, Il ne crée que le commencement. Cet être créé se distingue de la cause initiale par un moindre degré d'actualité, et en conséquence, affirme le Maharal, il nécessite une « hashlâmâh », un complément. En effet l'acte second est la conséquence de l'introduction dans l'univers d'un être incomplet, des effets produits par l'existence de cet être dans un monde soumis à la loi de la recherhce de l'unité.

Dans un premier acte, Dieu crée tout d'abord le réshît, et dans un second acte le supplément du réshît. La multiplicité réside dans ce « supplément » ; elle n'a d'existence qu'en fonction de l'élément premier, dont elle permet le déploiement et le renouvellement. En d'autres termes, la multiplicité n'apparaît que par rapport au — « meqabél » — à l'être créé, mais elle disparaît dès qu'on se place dans le domaine de l'essence. La polarité inhérente à la création est due à la contingence de l'être créé ; effet procédant de la cause, il est forcément incomplet et doit combler cette insuffisance par le « supplément » qui lui correspond en vue d'assurer sa perfection. Il est donc légitime de soutenir que Dieu ne communique l'existence que dans le but du développement du réshît, effet premier, effet unique, autour duquel tout le « reste » s'agence et gravite. On comprend parfaitement que le « supplément » ne puisse être créé en même temps que le réshît, sinon ce dernier serait identique à la cause créatrice, et l'effet se confondrait avec la cause. C'est ainsi que le Midrash explique la création de la femme : « Il n'est pas bon que l'homme soit seul... [47] ». Créature unique, sans complément et sans « aide », l'homme risquait en effet de se considérer comme une divinité, comme un être qui porte en lui-même l'essence de sa propre actualité. « L'éternel féminin » lui rappelle non seulement un besoin de perfectibilité, mais lui permet de se saisir dans les limites de sa condition étroite, face à l'Eternel.

Ainsi s'éclaire, au niveau même de la création, la théorie du Maharal concernant l'antinomie des contraires [48] : procédant d'une cause unique, ensemble ils réalisent la totalité. Prendre conscience de leur opposition, c'est simultanément affirmer leur coexistence nécessaire, c'est ouvrir à l'homme une destinée historique et l'engager dans une aventure, dont le premier verset de la Bible, le premier mot de la Tôrâh, la première lettre de l'Histoire Sainte, dessine les contours, fixe le but, définit les moyens.

La tradition juive en effet voit dans les premières paroles

---

47. *Genèse*, II, 18.
48. Voir *supra*, p. 91.

du Livre, non seulement l'affirmation de l'existence d'un Dieu créateur, mais des indications sur la finalité de l'acte créateur et sur le sens que doit prendre cet « engagement » divin pour la conduite humaine. Nous avons déjà relevé le fait, souligné par le Midrash, que la Tôrâh fait débuter le récit de la création par la lettre « Bét », seconde de l'alphabet, comme pour marquer la dualité essentielle de l'univers créé : dualité apparente, que l'homme se doit de dépasser dans la recherche de l'unité cachée. Cette recherche, souligne le Maharal, est le sens même de la vie humaine ; c'est elle qui constitue la véritable tâche de développement de l'homme. La lettre « Bét » n'est-elle pas aussi l'initiale du mot « Berâkâh — bénédiction — et n'est-ce pas dans cette lutte de l'être pour parvenir à l'acquisition d'une existence pleine à travers et malgré l'opposition de tous les éléments contraires, que réside la suprême possibilité d'une actualité plus parfaite, plus riche, plus épanouie ? Cette lutte n'est pas le signe d'une malédiction, elle n'exige pas une « fuite », mais au contraire elle est source de diffusion, de communication, de déploiement et de croissance dans l'être [49]. Prenant à la lettre le terme « Beréshît », dans le sens où nous venons de le définir, « en vue d'un réshît », le Midrash s'interroge sur la finalité de la création : Dieu créa le monde pour le réshît, quel est ce réshît ? quel est l'être un, dérivant du Dieu Un, dont la présence justifie l'acte créateur [50] ?

« Pour un commencement, Dieu créa le ciel et la terre [51]. » Pour Israël, Dieu créa le ciel et la terre, suivant la parole de l'Ecriture : « Israël est consacré à l'Eternel, il est les prémices (réshît) de sa récolte [52] ».

Sur le plan des nations, dans le domaine de l'histoire, Israël est le réshît, le but de la création. Son unité est parallèle à celle de Dieu, car lui seul porte véritablement témoignage de l'existence de l'Etre suprême. Le terme « d'élection » s'avère impropre pour rendre compte de la promotion d'Israël : l'existence

---

49. *T.I.*, chap. 34.
50. *Genèse Rabba*, chap. I.
51. *Genèse*, I.
52. *Jérémie*, II, 3.

de ce peuple particulier n'est point la conséquence d'un choix
arbitraire de la divinité, mais dérive de la nature de Dieu. Si
Israël participe « méamitat asmô yitbârâk » de l'essence même
de Dieu, on comprend qu'il ne faut point entendre par là une
identification de substance, mais une situation existentielle
privilégiée, conséquente de la création du monde. L' « élection
d'Israël » échappe ainsi à toutes les catégories de l'éthique, elle
ne se justifie par aucune considération d'ordre moral, elle situe
Israël à côté des nations dans une fonction unique et irrempla-
çable. Procédant directement de l'Un, Israël est l'axe autour
duquel gravitent les diverses nations. Celles-ci sont le « supplément », qui permettront à ce peuple unique de se déployer et
de s'épanouir, afin de réaliser les buts de la création tout entière.
Il est impossible, souligne avec force le Maharal, qu'un peuple
particulier ne soit point rattaché à la divinité par des liens
plus étroits, plus intimes, en vertu des lois mêmes de l'univers
créé. Ainsi s'expliquent les qualités spécifiques de ce peuple,
son affinité pour le spirituel, sa répulsion pour le matériel, sa
tension vers le monde-à-venir et sa marche à travers l'histoire,
selon des lois différentes de celles de toutes les autres nations
de la terre.

La nécessité de l'existence d'un peuple unique est confirmée
aussi bien par les données de la pensée rationnelle que par le
témoignage de l'Ecriture [53]. L'analyse de la notion de Dieu créateur nous a conduit en effet à distinguer, parmi les éléments
créés, un élément unique qui procède directement de Dieu, et
qui doit être considéré comme l'existant principal — "iqâr
hamesiyout — en fonction duquel tout le reste existe. C'est bien
dans ce sens que Jérémie définit les fondements existentiels du
peuple d'Israël, lorsque dans un même souffle il lie la destinée
du monde et celle du peuple « élu [54] » :

> Ainsi parle l'Eternel, qui établit le soleil pour la lumière
> du jour, les lois de la lune et des étoiles pour la lumière de
> la nuit, qui soulève la mer et agite ses flots, Eternel Dieu des
> armées célestes est Son nom : Si ces lois disparaissaient

---

53. *N.I.*, chap. x.
54. *Jérémie*, XXXI, 34, 35.

devant moi, Parole de l'Eternel, alors la semence d'Israël ces-
serait d'être une nation devant moi, pour toujours.

La situation particulière d'Israël au milieu des nations découle
du déterminisme de l'univers : une loi rigoureuse et immuable
préside à la révolution des astres et à l'existence d'Israël. De
même que nous ne saurions concevoir l'univers physique en
dehors du déroulement régulier du mouvement des planètes,
nous ne pouvons imaginer l'histoire humaine en dehors de la
présence de ce peuple solitaire, dont Dieu est le seul partenaire.

De fait, le peuple hébreu n'eut à aucun moment une existence
nationale semblable à celle des autres peuples, en dehors du
cadre de l' « Alliance ». Israël est moins un peuple élu qu'un
peuple conçu en vue de l'élection ; le choix de Dieu ne vient
pas promouvoir un peuple ayant acquis par ailleurs le fondement de sa nationalité, il coïncide dans le temps et dans l'espace
avec la naissance de la nation, à tel point que ce peuple n'a
jamais connu une existence indépendante de Dieu. « Dieu a-t-il
tenté de venir prendre pour lui une nation au sein d'une autre
nation [55] ? » C'est en Egypte que la famille de Jacob devient
la nation hébraïque ; dès les premiers balbutiements de sa vie
collective, elle est le peuple de Dieu. Inutile de rechercher les
mérites du peuple, il suffit de comprendre que la nature d'Israël,
selon l'ordre même de la création, devait être différente de
celle des autres nations.

De même que l'espèce humaine diffère de l'espèce animale,
non en vertu de mérites acquis mais dans le but de remplir des
fonctions distinctes, de la même manière Israël occupe dans le
plan divin un rôle spécifique, qui ne peut être assimilé à celui
des autres nations. Le réshît, élément essentiel et premier dans
l'ordre de la valeur, n'est cependant pas premier dans l'ordre de
l'existence. Comme la forme imprime son cachet final et confère
un sens à la matière, de même l'homme, dernier venu dans le
monde de la création, justifie cette dernière en la complétant
d'une façon absolue et décisive. Selon le même schéma, dans
la Bible, Israël est le dernier-né des nations du monde : par

---

55. *Deutéronome*, IV, 34.

son apparition sur la scène de l'histoire, il permet à l'humanité de s'orienter et de s'engager dans la voie d'une aventure exaltante.

Le nom même de ce peuple singulier exprime l'indissoluble lien qui l'unit à Dieu. Israël signifie en effet : lutter avec Dieu [56]. Dieu a associé Son Nom à celui de ce peuple qui lui appartient en propre, pour bien marquer aux yeux de tous la signification de l'existence altérée de cette nation mise à part, à tel point que le destin de l'Un s'identifie parfois au destin de l'autre, aux regards des hommes [57]. Israël est la clef qui permet d'ouvrir et d'utiliser le palais de ce monde ; petite clef en vérité, qui risquerait de se perdre au milieu des nations si Dieu n'avait pris soin de la fixer à Son Nom, chaîne solide qui attache Israël à Dieu et l'empêche d'être emportée à la dérive des flots [58]. Forme de l'univers, clef du palais, Israël étant le reshît donne un sens au monde, fait entrevoir les lignes de force de son évolution et marque le but à atteindre. Il est, suivant la parole du prophète [59], « les prémices » de la récolte de Dieu, il annonce les moissons futures, il préfigure ce que le Créateur attend de Sa création.

Il est vrai que l'Ecriture réserve également le terme de reshît à une autre nation, qui se situe, d'après la tradition juive, aux antipodes d'Israël. « La première des nations (reshît gôyîm) est Amaleq [60]. » On sait que ce peuple fut le premier ennemi d'Israël après la sortie d'Egypte ; contestant le mystère d'Israël et lui barrant la route du Sinaï, il attaqua les Hébreux afin de donner libre cours à son goût de la violence et de la rapine [61]. Tant que dure sa présence et s'imposent ses valeurs, le trône

---

56. *Genèse*, XXXII, 29.
57. Cf. les arguments avancés par Moïse dans *Exode*, XXXII, 12 : la gloire divine risque d'être amoindrie par la disparition du peuple d'Israël ; et *Josué*, VII, 9.
58. *Talmud de Jérusalem*, Taanît, chap. II, halâkâh, 6.
59. *Jérémie*, II, 3.
60. *Nombres*, XXIV, 20.
61. Les ennemis d'Israël tout au long des siècles ont souvent eu la nette intuition de ce qui les rapprochait et les séparait des juifs. L'enjeu de l'opposition entre les juifs et les nations leur apparaissait parfois avec une grande clarté. En nous limitant à Hitler, relevons

de Dieu est brisé, le nom divin mutilé ; aussi Israël a-t-il pour
tâche sacrée « d'effacer le souvenir d'Amaleq de dessous les
cieux » et de faire disparaître l'ennemi héréditaire dont l'action
porte atteinte à Dieu lui-même.

On est d'autant plus surpris de le voir qualifié du terme de
réshît, qui désigne par ailleurs la primauté d'Israël. Mais, explique le Maharal [62], Amaleq n'est pas le réshît de Dieu, il est le
réshît des nations, c'est-à-dire la nation la plus éloignée d'Israël,
la plus opposée à ses aspirations, celle qui toujours se dressera
en travers de sa route avec la volonté féroce de chasser Dieu
hors du monde. De toutes les nations, Amaleq se trouve à l'extrême opposé d'Israël et par conséquent nullement rattachée à
Dieu, car un seul réshît procède directement de la divinité ; intégré aux nations, Amaleq partage le destin des « compléments »,
il développe la dualité, favorise la multiplicité et le morcellement, empêche la révélation définitive de l'unique [63].

Ajoutons à l'appui de cette thèse de notre auteur que le terme
« gôy » désigne généralement, dans la Bible, les nations en tant
qu'entités politiques, dans le cloisonnement de leur chauvinis-
me et dans l'oubli de toute mission universaliste. Lorsque le
prophète Amos dresse son réquisitoire contre le peuple, lui
reproche son égoïsme, sa foi dans sa puissance militaire invin-

---

quelques-unes de ses affirmations qui démontrent que c'est bien la
contestation de l' « élection » qui se trouvait à la base de son paganisme.

« Quelle lutte s'engage entre eux et nous. L'enjeu en est tout simplement la destinée du monde » (Rauchning, *Hitler m'a dit,* Coopération, Paris, 1959, p. 269). « Il ne peut pas y avoir deux peuples
élus. Nous sommes le peuple de Dieu, ces quelques mots décident de
tout... Le juif c'est la dérision de l'homme. C'est la créature d'un
autre Dieu... C'est un être étranger à l'ordre naturel, un être hors
nature. Les juifs, c'est quelque chose de... Une leçon que nous n'aurons jamais fini d'apprendre. »

Hitler semble donc très conscient du caractère particulier, de nature
métaphysique, du peuple juif. Sa contestation de l'Election est bien
celle d'Amaleq, et ses formules correspondent parfois textuellement
à celles employées par le Maharal. (*Exode,* XVII, 8-16, et *Deutéro-*
nome, XXV, 17-19.)

62. *N.I.,* chap. x.
63. *Id.,* chap. lx.

cible et son refus de s'élever au niveau de ses responsabilités universelles, il l'accuse précisément de se proclamer « réshît hagôyîm », « la première des nations [64] ». Les « prémices des nations s'opposent aux « prémices de Dieu » : il s'agit bien d'une option décisive entre la volonté d'instaurer dans l'univers un ordre humain, trop humain, ou l'acceptation d'une histoire qui doit se dérouler sous le signe de Dieu, dans l'union confiante du dialogue.

Nous pouvons donc affirmer qu'Israël n'est point un caprice mais une loi du monde, un indice qui annonce partout où il se rencontre la présence divine dans l'histoire des hommes. Ainsi que nous l'avons souligné au début de notre étude, le moteur de l'histoire sera l'opposition entre Israël et les nations, cette antinomie étant inscrite dans la loi du monde comme la manifestation sur le plan de l'histoire de la polarité inhérente à la création tout entière.

L'ACHÈVEMENT DE LA CRÉATION : *Les prémices.*

La situation exceptionnelle d'Israël au milieu des nations semble lui conférer une qualité surnaturelle ; obéissant à d'autres lois que celles du reste de l'humanité, il apparaît comme paré de l'auréole du sacré. Agissant sur l'humanité comme un catalyseur, il semble par sa seule présence contribuer à son progrès. Le rôle d'Israël consisterait en ce cas à persévérer dans son être physique, et à veiller jalousement au maintien de son existence matérielle, dans le cadre concret qui lui est imparti. C'est contre une telle conception de la présence et de l'action d'Israël au sein de l'humanité que le Maharal s'élève avec force, en affirmant que le caractère sacré d'Israël ne s'exprime point dans une existence statique mais dans un témoignage dynamique, dans une action constante et consciente au service de Dieu. Fidèle à sa méthode, c'est par l'analyse d'un Midrash que rabbi Liwa nous découvre le fond de sa pensée [65].

---

64. *Amos*, VI, 1 ; Neher (A.), *Amos*, Paris, 1950, p. 119.
65. *N.I.*, chap. III.

Le monde et tout ce qu'il renferme n'ont été créés que pour la Tôrâh, suivant la parole de l'Ecriture : « En vue d'un commencement (réshit) Dieu créa [66]. » Le terme réshit ne désigne que la Tôrâh, d'après le verset des Proverbes [67] : « Dieu m'a créée au commencement de son entreprise, avant ses œuvres les plus anciennes. »

Rabbi Berékyâh dit : c'est pour Moïse que le monde fut créé, suivant la parole de l'Ecriture : « En vue d'un commencement Dieu créa. » Le terme réshît ne désigne que Moïse, d'après le verset du Deutéronome [68] : « Il a choisi le commencement... »

Rabbi Hiyya dit au nom de rabbi Matna : Pour ces trois choses le monde fut créé : pour les prémices des fruits, pour les dîmes et pour les prémices de la pâte. Pour les prémices des fruits, suivant la parole de l'Ecriture : En vue d'un commencement Dieu créa, et le terme réshît ne désigne que les prémices, d'après le verset de l'Exode [69] : « Tu apporteras à la maison de l'Eternel, ton Dieu, les prémices des premiers fruits de la terre. » Pour les dîmes, d'après le verset du Deutéronome [70], « les prémices de ton blé ».

Pour les prémices de la pâte, d'après le verset des Nombres [71] : « les prémices de votre pâte ». [72]

Les trois opinions exprimées dans ce texte confirment la position de principe adoptée par le Maharal sur la nécessité logique de la création d'un « commencement », qui procède directement de l'Un, auquel s'ajoute une multiplicité dont la fonction consistera à compléter et à parfaire l'élément principal. La Tôrâh, paradigme idéal de la réalité, est le plan de la création. Elle en est également le but ultime, elle révèle l'unité cachée sous l'apparent morcellement des choses. Présidant aux œuvres de Dieu, elle est dans le monde un reflet de sa présence, un miroir de

---

66. *Genèse*, I, 1.
67. *Proverbes*, VIII, 22.
68. *Deutéronome*, XXXIII, 21.
69. *Exode*, XXIII, 19.
70. *Deutéronome*, XVIII, 4.
71. *Nombres*, XV, 20.
72. *Genèse Rabba*, I, 6 ; la version citée par le Maharal présente de légères variantes avec le texte original.

son activité, un appel vers l'absolu. Qui, dans cet univers opaque et assourdi, saura capter le pur rayon de sa lumière spirituelle, pénétrer la subtile intelligence de sa providence et répondre par l'amour, l'effort et la crainte à son appel ? Car, quelle pourrait être l'utilité d'un plan, fût-il divin, si personne dans le monde n'était capable de le déchiffrer et de le réaliser ?

C'est pourquoi rabbi Berékyâh complète le premier enseignement donné par le Midrash et précise que c'est pour Moïse que le monde a été créé. Moïse, par l'intermédiaire duquel la Tôrâh fut promulguée au peuple d'Israël ; Moïse qui est la forme d'Israël et son complément, celui qui a élevé le peuple esclave à la dignité d'un peuple responsable soumis à la Loi, symbolise dans notre propos le peuple tout entier. La Tôrâh, intellect suprême et réshît, devait être donnée au peuple d'Israël, lui-même réshît, et destiné à être dans le monde d'ici-bas, le porteur de ses valeurs. Israël est le support qui accueillera la Tôrâh : la Loi unique est nécessairement liée au peuple unique, l'un ne saurait être dissocié de l'autre. Considérée sous cet angle, l'opinion de rabbi Berékyâh ne vient pas contredire la première affirmation du Midrash, elle l'explicite au contraire, car la Tôrâh n'aurait aucune valeur si elle ne pouvait être accueillie, comprise et traduite dans la réalité des faits par un bénéficiaire idoine (meqabel).

Jusque-là le Midrash ne fait que reprendre des thèmes qui rejoignent les analyses précédentes du Maharal. Rabbi Ḥiyya, en se plaçant sur le terrain de la Miswâh — de l'accomplissement de la Loi — introduit dans le débat un élément nouveau et élargit les perspectives. Israël et la Tôrâh ne sont pas un ensemble statique dont la seule existence garantit au monde le salut, mais Israël a le devoir de se parachever grâce à la Tôrâh et de retrouver dans l'univers morcelé l'unité cachée. La Tôrâh, au lieu d'être considérée de l'extérieur comme l'ordre du monde, doit être saisie dans son intériorité, dans la dynamique de l'acte qu'elle propose à l'homme pour assurer, grâce à son effort, l'indispensable réunification de la création.

Aucun commandement ne pouvait mieux rendre compte de cette fonction de la Loi rédemptrice que l'obligation pour le juif de prélever les prémices de ses fruits et de sa pâte, ainsi que la dîme de la récolte en faveur des prêtres de Dieu. N'est-ce pas dans le travail agraire que l'homme subit le plus aisément les tentations de la terre ? L'orgueil de la possession, la fierté de la réussite due à l'effort de ses bras, la jouissance du profit d'une riche production, tout l'incline à se considérer comme le seul maître du sol qu'il cultive. A chaque stade de la production, la Loi vient lui rappeler cependant qu'il n'est qu'un serviteur, qu'un métayer, et qu'il faut rendre une partie de la production au Maître légitime, à Dieu. Une partie, et une partie seulement, car l'homme ne doit point renoncer à sa vocation terrestre, mais l'orienter vers le divin [73].

Les prémices des fruits : ce commandement s'applique au premier fruit mûr aperçu par le paysan ; un seul fruit est nécessaire et suffisant. La dîme, au contraire, exige une récolte ; il faut au moins dix grains pour pouvoir prélever sur le tas la partie réservée au prêtre. Les prémices de la pâte sont prises dans un mélange où l'élément naturel est intimement confondu avec d'autres produits. Ces trois commandements, explique le Maharal, attirent notre attention sur la nécessité de prélever en toutes choses le réshît ; tous les éléments, dans la diversité de leur multiplicité, recèlent un réshît, que l'homme a pour tâche de rechercher, de mettre à jour, afin de présenter à Dieu un univers unifié par son effort.

Aussi les trois préceptes correspondent-ils aux trois mondes que le Maharal distingue dans l'univers. Au sommet de l'échelle nous trouvons le monde supérieur des formes, distinct de la matière, hors du temps, parfaitement simple, le monde de l'unique. Puis vient le monde intermédiaire des astres. Soumis au temps, les éléments qui le composent sont formés de matière et de forme. Cependant cette matière n'a point l'opacité de celle du monde inférieur : elle est source de lumière et de chaleur. Chaque élément, matériellement séparé de son voisin, est intégré

---

73. Cf. *T.B.*, Hulîn, 136 b : celui qui donne au prêtre la totalité de sa pâte, en la déclarant tout entière « prémice », n'a point accompli son devoir.

à l'ensemble ; une loi fixe et immuable règle les mouvements
de chacun en fonction du tout. Ainsi tout en conservant son
individualité, chaque élément participe à la vie de l'ensemble.
Le monde inférieur enfin, le monde de la nature soumis à la loi
de la transformation et du changement. C'est le monde humain
qui nous est familier, au milieu du monde végétal et animal,
monde de la confusion, où forme et matière agissent l'une sur
l'autre à la recherche d'un équilibre, toujours remis en cause
dans une perpétuelle évolution.

Les prémices des fruits, régies par la loi de l'unité, correspondent au monde intelligible ; la dîme, au monde intermédiaire ; les parties, dans le maintien total de leur originalité,
concourent à l'action de l'ensemble, de la même manière que
chaque grain s'ajoute à l'autre pour former l'amas, la multitude
dont on prélèvera une fraction. Prémices de la pâte enfin —
hâlâh — qui s'accordent avec le monde inférieur de la confusion. Si le devoir de l'homme consiste à dégager l'unité à travers l'ensemble de l'univers, on comprend que son effort s'attachera surtout à reconnaître dans le monde qui lui est propre —
le monde inférieur — ce qui peut être rédimé et rendu à sa
véritable fonction. C'est bien le sens qu'il faut accorder —
précise le Maharal — à l'assertion du Midrash [74] qui qualifie
Adam comme la « pure hâlâh de l'univers ». N'est-il pas l'être
qui rendra au monde l'unité perdue, qui saura retrouver à travers le morcellement de la création, le réshît initial, et rendre
à Dieu un univers « achevé » et purifié grâce à son inlassable
labeur ? Ajoutons que les prémices des fruits correspondent au
stade de l'éclosion, au passage de la puissance à l'acte, tandis
que la dîme se situe au moment de la plénitude et de la maturation parfaite du fruit. Une place particulière revient à la
hâlâh : elle se prélève lorsque les différents éléments réagissent
les uns sur les autres, lorsque par le mélange et le brassage
des produits naturels fermente la pâte. Lorsqu'enfin celle-ci lève
et gonfle, terme ultime du processus de transformation de l'épi
en pain, le dur et patient labeur du paysan trouve sa justification.

---

74. *Genèse Rabba*, XIV, 1.

Les trois opinions exprimées par le Midrash, loin de se contredire, se complètent dans une explication de plus en plus précise de la finalité de l'univers et de la tâche réservée à Israël en sa qualité de réshît. Après avoir démontré que « l'élection d'Israël » — c'est-à-dire son rôle spécifique — découlait du fait même de la création, le Midrash s'applique à déterminer la nature d'Israël. Par les commandements de la Tôrâh, celui-ci doit rédimer le monde, retrouver dans la multiplicité de l'univers créé, l'unité : Israël a la vocation du sacré. Si sa conduite répond à la destination pour laquelle il est prévu, il est un peuple saint. Dans le cas contraire, sa valeur est nulle. Toutes les nations ont un rôle à jouer dans l'histoire de l'univers ; Israël a pour mission d'être la forme du monde, de hâter l'histoire vers son but, de promouvoir le règne de la forme sur la matière.

Si la mission d'Israël apparaît, d'après le Maharal, dans toute l'ampleur de sa signification universelle, si sa tâche spécifique s'inscrit dans les dimensions mêmes du cosmos, il est facile de discerner qu'en sa qualité de réshît, Israël ne représente pas un élément achevé et parfait, mais au contraire inaugure un devenir, amorce une histoire. Celle-ci ne parviendra à son terme que par la conquête par Israël de son véritable être, dans l'acceptation totale de son irréductible altérité.

L'histoire d'Israël se déploie ainsi dans le double affrontement des nations et de Dieu, et chacune de ces luttes n'est que la conséquence de la difficulté éprouvée par Israël à se hisser au niveau de son destin, à assurer sa hashlâmâh, son parachèvement.

Cette difficulté, dont on comprend aisément qu'elle est la source d'où jaillit l'histoire, surgit à travers les échecs, les fautes et les erreurs du peuple d'Israël. Dans son analyse de la nature d'Israël, après avoir souligné la place éminente que ce peuple occupait à l'origine et comme moteur de l'histoire, le Maharal devait forcément envisager le problème de la culpabilité d'Israël. Pourquoi cette nation privilégiée, dont la vocation au sacré est fondée sur sa relation intime avec Dieu, se trouve-t-elle particulièrement exposée à la tentation du péché ?

Comment rendre compte de cette obscure attirance vers la révolte, qui semble marquer toutes les étapes de l'histoire d'Israël, depuis l'érection du veau d'or au lendemain de la solennelle Révélation du Sinaï, jusqu'à la passion adultère pour les divinités étrangères, qui trouvera son tragique dénouement dans la destruction du Temple et l'exil du peuple dans le désert des nations ?

L'ambiguïté d'Israël nous amènera-t-elle à conclure que là où est sa grandeur, nous devons également rechercher sa faiblesse ? Nous touchons ici à un point essentiel de la conception dramatique de la théologie de l'histoire selon le Maharal.

DURÉE DE L'ÉLECTION : *La dialectique de la grandeur et de la culpabilité.*

L'histoire juive nous offre l'étrange tableau d'un peuple choisi par Dieu, uni à Lui par des liens indissolubles, et cependant dans l'incapacité de soutenir l'exigence infinie de ce face à face exaltant mais redoutable. Toute la littérature prophétique atteste l'échec de cette expérience de la pédagogie divine envers le peuple « élu », toujours sous le coup de la menace de la destruction, toujours interpellé avec agressivité pour ses iniquités. Il s'agit bien, précise le Maharal[75], d'une constante de l'histoire juive, et non d'un caractère accidentel et passager d'une histoire fertile en événements. Moïse s'en fait l'écho lorsqu'il interroge[76] ;

> « Est-ce cela que vous rendez à Dieu, peuple fol et insensé ? N'est-il pas ton père celui qui t'a créé, celui qui t'a fait et qui t'a établi ? », et Jérémie pourra, avec la même indignation, reprendre le même chef d'accusation[77] : « Y a-t-il une nation qui change ses dieux, quoiqu'ils ne soient pas des dieux ? Et mon peuple a changé sa Gloire contre ce qui n'est d'aucun secours !... car mon peuple a commis un double péché : ils m'ont abandonné, moi qui suis une source d'eau vive, pour se creuser des citernes, des citernes crevassées, qui ne retiennent pas l'eau. »

75. *N.I.*, chap. II.
76. *Deutéronome*, XXXII, 6.
77. *Jérémie*, II, 11-13.

De fait, répond le Maharal, nous ne pouvons résoudre ce « difficile problème » qu'en admettant que là où apparaît la grandeur du peuple d'Israël, apparaît simultanément sa faiblesse. C'est bien lorsque Israël parvient au plus haut degré de sainteté dans son union avec Dieu lors de la Révélation du Sinaï, qu'il tombe aussitôt dans la plus grossière idolâtrie, dans le culte du veau d'or :

> J'avais dit : vous êtes des dieux, vous êtes tous des fils du Très-Haut. Cependant vous mourez comme des hommes, vous tombez comme un prince quelconque [78].

Cette chute évitable n'est pas accidentelle ; elle exprime sur le plan humain la dualité foncière de la création, et souligne l'appel incessant que celle-ci nous adresse pour une perfection toujours à atteindre [79].

Un bref regard dans l'analyse que le Maharal consacre au « yéser hârâ » — au mauvais penchant — nous révèle [80] en effet que celui-ci est une conséquence de l'ordre général du monde de la création. Loin de constituer un obstacle infranchissable à notre libération, l'instinct du mal stimule l'exercice de notre liberté et constitue un tremplin pour une progression lente mais certaine dans la voie du salut. Si l'instinct du mal ne se présente donc point comme un mal radical, irréductible, il n'en reste pas moins que cet aiguillon « taquine » l'homme sans trêve, et ce d'autant plus qu'il est parvenu à un stade de perfection plus élevé [81]. Plus la qualité de la perfection est développée, plus difficile il sera de mener cette perfection à son dégré d'achèvement total, de telle façon que les individus supérieurs sont particulièrement exposés à la tentation et menacés de la chute.

On peut ainsi réaliser que tous les êtres parviennent à la relative perfection de leur genre spécifique ; ayant atteint le plus haut degré auquel ils peuvent légitimement aspirer, ils

---

78. *Psaumes*, LXXXII, 6.
79. Cf. *B.H.*, chap. VI : « Dans ce monde-ci, le monde ne peut pas être pur de toute faute. »
80. *Netîvôt "Olâm* : Netiv koah hayéser.
81. *N.I.*, chap. II.

persistent et se maintiennent pleinement dans leur état, qui traduit cependant dans l'échelle des valeurs un degré très relatif d'épanouissement. Israël, qui possède plus que toutes les autres nations l'aptitude à s'identifier au sacré et à percevoir la prophétie, n'est pas encore parvenu au point suprême, vu la valeur éminente de l'idéal à atteindre. Plus que toutes les autres, il se trouve du fait de son inachèvement sous l'emprise de l'instinct du mal. Si l'on considère que ce monde-ci est placé sous l'empire de la matière, et que le règne de la nature s'oppose à la primauté des valeurs spirituelles auxquelles aspire Israël, on comprend que cette nation se trouve particulièrement exposée.

Parvenu à ce point de notre réflexion, nous devons rappeler que pour rabbi Liwa, le bien c'est la plénitude de l'être, c'est-à-dire pour l'homme le complet achèvement de sa destination. Le mal en conséquence se traduira par un manque d'être, une destruction de sa véritable essence, une limite de l'expansion vers une absolue perfection, engendrant par là même une déperdition qui mène au néant. Le fait que l'homme soit soumis à la dualité plus profonde et plus générale de l'ordre de la création, exprime non pas une imperfection du Créateur, mais la nécessité pour l'homme de conquérir son véritable être de haute lutte. Pour tout ce qui relève de la nature, la perfection est acquise : les choses sont ce qu'elles sont, mais dans la mesure où l'on s'élève dans la hiérarchie des valeurs spirituelles, la perfection réside dans la perfectibilité.

Israël, que sa vocation au sacré place au sommet et dont les virtualités sont les plus grandes, ne dispose donc que d'un être partiel ; et l'on peut même affirmer qu'il est l'être le plus éloigné de sa véritable essence, celui qui se trouve le plus en retrait de ses potentialités. Sans doute, ce manque d'actualité présente est-il le gage d'une perfection absolue future ; pour l'instant cependant il développe une zone inférieure d'irréalité à l'ombre de laquelle s'abritent les forces du mal, c'est-à-dire les forces d'inertie qui retiennent Israël dans son élan d'obéissance et d'acquisition du mérite et l'entraînent vers le néant[82]. Peut-être

---

82. Cf. *G.H.*, chap. 72.

convient-il, pour saisir parfaitement la pensée du Maharal, de préciser notre hypothèse de départ : non seulement là où apparaît la grandeur d'Israël se discerne également sa faiblesse, mais surtout sa culpabilité est le signe même de sa grandeur. On s'aperçoit effectivement que l'inclination mauvaise — conséquence du degré élevé de la spiritualité d'Israël — s'attache précisément à ruiner les caractères spécifiques de la singularité de ce peuple.

Ceux-ci nous ont semblé se résumer dans l'attachement qui unit Israël à Dieu : lien qui s'explique par la nécessité de la création d'un élément premier, unique, et devant être considéré comme l'existant principal en fonction duquel tout le reste existe[83]. En d'autres termes, la qualité essentielle d'Israël réside en son unité, réplique de l'unité divine, et sa mission consiste à unifier le donné divers et multiple de l'univers créé. La tentation permanente pour Israël résidera dans la poursuite du multiple, dans l'acceptation de la dualité, dans la recherche de la débauche et de la luxure, bref, dans tout ce qui mène à la dissolution de l'humain sur le plan spirituel comme dans le domaine moral. Si la tâche spécifique d'Israël consistait dans l'édification de l'homme par le rétablissement de l'ordre et l'exigence de l'unité, Israël serait sous la tentation permanente de l'idolâtrie et de la débauche. Pratiques immorales et culte idolâtre, désir de jouissance et polythéisme, infidélité et insouciance, toutes les pages de la Bible évoquent ces péchés capitaux du peuple élu, qui se situent à l'antipode des valeurs métaphysiques et éthiques de la Loi[84].

Dans cette perspective, le Maharal nous enseigne à discerner l'ambiguïté fondamentale de la condition humaine : à travers la dialectique de la grandeur et de la culpabilité, il nous invite à un perpétuel dépassement. Cependant cette réflexion, dans laquelle nous retrouvons une forme de pensée proche du schéma hélégien, ne nous semble point épuiser la conception du Maharal sur la nature et la valeur du péché en Israël. Certes il souligne,

---

83. Cf. *supra*, p. 139.
84. *N.I.*, chap. III.

sur le plan psychologique et moral, la nécessité de dépasser un conflit en retrouvant l'équilibre perdu, et s'attache au point de vue de la logique à démontrer que toute affirmation appelle la négation. C'est bien dans la contradiction immanente aux choses qu'il perçoit la loi motrice du devenir, et c'est dans ce sens que la négation, le non-être et le néant, l'inclination au mal jouaient un rôle actif dans une situation dramatique qui trouve son dénouement dans la conciliation des contraires.

Une telle synthèse se caractérise par sa caducité et son introduction immédiate dans le processus ininterrompu du devenir. Celui-ci demeure constamment ouvert et inachevé, sans qu'il soit possible de définir son orientation. Si le Maharal souscrit à cette analyse pour l'explication du changement et de la transformation de l'homme et du monde, il la récuse au contraire pour tout ce qui concerne l'évolution du peuple d'Israël. A ce niveau, il faut nous représenter l'histoire non comme une droite, sans sens ni orientation, progressant selon les voies du hasard, mais selon une courbe qui revient à son point de départ. Celle-ci peut se tendre, se distendre, elle ne peut jamais se rompre.

Quelle que soit la face sous laquelle Dieu apparaît au peuple, ce visage, qu'il soit l'expression de l'amour ou de la colère, de l'appel ou du rejet, de l'édification ou de la destruction, traduit toujours le lien intime qui unit le peuple « élu » à Dieu. On se souviendra en effet qu'Israël est considéré par notre auteur comme la création principale de Dieu, les autres nations ne formant que le « complément » indispensable pour la réalisation du tout. L'essence d'Israël, issue de la nature même de Dieu, est fondamentalement bonne ; le péché n'altère pas l'ensemble de ses propriétés fondamentales, même lorsqu'il entraîne l'éloignement de la divinité et la dissimulation de Sa présence. Les nations, moins essentiellement liées à Dieu, sont par nature plus proches de la faute. Celle-ci agissant dans le même sens que leurs tendances profondes, augmente encore la distance qui les sépare de Dieu et provoque leur disparition de la scène de l'histoire[85]. Israël au contraire est repris en

---

85. *G.H.*, chap. VIII.

charge, replacé dans l'orbite pour poursuivre sa révolution, retenu dans sa chute par l'énergie constante que lui communique son union avec Dieu. D'où le renouvellement permanent de l'histoire d'Israël, face aux civilisations dont la tradition juive nous avait, depuis l'origine, appris à discerner l'éphémérité.

C'est le sens qu'il faut attribuer au culte en général et à la valeur expiatoire du sacrifice en particulier. Celui-ci peut être considéré comme une « kâpârâh », un effacement de la faute ; Dieu accepte de « recouvrir » le péché et de donner ainsi au repentant un répit, une force nouvelle qui doit lui permettre de reprendre la course. Pour le Maharal, le service de Dieu — « ″abôdâh » — est l'expression d'un retour de l'effet vers sa cause, d'une fusion de l'être dans la source de l'Etre. N'est-ce pas la signification même du terme hébraïque du sacrifice : « qorbân », qui exclue toute idée de renoncement et de douleur, pour suggérer au contraire l'union de l'offrant et de Dieu, dans l'approche et la rencontre ? Le pécheur s'offre lui-même, et à travers le geste rituel qui actualise les sentiments du cœur, emporte le pardon, c'est-à-dire le retour vers les sources vives de l'existence [86]. Ce retour n'est possible qu'à ceux qui sont essentiellement liés à Dieu et c'est pourquoi le culte sacrificiel est réservé par la Tôrâh exclusivement à Israël. De même que le péché n'est jamais envisagé exclusivement sous l'aspect d'une faute personnelle, mais toujours simultanément comme une déviation communautaire, ainsi le pardon doit être considéré comme une prise de conscience renouvelée des conditions de l'Alliance.

Prémice de la récolte de Dieu, Israël n'est-il pas l'effet privilégié et premier, la seule création directe de Dieu, autour de laquelle toutes les autres nations s'agrègent ? Lui seul par conséquent est susceptible d'effectuer ce retour vers la cause première, dont le péché l'avait momentanément écarté. Peut-être n'est-il pas exagéré d'affirmer que péché, pardon, expia-

---

86. Cf. *Netivôt* ″*Olâm* : Netiv ha ″ abôdâh, chap. 1. « L'homme se livre soi-même à Dieu. »

tion ne prennent leur sens plein que dans la dimension de ce lien de nature cosmique qui unit un peuple à Dieu. Dans cette perpective qui nous invite à dépasser l'éthique — sans l'ignorer pourtant — le péché est une rupture, et le pardon un don et un retour, car l'existence d'Israël se déroule dans l'union indissoluble avec Dieu, dont l'appel ne tarit jamais [87]. Grâce à cette force inépuisable, Israël assiste à la lutte des nations avec une calme sérénité, qualifiant leurs révolutions de révoltes dans l'espérance de l'ultime promesse.

Telle est, selon rabbi Liwa, la lecture juive de l'histoire d'Israël, dans la représentation même que le Talmud nous donne de l'angoisse qu'éprouve, dès l'origine de sa mission, le premier élu : Abraham [88].

> Rabbi Yossi dit : Le ciel et la terre ne subsistent que par les groupes de prêtres qui président à l'organisation des sacrifices. Suivant la parole de l'Ecriture [89] : « Il dit : D'où saurai-je, mon Seigneur Dieu, que je l'hériterai ? » Abraham dit au Saint béni soit-Il : Mes enfants commettront peut-être des fautes et Tu pourrais être amené à agir à leur encontre comme envers la génération du déluge ou de la Tour de Babel ? Dieu lui répondit : Non. — « D'où le saurai-je » ? rétorqua Abraham. — « Prends pour moi une génisse de trois années », lui dit Dieu [90]. Mais, poursuivit Abraham, cette solution est valable durant la période de l'existence du Temple ; celui-ci détruit, qu'adviendra-t-il d'eux ? — J'ai édicté à leur intention l'ordonnance des sacrifices ; lorsqu'ils liront ce passage de l'Ecriture, je le leur imputerai comme s'ils avaient apporté l'offrande et leur pardonnerai tous les péchés.

A l'instant solennel où Abraham conclut l'Alliance avec Dieu, le doute le saisit sur la possibilité de mener l'aventure jusqu'à sa conclusion ultime. Le péché risque d'entraîner Israël dans le cycle de la mort et de la disparition, à l'instar des civilisations

---

87. *G.H.*, chap. LXIX.
88. *T.B.*, Traité Megîlâh, 31 b.
89. *Genèse*, XV, 8.
90. *Genèse*, XV, 9.

brillantes dont Abraham avait pu mesurer la fragilité. D'où cette inquiétude et cette crainte sur la valeur d'un engagement, placé d'emblée sous le signe d'une dégradation inévitable. « D'où saurai-je que je l'hériterai ? » Comment puis-je m'assurer que ma descendance ne sera point entraînée dans le tourbillon infernal de ce que nous avons appelé la dialectique de la grandeur et de la culpabilité ?

C'est par le sacrifice, c'est-à-dire par le qorbân, par le pardon et la possibilité pour ce peuple de retrouver un devenir nouveau par la restauration des liens qui ont justifié l'élection. Si ce retour à la source devait être impraticable en raison de la destruction du sanctuaire, la lecture de la charte des sacrifices, c'est-à-dire l'étude de la Loi, constituerait alors l'action expiatoire capable de replacer le peuple dans sa véritable situation en face de Dieu.

Cette analyse de la culpabilité d'Israël et de la notion de pardon reprend, en les plaçant dans l'éclairage de sa mission historique, toutes les différences que le Maharal avait relevées entre Israël et les nations. C'est à cette capacité de retrouver à tout moment les nappes profondes qui assurent sa subsistance, qu'Israël doit d'avoir survécu à tous les avatars, et de demeurer aujourd'hui comme au premier jour de la création, le témoin de l'absolu.

Sur ce point également, la comparaison avec la pensée de Vico nous semble apporter un élément intéressant pour la compréhension de la thèse du Maharal. L'auteur de la *Science nouvelle* décrit en effet longuement le cycle que parcourent toutes les nations, selon la loi commune de l'évolution de toutes les sociétés, en mettant en relief que le devenir ne va pas forcément dans le sens du progrès. Etant donné la dualité de la condition humaine, Vico remarque bien le déséquilibre qu'entraîne tout progrès technique non compensé par un progrès moral, et rappelle que tout excès porte en lui-même un risque intrinsèque de faiblesse. Parfois, un prince équitable, véritable surhomme inspiré par la Providence, parvient à sauver la nation en péril et à régénérer les valeurs qu'elle incarne. Mais lorsque la désintégration est totale, à tel point que tout effort fécond semble impossible, la nation se désagrège et retourne à « l'état de familles ». Celles-ci, cellules de base de la cité, constituent le fond originel de la sociabilité humaine, principes premiers à l'origine et principes derniers dans lesquels tout s'intègre, en vue d'un éternel retour.

Nous saisissons ici avec une particulière netteté l'incapacité de Vico de briser le cercle dans lequel se déploie l'histoire humaine, afin de l'ouvrir vers un accomplissement définitif, par un retour vers la source vivifiante de l'Un. Vico reste engagé dans une vision pessimiste de l'histoire, dans la description d'une humanité appelée à un perpétuel dépassement... dans le tracé limité d'un cercle, au diamètre variable certes, mais à la circonférence désespérément close. Le Maharal au contraire, en rattachant l'histoire d'Israël à Dieu, nous montre comment pour ce peuple privilégié — et grâce à lui, pour l'ensemble de l'humanité — le pardon « lève » l'hypothèque d'une régression dictée par le progrès lui-même, et permet à l'humanité de s'engager dans la voie libre et joyeuse de la réalisation de toutes ses aspirations.

C'est précisément ce point d'une importance capitale qui semble avoir échappé à Krochmal [91]. Celui-ci avait bien souligné que l'éternité d'Israël était motivée par l'adoration de l'absolu par ce peuple, mais il n'avait pas touché le problème de la culpabilité et des défaillances du peuple dans sa mission le long des siècles. Or, nous l'avons vu, l'histoire découvre plutôt la face négative d'Israël, ses refus et son obstination, ses écarts et ses détours. Le Maharal, saisissant l'histoire de son peuple, non comme un fait de pensée mais comme un événement existentiel, à travers l'acte quotidien de la Miswâh et de son contraire, la faute, nous révèle par-là même, dans l'expérience du pardon, le nœud indissoluble qui unit Israël à Dieu, et explique le mystère de sa renaissance face aux civilisations mortelles.

---

91. Voir p. 79, note 25.

DEUXIEME PARTIE

L'EXIL
OU L'ORDRE DE LA REVELATION

‎…ואמרו לי מה שמו, מה אומר אלהם? ויאמר אלוהים אל
‎משה: אהיה אשר אהיה.
‎(שמות ג, יג—יד)

‎אמר ליה הקב״ה למשה: לך אמור להם לישראל, אני הייתי
‎עמכם בשעבוד זה ואני אהיה עמכם בשעבוד מלכיות
‎(ברכות ט׳ ב)

... Et ils me diront : quel est Son nom ?
Que leur dirai-je ?
L'Eternel dit à Moïse : Je suis celui qui
est...

(Exode, III, 13-14.)

Le Saint Béni soit-Il dit à Moïse : Va et
dis aux enfants d'Israël : J'étais avec vous
dans cette servitude [d'Egypte], je serai
avec vous dans les servitudes des nations.

(T.B., Berâkôt, 9 b.)

CHAPITRE I

LA TERRE D'ISRAEL

Chaque nation dispose d'un territoire, d'un pays, qui répond
à ses caractéristiques spirituelles. On se souvient que pour le
Maharal, ce n'est pas le milieu géographique, les forces naturelles, qui jouent un rôle primordial dans la formation de
l'esprit d'un peuple. Celui-ci est une donnée première sur
laquelle tous les éléments matériels constitutifs de la nation
viennent se greffer. L'originalité irréductible de la nation étant
définie, le Maharal n'ignore cependant point le lien entre la
nature du pays et l'esprit du peuple. Une étroite solidarité et
une parfaite adhérence s'expriment dans les rapports entre
les forces spirituelles et matérielles d'un peuple. Si cette règle
s'applique d'une façon générale à l'ensemble des nations, elle
se vérifie tout particulièrement dans les relations entre Israël
et la Terre d'Israël. 'Eres-Israël est la seule terre qui convient
parfaitement au peuple de la Promesse.

Des qualités identiques se retrouvent chez ces « partenaires »,
liés par un destin commun, au service de Dieu. La Terre Sainte
ne peut s'unir qu'au peuple saint. De même qu'Israël, grâce à
son lien particulier avec Dieu, a une affinité spéciale pour le
métaphysique et l'éthique, de même le pays, lorsque ses habitants naturels l'occupent, participe au surnaturel[1]. La Bible

---

1. *N.I.*, chap. VI.

n'appelle-t-elle pas ce pays « ' érés hasebî [2] », le « pays de la splendeur », et le Maharal cite les versets bien connus du Deutéronome [3] qui chantent la beauté et la richesse du Pays ; « tu n'y manqueras de rien » : le pays est le complément idoine et parfait du peuple. La « beauté » n'est pas ici la constatation béate d'un patriotisme chauvin, mais une recherche de perfection, une ambition d'arracher le pays privilégié à son cadre terrestre et matériel, pour lui reconnaître un caractère et une fonction spirituels. La beauté dépouille le paysage de sa qualité de nature morte, l'arrache à sa pesanteur, nous révèle une signification. Telle est bien, précise notre auteur, suivant le Talmud [4], l'intention qu'il faut rechercher dans l'expression « ' érés hasebî [5] ». Pourquoi le pays d'Israël est-il comparé au cerf ? « De même que le cerf est rapide dans la course, ainsi le pays d'Israël se hâte de faire mûrir ses fruits [6]. »

Dans un parallèle saisissant, le Maharal pose ailleurs [7] l'identité de fonction entre l'homme et la terre d'une façon générale. L'homme et la terre recèlent en eux des virtualités créatrices, qui demandent à s'actualiser, à s'épanouir, à se produire. Le passage qui s'opère de la puissance à l'acte dans la lente maturation du cycle de la germination, est identique à cet autre passage qui permet à l'âme spirituelle de l'homme, prisonnière de la matérialité du corps, de percer l'opacité des régions neutres de l'inertie, pour éclore à la lumière de la perfection morale. Poussière de la terre, l'homme partage avec la glèbe non seulement sa substance, mais encore son rôle, sa tâche : faire passer l'univers des ténèbres à la lumière, mettre en œuvre toutes les potentialités afin de rendre au Créateur un monde plus vrai et plus beau [8].

---

2. *Jérémie*, III, 19 ; *Ezéchiel*, 6, 15.
3. VIII, 7-9.
4. *T.B.*, Ketûbôt, 112 a.
5. Le texte joue sur le double sens du terme « Sebî » : beauté et cerf.
6. Nous traduisons d'après le texte du *N.I.*, légèrement différent du texte original du *Talmud*.
7. *T.I.*, chap. III.
8. Le terme hébraïque 'Adâm (homme) est de la même racine que 'Adâmâh (terre).

Toujours, partout, le lieu de rencontre entre l'homme et la terre est aussi le lieu d'une collaboration possible entre Dieu et l'homme. Possible seulement. Car l'homme a la faculté d'orienter ces forces créatrices en les détournant de Dieu, en construisant la cité orgueilleuse et révoltée de tous les Caïns de l'histoire, cité humaine dans laquelle s'échafaude la Tour de Babel, cité close qui ne s'ouvre sur le ciel que pour tendre vers lui un glaive menaçant. Mais la Terre d'Israël, comme le peuple d'Israël, ont la même orientation : ils sont tournés vers Dieu. Israël, nous l'avons vu, ne saurait entrevoir son destin hors de son « union » avec Dieu, et le Pays d'Israël « se hâte de faire mûrir ses fruits ». Ici, la rencontre entre l'homme hébreu [9] et la terre de la promesse, annonce la moisson et la récolte de Dieu. On comprend ainsi l'attachement profond qui lie ce peuple à cette terre, non dans une conception étroite d'un patriotisme égoïste, mais dans une vision globale du rôle de l'homme juif dans le monde. On saisit également le fait que cette terre ne réponde qu'à ce peuple, comme si elle se refusait aux tentations séductrices des nations étrangères, qui peuvent passer sur son sol, violer ses sanctuaires, sans jamais entamer sa résistance, sa volonté de refus [10].

Le Maharal traduit généralement cette possibilité de passage de la puissance à l'acte, de liaison entre les éléments, de complémentarité, en attribuant aux êtres ou aux choses qui en sont pourvus, une vocation métaphysique. Vocation métaphysique de tout ce qui est « intermédiaire » ('emsa), central, et se situe à égale distance de tous les extrêmes qui tendent vers le néant et la destruction. C'est dans ce sens, affirme notre auteur [11], qu'il faut entendre l'avis des Sages [12] situant 'Eres-

---

9. Hébreu = " ivrî, signifie le « passeur ».
10. Le « Pays » est donc considéré comme le « complément » d'Israël, un « parachèvement de sa vocation sacrée ». C'est pourquoi, souligne le Maharal (Netiv ha " abôdâh, in Netivôt " Olâm, chap. XVIII), nous associons dans la prière dite « d'action de grâces », dans le même paragraphe (le second), le don de la Terre, la Circoncision et la Tôrâh. Ces trois « compléments » spécifiques permettent à Israël la réalisation parfaite de sa vocation.
11. B.H., chap. VI.
12. Midrash Tanhûmâh, section Qedôshîm.

Israël au centre de la terre, comme le « nombril » de l'univers. Sans doute Azaria dei Rossi pourra-t-il contester le bien-fondé d'une telle affirmation au regard des découvertes scientifiques de son époque, il n'en reste pas moins que pour le Maharal, elle ne vise pas à nous fournir des précisions géographiques, mais à nous renseigner sur la signification véritable de la nature de ce pays. De même que la vie humaine, venant de Dieu et retournant à Dieu, n'est qu'un fragment de la vie de Dieu, ainsi la terre d'Israël n'est qu'un fragment de l'espace divin, elle est dans le plein sens du terme le « pays de la vie ».

Terre centrale et royaume d'harmonie, nous retrouvons cet accord parfait entre les parties jusque dans la culture intellectuelle qui se développe dans le pays. Celle-ci se présente dans une parfaite eurythmie, selon une combinaison où tout concourt à une même fin. Elle s'oppose à la culture qui a pris naissance en Babylonie, qui conserve de ces origines la confusion des genres, un manque d'unité et une tendance marquée pour la controverse et la discussion. La « sagesse » s'acquiert plus aisément dans le pays d'Israël [13]. Le pays joue donc un très grand rôle pour la formation spirituelle de ses habitants. Le haut niveau moral atteint par les patriarches fut en grande partie la conséquence de leur séjour sur la terre d'Israël. C'est par leurs mérites que cette terre leur fut accordée, et elle ne sera conservée à leurs descendants que dans la mesure où ceux-ci maintiendront les qualités éminentes de sainteté de leurs ancêtres [14].

Entre le peuple et la terre, il y a une interaction constante, une influence réciproque, qui permet à chacun de se compléter

---

13. Cette thèse sera reprise et amplifiée, jusqu'à englober une esquisse d'explication de l'ensemble de l'histoire juive par Simon Rawidowicz. Ce dernier voit dans « Babel et Jérusalem » deux pôles constants de l'histoire juive, caractéristiques, d'une part, de l'esprit biblique et, d'autre part, de la pensée talmudique. L'esprit biblique marquerait la jeunesse du peuple, l'éveil de ses tendances nationales et l'éclosion de la prophétie, tandis que la pensée talmudique correspondrait à la maturité de la nation et exprimerait une tendance vers l'abstrait et l'interprétation, le domaine de la connaissance intellectuelle. Si la tension entre ces deux pôles de la vie et de la pensée

par l'autre pour parvenir à la réalisation totale de ses aptitudes naturelles vers la sainteté.

Les lois qui s'appliquent à Israël trouvent leurs parallèles dans la législation particulière qui régit la terre d'Israël : le repos sabbatique vient consacrer le travail des six jours ouvrables, comme l'année sabbatique est un rappel que Dieu seul est le propriétaire de la terre. Nous retrouvons à l'occasion de l'explicitation du don du pays, la même motivation qui présidait à l' « élection » du peuple[15]. Une sensibilité extrême à la faute, et de même que le péché ne convient pas au peuple, ainsi la terre « vomira[16] » ceux qui ne respecteront point les impératifs moraux de la Loi. D'ailleurs le don du pays va de pair avec le premier appel de Dieu à Abraham, il y a simultanéité du choix de la personne et de l'offre de la terre qui abritera sa descendance. Soulignons encore que l'angoisse d'Abraham quant à la pérennité de l'alliance s'exprime précisément au sujet de la terre : « D'où saurai-je, ... que je l'hériterai[17] ? » Et la réponse, le pardon de Dieu[18], la suppression du cycle infernal de la faute, s'appliquent aussi bien au pays qu'à ses habitants.

On le voit, le lien qui unit le peuple d'Israël à sa Terre ne se restreint pas à un rapport de possession, il nous mène jusqu'aux fondements existentiels mêmes du peuple, il nous permet de retrouver, là encore, une voie nouvelle qui nous conduit jusqu'à l'unique source de la vie, jusqu'à Dieu.

---

juives est constante, Rawidowicz affirme néanmoins la primauté de la loi orale sur la loi écrite, du Talmud sur la Bible, ou plus précisément il soutient que nous devons parvenir à une synthèse dans laquelle ces deux éléments indissolubles de la réalité juive trouveraient leur place. Rawidowicz (S.), *Babel viyerûshâlâyim* (en hébreu), éd. Ararat, Londres, 1957.

14. *D.H.*, chap. v, 9.
15. *G.H.*, chap. viii.
16. *Lévitique*, XVIII, 28.
17. *Genèse*, XV, 8.
18. Voir *supra*, p. 156.

CHAPITRE II

DEFINITION DE L'EXIL

C'est un des grands mérites du Maharal de soumettre les
notions dont il nous entretient à un examen approfondi et
de les fixer dans une définition. Avant d'analyser les causes
et les conséquences de l' « Exil », il s'attache à nous donner,
dès le premier chapitre de l'*Eternité d'Israël,* une description
précise de ce que l'on doit entendre par ce terme. C'est le premier penseur juif à poser le problème avec netteté ; d'autres,
nous l'avons vu [1], avaient consacré de longues méditations pour
justifier l'attente de la rédemption, ou pour calculer la date
de l'arrivée du rédempteur, mais aucun n'avait examiné avec
un tel soin, le sens de l'exil, en nous proposant une description
de cette situation singulière de la vie nationale du peuple juif.
Cette méthode n'est pas fortuite, elle rejoint les lignes de force
de la pensée de rabbi Liwa, selon lesquelles toute connaissance
vraie doit englober l'objet à définir et son contraire. On ne
saurait atteindre à une conception claire, sans opérer la synthèse dialectique des parties, car « les contraires procèdent de
l'unique ». Désirant élucider les problèmes de la délivrance
ultime du peuple juif, le Maharal s'applique donc à découvrir
la solidarité interne qui relie la délivrance à l'exil, et dans ce
but s'impose tout d'abord une mise au point des réalités que
recouvre le terme d'exil, de Gâlût.

---

1. Voir *Introduction,* p. 19 sq.

L'exil se présente en premier lieu comme un événement historique : l'éloignement d'Israël de sa terre. Chaque peuple dispose selon l'ordre du monde, d'un territoire qui répond aux exigences de sa nature propre et lui permet de développer ses potentialités. Israël également était enraciné sur une terre légère et subtile, délicate et sensible qui correspondait parfaitement à la nature métaphysique du peuple lié à Dieu. Il a été arraché de son lieu naturel et, contrairement à toutes les autres nations, vit, loin de son pays, hors du cadre qui lui a été destiné, selon l'ordre du monde. Cependant l'éloignement d'Israël de son pays n'épuise pas, aux yeux du Maharal, toute la réalité de la Gâlût. Il faut y joindre le fait de la dispersion, le Pîzûr. Non seulement le peuple est déraciné de son pays, mais encore, même hors de lui, il ne réside point en un seul lieu.

« Dispersée et disloquée parmi les peuples », cette nation dont la vocation particulière nous était apparue comme une tension vers l'unité, est réduite à une dissociation complète, que nous ne trouvons chez aucune autre entité collective. La dispersion entraîne la rupture de l'unité du peuple, qui éprouve les plus grandes difficultés à se sentir rattaché au tronc commun de la nation. Rien d'étonnant dès lors si le Maharal voit dans la dispersion l'essence même de l'exil. Si l'éloignement du pays consacrait l'écroulement de la vie nationale, la dispersion marque la ruine du peuple lui-même. Les conditions essentielles de la vie, matérielle et surtout spirituelle, de ses membres, se trouvent placées sous des influences étrangères et échappent presque totalement à leur volonté. Leur présence sur un sol étranger, contraire à leur nature profonde, entraîne un malaise permanent, un conflit latent, de telle façon que nous pouvons considérer Israël en exil comme un homme malade, ayant perdu sa condition humaine naturelle et réagissant selon les données d'une conscience pathologique. Une telle désadaptation a pour conséquence de placer Israël sous la dépendance des nations, sous leur sujétion, et peut aboutir à un asservissement brutal et cruel.

L'exil s'exprime donc par l'éloignement du pays, la dispersion parmi les nations et la perte de l'indépendance. Il est remarquable que le Maharal associe ces trois éléments en les considérant tous les trois comme caractéristiques de la situation exilique, mais en mettant particulièrement en relief la dispersion. Il montrait ainsi que l'exil ne résidait pas dans un manque d'autonomie politique seulement ni même essentiellement, mais était le signe d'une cassure plus profonde, qui mettait en cause la survie de la personnalité collective de la nation [2]. C'est pourquoi rabbi Liwa situe le début de l'exil non au moment de la chute de l'Etat lors de la conquête romaine, mais à partir de la destruction du Temple.

L'établissement d'une autorité indépendante sur la Terre d'Israël ne saurait par conséquent être considéré comme la fin de l'état d'exil ; celui-ci ne peut être déclaré parvenu à son terme que par le rassemblement des exilés et la liquidation de la dispersion. A l'inverse, l'autonomie interne accordée à la communauté juive dans un pays quelconque de la dispersion ne signifie pas davantage la fin de l'exil. Ce n'est que le retour dans le pays de la totalité du peuple qui indiquera que l'heure de la délivrance a sonné. La dispersion, précise le Maharal [3], n'est qu'une conséquence logique de l'éloignement d'Israël de son pays.

Israël et les nations, avec leurs caractères opposés et contraires, constituent en effet les deux pôles de l'histoire ; séparés et poursuivant leur existence dans leur cadre naturel respectif, la coexistence s'avère possible. L'exil, arrachant Israël à sa

---

2. C'est dans la cassure de cette personnalité collective que le Maharal découvre l'essence même de l'exil. Dans ces conditions, une collectivité juive établie dans un pays étranger, mais jouissant de toutes les libertés civiques, n'en demeurerait pas moins un groupe « exilé », parce que ne réalisant pas l'expérience de la liberté collective, de la liberté nationale. Cette conception a naturellement trouvé un écho très favorable parmi les tenants du mouvement sioniste, surtout dans leurs discussions avec les Israélites des pays occidentaux, qui avançaient parfois l'argument qu'un pays démocratique ne pouvait plus être considéré comme une terre d'exil. On remarquera avec intérêt que c'est justement au Maharal que se réfèrent explicitement les défenseurs de la thèse sioniste, lorsqu'ils essaient de définir l'essence de la Gâlût. Cf. Rotenstreich (Nathan), *Al hatemûrâh* (en hébreu), Tel-Aviv, 1953 ; voir surtout p. 38.

3. *N.I.*, chap. xlii.

terre et le projetant parmi les nations, provoque du même coup l'éclatement du peuple, les deux contraires ne pouvant coexister dans un même espace. Israël étant déporté dans l'étendue réservée aux nations, doit pour subsister subir la dispersion de ses membres parmi les peuples. D'ailleurs le fait qu'Israël ne soit pas déporté dans un seul pays, mais disséminé aux quatre coins de l'univers, ne prouve-t-il pas qu'en dehors du pays d'Israël, aucune terre ne saurait lui convenir[4] ? Les deux termes de l'antinomie sont ainsi affirmés sans équivoque : la terre d'Israël d'une part, le reste de l'univers d'autre part. La dispersion est donc bien l'aspect central du phénomène de l'exil ; conséquence logique de l'éloignement du peuple de sa terre, elle peut entraîner la perte de toute indépendance et provoquer l'asservissement total de la nation. Mais même en dehors de toutes persécutions, l'exil en lui-même reste un phénomène négatif et un amoindrissement de l'existence nationale.

Nul doute qu'une telle situation doit être considérée comme profondément anormale[5] et contraire à l'ordre habituel du monde[6]. Elle s'inscrit à l'encontre de tout ce que nous avons reconnu comme devant être la charte des nations. Celles-ci sont établies dans un territoire correspondant à leur esprit national : Israël est banni de sa terre. Chaque peuple constitue une entité collective indissoluble : Israël est dispersé dans l'univers entier, jusqu'aux extrémités du globe. Toutes les nations sont égales et chacune doit respecter la souveraineté de toutes les autres : Israël a perdu son indépendance nationale et se trouve soumis à l'arbitraire des nations étrangères. Le paradoxe est d'autant plus éclatant qu'il s'agit du peuple

---

4. *N.I.*, chap. LVI.
5. Cf. *G.A.* sur *Deutéronome*, XXX, 3.
6. Le Maharal accorde ici une place privilégiée au « pays » dans l'économie de l'histoire juive. C'est dans ce sens que Buber le situe parmi les précurseurs de l'idée sioniste, ceux qui ont contribué à l'éveil de l'idée nationale (cf. Buber (M.), *Israël and Palestine*, *op. cit.*, p. 77). S'il est vrai que rabbi Liwa a, en toutes circonstances, souligné le caractère anormal de la situation de l'exil, force est de constater qu'il n'a jamais rejoint la Terre Sainte ni esquissé la moindre initiative dans ce sens, contrairement à certains autres Maîtres avant lui et surtout durant le seizième siècle.

d'Israël : une adhérence totale le rattache à sa terre ; lié à Dieu, son unité est plus réelle que celle de toutes les autres collectivités nationales ; « prémice des récoltes de Dieu », sa vocation l'appelle à être le guide des peuples !

Comment expliquer un tel renversement, si contraire à toutes les règles établies et aux droits élémentaires de toutes les nations ? Pourquoi ce destin singulier, qui retranche Israël du sort commun des nations et l'oblige à vivre une vie collective si contraire à toutes les normes ?

CHAPITRE III

CAUSES DE L'EXIL

LE PÉCHÉ.

Dans une première approche, le Maharal constate[1] que la Bible[2] et le Talmud[3] s'accordent pour motiver l'exil par le péché. L'exil serait la conséquence de la conduite impie de la nation, de la rupture de la charte de la Tôrâh[4]. Nous savons en effet que la qualité spirituelle élevée à laquelle Israël était parvenu l'exposait par-là même aux attaques du penchant du mal et l'entraînait vers le néant. Il est évident que le Maharal reste ici, comme cela avait déjà été le cas pour l'élucidation de l'Election, sur le plan du collectif. En dénonçant le péché du peuple, il ne rend pas l'individu subjectivement responsable de telle ou telle infraction, mais il nous invite à prendre en considération la dimension historique de l'homme, son insertion concrète dans le groupe. Le mal social s'exprime alors par une infidélité aux valeurs qui caractérisent le groupe, une déviation qui ronge la société dans son affirmation fondamentale et mine l'élan de son vouloir-vivre, jusqu'à la conduire parfois à la ruine.

La situation de l'exil n'est que l'illustration, au cours de

---

1. *N.I.*, chap. II.
2. Par ex. *Lévitique*, XXVI, 14-15 et 32 sq.
3. *T.B.*, Traité Menâhôt, 53 b.
4. *N.I.*, chap. XIX.

l'histoire, de ce que le Maharal lui-même avait qualifié comme étant un trait permanent du caractère d'Israël. Encore convient-il de rappeler que le pardon de Dieu venait rompre le cycle de la faute[5], et que par conséquent l'exil-sanction aurait depuis longtemps dû céder la place à un devenir nouveau. De plus la longueur de l'exil posait le problème de la proportion entre la faute et le châtiment ; à mesure que s'intensifiait la cruauté des tyrans, il devenait de plus en plus difficile de se représenter la gravité de la faute.

D'ailleurs l'exil ne semble-t-il pas être le lot naturel d'Israël ?

Abraham.

Bien avant la naissance du peuple, Dieu n'annonce-t-il pas à Abraham le sort qui attend sa descendance : « Dieu dit à Abraham : Sache que ta descendance sera étrangère dans un pays qui ne sera point à elle. Durant quatre cents années, ils les serviront et on les opprimera[6]. » Quelle faute fut à l'origine de ce premier exil, de la captivité égyptienne ? De fait, répond le Maharal, nous ne pouvons concevoir que cet événement capital de l'histoire n'ait pas eu pour cause une faute, et nous devons nous attacher à rechercher les motifs de l'esclavage égyptien. Cette interprétation est confirmée par l'exégèse juive de ce chapitre, et bien que notre auteur rejette la plupart des hypothèses émises pour chercher dans la littérature talmudique une réponse valable au problème posé, il n'en demeure pas moins que ces essais témoignent d'une conception identique des motifs de l'exil.

Nahmanide en effet voit dans l'attitude d'Abraham à l'égard de sa femme[7] la cause de l'exil de sa descendance. Craignant qu'on ne le tuât dans le but de lui ravir Sârâh, Abraham demande à sa femme de se présenter comme étant sa sœur. Il

---

5. Voir *supra*, p. 149 sq.
6. *Genèse*, XV, 13.
7. *Id.*, XII, 10 sq.

protégeait ainsi sa propre vie, mais exposait son épouse à la convoitise du roi et de son entourage, et la soumettait à une dure épreuve et à de graves dangers. C'est en sanction de cette faute que Dieu fera venir sa postérité en Egypte, et de même que Pharaon subit de pénibles représailles, ainsi les Egyptiens seront sévèrement châtiés avant de chasser Israël, comme Pharaon dût renvoyer Sârâh. Thèse inadmissible, puisque nous voyons Abraham, aussi bien qu'Isaac d'ailleurs, récidiver après l'annonce de la décision de l'exil.

A rejeter également l'opinion qui voit la cause de l'esclavage égyptien dans la vente de Joseph par ses frères. Celle-ci a bien entraîné la descente en Egypte de la famille de Jacob, mais elle était le moyen pour parvenir au but. Celui-ci, l'humiliation de cette famille, sa réduction au travail forcé et sa soumission aux lois d'exception, étaient prévus bien avant la naissance des frères de Joseph. Faut-il donc retenir que cette persécution fut une simple épreuve, l'occasion d'une ascèse offerte au peuple dans le but de lui faire acquérir du mérite ? Bien que cette fonction de l'exil soit proche de la conception juive des « châtiments d'amour » par lesquels Dieu éprouve ceux qui lui semblent dignes d'être promus dans l'ordre du mérite, le Maharal se refuse à accepter cette interprétation. Le destin de l'homme se joue ici-bas, dans le cadre de sa vie terrestre, et comment admettre que l'exil fut un « châtiment d'amour », puisque plusieurs générations sont mortes en captivité et sans avoir vu l'aube de la délivrance !

Force nous est donc de revenir vers le péché comme cause de l'exil, et c'est à juste titre que l'annonce en fut faite à Abraham, car c'est en lui effectivement que se situe la faute. Exil d'Egypte certes, mais aussi, selon l'exégèse du Midrash [8] relative à notre chapitre de la Genèse, exil de Babylone, exil de Perse, exil de Rome, car un esprit unique, une même faute se manifeste à travers ces situations historiques diverses, et c'est dès l'origine qu'il faut en chercher la référence. La situation initiale de la formation du peuple d'Israël oriente dès le départ les lignes de force de son histoire. Sans doute, suivant les moda-

---

8. *Genèse Rabba*, chap. XLIV, 7, 22.

lités et les circonstances concrètes du moment, cet esprit se manifestera-t-il selon des aspects divers, mais il faut comprendre les relations profondes qui les traversent et découvrir l'origine de la « faille » qui s'y projette. Suivons donc le conseil du prophète [9] et portons nos regards vers le rocher d'où le peuple d'Israël a été taillé, vers la carrière profonde dont il a été tiré, et considérons, en suivant les leçons du Talmud [10], le comportement d'Abraham, l'ancêtre de la nation [11].

Le Talmud rapporte trois opinions qui situent la faute d'Abraham dans des circonstances différentes, mais qui s'accordent pour reconnaître que le premier patriarche n'a pas fait preuve d'une foi absolue et totale en Dieu. Rabbi Abahû lui reproche d'avoir mobilisé et armé ses élèves afin de délivrer Lôt, prisonnier du roi d'Elam, Kedorla'omer, et de ses alliés. S'il est légitime d'user de la violence afin d'assurer sa défense, Abraham n'avait cependant pas le droit de détourner ses élèves de leurs exercices spirituels afin de forcer le destin. En les obligeant à prendre les armes [12] et à recourir à une technique de force, alors que leur niveau de spiritualité les destinait à un témoignage différent, Abraham n'a-t-il pas, dans un mouvement de généreuse mais d'intempestive impatience, entamé un riche capital d'espérance ? Cette soumission autoritaire des valeurs spirituelles au souci d'une efficacité immédiate, nous la retrouvons dans les « principes » qui inspiraient le Pharaon lorsqu'il réduisit en esclavage les descendants d'Abraham. Par sa crainte et sa précipitation, Abraham laisse percevoir une déficience dans sa foi envers Dieu, à laquelle nos Sages n'ont pas manqué d'être sensibles.

C'est une faute de même ordre, quoique moins grave, que relève la seconde opinion, celle de Samuel : Abraham a fait preuve d'un scepticisme exagéré à l'égard de la promesse divine [13]. A deux reprises, Dieu l'assure d'une descendance et lui

---

9. *Isaïe*, LI, 1, 2.
10. *T.B.*, Traité Nedârîm, 32 a.
11. *G.H.*, chap. ix.
12. *Genèse*, XIV, et spécialement verset 14.
13. *Id.*, XV, 8.

confirme le don de la terre de Canaan, et cependant il n'hésite pas à se montrer incrédule envers cet engagement. Il poussera l'audace jusqu'à exiger un signe, en s'écriant : « Comment saurai-je que je le posséderai ? » Bien qu'Abraham fût le premier et le plus parfait des « croyants » et que le texte biblique lui-même rende hommage à l'élévation de sa foi[14], il faut admettre qu'en l'occurrence la distance lui semblait trop considérable entre la réalité, confirmée par le temps de la stérilité de son union avec Sarah et la promesse d'une postérité, d'un pays, d'un avenir. Ces assurances se profilant sur un fond d'apparente ironie, arrachèrent à Abraham, l'éclair d'un instant il est vrai, l'interrogation sceptique du doute.

A supposer que cette incrédulité ne visait pas les possibilités de Dieu, mais selon l'avis du Midrash[15], portait sur ses propres possibilités de se montrer digne d'une telle promesse et à la hauteur d'une mission dont il mesurait la grandeur mais aussi les périls, nous devons cependant constater une faille, aussi minime soit-elle, dans la foi d'Abraham. Or, la croyance, précise rabbi Liwa, n'est pas une simple adhésion intellectuelle, elle engage la personnalité tout entière. Liaison existentielle avec l'absolu, adhérence parfaite à la divinité, la foi se traduit par une plénitude d'être ; elle permet l'achèvement de toutes les virtualités, et exclut jusqu'à l'ultime possible toutes les limitations. Elle engendre une présence intégrale, une expansion complète de la personne, à laquelle aucun autre être — si ce n'est Dieu lui-même — ne saurait rien ajouter. La foi s'affirme donc par une liaison étroite avec Dieu et par une indépendance presque totale à l'égard des hommes, l'une variant en fonction de l'autre. En rompant, si peu soit-il, la relation de dépendance confiante qui l'unissait à Dieu, Abraham se plaçait-il de lui-même sous l'autorité des hommes ? N'ouvrait-il pas la voie à la servitude dont ses enfants allaient être l'objet, en contribuant, sinon à rompre, du moins à altérer le lien fondamental qui doit unir l'homme à Dieu ?

Pour rabbi Yoḥânân, c'est également le péché d'Abraham qui

---

14. *Ibid.*, XV, 6.
15. *Genèse Rabba*, chap. XLIV, 17.

doit être considéré comme la cause de l'exil ; mais à la diffé-rence des deux opinions précédentes, ce n'est pas dans le dérangement d'un ordre établi, mais dans un manque d'initia-tive en faveur d'un nouvel ordre à instaurer, qu'il voit la faute du premier Hébreu. A un moment où son influence est parti-culièrement sensible en Canaan, il néglige d'attirer « sous les ailes de la Gloire divine » des hommes susceptibles d'adhérer à la croyance du Dieu créateur, du monothéisme, et ne les invite pas à suivre, à son exemple, les voies de la justice et de la charité. Abraham vient de remporter une très grande victoire en délivrant Lôt, son parent, ainsi que les cinq rois de la Pentapole, de la captivité de Kedorla'omer et de ses alliés [16]. Tous témoignent leur reconnaissance au vaillant chef : tandis que le roi de Shâlem se précipite à sa rencontre, lui offre du pain et du vin et le bénit au nom du Dieu suprême, l'un des souverains délivrés, le roi de Sodome, lui propose de conserver la totalité du butin : « Donne-moi les personnes et prends pour toi les biens [17]. » Abraham refuse de tirer un profit matériel de sa victoire, et après avoir dédommagé ses alliés, cède au roi de Sodome les biens mais aussi les personnes. Sans doute a-t-il le souci de ne rien devoir, lui au roi de Sodome : « Tu ne pourras pas dire : j'ai enrichi Abraham [18]. » Mais n'était-ce pas le moment d'oublier sa propre personne pour songer à répandre la gloire de Dieu parmi les hommes ? N'a-t-il pas, à un instant décisif peut-être, manqué d'enthousiasme et d'initiative, c'est-à-dire de foi, afin de ramener des prosélytes dans le camp des fidèles du Dieu unique, créateur du ciel et de la terre ? Il avait ainsi indirectement, par sa négligence, renforcé les « nations » au détriment d'Israël, et ouvert la voie qui pouvait mener à l'asservissement de sa postérité.

Toutes les trois opinions rattachent donc l'exil à une faute commise par Abraham ; dès la formation de la nation, un défaut initial devait orienter d'une manière irrévocable son évolution ultérieure. On a trop vite dit, ajoute le Maharal, que cette thèse

---

16. *Genèse*, XIV.
17. *Id.*, XIV, 21.
18. *Ibid.*, XIV, 23.

se heurtait à l'objection de la responsabilité collective : peut-on demander des comptes et châtier les petits-enfants pour les péchés des ancêtres ? N'est-ce pas, affirme-t-on, contraire aux enseignements les moins équivoques de la Bible, selon lesquels « les fils ne seront pas mis à mort pour les pères », mais « chacun sera mis à mort pour son propre péché [19] » ? Or, le texte de la Genèse ne précise-t-il pas explicitement [20] : « Quant à toi [Abraham], tu arriveras en paix vers tes pères ; tu seras enterré après une heureuse vieillesse » ? De telles objections font preuve, dit rabbi Liwa, d'une incompréhension totale du sens de l'histoire et ne saisissent pas dans leur profondeur les paroles des Sages. Ces derniers, en situant l'origine de la motivation de l'exil dans la déficience d'Abraham, ne désiraient point mettre en relief sa faillibilité. C'est à une « interprétation métaphysique » — siklît » de la faute qu'ils nous convient et non à une appréciation morale du comportement d'Abraham. En d'autres termes, le problème ne doit pas être examiné sous l'angle de l'éthique et de la qualité, mais d'un point de vue métaphysique et existentiel.

Aussi, explique le Maharal, il faut comprendre les opinions que nous avons citées non comme la description d'une expérience subjective et intérieure de culpabilité, mais comme un essai de saisir la réalisation d'un projet objectif dans lequel Abraham, en tant qu'ancêtre d'Israël, est impliqué. Nous reviendrons plus tard sur ce point central de la pensée de notre auteur, d'un péché conçu non seulement comme un manque d'être mais comme l'expression d'une limitation plus radicale, mais dès à présent nous devons montrer que la faute d'Abraham ne devenait sensible que dans sa descendance, comme le mal qui ronge la racine n'apparaît dans toute sa destructrice rigueur qu'au niveau des branches ou des innombrables feuilles. Ce n'est pas la faute d'Abraham, dans son individualité, qui est touchée par la faute, mais ce qui dans Abraham marque le point de départ de la formation d'une nation. Aussi n'est-ce pas à lui que s'appliquera l'exil et la servitude, ces restrictions

---

19. *Deutéronome*, XXIV, 16 ; cf. aussi *Ezéchiel*, XVIII, *passim*.
20. *Genèse*, XV, 15.

ne convenant pas à la personne individuelle de celui qui, par
ailleurs, fit preuve d'un attachement inconditionnel à Dieu. Ce
n'est que lorsque sa postérité aura atteint le stade d'une certaine vie nationale, se sera élevée au niveau du plan de réalisation de l'histoire, que le dessein divin, préparé par l'action
d'Abraham, s'actualisera.

Le nombre des nations étant, d'après la tradition, fixé à
soixante-dix, l'exil d'Egypte ne débutera que lorsque la famille
de Jacob comptera soixante-dix membres [21]. Alors, lorsque la
structure d'Israël reflètera la composition de l'ensemble de
l'humanité, lorsque le monde des nations sera parvenu à sa
cristallisation, pourra s'engager la grande confrontation. Rien
d'étonnant dès lors à ce que la faute, dont nous avons reconnu
le germe en Abraham, n'apparaisse dans ses conséquences que
dans la vie nationale de sa descendance : c'est à ce niveau
seulement qu'elle prenait une signification.

Ce qui confirme que le péché est bien la cause de l'exil, c'est
que nous retrouvons aux moments cruciaux de l'histoire
d'Israël ce même décalage entre le peuple et l'absolu, qui à
travers les épisodes d'une situation historique donnée, nous
invite à saisir cette tension, comme caractéristique d'une signification globale de l'univers. Tentons de réaliser, avant de
comprendre le sens de cette totalité, la portée profonde des
événements décisifs que furent l'envoi des explorateurs en
Terre Sainte, durant le séjour des Hébreux dans le désert et
la chute du Temple de Jérusalem par Nabuchodonosor et Titus.
Nous aurons ainsi, après avoir analysé le contenu du péché du
peuple à son origine, à la prise de possession du pays et au
moment de la dispersion définitive de la nation, les éléments
pour aborder le problème du sens de ces échecs successifs dans
le cadre d'une histoire placée sous le signe de la Promesse.

Les explorateurs.

Si, quittant Abraham et les origines de la nation, nous nous
penchons sur l'histoire même du peuple, nous constatons que la

---

21. Cf. *Exode*, I, 5.

première rencontre avec la Terre Sainte devait se solder par un échec. C'est dans cet insuccès, dû à une faute manifeste d'Israël, que le Maharal voit la cause principale de l'exil futur. Les faits sont connus. Arrivés dans le désert de Pârân, à proximité de la terre de Canaan, les Israélites décident d'envoyer des explorateurs, afin de se renseigner sur la force militaire des habitants du pays, la valeur défensive des fortifications, et d'une façon générale, sur les possibilités d'absorption.

Douze hommes, un par tribu, parcourent le pays durant quarante jours, et à leur retour rapportent ses merveilleux produits, des fruits magnifiques. En effet, déclarent-ils, le pays est fertile et produit de tout en abondance, mais ajoutent-ils, les villes sont bien fortifiées, les habitants, de taille géante, sont experts dans l'art de la guerre et s'opposeront, sans nul doute, à toute invasion. Caleb s'efforce de calmer la colère du peuple qu'il pressent, mais ses compagnons l'interrompent et communiquent leur frayeur à tous, afin qu'ils renoncent au projet insensé d'une conquête vouée à un échec certain. Josué et Caleb qui tentent de rappeler l'aide constante accordée par Dieu aux Hébreux et de ranimer le courage défaillant de leurs frères, sont menacés de mort et ne réussisent pas à éviter la panique, le désespoir, les cris et les pleurs qui s'emparent du peuple. La révolte gronde contre Moïse et Aaron : « Donnons-nous un chef et retournons en Egypte [22]. » Grâce à l'intervention de Moïse, le peuple ne sera pas anéanti, mais tous ceux qui ont participé à cette révolte ne verront pas la Terre promise ; ils erront dans le désert et ce sont leurs enfants, et non eux, qui formeront la « première génération de la délivrance ».

Le Midrash a vu dans ce dramatique épisode des explorateurs, le prélude de la destruction du Temple et le motif essentiel de la dispersion de la nation [23]. « Le peuple passa *cette* nuit à pleurer [24] » : ce fut la nuit du 9 Ab [25] et Dieu s'écria : Vous

---

22. *Nombres*, XIV, 4.
23. *Nombres Rabba*, chap. XVI, 12.
24. *Nombres*, XVI, 1.
25. Cette date sera également celle de la destruction du premier et du second Temple.

avez pleuré cette nuit sans raison, je vous fixerai une nuit identique au cours de laquelle vous aurez des motifs pour vous lamenter ; « c'est à ce moment que fût arrêté le décret de la destruction du Temple, afin qu'Israël soit dispersé parmi les nations ».

Selon le Maharal, ces pleurs témoignent de l'inaptitude du peuple de s'élever au niveau de son destin. D'après le plan primitif, la génération de l'Exode devait être celle de la Terre, la sortie d'Egypte et l'entrée dans le pays d'Israël n'étant que deux aspects d'une seule et même délivrance [26]. L'esclavage égyptien était, selon les termes du prophète, « le creuset de fer » dans lequel s'était formée la nation juive. La sortie d'Egypte marquait à la fois l'émergence d'un peuple dont l'essence se rattache au spirituel et au métaphysique hors d'un monde soumis à la matière et, grâce aux miracles qui accompagnaient cette naissance, le retour de la Gloire de Dieu dans l'univers. Elle devait donc s'achever par l'établissement du peuple de Dieu sur sa terre naturelle, celle qui lui permettrait de réaliser toutes ses virtualités, si le refus du peuple de pénétrer dans le pays n'avait démontré d'une façon manifeste l'écart qui subsistait entre la terre et le peuple. Aussi, la sortie d'Egypte doit-elle être considérée, suivant les termes de rabbi Liwa, comme « éternelle », c'est-à-dire comme inaltérable et ne pouvant être remise en question.

La relation entre Israël et Dieu, nouée dans les événements d'Egypte, s'est intégralement accomplie ; elle a trouvé sur les rives de la Mer Rouge, alors que les flots se déchiraient devant un peuple galvanisé par la foi la plus totale, sa dimension définitive et éternelle. Sans doute cette union n'était-elle qu'une invite à l'affrontement de nouvelles aventures, l'inauguration d'une histoire toujours encore inachevée, du moins cette aventure était désormais et à jamais celle d'une existence partagée, au cours de laquelle le destin de chaque partenaire est irrévocablement lié à celui de l'autre. Si la génération de l'Exode avait été simultanément celle de l'entrée dans le Pays, la liaison

---

26. *N.I.*, chap. VIII.

entre le peuple et la terre d'Israël eût été indéchirable. Le
peuple aurait montré par son établissement immédiat son adhésion parfaite aux buts ultimes de l'alliance, créant ainsi un lien
éternel entre lui et cette parcelle de sol qui porte en elle les
germes de la Promesse. Seule la génération de l'Exode, source
et origine du peuple, premier groupe de la nouvelle nation,
aurait pu réaliser cette édification et cet achèvement définitifs ;
en montrant que sa liaison avec la Terre n'était pas naturelle,
elle introduisait une confusion dans le plan prévu par Dieu et
ouvrait la voie à son propre exil dans le désert, et à l'exil
des générations futures dans le désert des nations.

Nous reconnaissons dans la faute commise par le peuple, le
manque de foi à l'égard des possibilités de Dieu. La conquête
du pays, malgré les difficultés militaires et la disproportion
des forces, n'aurait pas dû effrayer un peuple habitué à l'intervention divine. Aussi faut-il voir dans l'attitude de ces hommes,
un désir de rompre avec le surnaturel, une obscure volonté de
vivre leur vie humaine en dehors des voies du miracle, de
détruire peut-être cette constante allégeance à l'égard de Dieu,
afin de dessiner par eux-mêmes le plan de leur propre histoire.
Ce sentiment de profonde révolte se cristallise aussitôt dans la
volonté affirmée de conquérir le pays malgré Dieu, après avoir
refusé de le recevoir de Dieu [27]. On pourrait comprendre ainsi
qu'une faute d'une telle gravité essentielle, mettant en question
les fondements mêmes de l'Alliance, ait entraîné la punition de
l'exil.

Ce n'est cependant pas sur ce point que le Maharal insiste
dans la lecture de ce chapitre ; et bien que ce soit le défi du
peuple, considéré comme une rupture avec Dieu, qui soit au
centre de son interprétation, cette analyse n'épuise pas tout
le sens de cet épisode. Elle ne permet pas de saisir toute
l'étendue de la cassure ainsi introduite, non seulement dans
l'évolution historique du peuple d'Israël, mais surtout dans la
situation globale de l'univers. Le Maharal, nous semble-t-il,
dégage l'événement des explorateurs de son contexte purement

---

27. Cf. *Nombres,* XIV, 44 sq.

historique et politique pour l'élever au niveau d'un problème cosmique. Il voit, conformément à l'enseignement de la tradition juive, la faute des explorateurs dans la médisance, dans la description faussée de la véritable valeur de la Terre. Par le mauvais usage de la parole, ils introduisent la désunion dans le corps social d'Israël, ils brisent le lien qui rattache le peuple à Dieu, ils introduisent la division dans la vie même [28].

La médisance occupe en effet une place centrale dans l'exégèse juive. Considérée comme la maladie sociale par excellence, elle est punie par la « sôrâ" ât », que l'on a coutume de traduire par lèpre, quoiqu'on ne puisse point identifier ce mal avec cette maladie encore fort répandue de nos jours. Elle entraîne la réclusion temporaire du malade hors de la collectivité et son isolement de toute vie sociale [29].

En effet, explique le Maharal [30], la médisance ruine non seulement la vie sociale, mais ronge tout ce qui fait la spécificité humaine de l'homme. C'est la parole qui constitue le propre de l'homme, elle fonde non seulement le lien social, mais la personne elle-même, dans sa signification métaphysique profonde. L'homme est, dit le Maharal, un « haï ha-medabér », un « être parlant », la parole étant la limite et le seuil de l'humain. Bien que capables d'une certaine vie sociale, les animaux ne parviennent point cependant à s'élever jusqu'à l'intention significatrice du langage. La parole en effet est bien plus qu'une fonction organique et psychologique, elle est la « sûrâh » de l'homme, l'expression de sa spiritualité, la première manifestation de sa capacité créatrice. C'est pourquoi les animaux, quoique doués des mêmes organes, sont cependant incapables de participer à l'être réel du monde par la parole ; il leur manque cette ouverture sur l'absolu, ce lien avec la transcendance, que la Bible appelle « l'image de Dieu » et dans laquelle nous devons voir le premier et le dernier signe de la réalité humaine. D'ailleurs, le langage est toujours d'une certaine façon émergence du spirituel qui s'arrache à la pesanteur de la matière, pour parvenir jusqu'à la source créatrice d'où découle toute vie.

---

28. *N.I.*, chap. IX.
29. Cf. *Lévitique*, XIII-XV et *Nombres*, XII.
30. *Netîvôt "Ôlâm :* Netiv Ha-lâshôn, chap. I et II.

Alors que les autres facultés humaines ont leur siège dans un organe précis, la parole, affirme le Maharal, peut difficilement être localisée : elle demande la participation de tout l'être, comme si, à l'organe matériel qu'est la « langue » devait s'ajouter quelque chose de surnaturel, venu des profondeurs de l'être, et seul capable de relier l'homme à la source créatrice des valeurs. C'est bien par la Parole que le monde fut créé, car elle constitue dans la pleine acceptation du terme, un intermédiaire. Intermédiaire entre l'abstrait et le concret, entre le spirituel et le matériel, entre l'homme et le monde et entre l'homme et Dieu. Le langage se situe donc au point d'intersection des rapports qui constituent l'univers, par lui et en lui, le monde se crée et se recrée indéfiniment. C'est dans ce sens que rabbi Liwa nous invite à prendre à la lettre la pensée des Proverbes [31] : « La mort et la vie sont au pouvoir de la langue. » La vie, car la parole est liaison, communication entre les mondes ; elle arrache à sa désolante solitude l'homme retranché dans son égoïsme, dans son refus ou dans sa révolte ; elle tisse un lien précieux entre le monde inférieur de la matière et le monde supérieur de l'intellect, de telle façon que l'un se réalise par l'autre en vue d'un achèvement parfait.

Mais la mort aussi. Car la « mauvaise langue », la médisance, brise l'échelle qui relie les mondes ; en retranchant le monde inférieur de sa source vitale, elle le vide de sa substance et l'expose, isolé, à s'absorber dans une matérialité qu'aucun souffle spirituel, vivifiant, ne vient animer. Rupture du lien social tout d'abord : ce qui pour la plupart n'est que bavardage mondain, est en réalité lente stérilisation de tout sens de solidarité et de communion humaines. La médisance provoque un repli égocentrique, elle brise l'élan et l'appel qui naît de la présence d'autrui, ou dépossède le prochain de sa réalité humaine pour le transformer en objet de divertissement. Dans tous les cas, elle empêche toute relation profonde, en rongeant à la fois le sens social de celui qui s'y adonne, de son interlocuteur et de la personne dont il est question. Mais — et ceci nous semble être l'apport original du Maharal —, dans cette pseudo-commu-

---

31. *Proverbes*, XVIII, 21.

nauté à l'intérieur de laquelle autrui n'est au mieux qu'un objet de curiosité superficielle, ce n'est pas seulement l'harmonie sociale qui est troublée, mais surtout la personne éthique et métaphysique du coupable. Le Maharal a été fort sensible au rétrécissement puis à la dissolution de la personnalité qu'entraîne la médisance et le mensonge, car « l'aspect social de ce mal est visible pour tous et il est inutile d'y insister [32] ».

Par contre il importe de mettre en relief comment la calomnie verbale, par le manque de discernement de la réalité objective dont elle fait preuve, comporte une simplification mortelle de la personnalité et une destruction de l'homme [33]. Le Talmud [34] nous le suggère en assimilant la médisance au groupe des trois péchés, considérés comme les péchés capitaux : l'idolâtrie, la débauche sexuelle et le meurtre. On sait que le Maharal distingue dans l'homme trois parties : le corps, l'enveloppe matérielle de notre être, l'âme, siège des passions, et l'intellect, lié à la forme, à la raison et à la vie spirituelle. Tous nos actes se rapportent à l'une de ces composantes, les développent et les épanouissent ou au contraire les souillent et les décomposent. La débauche est ainsi une dépravation du corps, dont elle accentue le caractère purement charnel, le meurtre traduit l'envahissement de notre personnalité par la passion et mène à la ruine de l'âme, tandis que l'idolâtrie est le signe d'un manque d'unité de l'esprit. Chacun de ces péchés ruine une partie de ce qui fait la condition humaine de l'homme, et c'est pourquoi la tradition juive demande d'accepter la mort plutôt que de céder à l'obligation de les commettre. En altérant l'originalité radicale de sa nature, l'homme se désagrège et perd en conséquence toutes les raisons qui peuvent motiver le maintien de l'existence.

---

32. Dans son activité pastorale, le Maharal a souvent insisté sur cet aspect de la vie sociale. En 1584, lors du sermon qu'il prononça à la grande synagogue de Prague, le Shabbat Shûbâh (le sabbat du repentir), il s'éleva avec vigueur contre ceux qui se livraient à la médisance et prononça solennellement l'excommunication contre eux. Il stigmatisa en particulier ceux qui traitaient leurs coreligionnaires de « nadler », terme allemand qui désignait une naissance illégitime. Cf. Rivkind (Isaac), « Mishpete Kûbyustûsîm », in *Horev*, Nissan 5695, II, p. 60-66.

33. *Derâshôt Maharal,* Derûsh leshabbat Teshûbâh, p. 21 sq.

34. *T.B.,* "Erekîn, 15 b.

La médisance, elle, s'attaque non à une parcelle de notre personne, mais à l'ensemble de la personnalité, qu'elle corrompt par un lent processus de désagrégation et de rupture avec les sources vitales de l'être. C'est dans ce sens que le Talmud la met en parallèle avec l'ensemble des trois péchés capitaux, et que le Maharal souligne la liaison intime de la parole avec l'être du monde. Par la médisance, la « mauvaise langue », la concordance du réel et du vrai se trouve rompue dans la conscience, à telle enseigne qu'elle peut être considérée comme le signe — inconscient mais objectif — d'une révolte contre la réalité, comme l'affirmation de la primauté de soi par rapport aux choses et au monde. Etre véridique, c'est toujours viser une signification plus haute de l'existence que l'intérêt immédiat du moment, tandis que la calomnie rétrécit la conscience à la dimension limitée de notre individualité prise comme unique et absolue référence.

A la lumière de ces explications, certains textes du Talmud, qui peuvent paraître étonnants à première vue dans leur appréciation sévère d'une faute considérée généralement comme vénielle, s'éclairent aisément.

Nous comprenons ainsi la parole de Rav Hisda, qui dit au nom de Mar Uqva : « Au sujet de celui qui médit, le Saint, béni soit-Il s'écrie : nous deux ne pouvons habiter le monde ensemble [35]. » Le Maharal, commentant ce texte, n'hésite pas à qualifier de renégat celui qui se livre à la médisance. Confiné dans son orgueil, se plaçant en marge de la société, il doit être considéré comme un véritable idolâtre, car en dernière analyse il apparaît qu'il se meut dans le seul cadre de ce monde-ci, dans l'univers de la matière et de l'efficacité immédiate, sans aucune perspective d'ouverture sur l'absolu ni tension vers l'infini.

L'homme dont la parole créatrice n'est employée que dans le but de la division et de la séparation ne peut trouver son insertion dans le monde ; sa vie se déroule hors des forces vives de l'existence : Dieu lui reste caché. « Quatre catégories d'hommes

---

35. *Id.*

sont dans l'incapacité de saisir la Gloire divine : les moqueurs,
les flatteurs, les menteurs et ceux qui médisent [36]. »

Nous pouvons ainsi mieux saisir la signification profonde du
péché commis par le peuple acquis à la médisance des explorateurs, et la liaison intime entre cette faute et le châtiment de
l'exil qui la sanctionne. En refusant d'aller à la conquête du
pays, à la suite du rapport défaitiste des explorateurs, le peuple
accentuait la division entre le plan prévu par Dieu et la réalité
du moment. Il devenait ce peuple de chair, qui se coupait du
lien vivant qui était sa force, il rejetait Dieu dans sa solitude
en s'enfermant lui-même dans sa révolte. Ainsi « cette nuit de
pleurs » du 9 Ab devenait le prélude d'une nuit de larmes de
génération en génération, annonce de la grande rupture, de la
nuit de la destruction du Temple. Celui-ci était précisément le
lieu de l'union et de l'alliance, lieu central où le sacrifice était
offert par Israël pour les soixante-dix nations du monde, lieu
sacré où se ressoudaient de fête en fête les liens entre le monde
d'en-bas et le monde d'en-haut. Parce que la médisance avait
rompu l'union entre les mondes, parce que la parole avait cessé
d'être l'échelle sacrée qui permettait à l'homme de se retrouver
en Dieu, la destruction du Temple était virtuellement possible,
l'exil était annoncé en puissance. L'isolement de la créature en
face du créateur était posé en germe, le peuple démontrait qu'il
n'avait pas la maturité nécessaire pour tenter l'aventure commune à laquelle il se trouvait convié. Un nouveau « face à
face » s'imposait, au cours duquel le peuple rapprendrait à
vivre le mystère de son singulier destin, en faisant l'expérience
de ce que pouvait signifier, pour la condition humaine, l'éloignement et la solitude. C'est bien la solitude du lépreux qui est
celle d'Israël en exil ; dès les premiers instants du drame, sur
les ruines encore fumantes du sanctuaire en flammes, Jérémie
le discerne clairement en s'écriant « elle est assise solitaire [37] »,

---

36. *T.B.*, Sôtâh, 42 a. Ce texte est commenté par le Maharal à de
très nombreuses reprises. Voir en particulier *B.H.*, chap. IV — Netiv
Ha 'émet, chap. I — Netiv Hatôkâhâh, chap. I et Derûsh leshabbat
Teshûbâh, dans *Derâshôt Maharal, op. cit.*, p. 23.
37. *Lamentations*, I, 1.

en écho à l'avertissement du Lévitique[38] : « il [le lépreux]
demeurera solitaire ».

Jusque dans le détail, le texte nous suggère la nature de la
faute du peuple[39]. Les chapitres du Livre des Lamentations,
rédigés dans l'ordre de l'alphabet, comportent cependant une
anomalie ; la lettre péh précède la lettre ayîn, dans l'ordre de
succession des versets. C'est, selon rabbi Yohânân, pour nous
rappeler que les explorateurs ont fait précéder le péh au ayîn,
c'est-à-dire la bouche aux yeux. Jouant sur la signification de
ces deux lettres de l'alphabet hébraïque, rabbi Yohânân reconnaît dans leur inversion, reprise dans trois chapitres, la volonté
du texte de lier la destruction du sanctuaire à la faute des explorateurs. L'œil nous permet de percevoir l'espace, de pénétrer
dans le champ de la réalité. Dans la mesure que nous prenons
des choses, il effectue la première démarche ; l'initiative lui
appartient pour fournir à l'intelligence les éléments que celle-ci
traduira sur le plan de la conscience intellectuelle. Cette mise
au point constante qui exprime l'effort personnel de chacun vers
l'universel doit se fonder, pour être solide et objective, sur l'acceptation de l'espace. Notre « éclatement vers le monde » ne
peut se réaliser si nous nous replions sur nous-mêmes, dans une
solitude égocentrique, en n'acceptant qu'un monde de choses
impersonnelles.

Les explorateurs, en « faisant précéder la bouche à l'œil »,
refusaient de saisir le réel dans sa véritable dimension, et se
préféraient à l'ordre du monde. Sans doute exprimaient-ils
empiriquement toutes les données de la situation : la terre est
belle, les habitants sont puissants, le pays est impossible à
conquérir. Mais s'il est exact qu'être dans le vrai, c'est rendre
compte de ce qui est, il ne faut pas perdre de vue que la réalité
ce n'est pas l'apparence des choses, mais la loi intime qui commande leur développement. En l'occurrence, la vérité consistait
à voir que le pays devait appartenir au peuple de Dieu, qu'il
s'apprêtait à « vomir » les habitants dont le niveau moral était
en contradiction manifeste avec sa nature spécifique. Leur

---

38. XIII, 46.
39. Cf. *T.B.*, Sanhedrîn, 104 b.

parole, en ne se fondant pas sur cette constatation réelle et profonde de la nature du pays, n'était qu'une fausse monnaie qu'aucune couverture ne garantissait. D'où leur désarroi devant la situation nouvelle que créait la nécessité de conquérir le pays, leur résistance au changement et à l'avenir : s'étant, dans leur repli, coupés du monde, ils se trouvent réduits à la limite de leurs propres forces. Leur parole, au lieu d'être le reflet fidèle de la vérité et de la réalité, le lien qui les unit aux choses, aux hommes et à Dieu, n'est plus que l'écho de leur propre finitude. Cet état d'esprit du peuple au moment où il faisait siens les dires des explorateurs, ne pouvait trouver son aboutissement que dans une situation collective d'isolement, l'exil [40].

Nous voyons donc clairement qu'aussi bien à l'origine de la formation de la nation par Abraham qu'au moment de la conquête du pays, l'adhésion ne fut jamais totale ; un écart subsistait, dû au péché, et celui-ci devait entraîner le peuple en exil. Le Maharal va poursuivre son idée en nous donnant une description précise des fautes commises par le peuple lors de la destruction du premier, puis du second Temple.

Destruction des Sanctuaires.

L'un des principes sur lequel le Maharal insiste à de nombreuses reprises, et qui se présente comme un leitmotiv à travers l'ensemble de son œuvre, est que le siège de la Gloire divine est le monde terrestre. La « shekinâh » — gloire divine — réside essentiellement dans le monde inférieur. L'homme a la possibilité de répandre cette gloire sur l'ensemble de l'univers, comme il peut au contraire la faire remonter, de ciel en ciel, jusqu'à la chasser du monde. Mais même dans ce mouvement de repli de la shekinâh, le monde reste la possession de Dieu et le dialogue continue. C'est peut-être la leçon la plus fondamentale de l'épisode des explorateurs : malgré le refus et malgré l'exil, l'histoire du peuple se poursuit sous le regard de Dieu. La relation du peuple à Dieu est telle que jamais il ne pourra échapper à cette présence par laquelle il émerge à la vie, per-

---

40. *N.I.*, chap. IX.

sévère dans l'existence et se situe à la place qui lui est assignée. Si, physiquement parlant, il est concevable d'accorder à l'homme une efficacité et une causalité propres, il nous faut bien avouer que sur le plan métaphysique, la perfection de l'homme ne se réalise que dans l'acceptation de sa dépendance par rapport à Dieu.

Le point de coïncidence et de rencontre, où dans une harmonie totale s'épanouissaient toutes les virtualités humaines, fécondées par la constante présence de Dieu, était le Temple de Jérusalem. Lieu central et sacré choisi par Dieu pour y faire résider sa gloire d'une manière privilégiée, il représentait l'âme du monde, parallèle à la lumière divine, l'âme qui anime le corps de l'homme. C'est grâce à l'âme qui exerce la fonction de forme que l'homme est un, et c'est grâce au Temple que le monde parvient à sa plénitude. Dieu pénètre l'univers, Il lui est intimement présent : la création, et en particulier l'homme, prend toute l'extension dont elle est capable. Grâce à l'union que le Temple réalise entre l'homme et Dieu, l'homme se réalise pleinement, il a le moyen d'acquérir la perfection qui peut être la sienne. L'existence du Temple est à la fois le signe d'une possibilité de progression de l'homme et le témoignage du haut niveau qu'il a déjà atteint dans cette voie. Le Temple, loin de représenter aux yeux des Hébreux le sanctuaire de leur particularisme, était au contraire le lieu géométrique de la rencontre entre l'Homme et Dieu, le point central où la jonction du monde d'en-haut et du monde d'en-bas donnait à l'homme le sentiment enrichissant de coopérer à l'œuvre créatrice et de participer à la perfection divine.

Sans doute le Temple réalisait-il un des buts de la création : non seulement la nature, mais l'homme également, chante la Gloire de Dieu et rend témoignage au Créateur de la grandeur de son œuvre. Mais par le fait même de son existence, le Temple rendait l'homme plus apte à recevoir la perfection qui peut être la sienne ; l'homme, être incomplet, dont l'existence seule ne suffit pas à garantir la perfection, celle-ci devant être conquise par l'action dictée par Dieu, obtenait grâce au culte sacramentel la possibilité de réaliser pleinement sa condition. L'existence du Temple signifiant donc essentiellement l'actualisation des vir-

tualités humaines, la sanctification de tous les éléments qui constituent l'individualité humaine et lui permettent de réaliser son
unité. Ajoutons que pour notre auteur, c'est Israël dans son
ensemble qui typologiquement représente l'essence de la condition humaine : le peuple avait atteint un niveau de perfection
particulièrement élevé durant la période de l'existence du
Temple, son humanité étant parvenue au plus haut point de
développement.

On comprend dès lors que la chute du Temple soit la conséquence d'une altération de ces qualités humaines, et plus précisément de celles qui assurent l'unité et la permanence du composé de la personne. Aussi le Talmud [41] affirme-t-il que les péchés
qui ont entraîné la destruction du premier Temple sont ceux de
l'idôlatrie, du meurtre et de la débauche. Nous retrouvons ici
les trois péchés capitaux qui ruinent l'humanité en l'homme et
aboutissent à la dislocation de la personne. Le corps, l'âme et
l'intellect sont corrompus par la débauche, le meurtre et l'idolâtrie, jusqu'à déraciner la force vitale qui insère l'homme dans
le grand courant de la création. Ce sont ces fautes qui, en
restreignant la dignité la plus haute de l'homme, sont causes
également de l'éloignement de la shekînah. Il n'est pas inutile
d'observer que l'ordre et la mesure de l'univers sont entièrement
bouleversés par ces péchés, qui atteignent l'homme dans son
principe fondamental en rompant l'équilibre des forces qui le
rattachent au monde extérieur.

Tandis que le meurtre brise à jamais les fondements durables
d'une vie sociale, disloque l'esprit de communauté et ruine le
sens du prochain, l'idolâtrie provoque le morcellement de la
pensée, rattache l'homme à la matière et étouffe toutes ses
velléités de dépassement dans la recherche de l'unique par une
sorte de refus du temps, et la débauche consacre la destruction
du corps. Ainsi ces trois fautes représentent la dégradation la
plus totale de l'homme, qui se ferme à toutes les aspirations
sociales et métaphysiques et souille jusqu'à son corps. Sa vie
extérieure se trouve ainsi coupée dans toutes les directions, vers
le monde matériel, vers la collectivité et vers Dieu. Le Temple,

---

41. *T.B.*, Yômâ', 9 b.

qui rappelait jusque dans le détail de son architecture, les trois éléments constitutifs de la personnalité humaine, s'écroule sous la poussée de ces fautes, à la tentation desquelles Israël se trouvait justement exposé de par le haut niveau auquel il était déjà parvenu.

Le même texte du Talmud nous précise que la destruction du second Temple, due également au péché du peuple, eut pour cause immédiate la haine gratuite et les dissensions qui régnaient parmi les membres de la société. La collectivité d'Israël, destinée de par son lien avec Dieu à être un peuple unique, se trouvait divisée et détachée de la source d'unité qui lui conférait son caractère spécifique.

Le second Temple, en effet, après le retrait de la shekînâh à la suite de la destruction du premier sanctuaire, n'avait plus pour fonction d'assurer l'harmonie du monde mais simplement l'unité du peuple. Construit dans des circonstances difficiles lors du retour de l'exil de Babylone, il ne garantissait plus la liaison entre les mondes mais permettait au peuple d'affirmer son unité. Alors que le premier Temple signifiait l'actualisation de toutes les potentialités et le développement de toutes les forces de la nation au point d'approcher de la perfection humaine, le second sanctuaire avait cessé d'être le lieu de la présence divine pour constituer le centre de la vie nationale. Au lieu d'être l'endroit consacré pour la rencontre de Dieu et du peuple, il n'était plus que le symbole de l'unité de la nation. Au lieu de représenter le déploiement de l'âme dans toutes les directions de la force vitale, il ne conservait que la force unificatrice de cette substance mais non sa puissance de rayonnement. Aussi le peuple était-il sollicité par l'appel contraire, celui de la désunion et de la discorde, dans la tentation de remplacer l'amour par la haine dans les relations sociales. Ce n'est pas dans son rapport à Dieu que le peuple était atteint, mais dans sa cohésion interne et dans son ordre social.

Et quoique dans le fond, précise le Maharal, les fonctions des deux sanctuaires s'identifient, l'unité d'Israël étant le signe de sa parfaite harmonie avec Dieu, chaque sanctuaire marquait cependant une étape particulière de l'histoire du peuple. Le premier Temple, construit en vertu du mérite des patriarches, signifiait la réalisation de la promesse qui leur avait été faite d'accorder cette Terre à leur descendance ; sa destruction inaugurait une nouvelle époque, dans laquelle Israël aurait à agir suivant ses propres responsabilités et d'après ses seules forces [42].

Nous ne retrouvons pas, après la destruction, l'intimité qui caractérisait les rapports d'Israël et du Dieu de la Bible, fondée sur l'assurance d'un héritage à recueillir, dans l'attente confiante d'un aboutissement qui ne manquera pas de se réaliser. Désormais la responsabilité d'Israël se trouve plus directement engagée ; ce n'est plus une attente, mais une conquête, il ne s'agit plus d'un don, mais de l'acquisition d'un mérite.

Notre interprétation de la pensée du Maharal sur ce point se trouve confirmée par la précision qu'il apporte sur la valeur de cette période, en montrant qu'elle correspond à la fin de la prophétie et à l'acceptation consciente et consentie par Israël de la Tôrâh [43].

On se souvient en effet [44] que suivant notre auteur, la Loi avait été imposée au peuple en vertu de l'ordre du monde et en fonction de sa vocation particulière. Aussi ne lui reconnaissait-il aucun mérite, voyant dans l'octroi de la Loi une charge que le peuple devait assumer. Cependant à l'occasion de la fête de Pûrim, Israël ayant échappé au danger d'extermination que lui faisait courir Haman, le ministre tout-puissant du roi de Perse, avait alors accepté de son propre gré ce qui lui avait été imposé lors de la révélation du Sinaï. En instituant, de sa propre initiative, une nouvelle fête et en promulguant des lois supplémentaires que tout Israël s'engageait à observer, le peuple démontrait qu'il ratifiait a posteriori l'ensemble de la Loi. Au cours de cette période, qui correspond au début de la rédaction de la Loi orale, le peuple prend lentement conscience de ce que devait signifier pour lui l'arrêt de la parole prophétique et le fait que Dieu avait un jour parlé aux hommes. Ainsi, l'époque du

---

42. Cf. *T.B.*, Shabbat, 55 a : « Le mérite des ancêtres n'a plus joué en faveur du peuple à partir de la destruction du Temple. »
43. *O.H.*, Introduction.
44. Voir *supra*, p. 127.

Retour et du second Temple ouvrait à Israël des perspectives nouvelles et marquait un tournant décisif dans son histoire [45].

Ainsi se dessinent, nous semble-t-il, les contours de la vision de l'histoire juive selon le Maharal. Débutant par le choix d'Abraham, l'évolution d'Israël devait mener à l'achèvement du monde. Une première faille apparaît dans la conduite d'Abraham lorsqu'il fait preuve d'une foi insuffisante, et engage ainsi sa descendance dans l'exil de l'Egypte. Une nouvelle occasion s'offre pour la rédemption du monde lors de la sortie d'Egypte, et un progrès décisif s'amorce par la révélation du Sinaï. Si l'entrée dans la Terre promise avait immédiatement suivi la sortie d'Egypte, Israël serait parvenu très rapidement à sa complétion ; l'épisode des explorateurs devait compromettre les chances que laissait entrevoir la miraculeuse délivrance d'Egypte. Cependant la conquête du pays et la construction du Temple permettent la réalisation des promesses faites aux patriarches et conduisent Israël à l'apogée de sa formation. La destruction du Temple marque une cassure plus profonde, sans briser cependant l'ordre du monde qui demeure éternel.

Le pays d'Israël se trouve donc étroitement rattaché aux patriarches. Ceux-ci ont pu atteindre leur haut niveau grâce à leur séjour sur cette terre, et celle-ci est devenue l'héritage du peuple en vertu des mérites acquis par les ancêtres. Une seule et même sainteté s'exprime dans leur état respectif, et le peuple conserve le pays aussi longtemps qu'il se rapproche de cette norme. Celle-ci se traduit précisément par une scrupuleuse observance, allant jusqu'aux plus infimes détails, des trois principes essentiels : foi en l'unité de Dieu, pureté sexuelle et respect de la vie [46]. Nous comprenons ainsi qu'en transgressant ces trois lois fondamentales, Israël s'écartait à la fois du modèle des

---

45. Voir sur ce point dans notre *Introduction* la différence des opinions du Maharal et d'Abarbanel. Pour ce dernier, la période du second Temple n'est que la suite de celle du premier. Pour le Maharal, le second Temple, sans être du tout la réalisation des prophéties bibliques, marque cependant une étape nouvelle dans l'histoire du peuple.

46. Cf. *D.H.*, chap. v, 9.

patriarches et du niveau de sainteté requis pour la possession du pays [47].

Aux trois fautes qui traduisent le lien du pays avec les patriarches et qui ont pour conséquence l'exil, le Maharal, suivant le texte de la Mishnâh [48], ajoute celle de la transgression de l'année sabbatique, correspondant à la valeur intrinsèque de la terre. Le rythme de cette terre sacrée s'identifie au rythme de la vie juive elle-même, et au repos du septième jour correspond le repos de la terre durant la septième année. Lorsque Israël n'observe pas cette loi particulière à la Terre Sainte, celle-ci vomit ses habitants, « afin de jouir de ses sabbats [49] » et d'affirmer aux yeux de tous ses qualités spirituelles. Le Maharal relève un parallélisme étroit entre les termes qui définissent la Terre Sainte et les péchés commis par le peuple. Alors que toutes les régions du globe sont placées sous la domination des « princes », la terre d'Israël ne dépend que de Dieu seul. « Pays de l'Eternel », relevant entièrement de la grâce divine pour sa subsistance par l'octroi de la pluie, son manque de ressources naturelles en eau oblige ses habitants à fixer tous leurs espoirs en Dieu.

Nos Sages n'ont pas hésité à pousser au paroxysme la liaison intime de la Terre et de Dieu, en affirmant que « celui qui ne réside point dans le pays d'Israël n'a pas de Dieu [50] ». Pays central, situé dans l'axe médian de l'univers, il ne tend point vers les extrêmes et vers tout ce qui comporte limite, rétrécissement, dépérissement et mort. Aussi la Bible [51] comme le Talmud [52] s'accordent-ils pour le dénommer « Pays de la Vie », centre de la résurrection des morts. Quant à la nature spéci-

---

47. C'est pourquoi la Bible énonce dans un même contexte le souvenir des patriarches et le rappel du pays : « Je me souviendrai de mon alliance avec Jacob, je me souviendrai de mon alliance avec Isaac et de mon alliance avec Abraham, et je me souviendrai du pays. » (*Lévitique*, XXVI, 42).
48. *Traité des principes*, V, 9.
49. *Lévitique*, XXVI, 43.
50. *T.B.*, Ketûbôt, 110 b.
51. *Ezéchiel*, XXVI, 20.
52. *T.B.*, Ketûbôt, 111 a.

fique du pays, à sa terre délicate et tendre, sensible à la valeur morale de ses habitants, elle s'exprime à travers le qualificatif bien connu de « Terre Sainte ».

Les fautes perpétrées par le peuple s'opposaient ainsi à l'essence de la terre d'Israël, à ses qualités intrinsèques comme au lien qui la rattachait aux patriarches. La terre souillée par ces crimes devait chasser ses habitants et les envoyer en exil. Il est clair que cette souillure ne comporte aucun élément mystérieux ou magique : elle n'est que la détérioration d'un rapport objectif dont le Maharal nous donne le chiffre. Il ne s'agit pas d'une force obscure qui opère par des propriétés invisibles, mais d'une lésion de valeurs bien définies. On comprend également l'imposition de l'exil comme châtiment, de préférence à toute autre punition : c'est le caractère particulier de la terre d'Israël, ses qualités internes comme ses liens avec le peuple, qui provoquent l'exil des habitants d'une terre qui ne peut plus les supporter. Cette situation exceptionnelle se trouve donc imposée exclusivement à Israël, en conséquence de sa vocation particulière. Les « nations » vivant sur une terre moins centrale, moins tendre et plus matérielle, ne connaissent point cette expulsion, ce rejet de la terre, qui se rebelle contre « l'impureté » de ceux qu'elle supporte. L'exil n'est donc que l'expression négative, le revers de la relation du peuple et de sa terre, la riposte inéluctable de la transgression de la loi de leur union, fondée sur la sainteté et la pureté.

De toute façon on ne saurait plus douter que le péché soit la cause décisive de l'exil. Suivant les circonstances, il prend un contenu différent, mais toujours il représente la sollicitation opposée à la qualité acquise, exprimant ainsi sur le plan de l'histoire l'antinomie fondamentale de la nature humaine.

LA RÉNOVATION.

L'exil considéré comme une punition et un châtiment ne peut cependant constituer une réponse suffisante pour rendre compte des terribles souffrances endurées par le « peuple élu » durant des siècles. La disproportion semble trop éclatante entre le délit et la peine, d'autant plus que les nations, malgré leur culpabilité certaine, ne subissent nullement de semblables humiliations. D'ailleurs, expliquer l'exil dans le sens du châtiment serait une attitude purement négative et l'expression d'un sentiment de vengeance absurde, sans aucune perspective d'avenir. C'est pourquoi le Maharal constate que « la réponse qui considère le péché comme la cause de l'exil est insuffisante », et qu'il y a lieu d'approfondir cette « importante question » en accédant à une compréhension plus profonde du sens et de l'orientation de la souffrance d'Israël [53].

Le problème, avouons-le, est d'une extrême gravité, puisque de sa solution dépend toute l'interprétation de la vocation d'Israël. S'agit-il d'une aventure sans espoir, d'une aliénation scandaleuse par son exclusivisme et dont la finalité nous échappe, ou au contraire la pénible mais exaltante expérience d'un peuple amené jusqu'aux limites extrêmes de son existence nous permet-elle, par son caractère même de scandale, de sonder la signification positive du châtiment et de l'épreuve ? La punition de l'exil dépasse-t-elle la dimension de la sanction pour déboucher dans une signification plus riche et plus féconde de la souffrance ? Donner une réponse positive à cette interrogation serait, on le conçoit aisément, justifier la peine par l'exigence d'une rétribution en rapport avec la faute, et dans un même mouvement d'espérance, valider la souffrance en lui fixant un sens en même temps qu'une limite.

De fait, le Maharal affirme que l'exil expie le péché et purifie le peuple. La souffrance doit être considérée comme une expiation certes, mais plus précisément comme une possibilité de purification, un moyen d'amendement : « Le Saint béni soit-Il châtie Israël afin de le débarrasser du péché [54]. » De par le niveau de sainteté inhérent à sa nature, Israël devrait se tenir éloigné de tout péché, et particulièrement de ceux qui s'opposent à son être au point de le priver de toute sa substance. Nul doute que la faute le tire, plus que les autres nations, hors de son élément naturel, et par conséquent le châtiment l'atteint

---

53. *N.I.*, chap. XIV.
54. *Id.*

avec d'autant plus de sévérité qu'il s'est davantage écarté de la norme qui doit être la sienne. Lorsqu'Israël assume son particularisme, c'est-à-dire lorsqu'il identifie sa conduite avec les impératifs de la Loi, l'élément matériel de sa condition se trouve aboli en faveur de la sûrâh, de la forme. Il s'élève alors au paroxysme de ses possibilités et occupe, par rapport aux nations, la place que la forme tient par rapport à la matière. Grâce à sa sainteté éthique, le peuple parvient à conférer à son union avec Dieu une amplitude inégalée, qui le hausse bien au-dessus des nations, retenues dans leur expansion par la distance qui les sépare de Dieu et par leur insertion dans la matérialité.

C'est dans cette perspective qu'il faut comprendre la promesse du Deutéronome [55] : « L'Eternel, ton Dieu, te donnera la supériorité sur toutes les nations de la terre », Israël jouant par rapport aux nations, le rôle de la forme à l'égard de la matière. Mais lorsque le peuple s'abandonne à la tentation du péché, il déchoît de sa qualité initiale, et perd ainsi toute réalité et toute consistance. La matière, de par sa constitution, comporte toujours un moindre-être et ne parvient jamais par elle-même à la perfection ; elle porte toujours en elle des limites qu'elle ne peut franchir. Mais quelle pourrait être la réalité d'une forme qui ne parvient pas à la plénitude de sa substance ? On ne saurait concevoir pour elle un stade intermédiaire entre la réalisation totale de son être ou la disparition. Il en est ainsi d'Israël, lorsqu'il ne répond pas fidèlement au rôle qui lui a été assigné, et lorsqu'il rompt la relation existentielle qui le rattache à la source de l'être.

En tant que nation parmi les nations, précise le Maharal, Israël conserve naturellement la totalité des attributs qui le qualifient en tant que groupe national, mais son caractère particulier se trouve altéré au point de le priver de toute réalité spirituelle. Plus que toutes les autres nations, Israël se trouve ainsi réduit à la souffrance, parce que son destin s'inscrit dans la ligne de la plus haute exigence. Pour ce peuple, pas de voie

---

55. XXVIII, 1.

moyenne ; il ne connaît pas les grisailles de la médiocrité ; sa
vocation le porte à la hauteur des étoiles ou l'abaisse au niveau
de la poussière. N'a-t-il pas senti dans son histoire millénaire
la redoutable mais irradiante proximité de Dieu ? N'a-t-il pas
connu les humiliations les plus dégradantes qui, à travers les
dédales de la persécution et de l'angoisse, l'ont mené jusqu'au
bord du gouffre ? C'est donc la constitution particulière
d'Israël qui est à l'origine de ses souffrances ; celles-ci sont
le moyen qui lui est offert afin de rétablir, en se purifiant, son
intégrité première.

C'est dans le cadre de cette interprétation qu'il faut replacer
la déclaration apparemment paradoxale de rabbi Yohânân ben
Zaccaï [56] :

> Tu es heureux, Israël ! Lorsque tu accomplis la volonté de
> Dieu, aucune nation ne peut te dominer ; et lorsque tu ne
> suis point Ses préceptes, tu es livré à une nation vile ; et
> non seulement aux mains de cette foule méprisable, mais
> encore aux animaux de ces misérables.

Etrange bonheur, s'exclame rabbi Liwa, que d'être livré à
la tyrannie d'une nation sauvage ou d'être abandonné aux animaux d'êtres non civilisés ! Mais, commente notre auteur, rabbi
Yohânân, au lendemain de la grande tourmente qui a emporté,
avec la destruction du Temple, tous les espoirs d'une restauration de l'indépendance, a discerné avec clairvoyance le sens
de la catastrophe. Celle-ci n'était que le revers de l'élection
imposée à Israël. Sans se complaire dans la souffrance ni la
rechercher, Israël sait cependant l'accepter, en lui conférant
un sens et en reconnaissant l'équité de la justice divine. Il y
trouve un nouvel effet de la grâce providentielle pour lui permettre de retrouver l'ordre et de réaffirmer, par l'expiation, la
situation antérieure.

Alors que les nations tombent totalement sous l'emprise de
leurs fautes et disparaissent ainsi de la scène du monde, Dieu
offre à Israël la possibilité de remonter la pente et de repren-

---

56. *T.B.*, Ketûbôt, 66 b.

dre le chemin de l'histoire. C'est finalement la souffrance d'Israël, ou plus exactement les moyens de réparation qu'elle comporte, qui est le secret de sa pérennité. Aussi les malheurs et les misères qui jalonnent l'existence d'Israël au cours des siècles ne sont-ils jamais un ferment de dissolution pour la nation, mais au contraire le gage d'une fécondité nouvelle et l'assurance d'un rétablissement certain. C'est à juste titre que l'Ecriture compare ce peuple à la poussière de la terre : « qui peut compter la poussière de Jacob [57] » ; piétinée par tous et considérée comme valeur négligeable, la poussière ne perd rien de sa consistance et se maintient mieux que tous les autres éléments. De la même manière, les épreuves qui s'abattent sur Israël ne peuvent être considérées comme une cause d'affaiblissement, mais comme la condition essentielle de son maintien. C'est dans cette perspective que rabbi Yohânân pouvait voir dans la souffrance un bonheur, car elle permettait la régénération de la nation et sa persistance devant Dieu. « Elle épure et purifie Israël de la corruption du péché [58] », et lui évite de succomber sous le poids de la faute. Si ce peuple, plus que d'autres, est accablé par le malheur, il ne faut point voir dans ce châtiment une malédiction, un signe d'abandon, mais au contraire la condition même de l'éternité de la nation.

Cette réinterprétation dans un sens positif de la valeur de l'exil a sans doute incité certains penseurs juifs à voir dans cette situation, malgré le caractère afflictif de la punition, un principe de joie. Joie dont il ne faut point rechercher l'origine dans un amour morbide de la souffrance, mais dans les perspectives d'espoir qu'elle recèle. Un rabbi hassidique ira jusqu'à déclarer que « le véritable sens de l'exil est la joie », car accepter la souffrance en y reconnaissant un élément de purification de l'être juif souillé par le péché, c'est déjà restaurer, par anticipation, l'ordre antérieur à la faute et par-là même entrevoir les limites et la fin du malheur [59].

---

57. *Nombres*, XXIII, 10.
58. *N.I.*, chap. xiv.
59. Même idée exprimée par Platon sur le plan de la morale personnelle : « Echapper au châtiment est pire que de le subir. » (*Gorgias*, 474 d).

Ainsi se précise aussi la conception du Maharal. Si l'exil ne peut avoir d'autres causes que le péché, on ne peut cependant pas affirmer que la notion de châtiment suffise pour expliquer les malheurs qui accablent le peuple juif. Il faut y projeter en outre l'exigence que cette punition ne demeure point stérile, mais qu'elle ouvre la voie au dénouement de la crise et assure le renouveau de la nation. Face à l'épreuve, Israël renonce à se présenter comme une force authentique, lançant son défi dans la colère d'une volonté qui refuse de plier. En acceptant son destin, non comme une fatalité à laquelle il ne pourrait échapper, non comme une résignation devant l'absurde, mais dans la claire conscience de l'innocence de Dieu et de sa propre culpabilité, Israël retrouve, fût-ce aux limites extrêmes de son existence, l'union profonde avec la transcendance qui assure sa survie. Nous reconnaissons ici la théorie que notre auteur avait déjà développée au sujet du pardon, lorsqu'il affirmait [60] qu'Israël avait toujours la possibilité de retrouver, par le « sacrifice », un devenir nouveau dans la restauration des liens qui le rattachaient à Dieu. La destruction du Temple a brisé l'autel de l'expiation, mais la vie du peuple se poursuit sous le regard de Dieu. Si le culte du sacrifice est interrompu dans le sanctuaire, est-il exagéré d'avancer l'idée que le « sacrifice » d'Israël sur l'autel du monde remplace le service du Temple détruit ? L'exil n'est ainsi que la poursuite, dans des conditions différentes, de l'existence d'Israël dans son union avec Dieu.

A vrai dire, nous ne trouvons pas chez le Maharal, comme nous pouvons le trouver chez certains rabbins fameux du hassidisme, le sentiment de la « joie » de l'exil. Toujours, il rappellera le caractère « anormal » de cette situation exceptionnelle, qui doit prendre fin par un retour à l'ordre régulier du monde. Mais il nous semble, malgré ses déclarations parfois pathétiques sur le sort misérable du peuple, qu'il parle généralement le langage de la sérénité. Celle-ci a sa source dans sa conception de l'exil considéré comme un moyen de régénération de la nation et dans l'acceptation par le peuple des

---

60. Cf. *supra*, p. 155.

épreuves qui lui sont imposées. Disons surtout que, dans la ligne de la tradition biblique, aucune indignation ne vient donner une note tragique à l'exposition d'un drame dont les dimensions ont suggéré ailleurs l'idée d'une malédiction ou d'un destin fatal.

Ici l'événement, quoique ressenti avec dureté, est accepté dans la pleine responsabilité de l'homme debout devant Dieu, sans lâcheté et sans révolte, avec le courage lucide de ne pas renoncer à une signification de l'aventure. Contre la tentation de l'arbitraire et de l'absurde, le Maharal brode sur la trame de l'Alliance le plan qui révélera finalement le lien interne de situations jusqu'ici saisies dans leur discontinuité. Nous comprenons ainsi le soin apporté par le Maharal à poser avec précision l'équivalence entre le péché et le châtiment, suivant notre analyse au précédent chapitre. Il ne s'agissait pas d'une simple nomenclature, mais dans la similitude entre la faute et la punition, le Maharal apercevait une finalité interne ; le châtiment exprimait, en même temps qu'une protestation contre la rupture de l'ordre, l'exigence du rétablissement de la situation primitive.

Dans ses grandes lignes, cette analyse de l'exil d'Israël reprend les thèmes essentiels développés par Yehûdâh Halévy [51]. Après avoir défini les relations entre Israël et les nations comme étant de nature organique, suivant la célèbre comparaison : « Israël est parmi les peuples comme le cœur parmi les organes », l'auteur du *Kûzârî* ajoute : « il est à la fois le plus sain et le plus malade parmi eux [62] ». Il désirait ainsi souligner la position centrale du cœur et son extrême sensibilité, qui lui font ressentir la moindre lésion du plus petit organe, et expliquer de cette manière la souffrance d'Israël et sa « maladie ». Quant à la « santé » du peuple, Yehûdâh Halévy l'apprécie dans le fait que Dieu lui accorde le pardon de ses péchés : « Il ne permet pas à nos fautes de s'accumuler et de causer ainsi notre perte définitive [63]. »

---

61. Voir en particulier *Kûzârî*, II, 36 ; II, 44 ; III, 11 ; III, 19.
62. *Id.*, II, 36-44.
63. *Ibid.*, II, 44.

L'exil se présente en conséquence comme un moyen « pour révéler notre pureté et écarter les scories de notre intérieur [64] ». C'est pourquoi Yehûdâh Halévy conseille l'acceptation de l'exil comme une punition qui mène au bonheur ; le châtiment accepté dans l'attente de la restauration de l'ordre et de la soumission à la « justice équitable » de Dieu peut seul rendre la joie de vivre et « alléger le fardeau de la peine [65] ». L'exil semble répondre à un « projet secret » de Dieu, afin de permettre la conservation du peuple et le développement de son influence profonde sur les nations.

Comme la germination mystérieuse de la graine enfouie dans le sol : apparemment elle se transforme et se mélange à la glèbe, à l'eau et à la fange, jusqu'à disparaître totalement sans laisser de traces perceptibles. Cependant c'est elle qui transformera la terre et l'eau, et d'étapes en étapes les fera évoluer vers sa nature, en purifiant les éléments et en les intégrant à sa propre essence... [66].

L'exil non seulement ne consacre pas la destruction d'Israël, mais encore assure et hâte la maturation de cette « semence sainte [67] ».

Nous trouvons dans ce bref résumé une similitude profonde entre Yehûdâh Halévy et le Maharal ; l'influence de l'auteur du *Kûzârî* sur rabbi Liwa nous semble indiscutable, malgré

---

64. Dans le même ordre d'idées, Yehûdâh Halévy nous rend attentifs au sens de la succession de la sixième et de la septième bénédictions de la prière de l'Amidâ. La première de ces prières porte sur le pardon, la seconde sur la rédemption. Leur succession s'explique par le fait que c'est grâce au pardon que Dieu accorde à Israël que la rédemption est rendue possible (*Kûzârî*, III, 19).

65. *Kûzârî*, III, 11.

66. *Id.*, IV, 23.

67. *Isaïe*, VI, 13. Le chapitre xxvi du *N.I.* est argumenté sur le même thème (cf. *infra*, p. 225). Le Maharal insistera particulièrement sur le fait qu'une néantisation doit obligatoirement précéder la naissance du nouvel être. De même que la coquille de l'œuf doit éclater et se briser afin de permettre l'éclosion du poussin, ainsi la réduction d'Israël n'est que le signe d'une profonde transformation et l'indication d'un renouveau certain, un passage du néant à l'être.

l'absence dans l'ensemble de son œuvre de toute référence précise au philosophe juif du XIIᵉ siècle. Il est vrai que leur conception commune repose, en particulier sur le point précis du sens de l'exil, sur une tradition talmudique bien établie selon laquelle « l'exil rachète la faute » — gâlût mekapérét ·· âwôn [68] —, et Dieu éprouve ceux qui lui sont proches, par des « châtiments d'amour ». Mais il importe surtout de souligner, croyons-nous, la façon dont le Maharal a étendu l'extension et la compréhension des notions de base que lui fournissait la tradition rabbinique et philosophique juive, en dépassant la conception strictement éthique des termes et en dégageant les interférences métaphysiques et cosmiques qu'ils recouvraient.

Il faut avouer que chez Yehûdâh Halévy, le passage qui conduit le peuple choisi pour porter la « chose divine » vers la déchéance de l'exil et les malheurs de la dispersion, n'est pas fortement marqué. Il insiste sur la responsabilité de la nation dans le déclenchement et la persistance de la punition [69], il s'attarde sur la valeur purificatrice de l'exil [70], mais il ne s'élève pas à une conception véritablement dialectique de l'histoire, à l'intérieur de laquelle le péché d'Israël n'est que la rançon de son élection, et l'exil du peuple un reflet de la situation générale du monde. Nous trouvons bien quelques allusions à la position centrale d'Israël dont les malheurs traduisent l'instabilité de l'univers, mais nous ne parvenons pas à une méditation sur la cause du péché, sur la valeur « médiatrice » de l'homme, et partant sur la fonction précise de l'exil. Nous accordons volontiers la parenté profonde entre le Maharal et Yehûdâh Halévy : parmi les penseurs qui se sont penchés sur la signification de la destinée historique du peuple juif, peu sont parvenus à une corrélation aussi étroite dans leurs conclusions. Yehûdâh Halévy fut le premier parmi tous les penseurs juifs à poser clairement le problème de la dispersion et à mettre en relief la pérennité d'Israël face à la disparition

---

68. *T.B.*, Berâkôt, 56 a ; Sanhedrîn, 37 b ; cités par Halévy, *op. cit.*, V, 23.
69. *Kûzârî*, II, 24.
70. *Id.*, IV, 24.

des nations, et le Maharal semble donc emprunter à l'auteur du *Kûzârî* l'essentiel de sa thèse.

Cependant, sans vouloir exagérer les différences, il nous semble impossible de les réduire simplement à une question de style ou de ton. La polarité que le Maharal introduit dans « l'ordre du monde » en général et en Israël en particulier, lui permet une approche plus « globale » et plus dramatique de l'histoire. En n'excluant pas les forces de valeur négative dans l'évolution du devenir, il met davantage en relief le pathétique de la lutte et la tension qui la soutient dans sa visée vers le but final. Ainsi les notions de temps, d'effort et de maturation, qui ne sont pas totalement absentes chez Yehûdâh Halévy, s'inscrivent cependant chez le Maharal dans une pensée plus générale ; elles traduisent pour l'ensemble des éléments créés la nécessité de retrouver l'univers à travers la nature double des choses et de saisir dans cette ambiguïté la signification même de la durée.

L'exil dépasse ainsi chez le Maharal le cadre purement historique de la dispersion d'Israël à travers les nations, pour envelopper dans sa signification la réalité même du monde. Ce qui pour Yehûdâh Halévy était en premier lieu et presque exclusivement un problème national, devient pour rabbi Liwa également un problème à l'échelle de l'univers. L'exil, tout en étant avant tout la dure réalité des persécutions et des terribles souffrances consécutives à la situation du peuple hors de son territoire naturel, se trouve cependant étroitement lié à la nature même du monde. Essayons de suivre notre auteur dans cette troisième et dernière motivation qu'il nous propose de l'exil d'Israël.

UN DÉPASSEMENT NÉCESSAIRE.

A plusieurs reprises, Yehûdâh Halévy avait été confronté avec le problème de la situation humiliante du peuple juif au milieu de nations opulentes, jouissant pleinement des bienfaits d'une civilisation florissante. Le roi des Khazars, examinant la valeur des trois religions monothéistes, ne prête aucune attention à la religion juive, la condition méprisable dans laquelle vivent ses adeptes lui permettant d'écarter d'emblée une foi dans l'incapacité d'assurer le bonheur de ses fidèles[71]. L'auteur du *Kûzârî* s'attachera longuement à prouver que le bonheur terrestre ne convient pas à ceux qui sont l'objet de l'élection divine[72], que l'abaissement et la pauvreté sont le lot de tous ceux qui aspirent à une vie sainte et que la rencontre de la vertu et de la félicité ne se réalise que dans le monde à venir.

C'est dans le même sens, nous l'avons vu[73] que le Maharal nous avait rendu attentifs au fait qu'Israël était réservé pour le « ''ôlâm habâh » — le monde à venir — et qu'il ne saurait parvenir à la réalisation totale de ses potentialités dans le cadre d'un univers orienté dans le sens de la multiplicité et de la confusion. Réfléchissant sur la situation d'Israël dans ce monde, le Maharal dépasse très rapidement le problème de la juste rétribution et élève le débat à son véritable niveau. Israël, principe essentiel, but principal de la création, se trouve cependant réduit dans son influence, rejeté des nations, et souvent menacé jusque dans son existence physique. Cette vie en marge, soumise aux pires vexations et à toutes les humiliations, poserait à la conscience juive un problème dramatiquement insoluble, si la vocation d'Israël se limitait à ce monde et ne le portait à viser à une perfection plus absolue. L'exil n'est pas seulement une conséquence de la faute, un moyen de purification, il traduit encore, à travers l'existence mutilée d'Israël, le caractère imparfait d'un monde soumis à la loi de la dualité, auquel il convient de rendre son harmonie cachée et son unité foncière.

Témoin de l'absolu, indissolublement lié à Dieu, Israël exprime dans la réalité de son cheminement historique la cassure profonde de l'univers, sa déchirure et sa blessure. A travers son cri, c'est le monde tout entier qui fait entendre sa plainte, son refus de la corruption présente et son insatiable soif de justice, de réparation et d'ordre. Son tourment rend

---

71. *Ibid.*, I, 4.
72. Cf. *Ibid.*, II, 34-44 et IV, 21.
73. *Supra*, p. 87-88.

visible à tous la contradiction profonde de l'existence humaine, elle nous pousse à comprendre les limites de notre condition, et par cette prise de conscience nous invite à un dépassement. La longue durée de l'exil souligne bien le caractère nécessaire de cette expérience ; elle n'est pas un « accident » dans la vie de la nation, elle répond non seulement à la nature d'Israël mais correspond aux caractéristiques du monde créé tout entier. Le Maharal illustre sa conception de l'ambiguïté de l'existence juive, qui lui commande d'être à la fois présente dans ce monde et tendue vers l'autre monde, par une parole du Talmud [74] : « Dans ce monde-ci, Israël ne peut recevoir ni un maximum de bienfaits ni un maximum de châtiments. »

Si le peuple d'Israël pouvait aspirer à une totale grandeur et à la possession de tous les biens terrestres, sa vocation s'identifierait à celle de l'univers ; si son destin lui permettait de subir le châtiment ultime jusqu'à disparaître de la scène de l'histoire, nous serions en droit de conclure à une incompatibilité foncière entre lui et le monde. Mais c'est précisément cette double tension qui caractérise son effort, en lui demandant d'assumer sa contradiction afin de la dépasser. Etre d'ici et pourtant d'ailleurs, introduire dans le monde un appel des lointains, c'est en d'autres termes briser les limites de ce monde pour le faire déboucher dans le monde à venir. Toutes les structures admises, toutes les compromissions habiles volent en pièces sous la pression de cette présence insolite, ressentie comme scandaleuse dans son mystère même. L'exil désigne ainsi Israël comme un élément missionnaire ; non seulement il le projette aux quatre coins de l'univers en le faisant participer à la vie des nations, mais par sa situation exceptionnelle, il rappelle aux hommes les caractéristiques de leur condition, la cassure profonde de l'univers et la nécessité de lui faire recouvrer son unité. Dans ce sens il est parfaitement exact que le problème juif est un problème universel et concerne au même titre l'ensemble des hommes.

C'est dans cette perspective qu'il faut comprendre le refus

---

74. *T.B.*, Yebâmôt, 47 a.

de tout confort, de toute situation qui se moule trop étroitement dans les limites de ce monde et l'attachement pour tout
ce qui semble s'en détacher et éclater vers d'autres horizons.
De tout temps, c'est dans la souffrance et la persécution que le
juif, même le plus détaché des sources vives de sa foi, a pu
expérimenter les conditions exceptionnelles de son destin. La
tradition juive y a vu, nous rappelle le Maharal, non le signe
d'une malédiction mais la marque d'une responsabilité particulière, d'une sensibilité plus aiguë aux contradictions de l'univers [75]. Aussi le Midrash [76], commentant le verset de l'Ecclésiaste [77]... « Et l'Eternel recherche le persécuté », déclare-t-il
avec netteté :

> En toutes circonstances, l'Eternel se porte vers la vic-
> time : lorsqu'un juste persécute un juste, l'Eternel se porte
> vers la victime ; le méchant persécute un juste, l'Eternel se
> porte vers la victime ; un méchant persécute un méchant,
> l'Eternel se porte tout de même vers la victime...

Et le Talmud, avec plus de gravité encore, souligne l'impossible
insertion du juif dans un monde d'où serait exclue toute tension
vers les valeurs de justice, qui se réduirait à la brutale efficacité de la violence : « Rabbi Abba dit : Sois toujours parmi les
victimes et non parmi les bourreaux, car la tourterelle et le
pigeon sont les plus pourchassés parmi les oiseaux et la Loi
les a désignés pour être offerts sur l'autel [78]. »

Il serait faux, croyons-nous, de conclure d'une telle formule
à une attitude passive en face du problème de l'efficacité de
l'histoire, au refus d'une action soutenue et consciente en faveur
d'une promotion de la justice dans les institutions de la cité.
Elle voudrait plutôt situer la victime dans sa faiblesse, dans sa
fragilité par rapport aux puissances de ce monde, et voir dans
la frustration dont elle est l'objet un signe d'une plus grande
plénitude spirituelle. Serait-elle inquiétée si elle avait réussi à

---

75. *N.I.*, chap. xv.
76. *Lamentations Rabba*, III, 19.
77. III, 15.
78. *T.B.*, Bâbâ Kâmâ, 93 a.

s'enraciner profondément dans le monde de la matière, à acquérir biens, force et importance ? La victime devient ainsi le témoin d'un autre « ordre », elle est refus et exigence, révolte et espérance. Israël n'hésite pas à s'insérer dans l'engrenage de l'histoire, mais ce peuple doit savoir qu'il ne pourra jamais réaliser pleinement sa vocation dans ce monde. Il est réservé, pour l'essentiel, pour le monde à venir. Ni grandeur ni autorité ni gloire ne lui conviennent en ce monde, tant que celui-ci n'est point parvenu à son unification. Car nous nous trouvons engagés dans une double histoire qui se présente toujours dans une dramatique ambiguïté, selon un schéma dialectique, et Israël demeure l'inlassable pionnier à la recherche de l'unité cachée, animé dans ce monde de la brûlante nostalgie du monde à venir.

L'exil concerne donc le peuple d'Israël au premier chef, mais cette situation difficile et ambiguë, qui traduit dans la réalité historique d'un peuple particulier l'imperfection de l'univers, n'est que la condition humaine poussée à l'extrême. Cet état limite, qui soumet Israël à un destin de privation et de souffrance et le mène parfois aux confins extrêmes de son existence nationale, ne peut être qu'un état provisoire, instable, tendant constamment vers la normalisation. Mais il répond à l'exigence divine pour la réalisation de Son plan, la création d'un univers qui réponde à Son espoir. Par sa présence dans ce monde, par son intentionnalité dirigée vers l'autre monde, Israël est le signe tangible de la volonté de Dieu de promouvoir l'humanité vers le monde à venir. L'exil d'Israël est donc absolument nécessaire, il est coessentiel à la nature de l'univers créé. On comprend aisément cependant qu'un tel état d'instabilité ne pourrait subsister sans une ferme décision de Dieu, dans le dessein de maintenir Israël dans sa mission particulière. Aussi le Maharal estime-t-il que l'exil répond à une « gezérâh », à un décret divin, découlant du principe général de base du monde de la création.

Ce décret, cette ferme résolution qui prend sa racine dans l'être même de Dieu, tend à maintenir Israël, durant toute la durée nécessaire à la réalisation de son dessein, dans le déséquilibre de l'exil. Déséquilibre provisoire, qui tend constamment à se résorber, soit par l'assimilation d'Israël aux nations et la disparition du phénomène juif, soit au contraire par le rétablissement du peuple sur sa terre, dans le cadre normal de son existence nationale. C'est l'interprétation qu'il convient de donner, selon le Maharal[79], au célèbre passage du Talmud[80] selon lequel Dieu a formulé trois serments avant de procéder à l'exil du peuple. Commentant le verset du Cantique des Cantiques[81] : « Je vous en conjure, filles de Jérusalem, par les gazelles et les biches des champs, ne réveillez pas, ne réveillez pas l'amour, avant qu'elle le veuille », rabbi Yossî, fils de rabbi Hanînâ, applique ce texte au maintien d'Israël en exil. Dieu a conjuré Israël de ne pas se regrouper afin « de ne pas monter sur la muraille » par l'emploi de la force, de ne pas se révolter contre les nations, et Il a conjuré les nations de ne point asservir Israël au point d'entraîner son extermination totale.

Ainsi dans les trois domaines qui caractérisent la situation de l'exil, la dispersion, la perte de l'autonomie et la servitude, Dieu intervient afin d'éviter la rupture de la Gâlût. D'après notre texte, cette intervention se manifeste d'une façon solennelle sous la forme d'un serment. Dieu s'engage dans cette aventure en fonction de son être profond, de l'exigence interne de son authentique essence ; pour assurer l'actualité des valeurs qu'Il pose, Il agit avec la totalité des moyens dont Il dispose. Nous sommes en présence d'une volonté entièrement tendue vers un but, d'une initiative conforme à la réalité intime de la personne divine. Sans doute, toute parole de Dieu est-elle serment, messagère fidèle de Sa volonté immuable et attestation de l'être créateur. Mais notre texte désire mettre en relief l'originalité de cette création permanente qu'est le maintien de la situation de l'exil, affirmation et réaffirmation dans l'histoire de l'identité ontologique de Dieu. Le Dieu de la Promesse veille ainsi avec une infinie patience au maintien de l'équilibre instable de la Gâlût, afin d'empêcher les multiples essais, en provenance d'Israël ou des nations, de mettre fin au problème par une « solution radicale » : annulation de l'exil par l'extermination

---

79. *N.I.*, chap. xxiv.
80. *T.B.*, Ketûbôt, 101 a.
81. II, 7.

physique du peuple juif, ou assimilation du peuple aux autres nations par l'oubli de son particularisme. Les trois serments de Dieu correspondent au triple souci d'éviter la rupture de l'exil par le rassemblement du peuple, par l'exagération de la servitude ou au contraire par l'adaptation d'Israël à sa condition anormale, car « la sortie d'Israël hors des limites de l'exil que Dieu lui impose, marquerait la fin de cette nation [82] ». Au-delà des données historiques du moment, l'exil prend une dimension cosmique qui englobe l'ensemble de la création.

Il est indubitable que la destruction du Temple et la dispersion d'Israël ont eu pour conséquence un affaiblissement de la gloire divine dans l'univers : celle-ci n'est plus révélée à chacun, dans toute la force de sa possibilité de perception. La destruction du Temple, lieu de rencontre entre Dieu et la créature, altère les qualités de l'homme et le prive de sa puissance créatrice. Cependant le lien n'est pas rompu, et bien que la bénédiction divine ne se répande pas d'une manière directe sur le monde, l'effort de l'homme vers la sainteté lui permet de réparer la brèche. L'étude de la Tôrâh, l'entr'aide et la prière en commun, permettent aux juifs de restreindre la rigueur de la dispersion et de maintenir vivant le lien qui les rattache à Dieu, et par conséquent, de resserrer l'unité intérieure, amoindrie, mais non éteinte. Cette dernière « solution » du problème juif voit une possibilité de « sortie » de l'exil, non sur le plan horizontal, mais dans une dimension verticale, une ascension du peuple dans la voie de la sainteté, une longue patience, qui doit permettre aux « bâtisseurs du temps » de retrouver la cité de Dieu.

La Germination de la Vérité.

L'exil, envisagé comme étant le climat spirituel de l'univers, comme la nostalgie d'un monde qui aspire à la restauration de l'unité, trouve son illustration, dans la pensée du Maharal, dans un texte relatif à la création de l'homme et à sa possibilité d'atteindre la Vérité [83]. Commentant le verset de la Genèse [84]

---

82. *N.I.*, chap. xxiv.
83. *Netîvôt ''Olâm*, Netîv ha'émet, chap. iii.

« Dieu dit : Faisons l'homme à notre image, selon notre ressem-blance », le Midrash nous rapporte les faits suivants[85] :

> Rabbi Simon dit : Lorsque le Saint béni soit-Il entreprit de créer le premier homme, les anges du service se formè-rent en groupes. Certains disaient : « Qu'il ne soit pas créé », tandis que d'autres s'écriaient : « qu'il soit créé ». C'est ce qui est écrit[86] : « La Grâce et la Vérité se rencontrèrent, la Justice et la Paix s'étreignirent. » La Bonté dit : « qu'il soit créé, car il est porté à dispenser des bienfaits ». La Vérité dit : « qu'il ne soit pas créé, car il est plein de mensonges ». La Charité dit : qu'il soit créé, car il est capable de généro-sités ». La Paix dit : « qu'il ne soit pas créé, car il est plein de discordes ».
>
> Que fit le Saint béni soit-Il ? Il prit la Vérité et la jeta à terre. C'est ce qui est écrit[87] : « Et la Vérité fut jetée à terre. » Les anges du service plaidèrent alors devant l'Eternel : « Maître des mondes, pourquoi méprises-tu l'ordre que tu as fixé ? Que la Vérité monte de la terre ! C'est ce qui est écrit[88] « La Vérité germera de la terre[89]. »

Dans une première approche, le Maharal nous enseigne que ce texte situe l'homme au plus bas degré de l'échelle, entraîné dans le processus d'une permanente mutabilité. Tel est en effet le sort des êtres du « monde inférieur », soumis à une contin-gence et à une dépendance, agissant l'un sur l'autre dans une volonté de destruction réciproque. Le monde médian, par

---

84. *Genèse*, I, 26.
85. *Genèse Rabba*, VIII, 5.
86. *Psaumes*, LXXXV, 11.
87. *Daniel*, VIII, 12.
88. *Psaumes*, LXXXV, 12.
89. Pour l'analyse métaphysique et théologique, voir Neher (A.), *Le Puits de l'Exil, op. cit.*, p. 220 sq. Nous insistons ici surtout sur l'aspect historique de la pensée du Maharal : l'insertion de la pro-blématique de l'exil dans un développement relevant de la philoso-phie de la connaissance illustre parfaitement d'une part, la tendance du Maharal à ne pas transcender les problèmes mais à les saisir dans la réalité de leur devenir, et d'autre part, elle situe l'aventure d'Israël dans sa véritable dimension : une expérience ayant valeur d'exemplarité aux limites ultimes de l'humain.

contre, ne connaît pas ce mouvement incessant de création et
de défection, et quoique les êtres qui le constituent puissent
disparaître de la scène, ils ne sont point sujets à une évolution
interne. Quant au monde supérieur, c'est le monde immuable de
l'intellect. Dans ce dernier, la Vérité se manifeste dans tout son
éclat, tandis que le monde intermédiaire est caractérisé par la
Paix, qui assure la révolution de toutes les planètes dans une
harmonie parfaite. Le monde inférieur, celui du minéral, de
l'animal et de l'humain, est privé de Vérité et de Paix ; de par
son essence, c'est un univers dénué d'absolu, n'existant que par
ce qu'il a de relatif.

Cependant cette analyse pessimiste se trouve corrigée par le
fait qu'une liaison unit entre eux les trois mondes et que
l'homme, véritable microcosme, les récapitule en lui, en participant à chacun d'eux. Le monde supérieur dispense la Grâce
au monde intermédiaire, et celui-ci à son tour exerce la Charité
envers le monde inférieur. Une libéralité s'exerce du haut vers
le bas, communiquant une accroissance d'être à la mesure du
récipiendaire et comblant certaines déficiences, dans un mouvement de générosité débordante. Les trois mondes sont reliés
entre eux par des éléments de transition, grâce auxquels le
monde inférieur participe aux mondes supérieurs. C'est ainsi
qu'il faut comprendre la révélation de la Tôrâh — chute de la
vérité qui a rendu possible la création de l'homme. Par ce don
dispensé par la grâce divine, l'homme a la possibilité de retrouver l'absolu et de parvenir, dans une certaine mesure, à la
Vérité et à la Paix.

Bien que « tout homme soit menteur [90] », la Vérité, grâce à
la Tôrâh révélée, n'est point absente du monde ; celui qui s'y
rattache prend part à la béatitude du monde supérieur, il élargit
l'audience de la Vérité et augmente la concorde qui règne dans
le monde. Les « anges du service » s'élèvent contre la grâce
dont l'Eternel fait preuve, elle leur semble « contre-nature »,
la Vérité ne convenant pas aux êtres du monde inférieur. « Que
la Vérité monte de la terre », leur répond l'Eternel, justifiant
leur appréhension et ratifiant leur protestation : la Vérité ne
sera point altérée, elle demeurera dans toute l'intégrité de son
exigence, mais l'homme qui parviendrait à s'y rattacher s'élè-

verait au-dessus des contingences du monde inférieur. Dieu leur donne ainsi l'assurance qu'Il « ne méprise pas l'ordre qu'Il a institué », et qu'Il maintient dans toute leur rigueur les principes établis.

Cependant, si cette interprétation souligne parfaitement la relativité de l'homme et met en relief les contradictions à l'intérieur desquelles se meut son existence, elle ne cerne pas d'assez près les expressions du texte et ne rend pas compte de son intention profonde. Remarquons avec le Maharal qu'elle n'insiste nullement sur la « germination » de la Vérité à partir de la terre, comme le sous-entend le verbe « Sâmôah » employé dans le verset des Psaumes ! D'autre part, la Vérité semble être accordée à l'homme comme un don, une communication : le verset ne suggère-t-il pas une « chute », une cassure de la Vérité, Dieu désirant écarter sa contestation dans le but de créer l'homme malgré sa protestation justifiée ? Et surtout — ce dernier argument nous ramenant au centre de notre propos — nous remarquerons que le verset cité par le Midrash ne concerne ni la création du monde ni la création de l'homme : il est extrait de Daniel et se rapporte à l'exil d'Israël. Quelle est la relation entre l'exil d'Israël et la chute de la Vérité ? Pour tous ces motifs notre auteur est amené à repousser l'exégèse proposée et à reprendre son explication sur des bases différentes, tenant compte de toutes les particularités du texte. Cette deuxième interprétation, qui jette un jour particulièrement vif sur le cheminement de la pensée du Maharal, va nous permettre de préciser encore sa conception de l'exil, dans le cadre de sa théologie de l'histoire.

Il y a bien antinomie entre l'homme et l'absolu. La Grâce et la Bonté, qui échappent à toute rigueur, à toute limite et à toute mesure, se prononcent en faveur de la création de l'homme. N'est-il pas cet être qui se laisse emporter par ses sentiments, qui se complaît dans cette absence d'égalité, de compensation et d'impartialité qui définit la grâce et la générosité ? Mais la Vérité et la Paix plaident contre la création de

---

90. *Psaumes,* CXVI, 11.

l'homme : « il est plein de mensonges ». Créature, il porte en lui toutes les limitations inhérentes à l'état de chose créée. Incapable de se donner son être, il lui est impossible de se saisir avec précision et rigueur, et le voilà exposé à l'erreur et à la tromperie. Etre incomplet et inachevé, il tendra perpétuellement à trouver son complément. Où s'arrêtera son désir d'absolu ? L'autre ne sera pour lui, dans l'insatiable poursuite de la totalité, qu'un obstacle à rayer, et le voilà exposé à la discorde, à la lutte, à la guerre !

Malgré l'absolu de la Vérité, malgré les exigences de la raison, Dieu prend le parti de l'homme : Il jette la Vérité à terre, Il brise son sceau, Il annule la Vérité. Et devant l'étonnement des anges du service : « Dieu renoncerait-Il à l'ordre qu'Il a établi ? », l'Eternel précise le sens de son pari : « que la Vérité germe de la terre ». L'annulation de la Vérité ne signifie pas sa destruction, « car telle est la caractéristique du monde inférieur : les êtres y sont réduits au néant et retournent à l'être [91] ». De même que la terre permet le passage du virtuel à l'actuel et prépare par une lente et obscure maturation la moisson des jours à venir, ainsi l'homme fait germer dans le déroulement de la durée la moisson du monde à venir. L'homme ? oui, l'homme, dans la mesure où il réalise son humanité et s'accepte dans l'incomplétitude de son être, en vue de réaliser le dessein infini pour lequel il a été conçu. L'homme qui envisage le monde comme issu et axé vers Dieu, non pas comme une chose en soi, mais orienté vers Dieu. Cet homme, uni à Dieu par un lien indissoluble, inséré dans le jaillissement continuel de la vie, n'est-ce pas Israël, placé à l'avant-garde du devenir humain ? N'exprime-t-il pas par sa situation la condition humaine poussée à l'extrême ?

L'exil d'Israël établit sur le plan de l'histoire le vide qui assure la possibilité d'une création nouvelle. C'est bien à travers cet exil, cette situation limite faite à l'homme juif dans ce monde, que la Vérité germe à partir de la terre et que s'ébauche la restauration d'un univers brisé. Plus déchiré que son frère non-

---

91. Netîv ha'émet, chap. III.

juif, ne pouvant se réaliser pleinement dans ce monde, l'homme juif ressent plus douloureusement la confusion et la dualité : ce sentiment, cette douleur, le poussent dans ses derniers retranchements, l'obligent à s'engager dans la recherche d'un indispensable dépassement. Tel semble être le sens de l'anéantissement de la Vérité pendant la création de l'homme, exil de la Vérité semblable à l'exil d'Israël, anéantissement qui annonce une gestation nouvelle.

Ce monde précaire, en proie à de dramatiques convulsions, remarquons cependant qu'il serait faux de le condamner. A aucun moment le Maharal ne cède au scepticisme au point de le qualifier de dérisoire, de scandaleux ou d'absurde. Sans doute nous demande-t-il de viser un univers plus étroitement lié à l'être, d'axer notre vie selon les lignes de force du monde à venir, mais comment ne pas reconnaître que cette exigence n'est pas refus de notre vocation terrestre, mais au contraire volonté affirmée de l'exercer dans sa plénitude ! Revenons une dernière fois sur ce paradoxe, essentiel à nos yeux, de la vie juive, qui vise d'autant mieux le monde à venir qu'elle s'installe davantage dans l'histoire concrète. C'est toujours au problème initial de la création, idée-force de la révélation biblique, qu'il nous faut remonter pour saisir la nécessité d'un monde divisé. Redevables de leur existence à Dieu, les êtres créés ne sauraient s'identifier à la cause créatrice. D'où un « manque » d'être, selon l'expression du Maharal, entraînant un déséquilibre que nous retrouvons non seulement dans le monde humain mais dans la nature elle-même. La Terre, nous rappelle notre auteur [92] à la suite du Midrash [93],

n'a-t-elle pas modifié l'ordre de Dieu, allant au delà ou en deçà de Son décret ? (Dieu avait dit [94] : « que la terre produise... des arbres-fruits, faisant du fruit », mais [95] « la terre produisit des arbres faisant du fruit ». Au lieu de produire des arbres ayant goût de fruit et également comestibles, la

92. *Id.*
93. *Genèse Rabba,* V, 9.
94. *Genèse,* I, 11.
95. *Id.,* I, 12.

terre donna naissance à l'écorce ; ou, selon une autre opinion, même les arbres non-fruitiers donnèrent des fruits.)

La dualité inscrite dans la nature du monde est donc une
conséquence intrinsèque de la création. Accepter cette idée, c'est
poser corrélativement la contingence de la créature. Il ne s'agit
pas de nier cette division, de déplorer la relativité de l'homme,
son enfoncement dans le mensonge et la discorde, mais de leur
donner une signification. Nous croyons bien saisir ici le nœud
de la pensée dialectique du Maharal : les deux éléments de la
dualité sont œuvre de Dieu, et entre les éléments qui nous solli-
citent dans leur apparente antinomie, il nous appartient de
trouver l'unité sous-jacente. Le mensonge est un aspect de la
vérité, la discorde est liée à la paix, « le temps est un visage
de l'éternité », comme le monde à venir se dégage lentement du
monde existant. A cette séparation féconde, indispensable pour
la progression du monde, l'homme ajoute parfois une division
supplémentaire, le péché. Il accentue ainsi, au lieu de l'assumer
pour le dépasser, la multiplicité, et consent à un statut qu'il a
précisément pour tâche de modifier.

On voit clairement cependant que la faillibilité est le revers
de la possibilité de perfection accordée à l'homme, et on comprend aisément que le repentir ait précédé la création. Aussi,
pour répréhensible qu'il soit puisqu'il mène à la déchéance du
monde et de l'homme, le péché ne modifie point cependant la
condition métaphysique de l'homme. Le péril constant auquel il
est exposé, sa contingence, est donnée dans sa nature, comme
la possibilité même de son ascension. N'est-ce pas précisément
le dessein de Dieu d'inscrire l'homme dans la dimension de la
durée afin qu'il réalise par lui-même son propre être ? Le
pourra-t-il ? C'est le pari de Dieu en faveur de l'homme, en
faveur d'un homme en devenir perpétuel dans le cadre de l'histoire. Mais on voit assez que ce devenir ne saurait être quelconque : il est orienté dans le sens d'une union avec Dieu. Et
c'est pourquoi l'homme juif, de par ses liens avec Dieu, constitue
les prémices de la moisson divine. Paradoxalement, dans un
monde inachevé, rien ne souligne mieux cette union que la
situation de l'exil : en face de la confiance placée dans l'accu-

mulation des richesses, en face de l'orgueil national des Etats
qui brandissent leurs armes, l'exil replace Israël dans un face
à face avec Dieu, qui remet cette nation, en exemple à toutes
les autres, sur la voie de l'établissement du Royaume de Dieu.

Nous comprenons maintenant pourquoi l'exil est bien la conséquence directe du péché du peuple, mais pourquoi d'autre
part « la réponse considérant le péché comme la cause de
l'exil est insuffisante[96] ». Le Maharal nous enseigne à remonter
à la cause ultime et à voir dans le parcours de notre existence
nationale autant d'étapes vers la réconciliation finale de l'univers sous le signe de l'unité. C'est dans la certitude que l'exil
n'est qu'un « anéantissement » provisoire en vue de la gestation
d'un monde nouveau, qu'il faut chercher la source de la sérénité
avec laquelle le Maharal envisage le destin d'Israël, malgré tant
de signes contraires. Dès le premier chapitre de son ouvrage
consacré à l'*Eternité d'Israël,* il pose le principe que l'exil est
nécessaire à la rédemption. Pour nous en convaincre, il nous
faut examiner en quel sens la dispersion d'Israël n'est qu'un
aspect de la délivrance en marche et l'histoire mouvante de
l'univers qu'une révélation progressive de Dieu.

---

96. *N.I.,* chap. XIV.

L'EXIL, SOURCE DE LA REDEMPTION

Toute réflexion sur la Rédemption doit donc s'engager par une considération de l'exil, c'est-à-dire en dernière analyse par la prise de conscience de notre situation existentielle aux frontières du néant. Le chemin qui mène de la dispersion au rassemblement, de l'exil à la délivrance, est celui-là même qui du néant nous fait éclore à l'être. Rien ne témoigne davantage de la certitude de l'avènement de l'ère de la rédemption que la sévère réalité de la tragédie de l'exil. Quelle que soit sa durée, l'exil ne peut se situer que dans l'ordre du provisoire. Situation contraire à la règle fixée par Dieu prévoyant l'établissement de chaque nation sur son territoire respectif, il n'est qu'une étape sur la voie de la réalisation d'un dessein de valeur supérieure à la vie politique d'un peuple : il annonce une nouvelle création, une nouvelle ère dans l'histoire du peuple juif et dans le destin de l'humanité.

L'exil et la rédemption sont ainsi les deux faces d'un même problème : la promotion de l'homme. Il est impossible de séparer les deux termes, l'un appelle forcément l'autre. Rabbi Liwa voit une confirmation de son point de vue dans l'interprétation que nous propose le Midrash de la parole divine, annonçant à Abraham, bien avant la naissance du peuple d'Israël, l'exil futur de sa descendance.

Et Il [l'Eternel] dit à Abram : « Sache, sache, que ta postérité sera étrangère dans un pays qui ne sera point à eux ; ils

les serviront et on les humiliera durant quatre cents ans [1]. »
Sache, sache, précise le Midrash [2] : « Sache que Je les dis-
perse, sache que Je les rassemble ; sache que J'aliène leur
liberté, sache que Je les affranchis ; sache que Je les asser-
vis, sache que Je les libère. »

L'exil et la libération sont annoncés dans un même souffle,
indivisiblement liés dans le plan divin. De la réalité de l'exil,
on peut légitimement conclure à la certitude de la rédemption.
La valeur sémantique des termes vient, elle aussi, apporter un
appui supplémentaire a la conception du Maharal. Une même
racine bilittère G L (גל) exprime en hébreu l'acte d'exiler
et celui de rédimer. Mais tandis qu'un H vient s'adjoindre à la
fin de ce radical pour former le verbe G L H (גלה), exiler.
un ' (aleph) s'introduit au milieu du radical pour constituer
le verbe G ' L (גאל), rédimer.

La délivrance se traduira en effet par le retour à l'unité
perdue, par la réunification des contraires : la lettre aleph, dont
la valeur numérique est équivalente à l'unité, placée au milieu
du radical G L, explique donc l'action salvatrice de la rédemption comme un retour du monde à sa totale intégralité, à son
essentielle unité. Le H, adjoint à la racine G L pour exprimer
l'exil et dont la valeur numérique est de cinq, exprime au
contraire le morcellement et la dispersion d'Israël aux quatre
coins de l'univers, mais souligne en même temps qu'une force
unificatrice demeure au milieu du peuple et rendra possible le
rassemblement futur. Le verbe G L H, par l'adjonction d'une
lettre à la valeur numérique de cinq et non de quatre, rend
ainsi simultanément la signification négative et positive de
l'exil, il nous enseigne que « l'exil est la cause de la rédemption ». La dispersion d'Israël n'est-elle pas le signe de l'inachèvement du monde et de son imperfection ? Mais au centre
de cet univers incomplet, une force active est en œuvre qui
le pousse vers l'accomplissement, de même que dans la dispersion le peuple juif dispose d'un pouvoir potentiel d'unifi-

---

1. *Genèse*, XV, 13.
2. *Genèse Rabba*, XLIV, 21.

cation qui lui permettra de recouvrer son unité afin d'être un partenaire authentique de Dieu.

Le Maharal, avec une intuition profonde du sens de la destinée messianique des grandes figures féminines de l'histoire sainte, voit une illustration de la force unificatrice potentielle qui sommeille en Israël dans la présence de Rachel, l'épouse préférée de Jacob, « sur la route » de l'exil[3]. Elle n'est pas enterrée dans le caveau de Makpellâh parmi les patriarches, mais « sur la route[4] », afin, précise le Midrash[5], d'implorer l'Eternel en faveur de ses enfants condamnés à l'exil :

> Une voix se fait entendre à Ramah : « lamentations, pleurs amers. C'est Rachel qui pleure ses enfants ; elle refuse d'être consolée sur ses enfants, car ils ne sont plus[6] ». L'Eternel ne demeure point insensible à l'amour de l'aïeule envers sa descendance, réplique parfaite de l'amour inconditionnel qu'elle avait déjà témoigné autrefois à l'égard de sa sœur Léah : « Retiens les pleurs de ta voix, les larmes de tes yeux ; car il y aura un salaire pour ton œuvre, Parole de Dieu : ils reviendront du pays de l'ennemi. Il y a un espoir pour ton avenir, Parole de Dieu : les enfants reviendront vers leurs frontières[7]. »

C'est dans ce chapitre où la joie interfère avec la tristesse, où à travers les souffrances et les larmes jaillissent l'espoir et l'allégresse, que le Maharal discerne dans la catastrophe le vide, le creux par lequel s'engouffre le courant impétueux de la rédemption. C'est Rachel, la femme, l'épouse, qui constitue la force unificatrice, c'est par elle que s'affirment non seulement la continuité mais encore l'intériorité profonde, le recueillement intime, la prise de conscience de l'essence de la nation. « La femme, c'est la maison », dit rabbi Yossi[8], c'est-à-dire celle qui unifie et rassemble, et par la douceur de sa bonté, par

---

3. *N.I.*, chap. I.
4. Cf. *Genèse*, XXXV, 19 et XLVIII, 7.
5. *Genèse Rabba*, LXXXII, 11.
6. *Jérémie*, XXXI, 14.
7. *Id.*, XXXI, 15, 16.
8. *T.B.*, Gîtîn, 52 a.

la calme tendresse de son amour, accorde entre eux les membres
de la famille. La Maison d'Israël n'a point perdu en ces millénaires d'exil l'unité interne qui la pose comme interlocuteur
responsable en face de Dieu, comme partenaire lucide de
l'Eternel en vue de la construction d'un monde humain, car
la force qui la pousse vers la perfection, vers l'accomplissement, reste vivante en son milieu, féconde dans sa discrète
présence.

C'est ainsi que rabbi Liwa pose le principe de la nécessité
d'un vide, d'un néant comme condition pour l'émergence d'une
réalité nouvelle, et applique ce principe pour rendre compte
de la situation historique particulière du peuple d'Israël et de
la destruction du Temple de Jérusalem. Cet événement capital,
qui plaçait devant les survivants le redoutable problème de la
continuité de la présence divine dans l'histoire juive, a reçu,
dès les premières années de la catastrophe, l'interprétation
que nous propose ici le Maharal. Le Talmud nous rapporte à la
fin du Traité Makôt [9]

que rabban Gamliel, rabbi Eléazar, rabbi Josué et rabbi
Aquiba, se rendant à Jérusalem, déchirèrent leurs vêtements
à la vue de la colline dévastée. Arrivés au mur occidental,
seul vestige du Temple, ils virent un renard fuir des ruines
du Saint des saints. Les Sages pleuraient pendant que rabbi
Aquiba souriait. Comment peux-tu rire, Aquiba ? lui dirent
les docteurs outrés. Mais lui de répondre : Et vous, pourquoi
pleurez-vous ? — Dans ce lieu dont il est dit [10] : « Et tout
profane qui s'en approcherait mourra », les renards y prennent leurs ébats et nous ne pleurerions, nous ! C'est pour ce
motif même que je suis confiant, répondit Aquiba. Il est
dit [11] : « Je me fis assister de témoins dignes de foi, d'Urie le
prêtre et de Zacharie, fils de Yebérékyahou. » Or, Urie vivait
lors du premier Temple, Zacharie, à l'époque du second.
L'Ecriture les met pourtant en rapport dans l'intention de
rattacher la prophétie d'Urie à celle de Zacharie. Il est écrit

---

9. *T.B.*, Makôt, 24 a.
10. *Nombres*, XVIII, 7 sq.
11. *Isaïe*, VIII, 2.

à propos d'Urie [12] : « C'est pourquoi, à cause de vous, Sion sera labourée comme un champ, Jérusalem deviendra un monceau de pierres, et la montagne du Temple une hauteur boisée. » Dans Zacharie il est dit [13] : « Ainsi parle l'Eternel : De nouveau des vieillards et des vieilles femmes seront assis dans les rues de Jérusalem, tous un bâton à la main, à cause de leur grand âge. Les rues de la cité seront pleines de jeunes garçons et de jeunes filles qui s'y ébattront. » Tant que la prophétie d'Urie ne s'était pas accomplie, nous pouvions craindre que la prédiction de Zacharie ne se réaliserait pas. Aujourd'hui que la première est devenue réalité, nous pouvons nourrir le ferme espoir de l'accomplissement de la seconde. — Tu nous a consolés, Aquiba, s'écrièrent les docteurs [14] !

D'après le Maharal, ce récit n'est pas seulement l'illustration de l'espoir qui animait les endeuillés de Sion, dans la perspective de l'attente de la réalisation de la promesse, mais il souligne nettement, en dehors de toutes les règles de la chronologie [15], la nécessité logique de faire précéder toute émergence à l'existence par le néant. La destruction du sanctuaire s'inscrit en conséquence dans l'ensemble d'un plan divin ; cette « néantisation » n'est qu'une étape vers la réalisation d'un achèvement plus parfait de la création, la nécessité d'un perfectionnement progressif de l'univers étant, dans la nature même du monde, créé par Dieu [16]. Rien d'étonnant dès lors si les Sages du Talmud

---

12. *Michée*, III, 12.
13. VIII, 4, 5.
14. *N.I.*, chap. XXVI.
15. Il ne peut pas s'agir d'Urie, le prêtre, qui a vécu à l'époque du roi Ahaz, car celui-ci fut à l'origine de la réforme du culte ordonnée par le roi, réforme inspirée par le culte païen de Damas et certainement désavouée par Jérémie (*II Rois*, XVI, 11-16). Il s'agirait donc du prophète Urie dont il est fait mention dans *Jérémie*, XXVI, 20. Il ressort de ce dernier texte qu'Urie avait prophétisé contre la ville de Jérusalem et annoncé sa destruction, sans que ses paroles soient explicitement rapportées. Rabbi Aquiba, se fondant sur la similitude du contenu des deux prophéties, met dans la bouche d'Urie la prédiction de Michée (dont il est question dans le même chapitre de Jérémie), qui porte elle aussi sur l'avenir de la Ville sainte.
16. Cf. également *G.H.*, chap. XVIII : « Le néant s'attache aux êtres

ont retrouvé dans le récit de la Création le schéma de cette progression vers une exigence toujours plus élevée.

Dès le début de la création du monde, affirme rabbi Hiyya Rabba [17], le Saint béni soit-Il a vu le Temple construit, détruit et reconstruit. « Au commencement Dieu créa », voici la construction, selon la parole d'Isaïe (qui lie la création du monde et l'érection de Sion [18]) : ... « pour étendre les cieux et fonder une terre et pour dire à Sion, tu es mon peuple. » — « La terre était flot et chaos [19] », c'est la destruction, suivant le chapitre de Jérémie qui annonce la dévastation du pays [20] : « je regarde le pays et voici il est flot et chaos... » — Dieu dit : « Que la lumière soit [21] ! », c'est la reconstruction et le perfectionnement, conformément à l'appel d'Isaïe [22] : « Lève-toi, sois éclairée, car ta lumière arrive. »

C'est le sens de la création d'être non pas achevée et statique, mais un « commencement », un appel à la collaboration humaine dans le déploiement d'une création continuée. A l'intérieur de ce processus, les échecs ne sont que des étapes, des intermèdes, en vue de la promotion de plus hautes valeurs. Flot et chaos précèdent la naissance du monde, et flot et chaos précèdent la reconstruction du Temple : ces deux événements sont de même ordre et de même signification, ils nous indiquent le cheminement par lequel le monde parvient à son accomplissement.

La destruction du sanctuaire, dans le sens d'un échec possible, rejoint ainsi tous les insuccès successifs de l'histoire juive, chaque négation portant en elle la virtualité d'un nouveau départ, comme la nuit porte en elle la promesse de l'aube, comme toute éclosion à la vie entraîne un déchirement, une

---

et ainsi se développe une nouvelle forme. La forme engendrée prolonge ainsi l'objet qui subit la néantisation, car le néant qui fait partie de l'être, c'est lui qui amène la forme nouvelle. »
17. *Genèse Rabba*, II, 7.
18. LI, 16.
19. *Genèse*, I, 26.
20. IV, 23.
21. *Genèse*, I, 3.
22. LX, 1.

blessure, une rupture. Plus la cassure sera profonde, plus la distance sera marquée avec l'ordre précédent, plus l'ordre nouveau sera éclatant et supérieur. « Bien que la destruction du Temple doive être considérée comme une chute, elle est la cause qui permettra l'avènement d'un existant infiniment supérieur [23]. » Ainsi s'explique que Dieu ait pu amener la destruction du Temple, qu'il puisse conduire son peuple jusqu'aux frontières ultimes de son existence, ces faits trouvant leur signification dans l'évolution générale du monde et de l'humanité. L'Ecriture sainte les insère à juste titre dans le récit de la création dont elles font partie intégrante, car tel est précisément le sens de ce récit : rendre claire à notre conscience la signification du temps. Que l'homme ne soit point achevé, mais appelé à une transformation progressive, que Dieu non seulement accepte mais désire cette aventure historique, telle est l'intention du début de la Genèse et telle demeure la signification de l'exil, ressenti comme un intermède dans l'ouverture des perspectives de la Rédemption.

Conclusion.

Au terme de notre étude de l'exil, il nous semble légitime de conclure que la culpabilité de la nation est la cause immédiate de l'exil, en soulignant cependant que la possibilité de la faute est inscrite dans le fait même de la création. Celle-ci, suivant les termes de la Genèse, doit être comprise comme un « commencement » ; elle inaugure un processus qui ne cesse de se déployer dans la durée suivant les lignes de force d'une dualité, dont nous retrouvons les composantes dans l'ensemble de l'univers et qui se traduit sur le plan de l'histoire par l'opposition d'Israël et des nations. « C'est parce que ce monde n'est pas placé sous le signe de l'unité, qu'Israël est conduit à pécher : telle est l'imperfection de l'univers, découlant de sa nature même [24]. » L'exil d'Israël ne se limite pas à la situation politique du peuple juif, il dépasse largement le cadre d'une histoire

23. *N.I.*, chap. XXVI.
24. *Id.*, chap. XXXIV.

nationale et concerne l'ordre même du monde. Il traduit sur le plan des relations entre les nations et le développement des civilisations, l'inachèvement du monde de la création et souligne l'indispensable effort de l'homme pour dépasser la dualité, mener le monde vers l'unité en faisant germer la vérité à partir de la terre.

Grâce à la présence d'Israël — peuple particulier par le lien qui l'unit à Dieu — il n'est pas exagéré de parler d'une création continuée, l'histoire portant en elle la solution des problèmes qu'elle soulève. Tel nous semble être le rôle du lien qui rattache Israël à Dieu : la volonté divine de faire aboutir le plan de la création en soutenant l'effort de l'homme. Cette conception qui fixe une finalité au devenir, s'il nous évite de tomber dans l'absurde d'une philosophie niant toute possibilité d'intelligibilité de l'histoire, ne nous préserve point cependant des malheurs et des échecs. Elle en assure par contre le sens et la signification. L'œuvre de rédemption se profile dans le tissu même de l'histoire : à travers les tourments et les douleurs elle se fraie péniblement un chemin. C'est du sein même du néant que surgit l'être, au cœur de l'échec un élément positif demeure qui ouvre la voie à un nouveau devenir. Parce qu'elle a une origine, l'histoire est assurée de parvenir à une fin. Les échecs et les erreurs s'inscrivent dans la ligne ascendante des progrès de l'humanité selon un schéma dialectique, et l'aboutissement marquera le redressement définitif, l'unification finale.

L'Histoire se présente ainsi comme entièrement tendue vers le futur, dans la réalisation constante et patiente d'un projet conçu dès l'origine, pour l'accomplissement duquel Dieu sollicite la collaboration de l'homme. Sur cette voie, grâce au lien indissoluble qui le rattache à Dieu, Israël s'avance en pionnier. Sa situation en exil, aux frontières du néant, lui enseigne le dépassement nécessaire, l'oriente vers son achèvement et son accomplissement. Cette tension interne de l'histoire se laisse plus particulièrement percevoir dans les moments de crise, lorsque le destin semble hésiter sur la voie à emprunter, lorsque du creux de la vague le rescapé se trouve tout d'un coup rejeté vers un nouveau sommet, gratifié d'un sursis et promu à une nouvelle existence plus riche et plus parfaite. Chacune de ces

pulsions constitue autant de bonds en avant, autant de déchirements annonciateurs d'une naissance imminente : si l'histoire
tout entière n'est qu'un dévoilement progressif de la gloire
divine, c'est dans l'exil que le peuple juif affronte avec une
particulière lucidité le redoutable et exaltant « face à face »
avec Dieu. Parce que l'exil est une chute, mais que toute chute
est signe d'élévation, parce que l'exil est une nostalgie, mais que
toute nostalgie porte en elle une présence, l'exil d'Israël est
l'aventure même de Dieu. Il traduit la volonté divine de mener
l'histoire à son terme et rappelle à tout moment et en tout lieu
la présence immanente de la Providence, au sein même des
péripéties du devenir.

L'exil n'est ainsi que la révélation de Dieu, si nous entendons
par ce terme la présence immanente de la divinité dans le souci
pédagogique de l'éducation de l'humanité. Le mot hébraïque
« gâlût » exprime à la fois la « révélation » et « l'exil », soulignant ainsi d'une façon significative l'identité des deux notions.
Révélation, marque de la présence divine ? Sans doute, mais
surtout affirmation de la présence humaine au côté de Dieu,
engagement et de Dieu et de l'Homme dans une même aventure,
qui est celle de l'Histoire. La création inaugure le début de cet
« exil de Dieu », et nous avons relevé à maintes reprises le lien
que la tradition juive s'efforce de nouer entre l'exil d'Israël et
la création du monde. L'Histoire est la poursuite de cette initiative, et il est clair que si elle nous révèle les desseins de Dieu,
ce n'est qu'à travers l'édification de l'homme que cette révélation
progressive s'effectue. L'exil d'Israël, en faisant apparaître dans
sa cruelle clarté l'imperfection du monde soumis à la loi du
devenir, nous révèle par là même le sens de ce devenir : l'avènement de l'Homme.

TROISIEME PARTIE

LE ROYAUME
OU L'ORDRE DE LA REDEMPTION

והיה ה׳ למלך על כל הארץ ביום ההוא יהיה ה׳ אחד
ושמו אחד
(זכריה י״ד, ט)

L'Eternel sera roi sur toute la terre ;
en ce jour, l'Eternel sera Un et sera Un
Son nom.

(*Zacharie*, XIV, 9.)

LE CHEMINEMENT DE LA REDEMPTION

Les douleurs de l'enfantement : *Héblê Mâshîah.*

Le bouleversement de l'histoire que constitue l'avènement du Messie a de tout temps été l'objet de nombreuses descriptions, mettant généralement l'accent sur le caractère catastrophique et apocalyptique de cette période révolutionnaire. Scholem a particulièrement insisté sur l'importance de cette idée dans la représentation populaire. Il la considère comme l'idée-force portant en elle la grande espérance, protégeant les juifs durant leur interminable exil contre la destruction et l'avilissement, transformant toutes les calamités en épreuves et toutes les souffrances en étapes sur la voie d'une libération définitive [1].

Vers le second siècle de notre ère, la Mishnâh nous décrit déjà la période prémessianique comme une époque d'immoralité, de guerres et de révoltes [2]. L'insolence se développera, l'hérésie et la débauche règneront en maîtres, tandis que l'on tiendra en mépris les savants, les hommes pieux et ceux qui s'adonnent à la recherche de la vérité. La guerre détruira une partie du pays, tandis que l'antagonisme entre les générations atteindra son point culminant. Un temps de déshumanisation, qui ramènera l'homme au niveau de la gente animale. Le Tal-

---

1. Scholem (Gershom), *Sabbataï Sebî* (en hébreu), Jérusalem, 1956, p. 7 sq. et *passim.*
2. *T.B.*, Sôtâh, IX, 15.

mud[3] ainsi que de nombreux midrashim[4] soulignent également
la dramatique tension de cette période, au point que certains
Maîtres iront jusqu'à déclarer : « Que le Messie vienne, mais
puissé-je ne pas le voir[5] ! » On comprend aisément que le peuple
se soit emparé de ces textes, afin d'y trouver une explication ou
une consolation en face des terribles persécutions dont il était
l'objet.

Durant tout le Moyen Age, nous l'avons vu, les divers enseignements relatifs à la délivrance comportaient une description
apocalyptique des événements, prévoyaient une catastrophe
cosmique dont émergeait le règne du Messie. Scholem a parfaitement mis en relief la force dynamique de ces idées et leur
influence directe dans les mouvements messianiques du xvie et
du xviie siècles, et Norman Cohn[6] a suivi la tradition apocalyptique depuis ses origines bibliques jusqu'aux mouvements révo-
lutionnaires du Moyen Age. Il décrit longuement l'histoire de ces
courants messianiques où l'exaltation mystique renforçant les
revendications sociales aboutissait à des soulèvements spectacu-
laires. Le Maharal trouvait donc aussi bien dans la littérature
juive que non-juive de son temps, ainsi que dans la tradition
orale et écrite du messianisme juif, une insistance marquante
pour l'apocalypse et l'attente d'un cataclysme à partir duquel
s'instaurerait une ère nouvelle.

Il est d'autant plus intéressant de constater que rabbi Liwa,
tout en maintenant la terminologie reçue, donnera un sens nouveau à la traditionnelle conception apocalyptique. Il intégrera
la notion des « douleurs de l'enfantement » dans le système
général de sa pensée, en la dépouillant de son caractère transcendant, fait d'imprévisibilité et d'irruption soudaine. Si le
Maharal maintient l'aspect catastrophique de l'événement, c'est
moins pour marquer l'expression funeste et désastreuse du cataclysme que pour souligner le renversement total, le bouleversement profond et irréversible de l'histoire engagée dans une

---

3. *T.B.*, Sanhedrîn, 97 a et b.
4. Cf. Ibn Shemûel (Juda), *Midreshé gueûlâh* (en hébreu), 2e édit.,
Jérusalem, 1953.
5. *T.B.*, Sanhedrîn, 98 b.
6. *Les fanatiques de l'apocalypse*, Julliard, Paris, 1962.

évolution décisive. Réveil redoutable à l'heure où la Vérité éclate, où toutes les fausses valeurs s'écroulent dans le fracas du mensonge, entraînant dans leur chute tous ceux qui ont accepté le monde comme s'il était un univers achevé, ne songeant qu'à en tirer un maximum de profits sans se soucier de le mener à sa nécessaire et possible perfection. Mais la rédemption est inscrite dans la loi même de l'univers : l'exil et la destruction du Sanctuaire, la dispersion du peuple juif portent en eux la promesse de l'achèvement comme la nuée porte la promesse de la pluie.

D'ailleurs la rédemption obéit à la loi générale de la naissance des êtres. Ceux-ci n'émergent à l'existence qu'en suivant un long cheminement[7], parcelle après parcelle, dans un mouvement de tension continue qui va du néant à l'être, soutenu par la fécondité d'une force créatrice. Cependant la réalité du principe nouveau s'accompagne de la destruction du principe antérieur, d'où la nécessité d'une période transitoire que le Maharal qualifie précisément de Héblê Mâshîah, celle des « douleurs de l'enfantement ».

> Avant que le Messie ne se révèle nous assisterons à la néantisation de ce qui existe dans le monde, car tout existant nouveau signifie la disparition de l'existant précédent ; alors seulement l'être nouveau se réalise pleinement[8].

et notre auteur poursuit[9] :

> La disparition du premier existant entraîne des bouleversements dans bien des domaines. Ceux-ci sont dus d'une part au déclin de l'être précédent et d'autre part à l'émergence du nouvel existant. Car, de même que tout anéantissement implique un changement, ainsi toute réalité nouvelle constitue également une rupture par rapport à la situation précédente. C'est ce que nous appelons : les douleurs de l'enfantement du Messie. ... Ainsi lorsqu'un nouveau sujet passe à l'acte — en l'occurence le monde messianique est un pas-

---

7. *N.I.*, chap. XXXII.
8. *Id.*, chap. XXXV.
9. *Ibid.*, chap. XXXVI.

sage à l'acte d'un nouvel existant et sans nul doute introduit un changement — il provoque les douleurs de l'enfantement du Messie, comme une femme en travail est prise de douleurs lorsqu'elle projette l'enfant à l'air du monde, par le fait de l'existence d'une créature nouvelle introduite dans l'univers.

Ainsi le Maharal analyse dans le détail la description de cette période mouvementée, tout en la situant dans le cadre d'une évolution naturelle de cette création nouvelle qu'est l'ère messianique de la rédemption. Suivant sa méthode, c'est à travers un texte talmudique qu'il nous livre les principes de sa pensée [10] :

> Rabbi Nâhmân dit à rabbi Isaac : As-tu entendu quand viendra Bar-Naflî ? Il lui répondit : Qui est Bar-Naflî ? — C'est le Messie ! — Est-ce que le Messie se nomme Bar-Naflî ? — Oui, suivant le verset de l'Ecriture [11] : « En ce jour je restaurerai la cabane de David, la branlante... »

Le Messie, commente notre auteur, est de la souche des « branlants » (de la racine N PH L, tomber), de ceux qui connaissent l'éclipse de leur puissance et l'anéantissement momentané de leur gouvernement. En parlant de la Sûkkâh (cabane) de David et non de la Bâyît (maison), Amos désirait opposer non seulement la modestie face à l'orgueil, l'éphémérité en regard des dynasties bravant les siècles, mais surtout le caractère sacré de la royauté de David dont le rétablissement est inscrit dans la loi même de son existence. Si l'institution de la royauté et la fondation d'une dynastie expriment chez les nations la volonté de puissance, le désir d'établir une force nouvelle qui mieux que les précédentes saura résoudre le problème du gouvernement des hommes, on ne saurait comprendre le personnage biblique du roi David suivant ces normes communes. Aux yeux du prophète, nous explique le Maharal, la royauté de David n'est que l'anticipation de l'ère messianique, il symbolise

---

10. *T.B.*, Sanhedrîn, **96 b**.
11. *Amos*, IX, 11.

et scelle l'union de Dieu et d'Israël, il incarne l'éternité du message [12]. Prenons à la lettre l'expression spécifique employée par Amos pour évoquer la dynastie de David et sa restauration : Dieu redresse la cabane branlante. Il ne s'agit pas d'une création nouvelle, d'une construction inédite, d'une initiative de Dieu en rupture avec les événements précédents, mais de la reprise des mêmes éléments, restaurés par la volonté de Dieu dans leurs anciennes assises. On peut relever la cabane affaissée, mais il faut reconstruire de toutes pièces la maison de pierres et de ciment qui s'écroule dans un amas de décombres. Branlante et non défaite, la cabane de David peut à chaque instant retrouver son maintien et abriter à nouveau la gloire de Dieu.

Les prodromes de la venue du Messie ne s'annoncent donc pas comme une intrusion étrangère, comme un arrêt subit d'une évolution interrompue dans son déroulement par l'irruption transcendante d'un fait extérieur. Ils semblent au contraire être l'aboutissement naturel d'un processus qui portait en lui-même les lois de son développement. Celui-ci débouche effectivement sur une situation radicalement différente, la transformation prend un aspect redoutable qui inspire la crainte et le frisson ; il n'en reste pas moins que nous assistons à une restauration, à l'éclosion brutale et déchirante d'un bourgeon qui projette enfin à la lumière les forces actives, et jusque-là invisibles, accumulées durant la longue période de la germination.

Aussi le Talmud [13] nous donne-t-il, à condition de le lire selon la méthode à laquelle nous a habitué le Maharal, une description détaillée de l'époque précédant la venue du Messie [14].

Nos Sages ont enseigné : La septaine dans laquelle le fils de David vient : Durant la première année se réalisera le verset [15] : « ... J'ai fait pleuvoir sur une ville, et sur une autre ville je n'ai pas fait pleuvoir... » Durant la seconde, les signes prémonitoires de la famine se font sentir, tandis que durant la troisième la famine sévit et tue hommes, femmes, enfants,

---

12. Cf. *N.I.*, chap. xxx *in fine*.
13. *T.B.*, Sanhedrîn, 97 a.
14. *N.I.*, chap. xxxii.
15. *Amos*, IV, 7.

hommes pieux et gens de qualité, cependant que la Tôrâh
s'échappe du souvenir de ceux qui l'étudient. Pendant la quatrième année, certains sont rassasiés, d'autres non ; la cinquième est une année de grande abondance : on mange et
on boit dans la joie, tandis que la Tôrâh revient à la mémoire
des étudiants. C'est dans la sixième année que l'on percevra
les voix (annonciatrices de la venue du Messie), la septième
sera une année de guerres, et c'est à l'issue de la septième
année que le fils de David viendra.

Nous assistons ainsi à la chute des forces anciennes, tandis
que progressivement l'ère nouvelle s'annonce. Les trois premières
années, celles de la décadence, culminent dans l'oubli de la
Tôrâh et dans la disette, tandis que dans la seconde moitié de
la septaine, les forces nouvelles se préparent à l'affrontement
final avant la venue, à l'issue de la septième année, du fils de
David : Monde de la « huitième année », qui aura surmonté toutes les contradictions inhérentes au monde de l'histoire et qui
vivra sous le signe de l'unité retrouvée.

La période précédant la venue du Messie correspond donc à
l'affaiblissement progressif et à l'anéantissement de l'ancien
monde en même temps qu'à l'émergence du monde qui vient.
Plus accentuée sera la différence entre ces deux réalités, plus
violentes seront les convulsions qui accompagneront leur dissociation. Rien d'étonnant dès lors si l'ère messianique s'annonce
par des catastrophes : elles sont le signe d'un monde qui s'efface dans la chute des anciennes valeurs. D'où l'insistance des
textes du Talmud [16] sur le manque de respect envers les Sages
et les Anciens et la transmutation des valeurs durant cette
période intermédiaire. « Les maisons d'étude abritent les prosti-
tuées », « les jeunes insultent les vieillards », « cette génération
a une figure de chien. » Elle correspond également à une
déchéance d'Israël. Affaissement intérieur : les forces vives de
la nation, qui maintiennent l'unité du peuple et de la Loi, dimi-
nuent en nombre et en valeur. En même temps, la domination
des nations s'appesantit sur Israël, les persécutions s'intensifient
et réduisent numériquement ses rangs.

---

16. *T.B.*, Sanhedrîn, 97 a.

Rava trouve dans le texte même de la Bible une allusion à cette situation extrême. Il s'agit des dispositions concernant les plaies de la Sârâ''at, maladie que nos traductions interprètent généralement comme étant la lèpre, mais dans laquelle la tradition juive voit un avertissement particulier destiné à frapper celui qui s'est livré à la médisance. Le texte précise que lorsque la tumeur blanche atteint une partie de la peau, le malade est déclaré impur. Lorsque, au contraire, la maladie couvre toute la peau, depuis la tête jusqu'aux pieds, le malade est déclaré pur ; « comme il est entièrement devenu blanc, il est pur [17] ». En effet, explique rabbi Liwa, lorsqu'une partie de la peau est atteinte, il s'agit d'un « hefsséd », d'une perte de substance et de vitalité et nous sommes en présence d'une maladie, c'est-à-dire du passage d'une plus grande perfection vers une moindre perfection, d'une réduction de l'être. Au contraire, lorsque l'ensemble de la peau est atteint, « aussi loin que peuvent porter les regards du prêtre » chargé d'examiner le malade, nous sommes en présence d'un changement d'être, car toute nouvelle existence est précédée d'un néant. Il n'y a pas diminution d'être mais transformation vers une nouvelle forme, « comme il est entièrement devenu blanc, il est pur ».

Les « douleurs de l'enfantement » de la période prémessianique sont, dans le même sens, à considérer non comme un arrêt ou un mouvement de retour de l'histoire, mais au contraire comme le signe infaillible de l'avènement proche d'une réalité historique plus riche et plus parfaite.

Il importe de souligner que cette conception, fondée sur l'idée que l'existant n'est jamais donné dans sa totalité mais s'actualise dans la durée, marque un tournant décisif et, nous semble-t-il irréversible, dans l'interprétation juive du phénomène messianique. C'est la première fois, en effet, que la période des « douleurs de l'enfantement » du Messie s'intègre dans une évolution progressive, dans une vision générale des choses, et se conçoit autrement qu'une révolution imposée par des forces transcendantes et extérieures. Il en résultait une attitude plus sereine et moins tendue dans l'attente de l'avènement, et peut-être éga-

---

17. *Lévitique*, XIII, 13.

lement une prise de conscience des responsabilités humaines, des possibilités d'en hâter la venue.

Nous avons déjà insisté [18] sur le renversement de perspective introduit par le Maharal dans la conception juive du messianisme. En confirmant ce point de vue par la présente analyse, remarquons qu'à son habitude, rabbi Liwa transforme le contenu interne et philosophique tout en conservant la terminologie en usage. La période prémessianique se présente donc comme « yesi'at hâwayâh lâpôâl », comme une actualisation d'un nouvel existant, et c'est à ce titre qu'elle s'accompagne des perturbations que nous avons décrites. Il convient enfin d'ajouter que cette mutation est dans la nature même des choses ; elle dérive de la contingence des êtres créés. Le changement, précise le Maharal, est toujours mauvais. Lors du récit de la création, le second jour est consacré à la séparation des eaux, il introduit un changement, et c'est pourquoi la langue hébraïque identifie le second — qui par sa présence même transforme l'un — avec le changement : shênî (deuxième) est à rapprocher du radical SHâNôH (changer). Le changement nous révèle un manque d'actualité, il est donc toujours un signe d'un manque d'être et d'une imperfection. Il peut cependant, et c'est le sens même du devenir tel que le conçoit le Maharal, être le signe d'une potentialité qui tend à s'actualiser.

Aussi le changement total, celui qui rapproche du néant de l'être, est-il le signe du passage à l'existence d'une essence jusque là imparfaitement développée. Ces changements entraînent, nous l'avons vu, des convulsions pénibles. L'individu peut, dans une certaine mesure, échapper à leur rigueur en se rattachant précisément à ce qui dans ce monde annonce déjà le monde à venir, à ce qui échappe au changement et participe de l'absolu. L'homme de bonnes actions et qui étudie la Tôrâh peut atténuer les horreurs des temps prémessianiques. « Par la bonté et la vérité, on écarte la faute [19] », mais plus l'individu progresse sur la voie de la grandeur et de la perfection, plus il s'expose à la tentation

---

18. Cf. *supra, Introduction,* p. 47 sq.
19. *Proverbes,* XVI, 6.

du péché, si bien que nul ne saurait affronter sans crainte cette période difficile et indispensable.

Nous ne trouvons nulle part chez notre auteur de longues descriptions apocalyptiques nous entretenant de la fin du monde et de l'arrêt de l'histoire. Ce bouleversement, auquel le Maharal conserve bien son caractère catastrophique, est entrevu comme une étape de l'évolution messianique de l'humanité et non comme un écroulement de l'histoire, un destin qui s'accomplit et s'impose inéluctablement. Cette conception, dont nous avons déjà souligné l'originalité dans l'analyse juive du messianisme, traverse de part en part tout l'édifice construit par rabbi Liwa. Elle revêt un aspect particulièrement dramatique au début du règne du Messie dans la lutte qui l'oppose aux nations.

L'ultime lutte : Gog et Magog.

Rien n'illustre mieux l'ascension progressive et l'établissement par étapes successives et graduelles du règne messianique, que l'interprétation du Maharal de l'affrontement final qui mettra aux prises Israël et « Gog et toute sa multitude ». Dans une suite de chapitres remarquables [20], le prophète Ezéchiel, après avoir annoncé la résurrection des « ossements desséchés », symbole de la ruine d'Israël, prévoit le dur combat qui opposera les témoins de Dieu aux forces du mal représentées par Gog, du pays de Magog. Le prophète prédit la victoire finale d'Israël afin que « les nations sachent que je suis l'Eternel ». Le Talmud, à de nombreuses reprises [21], reprend le thème de cette lutte finale en l'appliquant à certains passages de la Bible. C'est ainsi en particulier qu'il rattache le psaume II aux combats qui verront s'affronter le Messie, au début de son règne, aux puissances terrestres en lutte contre la royauté de Dieu [22] : « Pourquoi ce tumulte parmi les nations, ces vaines pensées parmi les peuples ? Pourquoi les rois de la terre se soulèvent-ils et les

---

20. XXXVII, XXXVIII, XXXIX.
21. *T.B.*, Berakôt, 58 a — Pesahîm, 118 a — Megîllâh, 11 a — Sanhedrîn, 94 a.
22. *T.B.*, ''abôdâh zârâh, 3 b.

princes se liguent-ils avec eux contre l'Eternel et contre son
oint ? » Toute la tradition juive voit dans le tableau de l'anéantissement des ennemis de Jérusalem la description de la fin
d'une politique fondée sur la violence et la volonté de puissance,
et par-delà les réalités du moment et au-delà de Babylone, « la
nouvelle Canaan », donne à cette prophétie la dimension d'une
vision eschatologique. Dans les noms de Gog et de Magog, elle
ne voit que des allégories, une allusion à la multitude des
nations qui s'opposent à la victoire de l'Un et de l'unité [23].

Cette lutte avait été considérée, peut-être déjà à l'époque de
la révolte contre Rome, au lendemain de la chute du Temple et
des derniers soubresauts de l'Etat juif, mais certainement durant
tout le Moyen Age, comme un règlement de compte entre Israël
et les nations. Le peuple oppressé et réduit au désespoir aspirait
au rétablissement de sa souveraineté nationale, et pouvait voir
dans cette ultime bataille la victoire finale et le rétablissement
définitif de la nation sur la terre ancestrale. Pour le Maharal,
ce qui est en cause, c'est Dieu lui-même. L'évolution messianique signifie la prise de conscience de plus en plus claire et
de mieux en mieux traduite dans les actes, du lien d'Israël avec
Dieu. Cette reconquête replace Israël dans les dimensions de
l'Un, le situant de telle façon que d'une manière consciente, il
saisit son être dans sa relation à l'Autre. Aussi se trouve-t-il
ainsi à l'abri d'une liberté qui ne serait que révolte et affirmation d'une réalité, qui pour être isolée de son fondement, ne
pourrait être que déchirure, morcellement et multiplicité.

Mais la dialectique inhérente du monde créé a précisément,
nous l'avons vu, comme conséquence l'opposition des nations,
elles-mêmes placées sous le signe de la multiplicité, à l'unité
d'Israël. Une lutte sourde mais constante divisait les nations et
Israël durant toute l'évolution de l'Histoire, mais les temps
messianiques font déboucher l'humanité sur une exigence
d'unité nécessitant l'élimination d'un des antagonistes. Tant
qu'Israël n'était point parvenu au plus haut niveau qu'il pouvait
atteindre, la lutte restait circonscrite et ne touchait point aux

---

23. Cf. *Midrash Tanhûma* : Qôrah (12). La valeur numérique de
Gog et Magog égale 70 ; allusion aux soixante-dix nations.

fondements existentiels du peuple. Mais à mesure que l'union d'Israël et de Dieu se renforce, la volonté de puissance des nations afin de maintenir leurs propres absolus s'intensifie et aboutit au combat final, celui-là même dans lequel notre auteur reconnaît la lutte de Gog, du pays de Magog. Et « comme l'unité et l'originalité d'Israël lui viennent de Dieu, nous sommes en droit de conclure que dans les guerres de Gog et de Magog, c'est Dieu lui-même qui est en cause [24] ».

Cette guerre interviendra en effet au moment de la montée du règne du Messie, lorsque son pouvoir ne sera pas encore établi d'une façon définitive et absolue. Ici s'exprime sans ambiguïté aucune la pensée du Maharal, qui nous décrit le règne du Messie comme une conquête, progressant par étapes ; le monde à la recherche de son unité éliminant graduellement toutes les aliénations pour retrouver la source de son être en Dieu. Nous ne serons donc pas surpris si l'histoire d'Israël nous découvre, dans le passé, des mouvements semblables : chaque fois que l' « élection » est ressentie comme une réalité vécue par le peuple tout entier, une situation messianique virtuelle se trouve créée, et en conséquence, la lutte des nations — caractérisée par les combats de Gog et Magog — s'amorce. Suivant le Midrash, le Maharal retrouve, au fil de l'histoire, les moments durant lesquels le conflit fondamental a failli éclater, sur la voie de l'accomplissement de la Promesse [25] :

> Rabbi 'Ibô dit au nom de rabbi Eléazar, le fils de rabbi Yossi le Galiléen : A trois reprises les créatures ont disputé l'univers au Saint béni soit-Il. Une première fois, lors de la génération de la dispersion. Il est dit en effet à propos de la construction de la Tour de Babel [26] : « Toute la terre était langue unique et paroles uniques » — paroles d'insulte à l'égard de Dieu. Une seconde fois au temps de Josué : « Ils s'unirent ensemble pour combattre contre Josué et contre Israël, d'un commun accord [27]. » D'un commun accord ? Oui

---

24. *N.I.*, chap. xxxviii.
25. *Midrash Tanhûma* : Nôaḥ (18) — Le texte cité par le Maharal : *Yalqût Shim ʾônî Josué*, IX.
26. *Genèse*, XI, 1.
27. *Josué*, IX, 2.

ils s'opposèrent à l'Eternel dont il est dit : Ecoute Israël, l'Eternel notre Dieu est le Dieu de l'Un [28]. Enfin, aux temps de Gog et de Magog suivant le verset : « Les rois de la terre se soulèvent et les princes se liguent avec eux contre l'Eternel et contre son Oint [29]. »

Nous avons vu [30] que bien qu'inscrite dans la loi même de la Création, la division de l'humanité en nations ne s'est effectuée qu'à l'occasion de la construction de la Tour de Babel. Israël demeurait alors, de par sa relation avec Dieu, lié au tronc de l'humanité qui plongeait sa racine en Adam. Les nations au contraire, expression sur le plan de l'histoire du morcellement et de la multiplicité, érigeaient leur propre existence en absolu, se séparaient de la source de tout être et en conséquence se dressaient face à Israël dès le premier moment de leur constitution. C'est effectivement au moment même où l'humanité, d'abord universellement unie, se disloque, qu'apparaît sur la scène du monde le premier hébreu : Abraham. A cette heure, Israël est la seule nation dont le centre d'existence est Dieu et non elle-même, la seule nation dont l'alliance avec Dieu reste animée par le sens de l'universel.

C'est dans le particularisme d'Israël que l'universel se révèle. Ce sont les mêmes intentions qui président à l'entrée d'Israël en Terre Sainte et à la résidence privilégiée de la Gloire divine en ce point central de l'Univers. Chacune de ces étapes marque une évolution importante de l'œuvre de création, un progrès du plan de pédagogie divine et en conséquence un renforcement de l'unité de Dieu dans le monde. Elles suscitent simultanément, puisque nous nous trouvons encore dans ce monde-ci et non dans les conditions d'unification du monde à venir, l'opposition des forces contraires, et c'est au dernier acte de cette lutte que font allusion les guerres de Gog et de Magog. Sont-elles autre chose que le signe que l'univers créé n'est pas abandonné à lui-même et à une dialectique que ne viendrait « lever » aucune solution ? A première vue, il peut sans doute paraître étonnant

---

28. *Deutéronome*, VI, 4.
29. *Psaumes*, II, 1.
30. Cf. *supra*, p. 75.

que l'effet puisse se rebeller contre la cause qui lui a donné naissance. Les nations peuvent-elles soulever l'étendard de la révolte contre Dieu et que pourraient-elles contre sa toute-puissance ? Ceux qui posent ainsi la question nient précisément que le monde porte en lui-même la solution de ce dont il est le problème, et envisagent l'événement messianique comme une grâce qui de l'extérieur imposerait sa solution.

Pour le Maharal au contraire, l'homme est un être doué de liberté, et quoique cette liberté d'indifférence soit le plus bas degré de liberté, il n'empêche qu'il dispose à ce niveau d'un pouvoir de rébellion. Ce pouvoir d'affranchissement pose du même coup l'homme comme un coopérateur possible, et doit donc être accepté par Dieu comme un risque nécessaire. Dans un monde imparfait, la possibilité d'un écart n'est non seulement pas à exclure, mais justifie au contraire l'action morale d'Israël, autant que sa position existentielle particulière. Aussi bien, conclut de Maharal [31], les guerres de Gog et Magog expriment bien la volonté de puissance des nations de faire régner chacune leurs propres valeurs et de s'opposer ainsi au règne de Dieu. C'est à juste titre que le Talmud [32] souligne la juxtaposition des psaumes II et III [33] : la révolte d'Absalon contre son père David est identique dans ses desseins au soulèvement des nations : il s'agit d'éliminer le Roi afin d'occuper sa place. Ce n'est pas un mouvement d'impatience, un mauvais calcul ou une erreur de jugement, mais une révolte, menée dans le but de la satisfaction de ses propres intérêts établis en dehors de toute référence et naturellement de toute dépendance au Roi.

Ce point se trouve parfaitement éclairci si l'on veut bien se reporter au principe même de la création, qui est à la base de tout le problème. La créature ne peut se concevoir que contin-

---

31. *N.I.*, chap. XXXVIII.
32. *T.B.*, Berâkôt, 10 a.
33. *Psaumes*, II, 2 : « Les rois de la terre se dressent et les souverains complotent ensemble contre l'Eternel et contre son Oint. »
Id., III, 1, 2, 3 : « Psaume de David, alors qu'il fuyait devant son fils Absalon. Eternel, comme ils sont nombreux mes adversaires, nombreux ceux qui se dressent contre moi ! Nombreux ceux qui disent de moi-même : « Pas de salut pour lui en Dieu ». »

gente, puisqu'elle doit être considérée comme un effet de la cause et ne peut se donner à elle-même son propre être. Il s'ensuit que pour saisir cette contingence, il est nécessaire de fixer la raison qui a présidé à la production de l'effet. Cette raison ne peut se trouver qu'en Dieu lui-même, sinon il y aurait une puissance extérieure à Lui et à laquelle Il serait soumis. C'est dire que Dieu ne veut que son propre être, et que tout ce qu'Il a créé n'a de sens que par rapport à Lui. « Tout ce que l'Eternel a créé dans son univers, Il ne l'a produit que pour Sa gloire », suivant la parole du prophète [34] : « Tout ce qui s'appelle de mon nom, je l'ai créé, formé et entretenu pour ma gloire [35]. » Ainsi la création de Dieu porte-t-elle en elle les moyens et les fins de sa réalisation, ou si l'on préfère, la création devait nécessairement donner lieu à la révélation, qui elle-même prélude à la rédemption.

Dans cet univers orienté, Israël représente le vecteur constant, celui qui garantit à l'univers son retour vers Dieu, car il reste le témoin d'une dépendance radicale des êtres par rapport à Dieu. Mais, à moins de dépouiller l'acte créateur de toute fécondité, il faut admettre que l'effet a pourtant une réalité propre ; réalité toujours instable et imparfaite, ayant toujours à actualiser une virtualité qui ne demande qu'à parvenir à son extension totale. Mais le même mouvement qui pousse l'être à s'achever le pousse également à se perdre. Car quel sens pourrait-on donner à une création produite pour la gloire de Dieu, si les créatures ne pouvaient être que l'écho de la voix divine ou le miroir de sa présence ? Aussi le monde s'adresse-t-il à des êtres libres, et affirmer que l'univers a été créé pour la gloire de Dieu, c'est souligner qu'Il cherche, dans un mouvement de libéralité qu'implique sa nature même à faire partager à une créature capable de la refuser, sa propre gloire. Sans doute Dieu accepte-t-il ce pari, sur le plan de l'individu, jusqu'à l'extrême limite, jusqu'à l'affirmation prométhéenne de l'indépendance humaine par rapport à Lui.

---

34. *Isaïe*, XLIII, 7.
35. Cf. également *Proverbes*, XVI, 4 : « Dieu a tout fait pour lui-même. »

Sur le plan des nations, sur lequel se joue l'histoire de l'humanité, dans la société constituée des hommes, le pari de Dieu implique également un refus possible, refus pouvant aboutir à une rupture totale, et peut-être même à la destruction de l'univers, entièrement détaché de la source où il puise les fondements de sa poursuite dans l'être. Cependant afin de donner aux nations la possibilité de participer à la gloire divine, il était indispensable que l'univers ne soit point abandonné à une dialectique indéterminée, à un mouvement indéfini, mais porte en lui-même la marque de la finalité qui lui a donné naissance. C'est la raison pour laquelle, nous semble-t-il, Israël est cet axe central, ce cœur de l'humanité, vecteur stable grâce à sa constante et inaltérable dépendance par rapport à Dieu, qui permet aux nations de retrouver le sens de l'orientation inscrit dans l'acte même de la création.

Son opposition aux nations constitue la trame même de l'histoire de l'humanité, et les guerres de Gog et de Magog le dernier choc. Ces considérations nous permettent de comprendre que cette lutte s'engage au début du règne messianique, à un moment où il ne s'est pas encore complètement imposé, et la révolte des nations, dans un dernier et violent sursaut, dispute l'univers à Dieu. Mais le combat est indécis, il dépend autant des forces d'Israël que de celles des nations. Et de fait, le Messie n'étant pas encore parvenu au stade ultime de son autorité et de son rayonnement, ne parvient pas à s'imposer aux nations et meurt dans la lutte. C'est dans une phase ultérieure du combat, mené alors par le Messie fils de Juda, que Gog et Magog sont définitivement défaits.

La tradition talmudique ne nous entretient que fort peu de la personne et des activités du Messie fils de Joseph. Si la littérature midrashique en parle plus fréquemment, il reste cependant que nous ne disposons que de peu de détails sur ce Messie, qui disparaîtra vite de la scène et ne parviendra pas à s'imposer. Sans doute le messianisme populaire n'a-t-il pas retenu cette figure, rapidement évoquée par le Talmud, car il n'y trouvait aucun élément rassurant ou glorieux. Ne résolvant apparemment aucun problème, n'apportant aucun soulagement, marquant au contraire un retrait du progrès messianique, on comprend aisément que l'espoir des juifs ne se soit point attaché à ce Messie sacrifié. Mais il est d'autant plus intéressant de noter que la tradition rabbinique du messianisme, et en particulier le Maharal, aient vu dans le règne éphémère du Messie fils de Joseph, une étape que l'on ne saurait éliminer sans nuire à la compréhension du phénomène messianique lui-même.

Les textes du Talmud, rapportés également par le Maharal [36], n'évoquent la personne du Messie fils de Joseph qu'à l'occasion d'une analyse exégétique. Ils nous apprennent simplement la mort de ce Messie, par opposition au Messie fils de David qui est promis à la vie éternelle [37]. En y joignant les renseignements fournis par certains textes datant de l'époque de la Mishnâh [38], on peut induire que cette mort surviendra lors de la lutte contre Gog. Les penseurs modernes ont surtout été sensibles à la lutte que mènera le Messie ; ils ont vu en lui un combattant, défendant par les armes l'idéal qu'il veut imposer [39]. On note une tendance assez générale à situer le Messie fils de Joseph dans le contexte historique de la période qui a suivi la révolte contre Rome de Bar-Kochba. La défaite de Bar-Kochba, reconnue par rabbi Aquiba comme le sauveur, pouvait ainsi s'expliquer dans le cadre d'un schéma eschatologique. Si cette thèse ne peut être retenue, car à aucun moment la croyance en Bar-Kochba n'a survécu à sa campagne contre Rome et à sa défaite à Bétar, elle a peut-être contribué à fixer les traits caractéristiques du Messie fils de Joseph comme sauveur politique du peuple juif. C'est lui qui restaurerait la nation dans son indépendance territoriale, tandis que le Messie fils de David serait le sauveur spirituel de l'humanité.

L'exigence profonde du messianisme juif, précise Joseph Klausner [40], portait en elle à la fois l'espoir d'un rétablissement

---

36. *N.I.*, chap. xxxvii.
37. *T.B.*, Sûkôt, 52 a.
38. Cf. traduction araméenne du *Pentateuque* : Targûm Jonathan ben Uziêl, *Exode*, XL, 11 « ... le Messie, fils d'Ephraïm... grâce auquel la maison d'Israël vaincra Gog... ».
39. Cf. Lévy (Jacob), *Wörterbuch über Talmudim und Midraschim*, Berlin et Vienne, 1924. (Mâshîah).
40. *Hara"ayôn hameshîhî beïsraël* (en hébreu), *L'idée messianique dans le judaïsme*, Tel-Aviv, 1956, t. II, chap. 9.

politique et national et l'attente d'une rédemption universelle.
Suivant l'avis de cet auteur, cette double exigence devait éclater
à la suite de l'échec de la rébellion contre Rome et mettre en
relief la primauté de l'espérance en une rédemption universelle [41]. Durant les périodes calmes, l'incompatibilité entre
l'attente d'un monde unifié et les nécessités immédiates de la vie
morale et sociale n'était pas ressentie dans toute son antinomie.
Mais l'ampleur de la défaite excluait pour l'instant, et pour
longtemps sans doute, toute possibilité d'organisation d'une
société juive, juste et normale, et tout l'espoir du peuple se
concentre alors dans l'attente d'une rédemption universelle, qui
permette à l'humanité de dépasser sa condition et de résoudre
les problèmes fondamentaux de son existence.

Le rétablissement de l'indépendance nationale passe au second
plan et s'incarne dans la figure du Messie fils de Joseph, dont
la tâche reste limitée au plan politique. L'idée d'un second
Messie apparaissant désormais comme une nécessité, la seconde
place revenait d'office à la tribu qui s'était imposée comme un
élément directeur dans l'histoire juive après celle de Juda, la
tribu de Joseph. La dénomination même de ce sauveur se trouve
rattachée au rôle politique et économique joué par Joseph en
Egypte, elle fait allusion à l'essai de ramener la famille de Jacob
à une vie normale et organisée.

Le Maharal n'insiste nullement sur le caractère guerrier du
Messie fils de Joseph, sa lutte ne semble pas se dérouler sous
le signe des armes. Il est l'expression, à un moment de l'évolution historique, d'un progrès messianique non encore parvenu
à son plein épanouissement. Sans doute pouvons-nous discerner
une différence de rôle entre les deux Messies : elle n'est due
qu'à la différence du moment de leur apparition sur la scène
de l'histoire. Le Maharal ne s'étend pas longuement sur les
distinctions à établir entre les deux Messies, il se contente de
souligner l'éphémérité du Messie fils de Joseph par opposition

---

41. D'après Scholem, *op. cit.*, p. 47, une évolution semblable s'est
produite lors de l'aventure messianique de Sabbataï Ṣebî. A la suite
de l'échec de la tentative politique, tout l'espoir se reporte sur l'aspect mystique de la rédemption.

à la victoire définitive du sauveur fils de David. Le corps
d'Israël, dont les tribus forment les membres, est unifié par
l'action du cœur — tel est le rôle du Messie fils de Joseph —
ou lorsque le peuple parvient à l'actualisation totale de toutes
ses virtualités, il se soumet à la tête, à l'autorité transcendante,
expression spirituelle de sa personnalité profonde, et telle
semble être la signification du Messie fils de David.

Rabbi Liwa songeait-il à la fonction organique du cœur par
opposition au système central du cerveau et nous retrouverions
ainsi le rôle politique et économique du descendant de Joseph
et la mission spirituelle et rédemptrice du Messie de la lignée
de David ? Il nous semble en effet que notre auteur distinguait
deux étapes sur la voie de la délivrance, dont l'une — le rétablissement politique — était un stade à dépasser afin de parvenir
effectivement au salut suprême, où la relation avec Dieu pourrait s'effectuer sans aucune médiation. Nous retiendrons pour
l'instant, comme le chapitre cité nous y invite d'ailleurs, surtout
la durée limitée de ce messianisme politique. Le Messie fils de
Joseph meurt et, ajoute rabbi Liwa d'une manière tout à fait
significative, par sa mort, « il élimine cette modalité de la
manière d'être d'Israël [42] ».

Le rétablissement d'Israël comme nation indépendante, l'organisation cohérente d'une société fondée sur la justice, voilà
certes un des pôles d'attraction du messianisme juif. Il ne saurait cependant épuiser tout le sens de l'attente messianique :
après avoir atteint la plénitude de son achèvement *naturel,* la
création débouche sur une fin surnaturelle, qui correspond précisément au règne du Messie fils de David. Nous étudierons par
la suite le contenu de cette nouvelle ère de l'humanité et essaierons de dégager les contradictions qu'elle lève. A ce point de
notre étude, il nous importe de rappeler que le Maharal voit
l'avènement de l'ère messianique comme une longue gestation,
dont le Messie fils de Joseph marque une étape importante et
dont le Messie fils de David sera le terme ultime. La délivrance
n'est pas une interruption brutale du cours de l'histoire, mais

---

42. *N.I.*, chap. xxxvii.

l'aboutissement d'un processus dont l'origine se place à la création et qui emprunte le cheminement du temps.

Les guerres de Gog et de Magog, la mort du Messie fils de Joseph, marquent donc la fin de toutes les aliénations politiques et sociales, elles ouvrent la voie vers un degré supérieur : celui qui fera sauter les limitations de la condition humaine et la débarrassera de l'aventure même du mal. C'est vers cet au-delà de la nature humaine que nous invite la fin du combat de Gog et Magog, c'est vers ce sommet dont la cime se détache sur l'horizon du surnaturel que nous appelle le Messie. Mais qui est le Messie ? Quand est-il né, où ? Comment concevoir sa personne ? Avant d'analyser le caractère même et le contenu de la révolution messianique, examinons quelle est la nature de ce personnage, par l'intermédiaire duquel l'histoire doit entrer dans une phase spirituelle, où tout ce qui existe sera parvenu à son actualisation totale, sans restriction ni limitation.

Chapitre II

LA PERSONNALITE DU MESSIE

Il est remarquable et fort significatif pour notre propos que la description de la personnalité du Messie occupe une place très restreinte dans l'étude du messianisme entreprise par le Maharal. Non seulement nous ne trouvons aucun renseignement précis sur la figure du rédempteur, mais même son rôle n'est indiqué que par allusion et analysé uniquement dans ses grandes lignes. C'est que la conception du Maharal, rejoignant sur ce point Abarbanel et sans doute une tendance profonde du judaïsme[1], n'attache qu'une importance secondaire à la personne du Messie, à son activité, et se porte tout entière sur la signification interne de la rédemption. D'où la place accordée par rabbi Liwa à l'élucidation — fait presque unique dans l'histoire de la pensée juive avant l'éclosion du mouvement cabbalistique, et spécialement de l'école de Lûria — de la réalité et de la signification de l'Exil.

Pour notre auteur, la description du changement qui interviendra dans l'univers à l'époque messianique, et surtout l'idée que la rédemption ne peut s'accomplir que dans le cadre de la maturation de la création parvenue à sa plénitude, sont l'axe central autour duquel se développe le messianisme juif. Dans cette perspective, tout le poids de l'argumentation se porte sur

---

1. Cette convergence est soulignée par Scholem, *Les grands courants de la mystique juive, op. cit.,* p. 326.

la nature du changement à intervenir, tout l'effort de discernement consiste à dégager le sens de l'orientation d'une création qui doit aboutir à la rédemption messianique. La personnalité du Messie, voir son rôle, ne sont pas décisifs ; l'arrivée du Messie n'est que le signe que le monde est parvenu à maturité. Sans doute, la présence du rédempteur introduira-t-elle une ère nouvelle pour l'humanité, mais son arrivée signifie bien moins un arrêt du cours de l'histoire que la complétion de l'œuvre de création.

A travers les divergences des synthèses messianiques des auteurs juifs, il est remarquable que tous s'accordent pour donner une importance mineure à la personnalité du rédempteur. Sans nul doute, c'est sous l'influence du christianisme que la discussion surgit. En donnant au Messie la figure de Jésus, le christianisme non seulement inscrivait l'avènement dans un contexte historique précis, mais encore il conférait à celui qui devait annoncer le Royaume, les qualités de ce qu'il annonçait. On mesure ici l'étrangeté du renversement que le christianisme effectuait dans la conception juive : le Messie prenait la figure d'un Dieu. Cette élévation du Messie à la hauteur de la divinité ne trouvait aucune référence dans le schéma juif, qui n'avait jamais cessé de le considérer autrement qu'un homme parvenu au déploiement maximum des qualités humaines. Le caractère accompli de sa personnalité l'élevait certes au-dessus du degré commun, sans pour autant le doter d'une nature différente. C'est donc sur les conditions qui pourraient être marquantes pour l'ère messianique que s'était portée l'attention des penseurs juifs, depuis l'époque talmudique jusqu'à Abarbanel — le portrait du Messie restant toujours impersonnel [2].

Aussi rabbi Liwa va-t-il également s'attacher à élucider les textes traditionnels relatifs au Messie, en mettant en relief le sens interne de leur signification quant à la transformation intervenue. Il ne retiendra, s'écartant radicalement du schéma chrétien, que le sens figuré, spirituel en quelque sorte, des descriptions talmudiques relatives à la personnalité du Messie ; il nous libère ainsi définitivement de la conception populaire, en éle-

---

2. Voir *supra*, p. 32, note 37.

vant le débat à son véritable niveau qui est celui de l'analyse du contenu intrinsèque de la rédemption. En suivant le Maharal dans ses développements sur la naissance, le caractère et le nom du Rédempteur, nous préciserons donc sa conception même du messianisme.

Celui-ci ne se présente pas, nous l'avons vu, comme un événement survenant comme par accident dans le déroulement de l'histoire, mais il est inscrit dans la loi même de la création en voie d'achèvement. On comprend donc sans difficulté que le principe de la rédemption ait précédé la création et soit indissolublement lié à l'apparition de l'Etre dans le monde. C'est bien dans ce sens que nous devons interpréter les textes du Talmud [3] qui font figurer parmi les sept éléments créés avant la création proprement dite, « le nom du Messie ». Ne nous évertuons pas à rechercher le sens de la nécessité d'un nom avant la création de la chose qu'il désigne, car il est évident que les Sages du Talmud n'avaient nullement l'intention de nous entretenir du choix du nom patronymique du Messie, mais de nous révéler la spécificité de son être, sa particularité par rapport aux autres créatures [4]. Nous verrons plus loin la signification qu'il faut attribuer à la désignation même du nom du Messie ; pour l'instant il nous importe de dégager le sens que le Maharal attribue au fait que le nom du Messie ait été fixé avant la création du monde et des autres êtres.

S'identifiant à la conception aristotélicienne selon laquelle tous les êtres créés sont des composés des quatre éléments fondamentaux, allant même au-delà en affirmant que la matérialité de ces éléments les soumet à une nécessaire multiplicité en les disposant selon les lois de l'espace, le Maharal en conclut que tout l'univers se place sous le signe du « mûrkâb », du composé. Or le Messie, ou plus exactement son nom, c'est-à-dire sa spécificité, son essence particulière, participe du monde spirituel, échappe à la matière et contrairement à elle, se présente comme un élément « simple ». De même que le « simple »

---

3. *T.B.*, Nedârîm, 39 b, Pesâhîm, 54 a et également 5 a.
4. *G.H.*, chap. LXX.

préexiste au « composé », ainsi le nom du Messie précède la création. Il nous semble que rabbi Liwa insiste ici sur la différence de nature entre le Messie et les autres créatures, différence qui le situe au-delà de l'ordre naturel des choses et l'apparente à tout ce qui est simple, non fragmenté, comme la Tôrâh ou la gloire de Dieu elle-même. Notons bien qu'il n'est point question de la création du Messie lui-même, « car il n'a pas été formé avant la création du monde[5] », mais de son nom, de sa définition, qui relève d'un ordre distinct de celui de la nature et ne saurait se confondre avec lui.

Quant au Messie lui-même, dont l'avènement doit précisément marquer un changement radical dans l'histoire, on ne saurait le situer en dehors du monde de la création. Si la création tout entière est ordonnée en vue de cette fin supra-naturelle, qui garantit à elle seule l'effort continu de tant de générations et le justifie, c'est que dès l'origine elle portait en elle l'attente de son achèvement, la possibilité d'une réalisation de cette promesse. L'univers, créé par Dieu pour sa gloire, est animé d'un mouvement intérieur qui le meut vers son auteur : le but ultime de la création est donc placé dans l'avènement du Messie, dans le règne absolu de Dieu. C'est en vue du Messie que le monde a été créé, c'est lui qui confère un sens à l'univers et à la création. C'est pourquoi le Talmud discerne une allusion au Messie dans le récit de la Genèse qui relate le premier jour de la création. « Et l'esprit de Dieu planait sur la face des eaux[6] », c'est l'esprit du Messie[7].

C'est dès le début de l'œuvre de création, commente le Maharal[8], que le but est fixé et que sont mis en place les éléments qui permettront à l'univers de s'achever au temps prévu. Ne nous interrogeons donc pas sur l'activité du Messie depuis le premier jour de la création jusqu'au moment de son avènement ; de telles questions ne peuvent revêtir aucune signification pour ceux qui réalisent le sens véritable des aphorismes du

---

5. *Id.*
6. *Genèse*, I, 2.
7. *Genèse Rabba*, II, 4.
8. *B.H.*, chap. v, *in fine*.

Midrash : ici, il désirait nous faire comprendre que la création devait être considérée comme une œuvre, c'est-à-dire orientée vers un but, et en ce sens la présence du Messie est contemporaine du début de la création. La présence effective du Messie dès l'aube de la création n'aurait évidemment aucune signification, mais on saisit par contre parfaitement que « l'esprit » du Messie, c'est-à-dire l'orientation vers l'achèvement de la création, se soit imposé dès l'origine au monde créé. Destiné à unifier l'univers et à le ramener vers l'Un, l'esprit du Messie s'est introduit dans le monde le premier jour de la création, le jour de l'Un. Son actualisation cependant se poursuit à travers l'évolution de l'histoire, elle suppose une maturation, une préparation à l'accueil de l'avènement.

Celui-ci, d'après le Maharal, n'est entré dans le domaine des possibilités qu'après la destruction du Temple. Le Temple représentait en effet un sommet de perfection pour l'univers : il signifiait l'union du monde supérieur et du monde inférieur [9]. Il est l'aboutissement d'un premier stade de perfection, qui réalisait la présence divine dans le monde inférieur. Car le principe essentiel de la gloire divine n'est pas la transcendance mais l'immanence, et la construction du sanctuaire de Jérusalem constituait, d'une certaine façon, l'apogée d'une histoire qui se déroule dans l'axe du plan divin en vue de la réalisation de la cité de Dieu. La destruction du temple ne marque pas l'arrêt de cette progression, mais l'entrée de l'humanité dans une phase nouvelle. Jusqu'à la construction du temple, l'univers poursuit une marche ascendante de plénitude spirituelle, durant laquelle le Messie ne peut survenir, car « ce qui est entier, n'aspire à aucun devenir [10] ». Mais le monde était promis à un plus brillant avenir, à une union plus totale avec Dieu : la destruction du sanctuaire appelle une nouvelle création, introduit une vacuité qui laisse place à un nouvel existant de qualité supérieure.

Si, du point de vue du sujet, la destruction du sanctuaire est le signe d'une diminution d'être dans le monde, il faut admettre

---

9. *G.H.*, chap. LXX, LXXI.
10. *N.I.*, chap. XXVI.

que sur un plan objectif, elle n'est que le prélude d'une réalisation plus définitive, de plus grande densité spirituelle. « Le jour de la destruction du Temple naquit le Consolateur [11]. » Il ne s'agit certes pas d'une naissance physique, mais d'une force nouvelle présente dans le monde, d'une virtualité qui peut désormais s'actualiser. Comment expliquer autrement la destruction par Dieu de son propre sanctuaire, de la maison élevée pour sa glorification et symbole de Sa présence dans le monde, sinon en vue du passage vers une étape supérieure sur la voie qui conduit vers la libération définitive [12]. La naissance du Messie, la possibilité de sa venue, s'attachent donc à la destruction du Temple : une diminution d'être constitue un appel vers l'actualisation d'un nouvel être. Ce dernier sera d'autant plus riche, renfermera en lui un degré de plénitude et de totalité d'être d'autant plus élevé, qu'il se dégagera d'un néant plus absolu.

Plus l'être nouveau doit trancher sur la réalité précédente, plus son émergence nécessitera l'anéantissement du réel antérieur. Or, nous l'avons vu, le Messie introduit un ordre nouveau dans l'ordre naturel : son apparition exige donc l'anéantissement de cet ordre antérieur afin de permettre sa venue. Le rédempteur est toujours tapi aux frontières du néant : à la limite du royaume qui se décompose, il attend sa délivrance. Le Maharal explique de cette manière de nombreux textes de la Bible ou du Midrash [13] :

> L'ancêtre du peuple juif ne se dénomme-t-il pas le « talonnant » ? C'est Jacob qui se saisit du talon d'Esaü [14], symbolisant ainsi la force de celui qui monte à la suite de la désa-

---

11. *Lamentations Rabba*, chap. I.
12. « La gloire de cette seconde Maison sera plus grande que celle de la première » (*Aggée*, II, 9). Plus spacieux, plus majestueux et de plus longue durée, le second Temple surpassait en tous points le précédent. Alors que la durée du premier était de 410 ans, le second fut en fonction pendant 420 ans (cf. *T.B.*, Bâbâ Bâtrâ, 3 a et Yômâ', 9 a). Le Maharal y voit le signe d'une progression, résultat de la destruction et de la reconstruction conséquente.
13. *G.H.*, chap. XVIII.
14. *Genèse*, XXV, 26.

grégation du pouvoir limité de son frère. Le sauveur du peuple juif de l'esclavage égyptien sera un intime de la maison de Pharaon : « Quand il eut grandi, elle [la nourrice] l'amena à la fille de Pharaon, et il fut pour elle comme un fils [15] .»

C'est ainsi que Moïse fut élevé à l'ombre du trône qu'il allait détruire, attendant la chute d'un pouvoir qui portait en lui les germes de la destruction, et par là même la possibilité de l'éclosion d'une réalité nouvelle. De même que le fruit grandit et se développe dans l'écorce, et au moment de sa maturité brise l'enveloppe de protection pour éclater à la lumière de toute la force de son jaillissement, ainsi le rédempteur naît lentement à la vie dans le milieu ténébreux des puissances sur la voie du déclin. « Le Messie se trouve aux portes de Rome, parmi les pauvres, les miséreux et les malades [16]. » Aux portes de Rome, à la limite extrême du « quatrième royaume [17] », celui-là même qui symbolise l'opposition irréductible aux valeurs prônées par Israël et à l'établissement du royaume de Dieu [18]. Ailleurs, le Midrash [19] situe le Messie dans la maison d'un Arabe.

Là également le Maharal, ne se laissant pas arrêter par des considérations géographiques [20], nous explique que le Messie se tient sur le seuil du royaume d'Ismaël, puissance qui s'élèvera elle aussi bien haut dans le firmament des nations, mais qui ne brillera que d'un éclat éphémère. Israël seul, grâce à l'union indissoluble qui place cette nation dans l'axe de Dieu, jouit de l'éternité, tandis que toutes les autres civilisations, à un certain stade de leur évolution historique, sont appelées à disparaître. Le Messie se trouve donc sur les lieux où leur puissance semble s'évanouir.

Ici les détails importent peu : la dernière civilisation sera-t-elle d'Edom, c'est-à-dire Rome et la chrétienté, ou d'Ismaël,

---

15. *Exode*, II, 10.
16. *T.B.*, Sanhedrîn, 98 a.
17. Voir *supra*, p. 95.
18. *N.I.*, chap. XXVIII.
19. *Lamentations Rabba*, I, 57 ; *N.I.*, chap. XXVII.
20. Le Midrash parle de Birat Arba, près de Bethléem.

représentée par l'Islam ? Il convient surtout de retenir l'esprit qui anime ces considérations : le Messie se dresse au milieu des ruines des civilisations devenues mortelles, parce qu'elles concentraient toutes leurs visées sur des résultats matériels à obtenir dans les limites de ce monde-ci, sans tendre leurs énergies vers le monde à venir. La fin et l'épuisement de ces multiples essais est le signe de la montée d'une ère nouvelle, celle du Messie. Il attend, nous dit le Midrash, parmi les pauvres et les malades, parmi ceux que l'univers actuel repousse et qui ne peuvent en jouir pleinement. La personnalité du Messie se définit ainsi surtout par opposition aux valeurs qui caractérisent le monde actuel : confusion et matérialité. Le Messie est « nivdâl », séparé de ce monde, « pâshût », simple et non lié aux éléments matériels, « siklî », de nature spirituelle, bref il possèdera une « madrégâh élohît [21] », sera doué de qualités divines.

Très certainement, le Maharal se représentait le Messie comme un homme, puisqu'il précise [22] qu'il aura un corps. Mais d'autre part, il disposera de qualités transcendantes. C'est pourquoi le Messie se présentera sur un âne ou sur une nuée : chevauchant sur un âne, car cet animal est le symbole de la simplicité et de la matière — en hébreu, une même racine désigne l'âne (HâMòR) et la matière (HôMêR) —, ou porté par une nuée, car l'eau est le symbole de la matière, pouvant épouser toutes les formes. Chevauchant la matière, c'est-à-dire, suivant le commentaire du Maharal [23], distinct d'elle, s'élevant au-dessus de ses composants et présentant des caractères totalement différents. But et achèvement du monde, le Messie se présente doté de toutes les qualités, sachant en user dans la pleine possession de tous ses moyens. Le but final n'est-il pas également la valeur supérieure vers laquelle tout aspire, à laquelle tout se subordonne ?

Il est donc évident que le Messie s'élève, par ses qualités, au-dessus d'Abraham qui marque le début de l'univers civilisé,

---

21. *N.I.*, chap. xl.
22. *B.H.*, Vᵉ partie.
23. *N.I.*, chap. xl.

au-dessus de Moïse qui fut l'élément essentiel du monde en acte, il porte en lui le principe même de la perfection. Esprit éminent et âme élevée, le Messie se distingue des autres justes par le fait qu'il réunit en sa personne non la perfection d'une qualité, mais qu'il dispose parfaitement de toutes les qualités. Sur ce point comme sur les précédents, il nous est aisé de constater que le Maharal insiste moins sur les détails de la personnalité du Messie que sur son originalité, par rapport au monde existant. Il prend un soin particulier à souligner ce qui le distinguera des justes de l'histoire, afin de bien marquer que sa venue constitue une rupture définitive et totale avec ce monde-ci, et que lui-même est une création nouvelle.

N'est-ce pas ainsi qu'il faut comprendre l'ascendance non-juive du Messie, qui surgit non dans la continuité d'une réalité déjà donnée, mais procède d'une greffe nouvelle ? En effet, le Messie est de la descendance de David, qui lui-même provient de Ruth la Moabite, il est de la descendance de Salomon qui s'était allié à Naama, l'Ammonite [24]. Moab et Amon, deux peuples étrangers, s'unissent à Israël pour donner naissance au Messie. Nations qui, par leurs qualités intrinsèques, se situent aux antipodes d'Israël, et dont les éléments mâles ne devaient jamais être reçus dans la communauté du peuple élu [25].

Bien que d'une façon générale, le Maharal considère le peuple juif comme plénier [26], comme une unité organique à laquelle il n'y a rien à retrancher ni à ajouter, et qu'en conséquence le prosélyte n'apporte aucun renouvellement à l'être juif, il ne saurait cependant en être de même de Ruth et de Naama. Alors que les autres prosélytes qui se sont rattachés au destin du peuple juif au cours des âges sont venus s'ajouter à la masse du peuple sans y apporter un élément qualitativement original, et de ce fait ne constituent aucun apport positif, Ruth et Naama introduisent dans la nation juive un ferment nouveau, qui permettra ultérieurement l'avènement du Messie. Elles doivent être considérées non comme un supplément mais comme un complé-

24. Cf. *I Rois*, XIV, 21.
25. Cf. *Deutéronome*, XXXIII, 4.
26. Voir p. 104, n. 45.

ment d'Israël, en vue de la formation d'un être nouveau. Etre nouveau qui se greffe sur le corps d'Israël, comme si ce dernier devait s'assimiler l'élément étranger, l'absorber, en vue de l'éclosion d'un nouveau bourgeon.

Elles sont toutes deux descendantes de Lot [27] : issues de l'union de Lot et de ses filles. Ainsi, pense le Maharal, l'élément masculin, celui de la « forme », prédomine ici sur l'élément féminin, porteur de la matière, les filles étant de la même souche que le père. A travers ces formules, notre auteur veut sans doute nous faire comprendre le caractère spirituel particulier du Messie, qui le place au-dessus du sensible et le pourvoit de qualités divines. Ainsi se précise la figure d'un Messie, dont la personnalité profonde semble en opposition avec les données du monde sensible, et qui vit aux frontères d'un univers soumis à la loi de la désagrégation, une vie d'attente, d'espérance et de souffrance.

Il faut également souligner, croyons-nous, le fait que malgré l'antinomie que présente le Messie par rapport au monde actuel, c'est cependant à travers celui-ci que son avènement se prépare. Dès l'origine, nous l'avons vu, et à travers maintes péripéties dont le sens nous échappe au moment où elles nous surprennent, l'univers s'organise en vue de son achèvement. Invisiblement, sur la trame de l'histoire, les fils se tissent, s'entrecroisent et se démêlent, et s'agencent de façon à ce que progresse l'œuvre de rédemption. Après la destruction de Sodome, alors que la cité semble engloutie sous le poids de ses fautes, l'histoire se poursuit, s'élance sur une voie nouvelle, grâce à l'amour des filles de Lot qui n'hésitent pas, en vue de donner une chance supplémentaire à l'humanité qu'elles pensaient entièrement anéantie dans la catastrophe, à s'abandonner à l'inceste.

N'est-ce pas un dessein identique que nous discernons dans la démarche de Ruth, la Moabite ? La fatalité pèse sur la famille de Noémie, déchirée et vouée à la mort : le fil des générations est rompu, et pour les deux veuves, aucun espoir ne subsiste de renouer avec les forces vives des familles d'Israël. C'est alors

---

27. Cf. *Genèse*, XIX, 30-38.

que Ruth [28] prend l'initiative de retrouver Boaz dans la grange, à l'issue de la fête champêtre ; son geste, pétri de responsabilité et d'amour, ressoude les générations et conduit à l'accomplissement. Ce sont ces qualités distinctives des descendantes de Lot, parent d'Abraham, qui ont motivé la greffe de cette « semence provenant d'une autre source », selon l'expression du Midrash [29], sur le tronc d'Israël. Cette « greffe » n'est qu'un témoignage de plus qui nous permet de mieux cerner la personnalité du Messie, afin de constater qu'il se place sur un plan de réalité différente de celui du monde actuel.

De là, il n'y aurait sans doute qu'un pas à franchir pour classer le Maharal parmi les tenants de l'Apocalypse, parmi ceux qui rejettent le passé et nient la valeur de l'histoire dans l'attente imminente de l'événement. Nous avons essayé de démontrer que l'attribution de qualités surnaturelles au Messie n'avait point entraîné rabbi Liwa à désespérer de l'histoire ou à rejeter Dieu dans une transcendance absolue. Au contraire, fidèle à la source biblique et en conformité avec la tradition talmudique, il ne cesse de clamer l'importance primordiale de l'immanence de Dieu et de la préparation, à travers les voies de l'histoire, de l'achèvement messianique du monde. L'altérité du Messie par rapport à ce monde-ci exprime l'aboutissement de ce dernier, son ouverture sur une réalité nouvelle qui est simultanément son opposé et son épanouissement, sa négation et sa justification, son anéantissement et son accomplissement.

Tous les textes que nous venons de citer convergent vers une seule et même conclusion. Tout ce que le Maharal nous apprend du Messie ne vise pas une personne définie, un être particulier, mais tend à préciser le contenu du messianisme, à définir la plénitude d'une époque qui, bien que marquée d'un signe contraire, s'inscrit dans le prolongement du temps concret de l'histoire. Nous retrouvons une attitude identique dans l'interprétation que rabbi Liwa nous propose de certains textes talmudiques portant sur la recherche du nom du Messie. Ici plus

---

28. *Ruth*, III.
29. *Genèse Rabba*, LI, 10.

encore que dans nos études précédentes surgit sans équivoque
la tendance du Maharal à attribuer au messianisme, c'est-à-dire
à la tension qui mène le monde vers son parachèvement et au
contenu intrinsèque des temps à venir, ce qu'on nous dit du
Messie lui-même. Portons donc notre attention sur le texte du
Traité Sanhedrîn [30], qui s'interroge sur le nom du Messie.

> Quel est son nom ? Chez rabbi Shila on disait que son nom
> est Shîlô suivant la parole de l'Ecriture [31] « jusqu'à ce que
> vienne Shîlô ». — Chez rabbi Yanay, on affirmait que son
> nom était : Yinon, comme il est dit [32] : « Que son nom subsiste
> éternellement, que son nom grandisse face au soleil. » — Chez
> rabbi Hanina on disait qu'il se nommait Hanina, suivant la
> parole du prophète [33] : « Car je ne vous accorderai point de
> grâce » (Hanina : en hébreu : grâce).

> D'autres avancent que son nom est Mehahem fils de Hiz-
> quîa, comme il est dit [34] : « Car il s'est éloigné de moî le
> consolateur (en hébreu Menahem), celui qui me rendrait la
> vie. »

> Et les Docteurs disent que son nom est : le lépreux de
> l'école de Rabbi, suivant le verset d'Isaïe [35] : « Cependant ce
> sont nos maladies qu'il a portées, nos souffrances dont il s'est
> chargé, alors que nous le considérions comme atteint, frappé
> par Dieu, humilié. »

Procédé étonnant, commente le Maharal [36], qui attribue au
Messie un nom identique à celui du maître, dont les élèves s'interrogent justement sur le nom du rédempteur. Mais procédé
compréhensible si l'on se souvient que le Messie porte en lui
toutes les qualités, et qu'en conséquence celui qui se penche sur
la personnalité du Messie trouve d'abord en lui-même la compo-
sante essentielle de son caractère. De plus, ces trois noms soulignent l'élévation particulière avec laquelle le Messie portera

---

30. 98 b.
31. *Genèse*, XLIX, 10.
32. *Psaumes*, LXXII, 17.
33. *Jérémie*, XVI, 13.
34. *Lamentations*, I, 16.
35. LIII, 4.
36. *N.I.*, chap. XLI.

l'ensemble de toutes ses qualités, de telle sorte qu'il apparaît comme un être exceptionnel auquel tous se soumettent. Shîlô se compose des deux mots : Shay-lô, lui porte l'offrande, tandis que « Yinon » signifie la grandeur et que « Hanina » souligne le fait que Dieu exauce sa prière et lui accorde sa grâce. Les peuples lui porteront l'offrande, c'est-à-dire se soumettront à sa loi, parce qu'ils discerneront dans sa présence, la grandeur et la grâce divines.

Le prestige dont jouira le rédempteur, l'attrait qu'il exercera sur tous, provient du fait qu'il représente pour chacun l'exemple de l'accomplissement parfait de toutes ses virtualités : il est celui qui a porté jusqu'à l'absolu toutes ses possibilités. N'est-ce pas dans la réalisation complète de l'être, de tout l'être, qu'il faut voir le signe de la rédemption ? On comprend ainsi ceux qui nomment le Messie, le consolateur, c'est-à-dire celui qui « rend la vie » à l'endeuillé. L'endeuillé, l'individu plongé dans les pleurs et le gémissement, souffre d'un manque d'être, d'une oppression due à son impossibilité de s'épanouir totalement à la vie ; le consolateur lui rend une raison de vivre et découvre devant lui les espaces infinis d'une indispensable et possible renaissance. C'est bien cette re-naissance, ce retour à une vie parfaite qu'annonce la venue du rédempteur.

On le voit, et notre auteur le souligne, les avis avancés par notre texte talmudique ne viennent pas s'opposer les uns aux autres, mais apporter une nuance spécifique à une conception identique. Celle-ci se résume dans le caractère transcendant et suprasensible du Messie, et si l'on admet, ainsi que cela résulte nettement des analyses ci-dessus, que le nom du Messie nous livre le contenu du messianisme, on est habilité à conclure que l'ère messianique est une époque qui restitue chacun dans l'entière dimension de toutes ses virtualités, abolit les aliénations et s'ouvre à toutes les perfections. La condition essentielle pour l'instant réside peut-être dans une nécessaire disponibilité à l'égard du phénomène messianique, dans l'attente et l'espoir de la réalisation. Il est clair que ceux qui jouissent pleinement de toutes les nourritures terrestres, ceux pour lesquels la ferveur s'épuise dans le plaisir de l'instant, ceux pour lesquels toutes les initiatives se limitent à la dimension restreinte de ce monde, se privent d'une possibilité de rester sensibilisés à l'indispensable changement, à la nécessaire mutation vers le monde à venir. Ce sont les malades et les réprouvés, tous ceux qui ne peuvent identifier leur destin avec les conditions actuelles d'existence, qui témoignent de la façon la plus éloquente, au delà de la réussite matérielle, d'une irréductible exigence de justice, d'une implacable protestation contre le désordre établi et accepté.

Aussi les Docteurs du Talmud, habitués à scruter l'univers et à y déceler toutes les imperfections dont l'homme n'avait pas encore réussi à triompher, appellent-ils le Messie « le lépreux de l'Ecole de Rabbi », c'est-à-dire cet homme isolé dans la maison de rabbi Yehûdâh le Prince, vivant en dehors de la communauté et rappelant par sa souffrance que le monde n'était pas encore parvenu à une harmonieuse plénitude. N'est-ce pas le véritable sens de la souffrance que de tenir l'homme en éveil devant les contradictions du monde, de le pousser jusqu'aux limites de son être afin de lui arracher le cri exigeant d'une indispensable réparation de l'univers ? C'est ce dernier point surtout qui caractérise aux yeux des Docteurs du Talmud, et dans la conception de rabbi Liwa, le messianisme juif : l'expérience d'un monde blessé qui aspire à sa guérison. Malgré tous les déterminismes, face à toutes les puissances et à toutes les violences, le messianisme juif est, avant toute chose, une vibrante protestation, un énergique refus d'admettre les conditions de ce monde comme définitives, une volonté d'évolution et de changement en vue d'aboutir à un monde unifié.

C'est sur l'image d'un Messie assis au milieu des malades et des éprouvés du sort que s'achève l'analyse de la personnalité du rédempteur, c'est-à-dire sur l'affirmation non équivoque que ce monde n'est pas le meilleur des mondes possibles, mais qu'il a été créé en vue du salut universel. Certes, le Maharal maintient explicitement la personne du Messie et ne la dilue pas dans un messianisme absolument impersonnel. Il maintient de cette manière la part de Dieu dans l'achèvement, mais il insiste sur notre disponibilité à capter l'intention divine. Le Messie est « nivdâl », séparé, afin que l'homme s'en approche, et le

Maharal soutient par ce rappel la réciprocité de Dieu et de l'homme dans l'aventure de l'histoire et de l'Alliance.

Ainsi la figure du rédempteur s'estompe devant l'exigence de la rédemption, et l'espoir s'accompagne d'un vif sentiment de responsabilité. Une fois de plus, les notions de maturation et de durée de l'histoire, le sens de l'évolution et son orientation, prennent le pas sur la description de la personne du Messie, le messianisme étant conçu comme l'essence même de la vocation juive.

Cette vocation consiste-t-elle dans une prise de conscience des lois de l'histoire, dans l'analyse des principes qui gouvernent l'évolution des nations et des sociétés, ou bien cette science de l'histoire doit-elle conduire à une action précise en vue d'en précipiter la progression ? L'avènement messianique doit-il nécessairement se réaliser ? Pouvons-nous avoir une influence sur la marche des événements ? La venue du Messie dépend-elle de notre conduite ? C'est le problème des conditions de la rédemption messianique, que nous allons maintenant aborder.

Le prophète Elie annonce la venue du Rédempteur
(Haggâdâh de Venise 1629)

Chapitre III

LES CONDITIONS DE LA REDEMPTION

Grace ou Mérite.

La prise de conscience de l'inachèvement de notre univers est indubitablement le point de départ de toute la réflexion du Maharal sur le sens du devenir. Sans doute notre auteur établit-il la nécessité de parvenir à une plénitude et à un aboutissement heureux de l'histoire. Le problème demeure cependant de définir quel est l'élément dont dépend l'issue définitive. L'histoire a-t-elle un sens objectif qui se réalisera indépendamment de l'activité humaine, par une irruption de la transcendance en vue d'une délivrance gratuite de l'humanité ? Ou bien le monde sera-t-il sauvé par l'œuvre de l'homme, par son effort, son repentir et son mérite ? L'alternative est simple : ou bien le monde parviendra à son aboutissement selon un progrès linéaire inscrit dans les lois mêmes de l'histoire d'après la grâce arbitraire de Dieu et le salut serait inconditionnel, ou l'avènement messianique est lié au degré moral atteint par l'humanité et dépendrait essentiellement de l'acte libre et de la bonne volonté des humains.

Il est clair que nous nous trouvons en présence d'une option décisive, qui met en cause non seulement le fondement d'une nécessaire rédemption, mais surtout nous oblige à préciser les limites éventuelles de notre liberté. Notre mérite peut-il faire accéder le monde à ce bouleversement qui marquera la fin de l'histoire antérieure et la novation de tous les rapports constitutifs de l'être, sans aucune intervention extérieure ? N'est-ce pas alors fonder l'avenir de la rédemption sur la liberté de l'homme et accepter du même coup la possibilité de son échec ? Si l'avènement messianique demeure suspendu à l'effort humain, le monde ne court-il pas le risque d'être voué à l'indéfini et à l'absurde ? Quel serait alors le sens de la création et comment soutenir une conception finaliste du devenir ? Si, à l'inverse, nous refusons à l'homme le pouvoir de promouvoir le salut, n'est-ce pas limiter sa liberté et réduire son action, qui dépendrait plus de l'ordre des choses que des initiatives de sa volonté ?

Force nous est de souligner tout d'abord que le Maharal ne semble pas avoir consacré à cet important problème une étude particulière. Aucun chapitre ne traite expressément et exclusivement de la question. Il serait hasardeux d'en conclure que rabbi Liwa se soit désintéressé de ce point capital pour la compréhension du phénomène messianique. Il nous semble plus conforme à la réalité de considérer que la conception de rabbi Liwa se dégage de l'ensemble de sa façon d'envisager l'avènement messianique, et que son opinion sur le point particulier qui nous occupe découle des principes généraux qu'il a adoptés comme fondement de l'idée messianique. Il est évident cependant que l'exégèse à laquelle se livre le Maharal de certains textes du Talmud, aborde directement notre problème et semble nous inviter à penser que pour lui, la venue du Messie n'est liée à aucune condition. Elle correspond à un plan objectif de l'histoire, se manifeste par une intervention extérieure et gratuite de Dieu.

C'est dans ce sens qu'il convient de rappeler que pour notre auteur, l'élection d'Abraham d'abord, celle d'Israël ensuite, s'étaient effectuées non selon l'ordre du mérite, mais selon celui de la grâce [1]. Elections universelles et non particulières, dont la raison ne doit pas être recherchée dans les mérites de l'élu mais dans l'être même de Dieu et dans l'ordre général qu'Il a imposé au monde. La délivrance ultime se trouve, elle aussi, dans la ligne nécessaire du développement de l'univers, elle est indé-

---

1. Cf. *supra*, p. 116 sq.

pendante du mérite moral. Le Maharal se réfère d'ailleurs explicitement au caractère « arbitraire » du choix d'Abraham et d'Israël pour rendre compte de la gratuité de la délivrance du peuple hébreu d'Egypte [2].

Celui-ci aurait été tiré de la maison d'esclavage sans nulle considération de ses mérites éventuels, mais simplement en vertu du plan de l'histoire établi par Dieu lors de la création. N'est-ce pas, ajoute notre auteur, précisément l'essence de cette élection que d'être soustraite aux aléas de la conduite particulière des membres de la nation, établissant ainsi l'immutabilité du choix. « C'est la qualité spécifique d'Israël : Dieu le délivre *de toute façon,* sans considération de ses mérites, uniquement parce qu'Il l'a élu pour lui-même. » Et rabbi Liwa poursuit : « Et Israël sera toujours délivré de la même manière que s'est effectuée la première libération. » On ne peut, semble-t-il, affirmer plus nettement la nécessité de la délivrance, posée non en fonction des mérites acquis, mais en vertu d'un certain déterminisme historique, conforme à l'ordre instauré par Dieu.

Un second texte, cité et commenté par rabbi Liwa, nous incline à confirmer ces premières conclusions [3], d'autant plus qu'il met en discussion les deux thèses en présence et opte nettement en faveur de l'une d'elles. La controverse s'engage entre deux célèbres Maîtres du Talmud, Rav et son contradicteur habituel Shmûel [4] :

> Rav a dit : « Tous les termes sont épuisés et la chose ne dépend que du repentir et des bonnes œuvres. » Et Shmûel a dit : « Celui qui est en deuil en a assez d'être dans cet état. »

On reconnaît les deux thèses de l'alternative : Pour Rav, toutes les conditions objectives pour la venue du Messie sont réunies, et son avènement ne dépend plus que du mérite. S'il est vrai que toutes les époques ne sont pas également favorables pour la rédemption, s'il est indubitable que des conditions extérieures

2. *G.H.,* chap. XXIV.
3. *N.I.,* chap. XXXI.
4. *T.B.,* Sanhedrîn, 97 b et 98 a.

doivent tout d'abord être données pour permettre à l'histoire de parvenir à son aboutissement, Rav estime que tous les termes sont désormais épuisés et que la situation, en tant qu'elle dépendait de l'ordre des choses, est mûre ; rien n'empêche plus l'action humaine d'être efficace pour parvenir à réaliser les temps messianiques. Pour Shmûel, au contraire, l'apparition du Messie ne peut être la conséquence de la bonne volonté, celle-ci étant elle-même inefficace par suite de l'aliénation qu'elle subit.

N'avons-nous pas en effet constaté la déchirure profonde qui blesse le monde livré au morcellement et au désordre ? Il faut tout d'abord que soient levées les contradictions internes de cet univers pour permettre à l'homme un développement harmonieux de ses virtualités. Mais c'est justement ce qui doit se produire : le deuil ne peut être qu'un état provisoire, qui doit céder la place à un équilibre normal. La diminution d'être qu'entraîne la tristesse ne saurait se poursuivre indéfiniment, « celui qui est en deuil en a assez d'être dans cet état », et l'ordre des choses doit retrouver un cours normal. C'est donc Dieu lui-même qui supprimera la possibilité et la source de toutes les aliénations et amènera la délivrance. Ce que Hegel dénommera « le tragique de la situation humaine » et qui tient à l'ordre même des choses et entraîne un mouvement dialectique indéfini et infini, ne peut être levé que par Dieu. Le messianisme pour Shmûel, c'est cette intervention transcendante qui établira l'homme dans la plénitude de sa dimension originale et lui permettra de réaliser la totalité de son être.

Mais notre texte talmudique poursuit en reconnaissant, dans la discussion que nous venons de relater, la reprise d'une controverse qui opposait déjà deux Tannaïm, deux auteurs de la Mishnâh. Rav semble en effet reprendre la thèse de rabbi Eliézer, tandis que Shmûel partage l'avis autrefois défendu par rabbi Josué. Les deux Maîtres de la Mishnâh s'affrontent et illustrent leur position réciproque, en puisant leurs arguments dans l'autorité des textes bibliques :

Rabbi Eliézer dit : « Si Israël se livre au repentir, il sera délivré. Sinon, il ne sera pas délivré. »
— Rabbi Josué lui objecta : « S'ils ne se repentent pas ils

ne seront pas délivrés... mais Dieu leur oppose un Roi dont les décrets sont aussi sévères que ceux d'Aman, et alors Israël se repent et revient à de meilleurs sentiments. »

Cependant notre texte rapporte une autre discussion sur le même sujet, des mêmes protagonistes, empruntée à une Beraïta, c'est-à-dire à une Mishnâh non inclue dans le canon.

Rabbi Eliézer dit : « Si Israël se repent il sera délivré », comme il est dit [5] : « Revenez, enfants rebelles, je guérirerai vos égarements. »

— Rabbi Josué lui répondit : « N'a-t-il pas déjà été dit [6] : « Gratuitement vous avez été vendus et ce n'est pas à prix d'argent que vous serez rachetés ? » « Gratuitement vous avez été vendus » : à cause de l'idolâtrie et « ce n'est pas à prix d'argent que vous serez rachetés », ni pour votre repentir ni pour vos bonnes œuvres ».

— Rabbi Eliézer insiste auprès de rabbi Josué : « Mais n'est-il pas dit [7] : « Revenez à moi et je reviendrai à vous ? »

— Rabbi Josué lui rétorque : « Il a été dit d'autre part [8] : « Car je veux vous posséder ; je vous prendrai un par ville, deux par famille, et je vous amènerai à Sion. »

— Rabbi Eliézer avance un nouveau verset pour appuyer sa thèse [9] : « C'est par un calme retour que vous serez sauvés. »

— Mais rabbi Josué : « Et n'est-il pas dit [10] : « Ainsi parle l'Eternel, le libérateur et le saint d'Israël, à celui qu'on méprise, qui est un objet d'horreur pour les peuples, à l'esclave des puissants : des rois le verront et se lèveront, des princes et ils se prosterneront... »

— Rabbi Eliézer revient à l'attaque : « N'a-t-il pas déjà été dit [11] : « Si tu reviens, Israël, dit l'Eternel, si tu reviens à moi... »

---

5. *Jérémie*, III, 22.
6. *Isaïe*, LII, 3.
7. *Malacnie*, III, 7.
8. *Jérémie*, III, 14.
9. *Isaïe*, XXX, 15.
10. *Id.*, XLIX, 7.
11. *Jérémie*, IV, 7.

— Rabbi Josué réplique : « Mais d'autre part ne dit-on pas [12] : « J'entendis l'homme vêtu de lin, qui se tenait au-dessus des eaux du fleuve, il leva sa main droite et sa main gauche vers le ciel et il jura par celui qui vit éternelle-ment, que dans un temps, des temps et un demi-temps, lors-que la force du peuple saint sera entièrement brisée, toutes ces choses finiront. »

Et rabbi Eliézer s'est tu.

Négligeant tout d'abord les arguments apportés par les deux antagonistes, le Maharal s'attache à dégager le sens général de la discussion, en portant son effort d'interprétation sur le pre-mier texte cité. D'une façon tout à fait caractéristique, il nous fait comprendre que rabbi Eliézer n'accepte nullement le risque du triomphe du désordre et l'abandon du monde à son déchire-ment. La délivrance est nécessaire, parce qu'elle seule donne un sens à l'évolution historique et confère à chaque instant du temps écoulé son intégrale plénitude. L'exil d'Israël, qui n'est, nous l'avons vu, que la transposition de l'inachèvement du monde sur le plan de l'histoire, ne peut être qu'un phénomène provisoire, de même que nous devons considérer comme éphé-mère et accidentelle la cause de l'exil, le péché. Sur le fond du problème, rabbi Josué rejoindrait donc rabbi Eliézer : la déli-vrance, tout en étant nécessaire, ne saurait être gratuite. Si le repentir — qui seul peut entraîner la rédemption — ne se manifeste pas spontanément, les événements extérieurs condui-ront le peuple à la pénitence. La transformation intérieure de l'humanité, l'accomplissement total de la personne est certes indispensable pour permettre la venue du Messie, mais lors-que Israël s'avère incapable de parvenir par la force de sa propre volonté à la perfection, les causes extérieures et en particulier l'oppression du tyran et les persécutions provoquent le retour.

De toute manière, conclut avec force rabbi Liwa, les deux maîtres s'accordent pour affirmer que la délivrance ne peut pas ne pas se produire, qu'elle est une nécessité absolue pour

---

12. *Daniel*, XII, 7.

conférer finalement son sens à l'histoire. Remarquons au passage l'insistance apportée par rabbi Liwa à toujours souligner ce dernier point, la nécessité logique d'une rédemption inconditionnelle ; d'où son explication de la thèse de rabbi Eliézer, voyant dans la pénitence le moyen qui conduit vers la rédemption, mais non la cause.

Non que rabbi Eliézer pense que la délivrance ne puisse apparaître que par la pénitence, et que dans le cas où Israël ne retournait pas à Dieu, la rédemption serait douteuse ; cette interprétation est impossible, car la délivrance d'Israël est indubitable [13].

Même tendance, mais en sens inverse naturellement, pour démontrer que pour rabbi Josué, bien que la transformation intérieure de la pénitence soit indispensable, elle ne saurait cependant promouvoir la rédemption.

Non que rabbi Josué estime que la délivrance dépende précisément du repentir d'Israël,

elle est liée au contraire à la décision de Dieu, qui provoque le retour d'Israël lorsqu'Il estime les temps révolus, en suscitant des bouleversements politiques. Il apparaît donc clairement, d'après les commentaires de rabbi Liwa sur ce premier texte, que la rédemption est inconditionnelle, et que le repentir, c'est-à-dire le mérite moral, bien qu'étant nécessaire, n'est cependant pas suffisant : de toute façon la venue du Messie et la rédemption de l'humanité sont inéluctables.

La seconde version extraite de la Beraïta, diffère légèrement du texte que nous venons de commenter : l'argumentation semble plus serrée et surtout prend appui sur des versets choisis dans la Bible. Pour rabbi Eliézer, la rédemption est la conséquence de l'œuvre humaine : « Revenez » et votre retour suscitera la délivrance : « je guérirai vos égarements. » — Rédemption inconditionnelle, réplique rabbi Josué, puisqu'il est dit : « Gratuitement vous avez été vendus et ce n'est pas à prix d'ar-

---

13. *N.I.*, chap. XXXI.

gent que vous serez rachetés. » Quant au texte invoqué par
rabbi Eliézer, il ne l'applique pas, suivant l'explication du
Maharal, à la rédemption ultime mais au pardon de la faute.
Celle-ci dérive en effet d'une double faiblesse : l'une, radicale
qui tient à la situation même de l'homme et à sa finitude et
l'autre évitable, liée au mauvais usage de la volonté. « Je guérirai vos égarements » ne signifie pas, d'après rabbi Josué, que
l'homme coïncidera totalement avec son être et ne sera plus
exposé à toutes sortes de manquements — comme cela sera le
cas lors de la venue du Messie —, mais que par l'effort de pénitence et grâce à la tension de sa volonté vers le retour à Dieu,
il ne sera pas écrasé sous le poids de sa faute passée.

Le pardon de Dieu se présente alors comme une remise sur
la bonne voie, comme une nouvelle chance accordée au libre
choix de l'individu, comme un appel répété à sa liberté responsable et une prise de conscience plus aiguë des exigences de
la divinité. Nous restons dans la sphère de l'action et de la culpabilité individuelles, celle d'un mal qui a son origine dans le
« cœur » de l'homme, dans la dualité de ses impulsions et non
dans les conditions objectives de sa situation existentielle. La
rédemption, d'après rabbi Josué, est d'un autre ordre : elle est
délivrance radicale, rachat et non libération. Elle est suppression des conditions extérieures qui entravent l'épanouissement
de l'homme, qui l'enserrent et l'empêchent de parvenir à l'intégralité de son être. Le verset invoqué par rabbi Eliézer ne s'ap-
pliquerait pas à ce bouleversement radical, mais au lent processus de la pénitence individuelle et de son corollaire, le pardon.

Mais rabbi Eliézer récuse cette interprétation : notre verset
vise bien le salut et non seulement le pardon. « Revenez à moi
et je reviendrai à vous. » L'invite est identique : « Revenez ! »
Elle souligne bien que l'initiative appartient à l'homme, et la fin
du verset exclut toute intervention divine ; « et je reviendrai à
vous » : l'effort humain comporte une efficacité suffisante pour
réduire l'écart entre le créateur et la créature et rétablir
l'homme dans la dimension de son être authentique. On aperçoit nettement le déplacement du centre de gravité de la discussion : pour rabbi Eliézer, la liberté de l'homme s'affirme
jusqu'à l'extrême de sa puissance, dans le déploiement intégral

de ses possibilités de délivrance intérieure ; l'homme n'est pas racheté par son libérateur, il porte en lui les éléments susceptibles de le mener à la réconciliation.

Dans cette optique rabbi Eliézer, toujours en suivant l'exégèse du Maharal, interprète le verset « et ce n'est pas à prix d'argent que vous serez rachetés », ce n'est pas par les bonnes œuvres que vous serez délivrés... mais grâce à votre repentir suite à votre déchéance. Cette distinction entre l'action première et la pénitence après la faute est parfaitement dans la logique de la réflexion de rabbi Eliézer. Le salut pourrait être l'œuvre directe de l'homme par l'exercice droit et juste de sa liberté. Il pourrait ainsi acquérir du mérite, c'est-à-dire un surcroît d'être, et progresser sur la voie de son accomplissement. Mais même lorsque la volonté a failli et que la loi a été transgressée, même lorsqu'on s'est détourné de la voie droite, le chemin du « retour » reste toujours disponible. Non seulement il sollicite à tout instant notre liberté, mais il demeure la condition indispensable du salut.

L'expression même de Teshûbâh, de retour, est significative pour cette conception, qui malgré la transgression et l'absence de mérite voit dans le libre choix de l'homme, dans sa propre édification la source du salut. L'acte n'est donc pas forcément indispensable, mais la reconnaissance de la faute, le sentiment du repentir, demeure une condition nécessaire de la rédemption. Pour rabbi Josué naturellement, le verset s'explique aisément. « Ce n'est pas à prix d'argent que vous serez rachetés », ni par la pénitence, ni par votre effort, mais par l'intervention gratuite et gracieuse de Dieu. « Gratuitement vous avez été vendus », car le péché ne constitue qu'une péripétie à l'intérieur de l'Alliance, il ne modifie pas essentiellement le rapport de la créature et du Créateur [14]. En particulier, pour Israël, même si la faute entraîne l'éloignement de Dieu et la dissimulation de Sa présence, elle n'altère pas les propriétés fondamentales de la nation élue, qui découlent toutes de son indissoluble union avec Dieu. Transgression, manquement, égarement, le péché se tra-

---

14. Cf. *supra*. p. 154.

duit toujours par une diminution d'être, une perte de valeur, un décroissement de tension, mais non par la modification de la nature intrinsèque de l'Alliance. En conséquence, la rédemption se situe sur un tout autre niveau, et doit plus à l'histoire qu'à l'éthique, à Dieu qu'à la responsabilité de l'homme.

Cela ressort d'ailleurs nettement du verset suivant cité par rabbi Josué : « car je veux vous posséder », c'est-à-dire vous sauver même contre votre gré et forcer votre acceptation. Sans doute, Dieu exhorte-t-il le peuple au repentir, « Revenez à moi et je reviendrai à vous », mais la délivrance reste inconditionnelle et se produira même dans le cas où cet appel n'est pas suivi. Dieu forcerait alors le peuple au repentir, le provoquant en suscitant, comme nous l'avons vu [15], des persécutions.

Rabbi Eliézer réplique en insistant sur la nécessaire prise de conscience interne, domaine inviolable de notre liberté. N'est-ce pas en dernière analyse la visée de notre conscience, son intentionnalité élevée à un niveau supérieur d'existence, qui détermine le sens de la dignité humaine ? Est-il concevable que Dieu puisse forcer cette prise en charge de notre destinée, que nous sommes à même d'assumer en vertu de notre vocation humaine ? De fait, le texte sacré ne dit-il pas : « C'est par un calme retour que vous serez sauvés », excluant toute intervention transcendante violente ?

Il est impossible d'invoquer le verset « car je veux vous posséder » comme une intervention extérieure ; il faut plutôt le comprendre, précise le Maharal, comme la persistance de l'union qui unit Israël à Dieu, union indissoluble qu'il n'est pas au pouvoir du peuple de rejeter. Peut-être rabbi Eliézer veut-il souligner, par cette dernière remarque, que Dieu demeure la source de toute valeur, mais qu'il appartient à la conscience morale, et à elle seule, de prendre la mesure qui sépare la réalité de la valeur et de réduire l'écart par un constant effort ascendant.

Rabbi Josué maintient cependant son point de vue : « des rois le verront et se lèveront, des princes et ils se prosterneront », la rédemption n'est soumise à aucune condition préalable. « Celui

---

15. *Supra*, p. 273.

qu'on méprise, celui qui est un objet d'horreur pour le peuple »,
se trouve exposé au châtiment et soumis à l'expiation pour ses
fautes. L'expiation s'avère dans ce cas comme une éducation
pédagogique nécessaire, non pour l'exercice de la liberté intérieure et la manifestation du sens de la responsabilité, mais
pour rendre l'homme à lui-même, dans sa véritable situation
devant Dieu.

Ces « épreuves d'amour » ne sont que resserrement des liens
de l'Alliance et la délivrance finale ne peut être qu'inconditionnelle et indépendante de nos hésitations et de nos choix. Car
l'homme ne se situe jamais dans un isolement radical face à
Dieu, de telle sorte qu'il puisse construire un monde arbitraire
de valeurs dont il serait la seule justification. Le véritable
« choix éthique » n'est pas celui qui se fonde sur la sincérité
de nos intentions ni même sur l'intensité de nos efforts, mais sur
la prise de conscience de notre insertion dans l'ordre divin, et
sur l'épanouissement de notre être dans le cadre de notre relation à Dieu, cadre en dehors duquel tout essai d'édification intérieure ne peut aboutir qu'à un illusoire projet et une inconsis-
tante réalisation.

Dernière objection de rabbi Eliézer : n'est-il pas dit clairement : « Si tu reviens, Israël, reviens à moi ? » La seule possibilité que le texte entrevoit pour le retour vers Dieu, n'est-ce pas
la pénitence, à l'exclusion de tout autre moyen ? D'autre part,
le verset ne formule-t-il pas une hypothèse nous autorisant à
envisager le cas où Israël ne ferait pas retour à Dieu ? Nullement, nous précise le Maharal : rabbi Eliézer, ainsi que nous
l'avons déjà souligné, n'admet à aucun moment la possibilité que
le monde puisse être abandonné à l'arbitraire et poursuive une
voie indéfinie. La pénitence est la condition indispensable pour
la rédemption ; si pour rabbi Josué, elle peut être provoquée par
Dieu afin de pousser le peuple vers le retour et l'histoire vers son
accomplissement, pour rabbi Eliézer l'initiative ne peut provenir
que d'Israël.

Cette discussion s'achève par une dernière citation de rabbi
Josué, dans laquelle se trouve précisée la date de la délivrance,
et surtout, d'après le commentaire de rabbi Liwa, le serment de
Dieu de conduire l'histoire à son terme. Ce dernier fait

convaint rabbi Eliézer que la délivrance dépend, en définitive, non pas de la volonté d'Israël, mais de la décision de Dieu. Serment de Dieu ! engagement de la divinité qui met en cause son existence même ! Elle seule garantit le sens de l'évolution des civilisations et des péripéties, apparemment incohérentes, de l'histoire des hommes.

Toute cette discussion dans le commentaire que nous en présente le Maharal, se situe constamment dans la logique de l'Alliance. Elle seule en effet nous permet de saisir, dans ses ultimes conséquences, la signification d'une existence qui ne cesse de se dérouler sous le regard de Dieu. Ce regard nous évite les illusions d'optique de notre subjectivité livrée à elle-même et trop prompte à s'ériger en absolu. Expérience existentielle, qui nous permet de cerner les limites de notre finitude, et d'emblée nous pousse à rechercher le contact de l'Autre. Expérience existentielle également, de se sentir intégré dans une histoire qui a une origine, et qui pour ce motif nous conduit vers une fin. Prise de conscience enfin, que seule l'intervention de la Providence permettra la suppression de toutes les aliénations, l'action de l'homme restant confinée à la recherche de solutions particulières limitées dans le temps et dans l'espace. Ainsi, sur le plan de l'histoire et de son dénouement, on est tenté de conclure que l'action humaine est insignifiante et sans poids, tout étant lié en dernière analyse à la grâce divine. Dans une brève étude, Thieberger affirme effectivement que pour le Maharal, l'Histoire porte en elle les solutions aux problèmes qu'elle soulève et que le salut est indépendant du mérite et du repentir [16].

Cette interprétation de la position de notre auteur nous semble cependant bien incomplète ; non seulement elle passe sous silence certains textes à travers lesquels s'exprime une tendance différente, mais encore elle repose sur un jugement erroné des rapports de l'Alliance et de la philosophie du dialogue qui s'en dégage. Les textes que nous venons d'analyser sont significatifs pour la pensée du Maharal sur un point précis, argument central

16. Thieberger (F.), *The great Rabbi Loew of Prague*, Londres, 1954. « The delivrance when it comes, will not be called fort by Israël's merits. »

qui a sans doute inspiré toute la démarche du rabbi : le salut et la délivrance messianique, aboutissement de l'œuvre de création, s'inscrivent dans un plan nécessaire. Le risque de la non-venue du Messie, de l'abandon de l'univers à l'indéfini, voire à l'absurde, et par voie de conséquence de l'indétermination du sort d'Israël, n'est jamais envisagé.

Mais si la fin est posée, si le but est clairement affirmé, il reste cependant que le moyen pour y parvenir doit être examiné avec soin. Car s'il est vrai que l'acte de l'homme ne se charge d'une valeur positive que dans un rapport donné, s'il est bien exact qu'il ne prend signification que par rapport à une dépendance essentielle, il importe cependant de ne pas dépouiller la liberté humaine de tout son projet. Sans doute, pour être efficace et concrète, pour apporter à l'homme la satisfaction de se sentir investi d'un surcroît d'existence, la liberté doit-elle s'appuyer sur Dieu, principe et fin, mais n'est-ce pas rompre définitivement tout rapport entre Dieu et l'homme que de priver ce dernier de toute influence sur le devenir de l'Histoire ? N'est-ce pas précipiter l'homme dans l'immanence de sa solitude, le couper radicalement de toute histoire, et finalement briser les dimensions de l'Alliance ?

Aussi croyons-nous devoir nuancer l'analyse de Thieberger, en dégageant avec plus de précision la pensée du Maharal concernant l'action d'Israël et le mérite de l'homme dans l'avènement de la libération future. Sur la base d'une dépendance qui constitue le fondement de toute réalité humaine, le Maharal dégage pour Israël les lignes d'une action qui lui évite de se perdre dans des constructions éphémères, tout en réalisant pleinement sa liberté. L'exil, la dispersion, constitue, nous l'avons dit, une déviation hors de l'ordre des choses. Aussi « Dieu est-Il dans l'attente de la délivrance [17] », c'est-à-dire à l'affût du repentir, à tel point que celui dont l'action ne s'élève pas jusqu'au mérite de promouvoir la reconstruction du Temple peut être comparé à celui qui fut la cause de sa chute. Les conditions objectives pour le salut étant réalisées, l'action ne dépend plus que de l'attitude d'Israël, sa durée devant précisément lui assu-

---

17. *N.I.*, chap. XXXI.

rer la possibilité de progresser dans l'ordre du mérite, en vue
de bénéficier d'une « récompense », c'est-à-dire d'un surcroît
d'être, d'une liaison plus intime avec Dieu.

C'est dans ce sens qu'il faut comprendre l'affirmation du
Maharal — affirmation qui ne prête à aucune équivoque — : « la
fin [des temps], c'est la maturité du bénéficiaire[18] ». Une telle
conception maintient dans toute sa rigueur la transcendance et
l'altérité de Dieu, mais sauvegarde la liberté humaine en recueil-
lant l'acquis de ses œuvres. C'est la présence d'Israël dans
l'univers qui garantit la conciliation entre la liberté de Dieu et
l'action humaine : elle nous fait entrevoir la promesse d'un
aboutissement de l'histoire, de l'avènement d'une ère messianique qui, tout en présentant une différence essentielle avec les
conditions actuelles, ne s'inscrira pas moins dans le prolongement et la continuité de l'histoire. Notre auteur le précise
explicitement en rappelant[19], à la suite du Midrash[20],

> que le « prophète des nations » Balaam, annonce la venue
> du Messie en ces termes : « Je le vois, mais non pour main-
> tenant, je le contemple, mais non de près[21]. » Les prophètes
> d'Israël au contraire voient l'avènement du salut comme un
> événement imminent ; Moïse déclare : « Car il est proche le
> jour de leur trouble, et pressant ce qui doit leur arriver[22] »
> et encore « car tout près de toi est la parole...[23]. » De même
> Isaïe : « ... car il est proche le jour de l'Eternel[24]. »

Il s'agit, commente le Maharal, non seulement d'une indica-
cation concernant le temps de la venue du Sauveur — temps
que les prophètes, dans l'amour pour leur peuple, annoncent
comme une réalisation proche —, mais des possibilités mêmes
de l'avènement messianique. Celui-ci est « tout proche » des
conditions de ce monde-ci, car il n'est pas lié à un facteur exté-

---

18. *Id.*, chap. XLV.
19. *Ibid.*, chap. LX.
20. *Yalqût shim''ônî* sur *Nombres*, XXIV, 17.
21. *Nombres*, XXIV, 17.
22. *Deutéronome*, XXXII, 35.
23. *Id.*, XXX, 14.
24. *Isaïe*, XIII, 6.

rieur, mais dépend entièrement du repentir du peuple. Fin de l'histoire — fin lointaine pour tous ceux qui— à l'instar de Balaam — ne se réfèrent qu'à une réalisation transcendante de l'histoire, mais fin toute proche pour tous ceux qui, comme Moïse et Isaïe, voient dans le repentir certain du peuple d'Israël la préfiguration des temps à venir. Pour eux, la fin de l'histoire, malgré le bouleversement radical qu'elle entraîne, s'inscrit dans le prolongement des conditions actuelles et marque la plénitude d'une évolution parvenue à son terme.

On ne saurait préciser plus nettement la continuité des temps messianiques avec le temps historique, et par conséquent mettre en relief le rôle d'Israël, c'est-à-dire la tâche de la liberté humaine, dans le processus qui mène à l'avènement messianique. Celui-ci comporte donc une double dimension : d'une part une initiative divine, et d'autre part une réponse humaine. On voit bien que ce schéma correspond exactement à l'initiative de la création, c'est-à-dire, sur le plan qui nous occupe actuellement, à l'alliance entre Israël et Dieu dont les temps messianiques ne marquent que le terme ultime. L'univers parviendra à son achèvement selon les lois immuables établies par Dieu lors de la création, mais nous avons la possibilité, par notre mérite, d'accélérer le processus en réalisant notre être, c'est-à-dire en le saisissant dans son altérité et dans son essentielle relation avec Dieu. Dieu attend la délivrance et Israël sait que Dieu l'attend, c'est dans cette double tension que se joue l'histoire du monde et que la durée humaine prend un sens.

Ainsi se dégage, nous semble-t-il, le sens exemplaire de l'alliance entre Dieu et Israël et le fondement « religieux » de la conception du monde du Maharal. Refus de toutes les médiations partielles, rejet de toutes les solutions intermédiaires et éphémères, attachement à l'absolu qui constitue notre être et qui seul nous permet d'assumer pleinement notre condition, telle est à la fois la signification de la création, de l'élection d'Israël et de la venue du Messie. Et l'interprétation de l'ensemble des textes relatifs à notre sujet, et leur insertion dans la démarche globale du Maharal, nous permettent en conséquence d'infirmer les conclusions de Thieberger. Rabbi Liwa demeure fidèle aux prémisses qu'il a lui-même posées et voit bien l'alliance entre Dieu et Israël jusque dans ses ultimes conséquences, comme un dialogue à l'intérieur duquel les partenaires, dans la nette affirmation de leurs personnes distinctes, se rencontrent en vue d'une tâche qui leur est désormais commune.

C'est donc dans la perspective de l'Alliance que le Maharal pose et résout un problème qu'une réflexion sur les modalités du messianisme ne pouvait pas ne pas soulever. Mais depuis longtemps les penseurs juifs avaient été confrontés avec cette question, qui se trouvait au centre des divergences qui les opposaient au christianisme. Ce dernier, en ratifiant le schéma de l'Alliance mais en en modifiant un des termes par l'acceptation de la messianité de Jésus, avait naturellement été amené à en déplacer le centre de gravité. De fait, la tension de réciprocité qui maintenait l'histoire ouverte et aiguillonnait la liberté de l'homme dans la conscience d'une œuvre à accomplir, se trouve tout d'un coup brisée et comme sans objet. Aussi la christologie paulinienne se voit-elle contrainte d'élaborer les cadres d'une « nouvelle Alliance », à l'intérieur de laquelle l'homme se trouve désormais justifié par l'événement radical qui vient de bouleverser l'existence de l'humanité. Or, cette irruption soudaine, absolument arbitraire, ne peut se comprendre, pour ne pas paraître, à la limite, immorale, que comme la manifestation d'une charité totalement et parfaitement gratuite. Dans ces conditions, l'homme ne peut se justifier que par son adhésion à cet événement extérieur, qui seul lui assure un fondement. Refuser cette « communion » apparaît comme le péché d'un suprême orgueil, qui se détourne du salut offert.

Aussi le refus par les juifs de la messianité de Jésus a-t-il toujours été considéré comme le scandale d'une diabolique révolte, une insulte et un suicide, tout au moins jusqu'à ces dernières années. Pour les juifs, au contraire, l'option chrétienne signifiait une torsion de l'Alliance et non son accomplissement, un écrasement et non une exaltation de la personnalité. C'est dans l'obéissance stricte à la Loi qu'ils expérimentaient leur liberté, y puisant un surcroît d'être, qu'aucun pessimisme ni aucune persécution ne pouvait entamer. L'adoption par le christianisme d'une terminologie et d'un mode de pensée empruntés à la Bible, n'a pas empêché les juifs de discerner les lignes de rupture et de maintenir une exigence dans laquelle ils avaient appris à reconnaître leur raison de vivre. C'est donc dans le cadre de l'antique Alliance qu'ils désiraient rester disponibles, et travailler dans l'humilité et dans la claire conscience de leur liberté, à une rencontre dont ils continuaient à éprouver la nostalgie. La réflexion du Maharal à l'intérieur de la problématique juive, rejoint ainsi la thèse que le judaïsme n'avait cessé de défendre dans toutes les controverses qui l'avaient opposé aux représentants de la religion chrétienne.

Nous serons confirmés dans nos conclusions en examinant la position adoptée par le Maharal dans la question si discutée de la spéculation messianique concernant le calcul, d'après l'interprétation de certains versets bibliques, de la date de la fin des temps, dans une pathétique approche et une brûlante impatience de déceler et de prévoir la fin des souffrances et l'aube d'une ère tant souhaitée.

Les spéculations de la date, le chiliasme.

Dès la chute du Temple de Jérusalem et jusqu'à l'aube des temps modernes, la tentation de déterminer la date précise de la « fin des temps » s'est emparée des penseurs juifs. Malgré les admonestations des autorités rabbiniques, peu d'auteurs ont résisté totalement au désir de découvrir, généralement dans l'exégèse des textes bibliques, le secret du moment de la rédemption [25]. Nous avons vu que tous s'appuient sur l'initiative de Daniel [26], qui avait tenté par l'étude des livres de fixer à soixante-dix ans la durée de l'Exil de Babylonie. Tous les événements de la vie intérieure de la nation, toutes les menaces extérieures, provoqueront une attente fiévreuse de la réalisation et multiplieront les essais pour arracher au Livre la date de la fin.

S'il est juste de préciser que, dès la période de la destruction du Temple, nous pouvons discerner deux courants contraires dans la spéculation messianique, l'un de tendance apocalyptique, l'autre incliné davantage vers l'attente et l'accomplisse-

---

25. *Supra, Introduction*, p. 14 et 19 sq.
26. *Daniel*, IX.

ment lointain de la promesse, force est de constater que les penseurs juifs ont, dans leur grande majorité, cédé à la tentation du « calcul de la fin ». Par de savantes et souvent délicates exégèses, ils ont indiqué une date précise pour l'arrivée du rédempteur, et soutenu le courage de leurs contemporains par l'annonce d'une libération imminente. Même si nous suivons l'avis de Maïmonide prenant la défense du Gaôn Saadia [27], et justifiant son initiative d'avoir eu recours au calcul par l'attitude hérétique et sceptique de ses coreligionnaires (et non dans le but de supputer réellement la date de la rédemption), il n'en reste pas moins que la fréquence de telles initiatives, la notoriété de leurs auteurs, la minutie de leur travail et les vagues d'espoir qu'ils soulevaient, nous permettent de conclure que nous nous trouvons en face d'une tendance profonde du messianisme juif, sensible non seulement dans l'analyse des réactions populaires, mais également dans les spéculations moins spontanées des penseurs et des philosophes.

Abba Hillel Silver [28] estime également qu'une attention trop réduite a été accordée à l'influence exercée par les supputations concernant la « fin des temps » sur l'éclosion des divers mouvements messianiques [29]. Ces recherches étaient entreprises avec un tel sérieux et exposées avec une telle autorité, qu'elles faisaient partie intégrante de l'exégèse des livres prophétiques. S'il convient de relever que ces calculs furent plutôt exceptionnels durant la période talmudique, nous pouvons constater qu'ils se multiplient vers le dixième siècle et durant toute la période du Moyen Age. Nous avons déjà, dans une première approche, pu saisir la tendance générale de ces spéculations ; il importe à présent d'en cerner de plus près la « formulation ».

Saadia-Gaôn (882-942 de notre ère), qui fut, on le sait, le premier penseur juif à faire la synthèse de la conception rabbinique du messianisme, consacra, nous l'avons vu [30], à cet impor-

---

27. Voir *supra, Introduction*, p. 20, n. 12.
28. Cf. Silver (Abba Hillel), *A History of Messianic Speculation in Israël*, Boston, 1927.
29. *Id.*, p. XI.
30. *Supra, Introduction*, p. 19.

tant problème le huitième chapitre de sa Somme philosophique : *Emûnôt vedéôt,* son commentaire du livre de Daniel ainsi que son ouvrage *Séfêr hagâlui.* Il insiste chaque fois sur la tâche capitale de déterminer la date de l'avènement messianique et s'appuie à cet effet sur l'interprétation du douzième chapitre de Daniel [31]. Admettant que le mot « jour » employé dans ces prophéties signifie « années » [32], Saadia s'efforce de ramener toutes les dates indiquées dans le livre de Daniel pour la venue du Messie à 1335. C'est ainsi qu'il explique le verset tant discuté : ... tous ces événements s'accompliront « lemôéd, môadim vahési », au bout d'un temps des temps et de la moitié [33]. Donnant au mot « môéd » (temps) le sens des périodes de l'indépendance d'Israël, il démontre que le temps à s'écouler avant la rédemption égale le total de ces périodes plus leur moitié, le premier terme « lemôéd » devait être pris comme un adverbe : au temps des deux périodes et de leur moitié. L'indépendance d'Israël ayant duré 890 années, 480 avant la construction du premier Temple et 410 durant son existence, la moitié de ce total, 445, ajoutée à l'entier, nous donne très exactement 1335. Il est intéressant de noter que les deux autres nombres donnés par Daniel seront également ramenés au chiffre de 1335.

Considérant le verset [34] : « Et depuis le moment où sera supprimé le sacrifice perpétuel et sera établie l'horrible abomination, il y aura mille deux cent quatre-vingt-dix jours », il interprète le mot « jour » comme signifiant « année » et annonce que l'événement se produira mille deux cent quatre-vingt-dix ans après un incident qui eut lieu après la construction du second temple [35], quarante-cinq ans après la vision de Daniel, si bien que nous retrouvons toujours le chiffre de 1335. Enfin, nous rencontrons une troisième fois le même nombre dans l'in-

---

31. *Daniel,* XII, versets 7, 8 et 12.
32. Notre auteur se fonde sur le sens de ce mot dans *Lévitique,* XXV, 29.
33. XIII, 7.
34. *Daniel,* XII, 11.
35. Cf. *Néhémie,* XIII, 4 sq. : il s'agit d'un manque d'attention envers les droits des lévites, qui faillit avoir pour conséquence la désaffectation des lévites dans le service du Temple.

terprétation du verset [36] : « Et il me dit : « Encore deux mille trois cents soirs et matins, et le sanctuaire sera rétabli dans son droit. » Deux mille trois cents soirs et matins équivalent à mille cent cinquante jours, ou suivant le code adopté par Saadia, mille cent cinquante années. Si l'on fait débuter ce compte à partir de la révélation principale faite à Daniel, il faut y ajouter cent quatre-vingt-cinq ans, ce qui donne à nouveau 1335. Les trois exégèses aboutissent donc à une date commune. Cependant les vues divergent quant à l'origine du compte, celui-ci n'étant pas nettement indiqué par l'auteur. Rachi [37] semble nous suggérer l'année 1397, tandis que des exégètes plus modernes retiennent plutôt comme terme de la rédemption l'année 968 [38].

Ces calculs furent repris et commentés par de nombreux penseurs et exégètes : Nahmanide, Gersonide, et surtout Abraham bar Hiyya. Ce dernier (mort vers 1136), contemporain du poète Yehûdâh Halévy, astronome, mathématicien, engagea la spéculation messianique totalement dans la voie du calcul. Dans son ouvrage *Megillat hamegallé* [39], après avoir rappelé toutes les initiatives prises dans ce sens avant lui, il entreprend une justification de la méthode et étend ses recherches non seulement dans le livre de Daniel, mais encore dans l'ensemble du Pentateuque et surtout sur l'analyse du récit de la Création. Celle-ci étant essentiellement centrée sur le développement d'Israël, nous retrouvons le cycle de l'histoire juive dans le cycle de la Création. Les six jours représentent six mille ans, tandis que le septième jour sera le jour du Seigneur, le monde ayant cessé son existence après les six mille premières années [40]. En nous fondant d'autre part sur le verset des psaumes [41] : « Car mille ans sont à Tes yeux comme le jour d'hier qui est passé *et* comme une veille dans la nuit », nous devons admettre que le jour de Dieu équivaut à 857 1/7 années, car une veille vaut quatre

---

36. *Daniel*, VIII, 14.
37. Cf. son commentaire sur *Daniel*, VII, 25.
38. Cf. Poznanski (S.), « Die Berechnung des Erlösungsjahres bei Saadia », *M.G.W.J.*, 1900, p. 400 sq.
39. Ed. Poznanski, Berlin, 1924.
40. *Id.*, p. 20 sq.
41. XC, 4.

heures, et le jour divin est égal à 6/7 de 1 000. Chaque « jour »
doit être divisé en sept parts, soit cent vingt-deux années, ce
qui correspond à ce que Hiyya nomme une « génération ». C'est
sur ces bases qu'il va établir l'ensemble de son système.

Suivant les indications fournies par le Pentateuque, il place
le don de la Tôrâh au début de la septième génération, soit vers
2448, au cours du troisième jour. En conséquence, le Messie
devant venir avant la fin du sixième jour, il se manifestera vers
4896, soit vers l'année civile 1136. C'est une première date
possible. Nous pouvons aussi nous appuyer sur le texte du
Deutéronome [42] : « Il arrivera donc que, de même que Dieu
prenait plaisir à vous faire du bien et à vous multiplier, de
même Il prendra plaisir à vous faire périr et à vous exter-
miner... » Ce texte semble suggérer que la période du rejet sera
équivalente à celle de la satisfaction. Cette dernière ayant débuté
par le don de la Tôrâh et ayant pris fin par la destruction du
Sanctuaire, a duré de 2448 jusqu'à 3828, soit mille trois cent
quatre-vingts ans. La période de souffrance s'étendra donc sur
une durée identique, soit jusqu'au terme ultime de l'année 1448,
possibilité extrême pour la venue du rédempteur. Suivant cette
méthode, bar Hiyya poursuit l'étude du texte sacré, essayant de
confronter les différentes versions et de retrouver, à travers les
textes du Pentateuque et les prophéties de Daniel, une date
unique, qui serait en accord même avec les données astrologiques.

Nous pouvons mesurer l'influence de telles recherches, si
nous considérons que même les plus opposés parmi les philosophes de ces vains et futiles exercices ont cru devoir recourir
à ce procédé afin de soutenir la foi du peuple dans son avenir,
au moment des conversions forcées et des persécutions toujours plus cruelles. Ainsi Maïmonide (1135-1204), dans sa célèbre
lettre à Rabbi Jacob ibn Alfayumi, « Igérêt Téman » (Epître
au Yémen), après s'être élevé avec force contre le calcul de la
date de la venue du Messie, affirme cependant :

> Le moment exact ne peut être connu avec certitude, mais
> nous sommes en possession d'une vénérable et remarquable

---

42. XXVIII, 63.

tradition reçue de mon père, qui l'a reçue du sien et celui-ci
de ses ancêtres, dans une chaîne ininterrompue depuis le
début de l'exil de Jérusalem... que la clef du mystère devait
être cherchée dans la prophétie de Balaam : « ... A cet instant on annonce à Jacob et à Israël, ce que Dieu a fait [43]. »

C'est à partir de cette prophétie qu'il est possible d'établir le
compte de la venue du Rédempteur. En effet, Balaam a délivré
son message quarante années après la sortie d'Egypte, soit deux
mille quatre cent quatre-vingt-huit années après la Création. Le
retour de la prophétie en Israël, qui sera le signe indiscutable
de la proche venue du Messie, aura lieu dans un laps de temps
identique, à partir de la prophétie de Balaam. Ceci nous conduit
à accepter l'année 4976 de la Création, soit l'année civile 1216,
comme date probable de la rédemption. Nul doute que Maïmonide, en dévoilant ce « secret », n'ait cédé à l'amour qu'il
éprouvait pour son peuple, mais le fait qu'il ait dû recourir à
ce procédé pour calmer son angoisse, prouve suffisamment
combien ces calculs étaient populaires et influençaient la vie de
la population juive soumise à de très dures épreuves.

C'est avec plus de spontanéité que Moïse ben Nâhmân,
Nahmanide (1194-1268) entreprend ses calculs en vue de supputer la date de la rédemption. Dans l'ouvrage particulier qu'il
a consacré à l'examen du problème messianique, *Séfér ha-
geûlâh* [44], après avoir rappelé que l'espoir de la rédemption
exprimait le désir du peuple de se rapprocher de Dieu et le
souhait bien naturel de se débarrasser de ses ennemis et de
ses oppresseurs, il nous annonce son intention de se livrer à
une étude des textes en vue de rechercher la date de la fin des
temps, « car tel est le but essentiel de notre propos [45] ». Sans
doute n'ignore-t-il rien des réticences du Talmud envers une
telle spéculation [46], mais cette attitude lui semble inspirée par
le souci de ne point provoquer le découragement du peuple
devant la longueur et la durée de l'exil. Les rabbins du Talmud,

---

43. *Nombres*, XXIII, 23.
44. Edition Aronson, Jérusalem, 1959.
45. *Id.*, p. 58.
46. *T.B.*, Sanhedrîn, 97 b.

connaissant la date de la rédemption, n'ont point voulu affaiblir la force de l'attente, eu égard au terme lointain de la réalisation de la promesse. Mais, précise Nahmanide [47], ce motif ne saurait plus être retenu de nos jours, vu la proximité de l'événement, « car nous en sommes certainement plus rapprochés que les Maîtres du Talmud et peut-être même en sommes-nous absolument proches », si bien que nous sommes autorisés à scruter les textes de l'Ecriture en vue de déterminer la date de la fin et de renforcer l'espoir de la nation dans la venue du rédempteur.

Il prend soin cependant d'avertir le lecteur du caractère hypothétique de ses affirmations, lui enjoignant, par-delà les supputations des dates, de garder sa foi dans le « principe général » de la rédemption, le calcul de la fin n'étant l'expression que de notre attente fiévreuse de sa réalisation imminente. Après cette introduction, considérant que toutes les indications fournies par l'Ecriture, et en particulier le livre de Daniel, se rapportent à la rédemption ultime, notre auteur se livre à l'analyse détaillée des indications fournies par ces prophéties, suivant la méthode de ses prédécesseurs, en vue de parvenir à une date unique et précise. Reprenant à son tour l'examen du verset de Daniel [48] : « Et depuis le moment où sera supprimé le sacrifice perpétuel et sera établie l'horrible abomination, il y aura mille deux cent quatre-vingt-dix jours », il annonce l'apparition du Messie fils de Joseph, mille deux cent quatre-vingt-dix jours après la destruction du second Temple, soit vers l'année civile 1358 [49].

Quant au second terme annoncé par Daniel [50], en conclusion de son message : « Heureux celui qui attendra, et qui arrivera jusqu'à mille trois cent trente-cinq jours », il concerne le Messie fils de David, dont l'avènement se produira quarante-cinq années après celui du Messie fils de Joseph, c'est-à-dire vers 1403. On aura remarqué que si Nahmanide suit l'interprétation de Saadia

---

47. *Séfer ha-geûlâh, op. cit.*, p. 62.
48. XII, 11.
49. Cf. commentaire de Nahmanide sur *Genèse*, II, 3.
50. XII, 12.

Disputation entre juifs et chrétiens
(Gravure sur bois allemande du seizième siècle)

pour le terme « jours » devant être compris comme signifiant
« années », il s'écarte cependant de l'explication citée [51], en
maintenant que le compte du verset 12 se rapportant à la suppression du sacrifice perpétuel ne peut se concevoir qu'à partir
de la destruction du second sanctuaire. Dans la disputation
publique qui l'opposait à Pablo Christiani, Nahmanide, en 1263,
développe les mêmes arguments et affirme avec force : « Nous
nous trouvons aujourd'hui à quatre-vingt-quinze années de la
date annoncée par Daniel et nous espérons qu'il viendra en ce
temps [52]. » Les quarante-cinq années qui séparent l'avènement
des deux Messies peuvent être comparées à la période identique
qui s'étend de la sortie d'Egypte à l'entrée dans la Terre promise et la conquête définitive du pays sous Josué, le parallélisme
des deux situations renforçant ainsi la valeur du calcul [53].

Nahmanide se dégagera également des calculs de ses prédécesseurs dans l'explication qu'il esquisse du verset : « Environ
deux mille trois cents soirs et matins, puis le sanctuaire sera
purifié [54]. » Le compte s'entend à partir du règne du premier
Messie, le roi David, ou à partir de sa naissance. C'est à lui en
effet que revient l'initiative de la construction du Temple, et
c'est donc à partir de sa naissance qu'il faut supputer le compte
transmis à Daniel. Nous obtenons ainsi le tableau suivant :

Règne de David	70
Premier Temple	410
Exil de Babylone	70
Second Temple	420
Exil	1335
	2305

dont le résultat nous ramène approximativement à la même
date que celle indiquée, d'après l'exégèse de Nahmanide, au
dernier verset du livre de Daniel [55].

51. Cf. *supra*, p. 287.
52. Cf. *Osar Wikûhîm*, *op. cit.*, p. 91.
53. *Séfer ha-geûlâh*, *op. cit.*, p. 70.
54. *Daniel*, VIII, 14.
55. *Daniel*, XII, 12.

Après un temps d'arrêt, explicable par la désillusion ressentie par le peuple à la suite de l'échec de toutes ces spéculations, la méthode du calcul reprendra vers la fin du quinzième siècle et le début du siècle suivant. Les juifs viennent de subir la plus grande catastrophe depuis la destruction du Temple : l'expulsion d'Espagne (1492) et du Portugal (1498). Ils sont chassés de plusieurs régions d'Allemagne et le premier ghetto, quartier réservé exclusivement aux juifs, est établi à Venise. Tous ces événements, l'exil et la misère qui touchaient presque toutes les judaïcités d'Europe, la découverte du Nouveau Monde, l'éclosion du mouvement de la réforme et le schisme du christianisme qui en résultait, enflammaient les imaginations et suscitaient de nouvelles initiatives, destinées à maintenir le moral de la nation opprimée et à expliquer le drame à la lumière des textes de la tradition.

Nous avons longuement insisté dans notre introduction sur la synthèse effectuée par Abarbanel (1447-1508), car avec le Maharal, il est le grand codificateur de l'ensemble des textes de la tradition rabbinique relatifs au messianisme. On se souvient qu'il prolonge la méthode du calcul jusqu'au début du seizième siècle, intégrant tous les événements politiques de l'époque dans sa fresque messianique exposée dans sa trilogie entièrement consacrée à ce problème. On peut à juste titre, malgré certaines innovations originales que nous avons relevées, considérer l'œuvre d'Abarbanel comme une récapitulation fidèle de la tendance générale du messianisme juif durant la période du Moyen Age. Elle illustre parfaitement la place réservée à la supputation de la fin durant toute cette période. S'il est indubitable que la plupart d'entre elles répondaient à l'impérieuse nécessité de calmer la profonde inquiétude des masses désorientées par des persécutions de plus en plus draconiennes, on ne saurait cependant méconnaître le fait qu'elles s'inscrivaient naturellement dans leur attente messianique.

Fébrilité de l'attente de la fin de l'humiliation, de la victoire de la violence et du crime, terme ultime d'un univers absurde qui laisse enfin la place à la présence rassurante d'un monde clair. Espérance désespérée de voir se réaliser l'objectivité de l'histoire : nul mieux que l'homme politique, Abarbanel, deux fois ministre, habitué des cours royales et profondément déçu dans sa foi de l'action humaine et des réalisations sociales et politiques, ne pouvait faire la synthèse d'une telle conception qui prive l'homme d'une participation efficace et sérieuse à l'histoire. Devant l'échec de la civilisation, illustré par l'exil d'Israël et la récente catastrophe du judaïsme espagnol, Abarbanel s'en remet à Dieu : cette nouvelle et pour lui suprême faillite ne met-elle pas parfaitement en relief la faiblesse humaine et ne révèle-t-elle pas, par le même mouvement, le fond de l'Etre divin, qui émerge à la fin de l'histoire pour l'assumer tout entière dans l'eschatologie ?

C'est cette évasion hors des catégories de l'histoire que, avec lucidité, refuse catégoriquement le Maharal. Il a bien conscience, nous l'avons vu, de la négativité fondamentale et de l'irréductible dualité du monde créé, mais il n'y aperçoit ni un scandale ni une incompréhensible injustice, mais la maturation d'un monde nouveau. Aussi refuse-t-il avec insistance tout millénarisme, et renouant avec la plus authentique tradition talmudique, il s'élève contre tous les essais du calcul de la fin [56]. Que l'histoire parvienne à son terme ne peut se concevoir, pour rabbi Liwa, comme une échéance prévisible et indépendante des conditions réelles de l'évolution de l'humanité. Ce sont les conditions mêmes des relations qui régissent les rapports de l'homme avec Dieu et des hommes entre eux, qui doivent parvenir à leur ultime perfection, et on ne saurait fixer un terme extérieur à cette évolution, qui arrêterait par une décision externe cette transformation interne de l'humanité.

Construction vaine en conséquence que cette supputation subtile de la fin des temps à travers une exégèse livresque, affirmation dangereuse d'un espoir qui risque de nous détourner de notre véritable tâche [57]. Celle-ci consiste en effet dans l'effort humain, s'apprêtant à la rencontre de la transcendance et voyant dans cette recherche d'union le sens même de la durée. Les conditions objectives de la rédemption possible ont été incrustées, dès l'origine, dans l'univers, mais la fin de l'aven-

---

56. *T.B.*, Sanhedrîn, 97 b. « Malheur à ceux qui supputent la fin. »
57. *N.I.*, chap. XLIV et XLV.

ture historique, c'est « la préparation du récipiendaire » —
hakânat hameqabél. Inlassablement, le Maharal reprend, sous
des expressions différentes, la même formule : « Sarik meqabel
ra'uy » : la rédemption exige un partenaire apte, et personne
ne peut indiquer à l'avance le terme de l'aventure. Comment
le pourrait-on d'ailleurs : la « fin » ne dépend-elle pas de
l'essence même de Dieu, « amitat asmô » ? Suivant le Maharal,
le Talmud nous indique bien le caractère ésotérique de la fin,
lorsque glosant sur le verset « car il y a dans mon cœur un
jour de réparation... [58] », il s'interroge sur la signification de
cette précision « dans mon cœur [59] ».

A mon cœur, je l'ai révélé, mais non en dehors, commente
rabbi Yohânân, tandis que rabbi Siméon ben Laqish pense : je
l'ai révélé à mon cœur, mais non aux anges de service. Dieu ne
confie qu'à lui-même le secret de Son histoire. Confidence intime
à laquelle ne peut être associée aucune créature, réalisation
ultime de Dieu lui-même, non de Ses attributs, mais de Son Etre
même. N'est-ce pas ainsi qu'il nous faut envisager le caractère
mystérieux de la fin, comme liée non seulement à l'aventure
humaine, mais également à l'histoire de Dieu ? Sur le chemin
de l'histoire, dans la voie de l'Alliance, Dieu va à la rencontre
de l'homme comme l'homme va à la recherche de Dieu. De ce
double projet doit naître la Rédemption, et l'histoire d'Israël
atteste avec éclat que cette suprême union ne saurait se concevoir sans des hésitations et des chutes, des victoires et des
échecs. Du moins savons-nous que Dieu a eu foi en l'homme, et
que la vérité doit germer de la terre. Ainsi s'explique ce que le
Maharal appelle la « longueur de l'exil », c'est-à-dire la durée
de l'histoire humaine dans la nécessaire unification des valeurs
composites de l'univers. Accepter le millénarisme, c'est affirmer
qu'une solution peut s'imposer à l'histoire comme survenant de
l'extérieur et indépendamment des résultats de son développement antérieur. C'est en conséquence refuser un sens à l'histoire
passée, en privilégiant un instant particulier. Il semble au contraire que la relation fondamentale qui situe l'homme face à

---

58. *Isaïe*, LXIII, 4.
59. *T.B.*, Sanhedrîn, 99 a.

Dieu n'est pas extérieure à l'histoire, mais se situe à l'intérieur de sa progression. Aussi l'achèvement ne se place-t-il pas à un « moment », mais se dégage et émerge des conditions mêmes du développement historique.

La prise de position absolument claire et sans équivoque du Maharal sur l'impossibilité de fixer une date à l'avènement du Messie nous semble d'une importance capitale pour la compréhension générale de sa doctrine. Elle nous permet une fois de plus de marquer la ligne de divergence entre lui et le christianisme. Par nos analyses précédentes, nous avons déjà pu relever que le contraste entre les deux conceptions découlait essentiellement du fait que le christianisme avait arrêté l'élan messianique à un moment de l'histoire ; de ce fait, il acceptait un messianisme daté. Le Maharal, au contraire, veille à ne pas fixer l'échéance, à ne pas rompre la continuité d'une révélation qui se poursuit dans l'histoire. Son opposition à toute supputation de la fin vise ainsi en premier chef la position chrétienne, car d'une certaine manière le christianisme est surtout une apocalypse, c'est-à-dire — si nous prenons ce terme dans son sens étymologique — une nouvelle révélation. Par cet arrêt imposé, la conduite de l'homme se trouve infléchie vers une intériorité personnelle, vers une régénération individuelle ; elle perd de vue son insertion dans l'histoire et néglige la valeur de la collectivité en tant qu'institution.

Ce qu'il importe de souligner, ce n'est pas simplement une différence de date — passée ou future — mais le fait de dater un événement qui, d'après le Maharal, ne peut que rester indéterminé. Ainsi, implicitement, le Maharal projette également sa critique vers ses prédécesseurs juifs du Moyen Age, dans la mesure tout au moins où ils acquiesçaient par conviction — et non simplement par souci pédagogique — à la recherche d'une échéance pour l'avènement messianique. Ce qui est en cause, ce n'est pas le moment chronologique précis, qu'il se situe dans le passé ou dans l'avenir, mais c'est la qualité de l' « attente », la perspective de l'espérance, bref la signification même de notre liberté. Dans quelle mesure les auteurs juifs médiévaux, qui ont apporté une importante contribution au chiliasme, n'ont-ils pas été entraînés à leur insu sur le terrain même des affirmations

chrétiennes ? Leur prise de position ne doit-elle pas être considérée comme une déviation de l'orientation originelle du messianisme juif ? Dans ce cas se confirmerait notre hypothèse de
départ : le Maharal, en retrouvant, par l'étude du Midrash, la
tradition talmudique la plus authentique, oriente la conception
juive du messianisme dans une optique différente de celle du
Moyen Age, et lui ouvre des perspectives entièrement nouvelles.

Rabbi Liwa est à tel point persuadé de l'impossibilité de
dévoiler la fin que toutes les recherches entreprises dans ce sens
ne lui semblent pas avoir eu pour but le calcul précis du
moment de la rédemption, mais seulement une indication quant
à l'époque possible de la réalisation messianique [60]. On ne saurait invoquer ici le précédent de la délivrance d'Israël de
l'esclavage égyptien. Dans ce dernier cas, il s'agissait de la
naissance du peuple juif dans des conditions prévues à l'avance
et annoncées aux patriarches [61], tandis que la délivrance ultime
doit s'accomplir en dehors de toute promesse préalable, par la
maturation lente mais inéluctable de la moisson de l'histoire [62].
C'est de la même manière que notre auteur interprète tous les
textes du Talmud qui pourraient suggérer l'insertion du fait
messianique dans un contexte chronologique, et en particulier

---

60. Azarya dei Rossi, humaniste contemporain du Maharal, dans
son ouvrage *Me'or "Enayim* (section Imre Binâh, voir surtout
chap. XLIII), s'élève lui aussi avec force contre les calculs de la fin
des temps. Sa condamnation, vigoureuse et claire, s'exprime d'une
façon très systématique et élaborée, dans les quatre chapitres qu'il
consacre à cette question. Son argumentation, qui se réfère souvent
aux sources talmudiques et surtout au système de Maïmonide (qu'il
n'hésitera pas à critiquer par ailleurs pour avoir cédé à la tentation
de la computation de la fin dans son « *Epître au Yemen* »), se fonde
cependant essentiellement sur une critique historique des dates et
sur la constatation de la vanité des expériences précédentes. Contestant la validité de la chronologie en usage, il refuse toute signification aux dates proposées et calculées sur une fausse base. On remarquera que les critiques du Maharal sont d'un tout autre ordre, de
caractère métaphysique et non historique et scientifique.
(Sur la controverse sur la valeur de la science juive et de la science
profane entre Azarya dei Rossi et le Maharal, voir Neher (A.), *Le
Puits de l'Exil, op. cit.*, chap. IV.)
61. Cf. *Genèse*, XV, 13.
62. *N.I.*, chap. XXXI.

reprend l'affirmation si souvent citée durant tout le Moyen Age, selon laquelle

le monde a une durée de six mille ans : deux mille, c'est le néant ; deux mille ans, le règne de la Tôrâh et deux mille ans, l'époque messianique. A cause de nos multiples fautes, une part de cette période s'est déjà écoulée [63].

Ce texte, confirmé par d'autres, prévoit la durée de l'univers pour six millénaires, le septième étant réservé au règne exclusif de Dieu, suivant la parole de l'Ecriture : « L'Eternel seul sera élevé ce jour-là [64]. » Par ce retrait, lors du Shabbat cosmique, Dieu s'affirme comme cause et créateur de l'Univers. Quant au monde créé, il est soumis à la loi de la temporalité. Notre texte, suivant l'avis du Maharal, souligne les formes distinctes de cette temporalité, en attribuant une valeur particulière à chaque série d'événements suivant leur situation chronologique : commencement, milieu et fin. Loin de nous fournir des précisions sur le moment de la rédemption, il situe le devenir dans le cadre d'une futurition et d'une novation, nous enseigne l'impossibilité d'exercer une compression sur le temps. Pas plus que nous ne pouvons le réduire à l'instant, nous ne pouvons l'enfermer dans une durée cyclique, et force nous est de considérer le rythme de l'histoire comme nous engageant dans une voie et une direction définies. Il n'est pas possible de brûler les étapes et d'économiser les moments successifs : pas de magie, mais une lente maturation. Formation matérielle d'abord : deux mille ans de « néant » de monde privé de la révélation, puis deux mille ans de Tôrâh, c'est-à-dire de développement de la loi divine, et enfin deux mille années au cours desquelles la rédemption devient possible. Par notre « mérite », nous pouvons accélérer l'unification du monde, opération qui eût été impossible durant les deux premières périodes.

La temporalité qui se fait jour à travers ce texte — cadre indispensable pour justifier la vocation éthique de l'homme — s'oppose donc totalement aux recherches millénaristes. Tirant toutes les conclusions de ces importantes affirmations, le Maharal

---

63. *T.B.*, Sanhedrîn, 97 a.
64. *Isaïe*, II, 11.

précise en outre [65] que l'on ne peut parler de la « durée » des
temps messianiques : ce terme porte en lui, en même temps
qu'une promesse d'avenir, un risque de dégradation et de dissolution de l'être. Aussi s'applique-t-il au temps du monde
historique, mais ne saurait définir la densité du « temps messianique », temps de l'unité. Celui-ci ne peut se définir par sa
« longueur », il est transformation qualitative : stabilité dans
l'être. Ainsi l'avènement messianique ne se mesure pas par la
durée de son déploiement temporel, mais par l'expérience nouvelle qu'il engendre, par l'accroissement d'être, par la réalisation
d'une unité et d'une identité qui permet de poursuivre un
constant perfectionnement.

Cette analyse nous confirme en tous points les conclusions
auxquelles nous étions parvenus. Renouant avec la plus authentique tradition talmudique, mais rompant délibérément avec
l'attitude générale adoptée à l'égard du messianisme durant le
Moyen Age et codifiée par Abarbanel encore au seizième siècle,
le Maharal rejette tout millénarisme comme il avait refusé toute
conception apocalyptique. Car le messianisme est avant tout
rencontre, et si l'on peut parler d'une grâce, ce serait celle
accordée à l'homme de réduire les contradictions, d'unifier en
un tout les parties morcelées. Aussi l'avènement messianique,
tout en étant réponse à une initiative divine, est essentiellement
effort humain. Effort d'ouverture et d'accueil pour réduire toute
aliénation et parvenir à une maturité qui ne lui est pas accordée, mais qu'il a conquise par un retour consenti aux sources
de l'Etre.

Comment se présentera cet aboutissement de l'histoire, cette
conciliation parfaite et intégrale de toutes les oppositions ? Il
nous faut à présent étudier les transformations décisives qu'en-
traînera cette ultime novation de nos conditions d'existence.

---

65. *N.I.*, chap. XXVIII.

CHAPITRE IV

LES NOVATIONS DE L'ERE MESSIANIQUE

MATURATION OU UTOPIE.

La plénitude de l'époque messianique nous introduit dans les dimensions d'un monde nouveau, dont les conditions semblent en rupture complète avec celles du monde de l'expérience historique. Nous assistons en effet à un bouleversement radical, qui atteint à la fois l'homme et la nature, et marque la fin des aliénations sociales et politiques. Décrire l'avènement de la société nouvelle et dessiner les grandes lignes de sa structure, c'est non seulement discerner la levée des anciennes contradictions, mais surtout analyser les possibilités de transformation de l'humanité et la modification de la nature elle-même. Avant d'aborder ce double aspect de notre problème — description et justification philosophique de la transfiguration —, il convient tout d'abord de prendre en considération que l'époque messianique est essentiellement passage vers une plus grande perfection. Il s'agit bien moins d'un arrêt de l'histoire, de la fin des temps, que d'une période de transition devant nous acheminer vers le monde-qui-vient.

Il est remarquable que le Maharal, suivant de près la tradition juive, n'insiste presque jamais sur la notion de la fin, portant tout le poids de son propos sur la continuation de l'histoire, comme si l'intuition du judaïsme, la vocation intime de son destin, lui interdisaient une représentation quelconque de l'univers, comme un arrêt définitif et achevé. D'où la distinction nettement établie entre l'époque messianique et le monde-qui-vient. Alors que ce dernier est métaphysiquement distinct du monde de l'expérience commune, et se trouve à l'extérieur de l'histoire comme le lieu d'une progression et d'une béatitude infinies pour chaque individu, « le messianisme relève de ce monde-ci ; il n'échappe pas à la compréhension humaine, car il trouve sa réalisation dans le monde de l'histoire[1] ». C'est ainsi qu'il faut comprendre le texte du Talmud[2] : « Tous les prophètes n'ont prophétisé que pour l'époque messianique ; mais le monde-qui-vient, aucun œil ne l'a vu en dehors de Toi, Seigneur. » La « vision » du monde à venir échappe au regard du prophète, qui ne peut concevoir que ce qui demeure en relation avec les données de l'univers présent.

L'époque messianique doit donc être considérée comme une période intermédiaire, au cours de laquelle le monde parvient à son achèvement et se trouve libéré des principaux obstacles qui limitaient ses possibilités de perfection morale. Dans un monde unifié et harmonieux, qui n'est plus soumis aux rivalités et aux violences des puissances politiques, l'individu peut enfin poursuivre une ascension spirituelle infinie. Les temps messianiques marquent donc bien un aboutissement et une fin de l'histoire, mais ils inaugurent d'autre part une vie spirituelle nouvelle, vie contemplative et non soumise aux aliénations. « Tel est le but de l'avènement messianique : élever le niveau de tout le réel dans toutes ses dimensions — il n'en est point d'autre[3] », déclare d'une façon catégorique le Maharal.

Cette élévation devient possible par le fait que l'époque messianique verra la conciliation de tous les rapports constitutifs de l'histoire, qui se trouvaient affectés jusque-là d'opposition et de négativité. Le Maharal se représente cette suppression progressive par l'élargissement du principe incarné par Israël à l'ensemble de l'humanité, réalisant ainsi une unité qui sera le signe de la perfection. L'élimination du principe défendu par

---

1. *G.H.*, 1re Préface.
2. *T.B.*, Sanhedrîn, 99 a.
3. *N.I.*, chap. xxviii.

les « nations », la disparition de la dialectique qui opposait Israël et les « nations » et le lien définitif qui rattachera l'homme à Dieu introduiront naturellement un changement radical dans la nature même de l'homme, sans que pour autant soit supprimée l'altérité fondamentale entre la créature et le Créateur. Ainsi l'histoire ne se transcende pas en un achèvement qui élimine toutes les conditions qui l'ont rendue possible, mais au contraire la plénitude de l'histoire achevée donne son sens à l'ensemble du développement, et prouve de manière éclatante qu'elle portait en elle-même, par le fait de la présence d'Israël, et d'une manière immanente, les éléments de solution du problème qu'elle posait.

Israël se trouve donc être l'élément qui assure la continuité entre l'histoire antérieure et le nouveau développement historique qu'introduit l'époque messianique. Reflet de l'infini qui perce notre finitude, Israël parviendra enfin à la réalisation intégrale de sa vocation universelle, en réalisant tout d'abord sa propre unité. Celle-ci était impossible dans les conditions d'aliénation et de division du monde pré-messianique ; aussi Israël était-il déchiré à l'intérieur par l'affrontement des tribus, à l'extérieur par la dispersion. Le retour du peuple à l'unité, préfiguré par le règne de David, dont la fonction messianique demeure typique et exemplaire, est significatif pour l'unification de l'univers tout entier [4], car « la perfection s'exprime surtout par l'unité [5] ». La réunification d'Israël est, en conséquence, un signe irrécusable de la tension messianique, une étape décisive de la suppression des contradictions dans la voie d'un univers totalement en acte, étant parvenu au plein épanouissement de toutes ses virtualités.

Sans doute, bien des générations disposaient-elles d'une force virtuelle capable de les élever à la vertu morale de l'unité, mais cette puissance n'avait jamais dépassé les limites du possible, les conditions ne se trouvant pas toutes réalisées en vue de la rédemption messianique universelle. Sans doute bien des révoltes, voire des révolutions, ont-elles pu infléchir le cours

---

4. *Id.*, chap. XXXIV.
5. *Ibid.*, chap. XLII.

de l'histoire, mais aucune n'avait pu s'élever au-delà d'une détermination particulière, capable d'instaurer une situation nouvelle et définitive qui puisse placer l'homme dans la pleine et entière possession de son être[6]. N'est-ce pas le sens de l'époque messianique que de nous introduire dans un monde achevé, qui ne connaîtra plus de régression et l'éventualité de nouvelles crises ? Mais, nous l'avons vu, l'histoire de l'homme est le processus de l'enrichissement progressif de son être. Créature, déterminé dans son essence, l'homme porte donc en lui une essentielle négation, ou pour reprendre le terme du Maharal, un « ḥisarôn », un manque, qui seul permet son devenir. C'est précisément ce « ḥisarôn » qui nous était apparu

---

6. La possibilité d'un avènement du Messie, dès que le fruit est parvenu à maturité, se dégage d'un texte du Talmud (T.B., Sanhedrîn, 94) que le Maharal ne manque pas de citer et de commenter (N.I., chap. XLIII) :

Dieu voulut faire d'Ezéchias, le Messie, et de Sennachérib, Gog et Magog. Mais la Rigueur protesta devant Dieu : « David, roi d'Israël, a composé tant de chants et d'hymnes de reconnaissance et pourtant Tu n'en fis point le Messie, comment le ferais-Tu pour Ezéchias, auquel tu accordas tant de miracles et qui ne sut entonner aucun chant devant Toi ! ». Aussitôt la Terre s'exclama : « C'est moi qui lancerai le chant à la place de ce Juste, mais fais-en ton Messie ! » Et la Terre dit le cantique, comme le rapporte l'Ecriture (Isaïe, XXIV, 16) : « des extrémités de la Terre, nous avons entendu des hymnes : « Honneur au Juste... » « L'ange préposé à l'ordre du Monde dit : « Accomplis le destin de ce Juste. » Mais une voix divine se fit entendre : « A moi le secret, je garde le mystère ! » (Isaïe, id.). Le prophète s'écria : « Malheur à moi ! Combien de temps encore faudra-t-il attendre ? » Et la voix répondit : « Les pillards pillent, et des pillards s'acharnent sur les pillards. » (Isaïe, ibid.).

Nous voyons ainsi nettement que l'époque d'Ezéchias aurait pu être celle de la rédemption. Ne fut-elle pas témoin de la victoire inespérée du petit Etat de Juda contre le colosse de l'Assyrie, devant Jérusalem, en 701 ? Mais le roi manquait d'élan prophétique, de cet enthousiasme sacré qui explose dans un chant de foi et de reconnaissance et témoigne de l'unité de l'être et de son accomplissement. Ezéchias n'était point parvenu à dégager toutes les potentialités virtuelles de sa personnalité propre, comment parviendrait-il à entraîner d'autres vers leur perfection ? Aussi l'histoire se poursuivra-t-elle avec ses déchirements, ses crises et ses oppressions, la Babylonie prenant la place de l'Assyrie : la violence et la cruauté heurteront encore l'histoire universelle avant que ne s'accomplissent les promesses de la fin de l'exil et de la souffrance.

comme constitutif du réel de ce monde-ci ; c'est lui qui expliquait, sur le plan de l'histoire, la dialectique d'Israël et des nations, la situation de l'exil d'Israël et de sa dispersion. L'unité d'Israël à l'époque messianique ne signifie-t-elle pas en conséquence la fin de tout devenir et l'anéantissement des conditions mêmes qui ont rendu possible le développement du monde ?

Que signifie donc pour rabbi Liwa un monde de plénitude, parvenu à son entière maturité ? Il ne peut s'agir que de l'accomplissement du but pour lequel l'homme a été créé : réaliser parfaitement son être de créature, sa dépendance par rapport à Dieu. Aussi le Maharal insiste-t-il longuement sur l'union qui rattachera Israël à Dieu, au temps messianique — le lien le plus étroit étant désormais la garantie de la liberté la plus effective. Lien désormais éternel, parfait, attachant Israël à toutes les dimensions de la divinité[7]. On saisit bien l'insistance du Maharal à souligner l'éternité de l'alliance d'Israël et de Dieu : cet acte plénier et parfait n'est en effet que la conséquence des prémices posées lors de la création. Il ne s'agit en réalité que d'un développement naturel d'un mouvement parvenu à son terme. L'alliance avait été le but même de la création de l'univers : imposée tout d'abord, elle devait au cours du temps être acceptée de plein gré. Israël, l'homme, devait mériter l'être qui lui avait été donné : il est cette créature qui devait acquérir sa perfection. Les conditions de ce monde-ci ne le permettaient pas — celles de l'époque messianique rendent désormais possible une union inscrite dans la nature même des choses. L'histoire réalise enfin le but pour lequel elle a été mise en œuvre. Avant la destruction du sanctuaire, le prophète Jérémie avait déjà livré à son peuple le secret de cette ultime étape de leur histoire :

> Voici, des jours viennent, parole de Dieu, où je concluerai avec la maison d'Israël et la maison de Juda une alliance nouvelle, qui ne sera pas comme l'alliance que j'ai conclue avec leurs pères le jour où je les saisis par la main pour les tirer du pays d'Egypte ; alliance qu'ils ont rompue, du fait que je les avais unis à moi de force, parole de Dieu[8].

7. *N.I.*, chap. XLVII et XLVIII.
8. *Jérémie*, XXXI, 30, 31.

Selon le commentaire du Maharal — qui sans doute ne perd pas de vue la controverse judéo-chrétienne —, la parole de Jérémie met bien en relief la différence que présentera l' « alliance nouvelle » : ce n'est plus Dieu qui part à la recherche de l'homme, mais l'homme qui a saisi le sens de l'appel de l'Absolu qui va à la recherche de son Créateur et souhaite son union avec la divinité. Le schéma chrétien se trouve à présent totalement inversé dans la récapitulation et la pleine accentuation de tous les contrastes. Dans ce monde-ci, Dieu était le principe actif, Celui qui prenait l'initiative, invitait l'homme à réaliser son être, mais à l'époque messianique, « la femme se met en quête de l'homme [9] », c'est la créature qui a la nostalgie du Créateur. Cette « nouvelle alliance » s'inscrit donc dans la continuité naturelle de la création, elle est l'aboutissement d'un plan mis en œuvre dès l'aube de la création de l'univers, elle donne son sens à l'ensemble de l'aventure de l'humanité. Rien n'imposait un arrêt à cette aventure, comme le prônait le christianisme. Celui-ci apparaît maintenant comme une véritable rupture de l'Alliance ; non seulement il ne la mène pas à son accomplissement, mais il s'inscrit dans un tout autre registre, qui ne conserve avec celui de l'Alliance authentique qu'une identité de formulation. Cette dernière ne saurait couvrir la divergence des orientations fondamentales. Attachement parfait à Dieu, imitation de Ses qualités de générosité et de justice, cette Alliance ne connaîtra plus de rebondissements, car le monde sera parvenu à une totale positivité.

Nous retrouvons ainsi la conception que le Maharal se faisait de l'homme : être qui reçoit de Dieu la tâche de se faire. C'est l'acte de création qui fonde l'homme dans son être, et tout acte humain qui ne se rattache pas à ce point de départ initial ne peut espérer parvenir à un sens achevé et définitif. Au contraire, l'acceptation libre de cette relation essentielle constitutive de son être, donne un sens achevé à l'inachevé-humain, cette reconnaissance de dépendance fonde sa liberté. L'homme étant cependant parvenu à une reconnaissance totale et parfaite, le monde étant d'autre part entré dans une ère de perfection intégrale, il

---

9. *Id.*, XXXI, 21.

est clair que cette absence totale de négativité entraîne une modification radicale des conditions d'existence. Pour l'homme tout d'abord : plus de mérite, c'est-à-dire d'enrichissement dans l'être, ni de faute, c'est-à-dire de régression en-deçà de la limite à laquelle il peut atteindre de par sa nature [10].

En effet, le Maharal précise bien que le « penchant du mal » disparaîtra et qu'aucune possibilité de changement ne pourra désormais intervenir dans la conduite humaine. L'insistance est mise sur le changement, sur le passage d'un état à un autre ; la plénitude messianique ne permet plus un nouveau devenir volontaire, elle n'est plus susceptible de supporter une nouvelle négation. Elle autorise par contre un progrès linéaire : le juste pourra persévérer dans son être et connaître un développement et un perfectionnement qualitatif. Car l'ère messianique ne s'ouvre pas sur un monde totalement spirituel et métaphysique, l'homme y conserve les caractères de sa finitude ; elle n'est point semblable au « monde qui vient » qui, lui, verra la suppression totale de toute matérialité [11]. Cette finitude n'est cependant pas identique à celle de l'homme pré-messianique. Dans ce monde-ci, la finitude se définit surtout par l'opposition des êtres, la dualité étant à la fois la marque de l'existence et du changement. Mais dans le monde achevé de l'ère messianique, la dualité s'efface devant l'unité enfin conquise. Dans l'univers déchiré et soumis au morcellement, la forme s'oppose à la matière et la gouverne. « La matière s'annule devant la forme, et l'homme échappe alors à la matérialité [12]. » En d'autres termes la matière, sans disparaître absolument, cède de sa pesanteur et l'intensité spirituelle de l'homme s'affirme.

Il reste évidemment que la finitude intrinsèque de l'effet par rapport à la cause demeure inchangée, même si leur relation s'est profondément modifiée. La difficulté du problème n'échappe pas au Maharal : cette finitude, même si elle n'a plus sa source dans la contrariété, ne peut-elle donner naissance à de nouveaux déchirements, des crises, des fautes et des manques,

---

10. *N.I.*, chap. XLVI.
11. *Id.*, chap. XXXII.
12. *Ibid.*, chap. LI.

qui entraîneraient, par voie de conséquence, un retour au monde
historique de l'ère pré-messianique ? Ne tombons-nous pas dans
les reproches que le judaïsme avait précisément formulées
envers les novations illusoires du messie chrétien, que les juifs
n'avaient cessé de récuser parce qu'elles ne comportaient aucun
bouleversement radical et définitif ? Ce serait méconnaître,
répond rabbi Liwa, les conditions nouvelles d'un monde où
toutes les potentialités se sont réalisées, et où l'intégralité de
toutes les virtualités se sont actualisées. C'est le point extrême
auquel l'homme et l'univers peuvent parvenir et l'ultime limite
à laquelle ils peuvent prétendre. La contrariété ayant perdu
toute agressivité, l'homme peut désormais s'installer dans la
dimension cosmique pour laquelle il était désigné — il n'en est
pas moins limité par rapport à la Cause, à laquelle il ne peut
jamais s'identifier totalement.

Sur cet au-delà du messianisme, le Maharal se promet de
revenir [13] dans un travail ultérieur, qui doit être consacré au
thème du Shabbat et à l'analyse du problème de la Création,
le *Séfêr Hagedûllâh*, le *Livre de la Grandeur*, qui malheureuse-
ment n'a point vu le jour. Peut-être est-il permis d'avancer que
rabbi Liwa avait en vue la « destruction du monde au septième
millénaire [14] », c'est-à-dire l'instauration d'une période durant
laquelle Dieu seul règnerait ; un monde créé n'étant pas, par
définition, un monde éternel [15], on imagine aisément un retour

---

13. *Ibid.,* chap. LV.
14. Cf. *T.B.,* Sanhedrîn, 97 a.
15. Cf. discussion de cette question chez Maïmonide, *Guide des
égarés,* II, 29, où il affirme au contraire la durée non limitée de
l'univers. La plupart des philosophes juifs, avant et après Maïmonide,
ne partagent pas cet avis. Voir par exemple : Saadia, *Emûnôt
vedéôt,* I, 1 — Abarbanel, Commentaire de *Lévitique,* XXV, 1 —
Nahmanide, Commentaire de *Genèse,* II, 3, *Lévitique,* XXV, 1.
L'idée même de création suppose la possibilité d'une dissolution de
l'univers. Certains savants n'ont pas manqué, dans le cadre de leurs
propres réflexions, de tirer des conclusions identiques au texte talmudique.
Donnant libre cours à notre imagination, nous pourrions supposer qu'à l'origine des temps, au lendemain de quelque divin « fiat
lux », la lumière, d'abord seule au monde a, peu à peu, engendré
par condensations successives, l'univers matériel, tel que nous

de la matière au néant, un shabbat cosmique qui réaffirmerait la transcendance du Créateur, un jour où « l'Eternel seul sera élevé [16] ». Cette hypothèse, qui s'appuie d'ailleurs sur un passage explicite du Maharal [17], confirme une fois de plus le caractère transitoire de la période messianique, dont la fonction essentielle est de nous faire accéder à une nouvelle tension. Celle-ci devient possible grâce à l'effacement de la matière et au lien renforcé et intégral de la créature avec Dieu.

Mais la nature elle-même subit les conséquences d'une telle modification. Comment pourrait-il en être autrement, lorsque l'on sait que la finalité et l'achèvement de l'homme et de la terre sont étroitement liés dans la même aventure de la conquête de la Vérité ? Lorsque chez l'homme, le corps ne conteste plus la place de l'esprit et que l'opacité spirituelle due à sa condition physique s'efface par le fait de la réalisation de toutes ses potentialités, la terre, qui partageait avec l'homme la vertu de faire passer les choses de la puissance à l'acte, parvient elle aussi

---

pouvons, grâce à elle, le contempler aujourd'hui. Et peut-être un jour, quand les temps s'achèveront, l'Univers, retrouvant toute sa pureté originelle, se dissoudra-t-il à nouveau en lumière. (Louis de Broglie.)

Remarquons que le texte du *Talmud* Sanhedrîn qui inspira à Abarbanel sa vision de la Fin, est considéré par le Maharal plutôt comme une indication destinée à nous faire réfléchir sur la « globalité » de l'histoire. Elle récupère, au niveau de la pensée, les moments divers et souvent contradictoires du devenir, sans pour autant nous dispenser de la responsabilité des modalités. En fixant ces limites de l'origine et de la fin nous retrouvons, en même temps que le sentiment de notre finitude, l'élan qui justifie notre espérance.

Il est à peine besoin de préciser que ce thème n'a rien de commun avec celui de l'Eternel retour, pour lequel l'histoire se répète indéfiniment dans ses moindres détails.

Il faut, écrit Nietzsche, que chaque douleur et chaque joie, chaque pensée et chaque soupir, tout l'infiniment grand et l'infiniment petit de la vie reviennent pour toi, et tout cela dans la même suite et le même ordre... (*Le gai savoir*, traduit de l'allemand : *Die fröhliche Wissenschaft*, Paris, 1950, p. 295.)

Le Maharal souligne, quant à lui, la transcendance de Dieu par rapport à sa création et non le recommencement d'une histoire qui serait toujours identique à elle-même.

16. *Isaïe*, II, 11.
17. *N.I.*, chap. XXVII.

à libérer son dynamisme créateur dans l'explosion d'une prodigalité débordante. Semailles et récoltes se poursuivent à un rythme quotidien, tous les arbres, même stériles, portent des fruits, tandis que leur écorce jadis impropre à la consommation devient comestible. Les produits de la terre ne requièrent plus l'effort de transformation de l'homme : ils s'offrent à lui prêts à l'utilisation immédiate. Toutes ces formules [18], bien plus qu'une utopie, semblent traduire, aussi bien en ce qui concerne l'homme que la nature, un certain état de maturité psychologique, biologique et économique [19].

Que nous soyons placés devant une exigence de revalorisation et non devant un mirage utopique, un but rêvé en dehors de toute prise directe sur les modalités des moyens, voilà qui se dégage nettement des rares développements consacrés par le Maharal à la description de la Cité future [20]. La Jérusalem de l'avenir ne renoncera en effet à aucune valeur, elle sera la Cité qui symbolisera l'unité de toutes, la synthèse des valeurs contradictoires. Entre Grâce et Rigueur, elle se refuse à entériner l'inconciliabilité, et dans une synthèse qui dépasse leur antagonisme, les accepte toutes deux dans une plénifiante conjonction. Aux frontispices des portes, la lumière rayonnante de la ville divine témoigne de ses qualités de Cité sainte. A l'intérieur de cette Cité, l'immanence de Dieu au milieu des hommes s'actualisait par la présence du Temple. A l'ère messianique, il sera comme le symbole même de l' « alliance nouvelle », le lieu de rencontre entre Dieu et les hommes.

Des peuples s'y rendront en foule, et diront : « Venez, et montons à la montagne de l'Eternel, à la maison du Dieu de

---

18. *Id.*, chap. L.
19. Des éléments de cette perfection peuvent se déceler dans la nature, dans son stade actuel. Aux temps messianiques, ils s'étendront à l'ensemble de la création (*N.I.*, chap. L). Dans ce chapitre, le Maharal multiplie les exemples, afin de bien souligner qu'il s'agit moins de rupture et de transformation radicale de la nature (ce qui serait du domaine de l'utopie) que d'un développement continu d'un univers parvenu à sa maturité : les données de base de ce développement peuvent donc être mises à jour, présentement, dans l'univers.
20. *N.I.*, chap. LI.

Jacob[21]. » Et le Talmud de remarquer[22] : « Il n'est point dit, du Dieu d'Abraham, du Dieu d'Isaac, mais du Dieu de Jacob. » En effet, cette montée ne s'effectuera point sous le signe d'Abraham, à propos duquel le texte sacré parle de la « montagne[23] », ni sous le signe d'Isaac, dont le nom est associé au « champ[24] », mais sous le signe de Jacob, qui dénomma l'endroit où Dieu lui était apparu comme la « maison[25] ».

La formule « Dieu d'Abraham, d'Isaac et de Jacob » nous renvoie, selon le Maharal[26], à trois approches différentes de la divinité. Celle d'Abraham tout d'abord, qui s'identifia à la qualité divine de la Grâce, don illimité envers autrui, mouvement altier qui n'est restreint par aucun obstacle ni retenu par aucune démarcation. A l'inverse, Isaac s'attache à la Rigueur de Dieu, sentiment de justice, méticuleusement circonscrit. A l'ère messianique, les peuples cesseront de rechercher les extrêmes, ce qui les obligeait à perpétuellement renoncer à une des composantes de la divinité. Ils monteront vers la « maison du Dieu de Jacob », qui garantit l'union parfaite entre Dieu et l'homme. Jacob, en effet, se démarque des extrêmes et réalise la synthèse des essences contradictoires. Il se place sous le signe de la Miséricorde. Le terme hébraïque pour désigner cet attribut de la divinité, rahamim, est dérivé du radical réhem, la matrice. Il souligne bien que le véritable rapport qui lie Dieu et les hommes est un rapport d'amour et de filiation. Rien d'extérieur n'intervient dans cette union, « comme le rapport du père, ou de la mère, avec leur enfant[27] », un rapport organique. Les étapes successives de la période messianique se dégagent donc nettement : suppression de l'aliénation fondamentale qui détermine toutes les autres : l'attachement insuffisant de la créature à Dieu, réconciliation parfaite grâce à l'imitation par l'homme

21. *Isaïe*, II, 3.
22. *T.B.*, Pesahîm, 88 a.
23. *Genèse*, XXII, 14.
24. *Id.*, XXIV, 63.
25. *Ibid.*, XXVIII, 19.
26. *N.I.*, chap. LII.
27. *Id.*

de toutes les qualités divines, et enfin dépassement infini vers
une réalisation plus élevée par la sublimation de toutes les
possibilités.

Au terme d'une aventure aux péripéties multiples, nous retrouvons l'ordre authentique du monde, celui qui dès l'origine avait
été inséré dans l'univers ; mais aliéné et invisible jusqu'à l'ère
messianique, il éclate enfin et nous dévoile sa fonction métaphysique et unificatrice.

Cette découverte est particulièrement bouleversante en ce qui
concerne la levée de l'antagonisme qui opposait Israël et les
nations. Celui-ci n'était que la transposition sur le plan de
l'histoire du déséquilibre du monde créé, dans les conditions
de ce monde-ci. Dans un univers en acte, la victoire de l'Un
sur le multiple se traduit également par la reconnaissance par
les nations du principe incarné par Israël. Cette nouvelle conjonction semblait tellement importante à la pensée juive que
pour de nombreux docteurs, elle représentait à elle seule tout
le contenu de l'avenir messianique.

« Rien ne distinguera le temps messianique des temps
actuels que la fin de l'oppression des nations », affirme
Samuel, se fondant sur le verset : « car le nécessiteux ne disparaîtra pas du pays [28]. »

Thèse brillamment reprise par Maïmonide, qui affirme que le
messianisme, c'est essentiellement la fin de l'oppression du
peuple juif [29] et la libération politique de la collectivité juive.
Ecartant toute forme d'eschatologie, Maïmonide, en refusant de
considérer l'époque messianique comme une période de transfiguration de la nature humaine ni même de modification
radicale des conditions économiques et sociales, se contente de
revendiquer pour cette ère nouvelle l'autonomie et l'indépendance de la nation juive, qui pourra se consacrer aux tâches

---

28. *Deutéronome*, XV, 11 ; *T.B.*, Sanhedrîn, 99 a ; voir aussi
Berakôt, 34 b ; Shabbat, 63 a ; Pesahîm, 68 a.
29. Cf. *Mishné Tôrâh* : Hilkôt Melâkîm, chap. XI et XII.

particulières de sa vocation spécifique[30], et donner l'exemple d'une société accomplissant intégralement la Loi divine.

Pour le Maharal, on ne peut séparer la levée de l'aliénation politique d'Israël des autres restrictions fondamentales apportées au développement de l'homme durant la période historique[31]. La séparation d'Israël et des nations est l'expression de la déchirure de la création, elle est le signe de la situation de l'homme et du monde ; bien plus qu'un problème politique, elle prend chez le Maharal, nous l'avons vu, une dimension cosmique[32]. Aussi s'efforce-t-il de présenter la thèse de Samuel[33] comme voulant insister sur le maintien d'un certain manque, sinon pour la collectivité, du moins pour quelques individus isolés. Dans la formulation même de l'avis de Samuel, il relève l'opposition entre les temps messianiques et les temps actuels, les deux périodes devant être considérées comme des entités bien distinctes ; et il s'autorise à conclure, malgré les divergences qu'il a lui-même mises en relief, qu' « il ne saurait y

---

30. Il ne faut pas croire que dans les temps messianiques interviendra un changement quelconque dans le déroulement naturel de l'univers, ou une novation au sein de la création. Tout se poursuivra selon son cours habituel. Quant à l'affirmation d'Isaïe (XI, 6) : « Le loup habitera avec l'agneau, et la panthère se couchera avec le chevreau », il faut la comprendre dans un sens figuré et allégorique ; elle signifie qu'Israël pourra vivre en sécurité au milieu des incroyants et des nations idolâtres, qui sont comparés au loup et à la panthère. Ceux-ci se tourneront vers la vraie foi et cesseront de s'appuyer sur la rapine et la violence. (Maïmonide, *Hilkôt Melâkim*, XII, 1.)
Selon Maïmonide, tous les textes de l'Ecriture relatifs au Messie doivent de la même manière être saisis dans leur sens figuré. Ce n'est qu'à l'époque messianique qu'il sera possible de réaliser le sens précis de ces comparaisons et leur portée. La conception de Maïmonide reste donc fidèle au sens littéral de la thèse de Samuel : « Rien ne distinguera le temps messianique des temps actuels que la fin de l'oppression des nations. »
31. *N.I.*, chap. xix et xlvi.
32. Force est de constater qu'à l'inverse du Maharal, Maïmonide n'a pas tenté d'intégrer sa conception messianique à l'ensemble de sa philosophie. Aucun lien intrinsèque ne semble les rattacher. Maïmonide accepte le principe messianique comme une donnée fournie par les prophètes et la tradition, sans pour autant essayer de la justifier philosophiquement.
33. *N.I.*, chap. xlvi.

avoir aucun doute pour Samuel qu'aux temps messianiques, le monde serait en parfait achèvement ». Cette exigence capitale, inlassablement reprise en ses divers thèmes, est le fondement même de la conception du Maharal : la Rédemption ne saurait être qu'une libération définitive et totale. Aussi la libération d'Israël ne peut-elle signifier que la libération de l'univers tout entier.

Dès l'origine, Israël était en position d'accueil, et contrairement aux nations, avait renoncé à faire valoir sa volonté de puissance ; mais ce dépouillement, qui a pour conséquence un attachement parfait à la divinité, ne devient total qu'à l'époque messianique. L'histoire est le cheminement qui à travers l'exil, l'opposition d'Israël et des nations, permet finalement cette réalisation. Aussi était-il indispensable d'accentuer cette contrariété en maintenant chaque élément dans sa voie spécifique, afin de promouvoir par la confrontation et à travers les forces de contradiction, le dépassement qui conduira le monde vers la plénitude de l'achèvement. C'est dans ce mouvement que le Maharal situait la fonction de l'exil et c'est dans ce dynamisme qu'il se plaisait à discerner le cheminement de la Rédemption. Aussi a-t-il toujours mis l'accent sur la séparation d'Israël des nations, non pas, il le précise, dans le sens d'une quelconque supériorité, mais dans le but de la différenciation de leurs fonctions réciproques. Encore une fois, sur le plan de la *nature*, il ne saurait y avoir de hiérarchie, car « toutes les nations sont égales [34] », mais inversement, sur le plan de leur finalité réciproque, on ne saurait concevoir une égalité indifférenciée dans le cadre des conditions de ce monde-ci, monde de progression et de perfectibilité.

Le Maharal avait développé ce point de vue en s'appuyant sur un texte du Talmud [35] dans lequel Israël est comparé au feu, tandis que les nations sont représentées par l'eau. Poussant la

---

34. *G.H.*, chap. LXVII : « L'essence directe dérivant de la Cause qu'est Dieu, c'est Israël, et les nations n'ont été créées que dans le but de favoriser la cristallisation et l'éclat de cette part de la divinité. »

35. *T.B.*, Bésâh, 25 b.

comparaison dans toutes ses conséquences et l'appliquant aux relations d'Israël et des nations, rabbi Liwa [36] en avait conclu que le rapprochement et l'assimilation d'Israël et des nations ne pouvait aboutir qu'à l'extinction du feu, tandis qu'en maintenant les limites, non seulement Israël avait des chances de se maintenir mais pouvait espérer, en attisant ses étincelles et leur incandescence, assécher les flots. Ainsi par la force contraignante de leur dissemblance, les deux éléments sont progressivement amenés à la réalisation de leurs virtualités, jusqu'à ce que le monde parvienne à sa hashlâmâh, à son achèvement. Cet achèvement cependant n'est pas indistinct : dès l'origine, les perspectives en avaient été dressées, l'orientation définie. Israël n'était-il pas le « réshît », n'était-il pas l'axe autour duquel gravitaient les différentes nations [37] ? L'histoire ne devait-elle pas démontrer l'échec d'un univers qui aurait repoussé Dieu hors de sa sphère, pour magnifier au contraire, dans une nostalgie réciproque, le dialogue confiant de l'homme et de Dieu ? La dialectique d'opposition a pour but de développer les virtualités d'Israël, les nations n'ayant d'autres fonctions que de permettre le déploiement et le renouvellement de l'élément premier, jusqu'à l'ultime de ses possibilités.

La présence d'Israël dans l'histoire ne conte pas le développement d'un peuple particulier, mais elle est l'expression même de l'universalité. L'achèvement d'Israël ne peut se concevoir en dehors de la rédemption de l'univers tout entier, et on comprend la vigueur avec laquelle le Maharal défend ce point de vue universaliste, fondement même de sa compréhension de la création en général et de l' « élection d'Israël » en particulier. Il y a donc bien une mission d'Israël, mais que nous sommes loin de la conception livresque que s'en faisaient les tenants de l'émancipation au dix-neuvième siècle ! Selon la claire intuition de Jacob Gordin [38], « l'Histoire n'est pas une école, Israël n'est pas un pédagogue ». Si Israël témoigne de Dieu, c'est par sa

---

36. *N.I.*, chap. xxv.
37. Cf. *supra*, p. 139.
38. « La Galouth », in « Aspects du Génie d'Israël », *Cahiers du Sud*, Paris, 1950.

seule présence — présage et assurance de la rédemption universelle.

Nous avons déjà souligné [39] que cette « élection » d'Israël était, aux yeux du Maharal, la seule possibilité logique dans un monde créé d'assurer une hiérarchie des valeurs et de promouvoir un développement et un aboutissement de l'histoire. Sa conception du messianisme nous permet de percevoir maintenant que la dimension religieuse et morale est la mesure véritable de la condition humaine ; la relation de l'homme à Dieu, constitutive de son être, fonde non seulement l'existence humaine, mais celle de l'univers tout entier. La perception de ce rapport, au delà de l'établissement de la série causale des lois physiques, permet seule de pénétrer le sens profond de la destinée humaine. Le messianisme, tel que le conçoit le Maharal, tire donc les conséquences ultimes de l'Alliance « conclue » entre Dieu et Israël : la liberté humaine ne peut s'exprimer que dans l'acceptation de sa dépendance essentielle par rapport à Dieu. Se laisser prendre à l'illusion ou au vertige de sa puissance, l'ériger en absolu, c'est sans doute se donner le courage de réaliser de grandes œuvres, mais des œuvres éphémères qui ne peuvent résoudre aucun problème essentiel de l'homme. L'homme détaché de Dieu gaspille sa vie et aliène sa liberté, car le refus de sa dépendance fonde et engendre toutes les aliénations, tant dans le domaine social, politique, qu'économique [40].

---

39. Cf. *supra*, p. 139 sq.

40. C'est peut-être l'erreur fondamentale du marxisme que d'avoir lié l'aliénation politique exclusivement à l'aliénation économique. En supprimant cette dernière, Marx comptait réduire simultanément l'aliénation politique et, de ce fait, parvenir au « dépérissement de l'Etat ». En réalité, l'aliénation politique n'est pas simplement une conséquence — une superstructure — de la lutte des classes, mais la traduction sur le plan de l'histoire de la fondamentale dépendance de la créature. En éliminant la propriété, on ne supprime pas l'aliénation politique, on la déplace seulement et elle ressurgit sous d'autres formes, plus insidieuses et moins visibles, mais non moins néfastes.

Dans la ligne de notre réflexion antérieure, il est peut-être permis d'affirmer du marxisme ce que nous avons dit du christianisme : ce sont des messianismes impatients. Dans leur impétuosité — hipazôn, dirait le Maharal, pour reprendre un terme biblique employé pour l'Exode mais explicitement récusé pour la rédemption ultime (cf. *Deu-*

Ainsi pour le Maharal, le messianisme n'est pas une supputation de la fin de l'histoire, mais une méditation sur les fins de l'histoire, sur le devenir et l'avènement de l'homme. Si l'on peut qualifier une telle conception de judéocentrique, il ne faut pas perdre de vue que seul ce judéocentrisme donne une signification cosmique à l'expérience religieuse et fonde l'univers dans ses dimensions humaines. Bien plus, il convient de réaliser que lorsque le Maharal parle d'Israël, c'est toujours l'universel qu'il vise à travers la singularité d'un peuple particulier, car c'est à travers le fini que l'infini se discerne et se conquiert.

En saisissant la destinée d'Israël au *centre* des destinées de l'humanité, on comprend le sens profond de l'évolution historique : l'absolu se révèle à travers la relativité historique. Aussi, bien que Dieu soit origine et fin de toutes choses, n'est-il pas paradoxal d'affirmer que le messianisme reste intimement lié à l'action humaine. C'est par l'homme que l'histoire devient une histoire divine, c'est grâce à Israël que Dieu peut être « reconnu » à travers des événements apparemment neutres et sans lien : Israël les revalorise et les intègre dans un processus continu de révélation et de rédemption.

La présence d'Israël agit comme un révélateur de la présence

---

téronome, XVI, 3, et *Isaïe*, LII, 12) — ils arrêtent d'une façon qui se révèle par la suite artificielle et arbitraire, l'évolution de l'histoire, en privilégiant un moment considéré comme crucial et décisif. Ils acceptent alors des normes proposées comme idéales et destinées à marquer un horizon, comme des règles actuelles devant régir une société qui n'est absolument pas apte à les assumer. De l'Inquisition au stalinisme, les exemples abondent pour montrer que les meilleures intentions couvrent les plus odieuses hypocrisies : on ne peut « faire l'ange » que dans le royaume des cieux.

« Ṣarik meqabel râ'uy », « il faut un récipiendaire apte », prévient solennellement le Maharal : le messianisme ne peut s'improviser à n'importe quel moment, il nécessite un terrain préparé à le recueillir.

Ajoutons que les préceptes de la Tôrâh sont, pour ce motif des lois « régulatrices », rédemptionnelles, en ce sens qu'ils désirent préparer l'homme à l'accueil de l'avènement, sans jamais perdre de vue les conditions *actuelles* de sa situation existentielle.

Lorsque, sautant les étapes, l'eschatologie prend la place de l'éthique, la sensibilité juive pressent qu'elle se trouve en présence d'un faux-messianisme.

divine latente, et c'est pourquoi l'expérience d'Israël, loin de se restreindre aux limites d'une aventure particulière, prend une signification universelle, sa rédemption ne peut être que la rédemption de toute l'humanité. Travailler à la transformation du monde, écarter les divisions et le ramener à l'unité sont des tâches messianiques, qui toutes visent à transfigurer le monde de la nature en univers humain. Univers humain qui fait jaillir sa liberté de son union avec Dieu, et voit sa suprême consécration dans l'instauration du royaume de Dieu. Le messianisme est donc une attente, une longue patience, un dialogue qui invite à l'action et qui tire son efficacité de sa certitude d'œuvrer dans le sens de l'appel de Dieu.

CONCLUSION

אתם עדי נאם ה׳, ועבדי אשר בחרתי למען תדעו ותאמינו לי
ותבינו כי אני הוא...
(ישעיה מ״ג, י)

Vous êtes mes témoins, dit l'Eternel, et
mon serviteur que j'ai choisi, afin que vous
sachiez, que vous croyiez en moi et que
vous compreniez que *Je suis...*

(*Isaïe*, XLIII, 10.)

Au terme de notre étude, il nous apparaît que notre plan, loin d'obéir à un simple souci formel, correspond bien à la substance même de notre problème : il traduit fidèlement la conception historique du temps du Maharal, et sa vision historique du devenir. Celui-ci s'instaure par l'acte de création auquel, nous l'avons longuement développé[1], le Maharal se réfère explicitement pour justifier l'élection d'un peuple particulier à valeur exemplaire. Par cet acte de volonté, Dieu inaugure une histoire à laquelle l'homme est appelé à participer. Le temps de l'histoire est ainsi affirmé dans sa positivité, non seulement il ne s'oppose pas à l'éternité de Dieu, mais cette dernière ne se conçoit pas pour l'homme en dehors de l'aventure historique. C'est parce que la créature est forcément inachevée et qu'elle tend vers son accomplissement, que la durée prend immédiatement une signification positive. La création, en inaugurant un « commencement », donnait au temps une orientation, elle imposait du même coup la nécessité d'un avenir qui seul pourra justifier le passé, en lui conférant un sens. Le messianisme, c'est-à-dire le mouvement qui porte l'histoire à son achèvement, est ainsi inclus dans l'acte même de la création dont il est une exigence de sens.

On ne saurait trop insister sur cette origine radicale du temps, qui fonde la vocation éthique de l'homme en l'appelant à *poursuivre* une œuvre, à se construire dans le temps. L'origine oriente notre liberté, qui sans elle risquerait de se perdre dans

---

1. Voir *supra,* p. 139 sq.

l'indétermination d'un jeu gratuit et stérile, et ouvre notre action sur l'avenir. Elle fixe ainsi le but : l'achèvement de l'homme, qui doit parvenir à l'accomplissement total de toutes ses virtualités. La durée est donc la possibilité offerte à l'homme et le changement est l'expression de cette mutation qui peut le mener à son achèvement. La durée n'a d'autre raison que cette fin, et c'est pourquoi le Maharal peut la charger d'une intensité positive qui se dirige dans le sens de l'accroissement et de l'accomplissement.

En inscrivant cette dynamique du devenir, non seulement dans le plan de l'existence individuelle, mais surtout dans le développement des nations et des civilisations, le Maharal traçait le cadre d'une philosophie de l'histoire qui donnait un sens intelligible à une succession de faits apparemment sans lien ni ordre. Cette philosophie, il l'explicite à partir des données de la Bible et du Talmud, et la développe à la lumière de l'expérience existentielle du destin juif. Sa synthèse, dont nous avons pu voir qu'elle était une prise de conscience de plus en plus claire des données implicites de la Révélation, nous semble être le modèle de toute compréhension historique, par le fait qu'elle développe une perspective qui pressent un ordre et une finalité. Pour en soupçonner la présence, il ne suffisait pas d'avoir une connaissance des faits — aussi détaillée soit-elle —, mais il fallait s'élever à l'idée que ces faits avaient un sens et s'intégraient dans un processus, qu'ils exprimaient quelque chose et étaient l'indice d'une unité substantielle cachée. Or cette notion — qui nous semble aujourd'hui presqu'évidente —, est directement liée à l'acceptation de la création. Elle seule en effet rend compte de l'irréversibilité du temps, et de l'inauguration d'un temps qui s'oriente dans une voie déterminée. Il est symptomatique en effet qu'aucune autre civilisation n'ait su développer une conception analogue, et accepter d'une manière positive l'histoire et le temps. Les peuples antiques compensent par le mythe l'antagonisme entre le rythme de la nature et le temps de l'homme, et se libèrent dans le rite de leur angoisse et de leur hantise des désordres cosmiques[2].

---

2. Cf. Neher (A.), *L'essence du Prophétisme*, Paris, 1955, chap. III.

Devant les cataclysmes imprévisibles et la détresse de ne pouvoir gouverner un devenir fuyant, l'homme a nié le temps et s'est réfugié dans la sécurité de l'espace, dont la stabilité le rassurait, et l'on songe aux analyses du Maharal dans lesquelles il nous montre les « nations » parfaitement intégrées à « ce monde », parce qu'elles ne parviennent pas à le dépasser par une représentation du temps vécu. C'est sans doute la contemplation des révolutions sidérales, leur rythme périodique et leur répétition régulière qui ont suggéré à l'humanité la conception d'un temps cyclique, dont la compréhension la plus élaborée nous est fournie par la pensée grecque. Elle se caractérise par une conception statique du temps qui referme sur lui-même, dans une éternelle répétition, sa tragique boucle. La tradition juive, reprise par le Maharal [3], voit dans le soleil le symbole du temps des nations : temps sphérique soumis à un éternel recommencement, qui exclut toute nouveauté et tout élan vraiment créateur. Le drame tragique est la représentation fidèle de cette malédiction d'une vie dépourvue de toute densité historique, à l'intérieur de laquelle le temps a cessé de couler et n'apporte plus aucune poussée susceptible de frayer une ouverture vers l'avenir. Il reproduit ce qui a déjà été, comme si pour le destin il n'y avait qu'un passé, qui frappe de stérilité tout effort humain.

On discerne nettement dans cette peur de l'aventure non seulement une polarisation de la vie sur la jouissance de l'instant qu'on s'efforce désespérément de retenir, mais aussi une primauté accordée au passé, et l'on comprend qu'une civilisation fondée sur une conception close et cyclique de la durée ait été amenée à placer l'Age d'Or non dans le futur, mais dans le « parfait » qui jamais ne sera plus. L'abdication devant le temps, si sensible dans la recherche de l'ataraxie, dégage toujours, en même temps qu'une surexcitation de la jouissance — essai d'abolir le temps en le ramassant tout entier dans la gustation du présent — un profond sentiment d'ennui, comme le gaspillage d'une existence qui se voit dans l'incapacité de faire

---

3. *Netivôt "Olâm*, Netiv ha "abôdâh, chap. xiii ; commentaire de *T.B.*, Sanhedrîn, 42 a.

fructifier un capital qui ne porte pas d'intérêts. La fuite dans le passé, parallèle à la sécurisation que procure l'insertion dans l'espace, se traduit généralement par un manque de confiance dans l'action humaine privée de sens, c'est-à-dire de valeur et de direction.

La confrontation entre l'hellénisme et le judaïsme fait bien ressortir combien la perspective d'un avenir conditionne la conception éthique de l'édification de la personne et quel lien intime unit une vision simultanément historique et éthique de l'univers. L'option porte en effet sur la valeur de la modification et du devenir. L'affecterons-nous d'un signe négatif, et nous accepterons alors la fatalité et la nécessité, quitte à chercher la permanence non dans la construction active de la personne, mais dans la connaissance et l'intelligibilité des choses, ou au contraire reconnaîtrons-nous la plénitude de notre être justement dans le mouvement qui nous porte à le parfaire, et fixerons-nous notre tâche non exclusivement sur la contemplation, mais surtout sur l'organisation active du temps et du monde humain.

Nous sommes en présence de deux conceptions exclusives du salut : le salut par la pensée ou le salut par l'éthique. Il est tentant pour l'esprit — et c'est un aspect caractéristique de la démarche de l'intelligence — d'appréhender les êtres en éliminant le temps, en supprimant l'individualité et le mouvant, à tel point que la vie contemplative a souvent pu être identifiée avec la vie éternelle. N'y a-t-il pas dans cette contraction de la durée un dénominateur commun qui permet de saisir le rapport entre une philosophie fondée exclusivement sur la connaissance et la jouissance du plaisir établie comme règle essentielle[4] ? La recherche d'un salut éthique au contraire mettra l'accent sur la valeur de la personne et la fécondité du temps : faisant dépendre notre existence d'une volonté extérieure, elle formulera l'exigence d'une édification de la personne dans le déploiement de la durée, d'une conquête de l'unité à travers le morcellement provoqué par la création.

---

4. Le Talmud désigne généralement l'hérétique comme un « épicurien ». Si parmi toutes les doctrines philosophiques que lui proposait l'hellénisme, son choix s'est porté sur l'épicurisme comme pré-

L'alternative jette tout l'hellénisme du côté de l'élaboration d'une sagesse qui se projette hors du temps, dans une attitude négative à l'égard des tâches actives et morales de l'homme. Sur ce point précis, qui à travers la diversité des systèmes philosophiques permet de retrouver un comportement convergent devant les options vitales qui caractérisent le vouloir-vivre d'une civilisation, Epicure rejoint Epictète et Aristote ne se sépare pas de Platon. Pour ce dernier, le monde sensible n'est que le reflet des Idées éternelles et immuables qui seules constituent la réalité véritable. Les choses enrobées dans la durée périssable ne sont que dans la mesure où elles participent aux Idées. Dans leur aspect passager, elles mènent une vie précaire et indéterminable, leur mobilité constante tranchant avec l'immutabilité des Idées. Ce qui conduit l'auteur du *Timée* à la définition célèbre d'un temps « image mobile de l'éternité immobile », par laquelle il nous résume tout ce qu'il contient d'illusion et de négativité.

Quant à Aristote, dont toute la philosophie est une réflexion sur le devenir, il remplacera le temps par le mouvement, il est « l'aspect par où le mouvement comporte nombre ». Pour le Stagirite, tout mouvement est expression d'un manque d'être, il est le signe que ce qui se meut n'est pas pleinement. A travers son essai de cerner le mouvement, on sent bien la difficulté qu'il éprouve à définir cette puissance qui est tout en n'étant pas, puisque pour être vraiment ou pour être davantage, elle doit passer à l'acte. S'il est vrai — et ce point est particulièrement important pour notre propos — que ce changement, quoique toujours placé sous le signe de l'inactualité, peut se déployer

---

sentant l'opposition la plus radicale à ses propres options, c'est sans nul doute qu'il y avait discerné une mentalité qui lui semblait particulièrement significative. Ce n'est peut-être pas l'hédonisme et l'attrait du plaisir physique prôné par l'épicurisme qui motive sa condamnation — car en fin de compte Epicure, au nom même du plaisir et dans le but d'en assurer la permanence, est conduit à en fixer les limites —, mais plutôt le sentiment que la pensée est conçue dans cette doctrine comme une jouissance et un effort pour suspendre le temps. Dès lors, le salut semble immédiat, et la sagesse ainsi acquise dispense l'homme du travail patient à accomplir sur lui-même. Or c'est ce travail et cette patience qui sont, pour le Talmud, le fondement de toute conception éthique de l'homme.

aussi bien vers un accroissement que vers une diminution d'être, il est remarquable que la conception cyclique du temps entraîne Aristote à mettre l'accent principal sur la dégradation, et fidèle à une mentalité qui remonte jusqu'à Héraclite, à accentuer son rôle destructeur [5]. Le temps est ainsi une source de désordre, et l'homme ne peut y échapper qu'en niant tout ce qui en lui et autour de lui est éphémérité. L'histoire constitue une gêne qui nous empêche de saisir notre véritable essence, et seule sans doute l'élimination de la contingence par la connaissance vraie peut assurer notre salut.

C'est au contraire à la recherche d'une éternité qui ne soit pas fictive et à la justification du temps présent, étape ni inutile ni illusoire dans le développement historique de l'humanité, que s'attache le Maharal. Sa conception situe le salut non seulement par rapport à l'individu, mais surtout sur le plan social, elle invite l'homme à engager le dialogue avec Dieu, à L'assurer de sa coopération. La rédemption se déploie dans le temps de l'Histoire. Assumer le temps devient alors la tâche essentielle dans laquelle se mesure le courage de l'homme, qui résiste à l'érosion de la durée en se rattachant aux forces vives de l'existence. L'Alliance forme dans ce sens le cadre privilégié à l'intérieur duquel l'action de l'homme se conformant aux desseins de Dieu, oriente le temps et lui confère toute la fécondité qu'il recélait. Particulièrement attentif à saisir les modalités du devenir, le Maharal semble récuser toute progression génétique, qui serait une maturation purement organique, et insiste sur la polarité des éléments constitutifs de l'univers. C'est à saisir la tension qui les oppose, à déceler la précarité sous l'apparente stabilité, à dessiner aussi les lignes de progression de ces contrariétés, leur reconstitution sous des formes inédites et de valeur croissante par rapport à la plénitude ultime de la création, que vise son effort. L'inachèvement de la création, et en particulier le caractère imparfait de l'homme, ne doit donc pas être compris

---

5. Cf. *Physique*, IV, 222 b : « ... car le changement est par soi défaisant ; s'il est bien cause de génération et d'existence, ce n'est que par accident » ; et cf. *Physique*, IV, 221 a : « ... car le temps est en soi plutôt cause de destruction, puisqu'il est nombre du mouvement et que le mouvement défait ce qui est ».

comme la marque d'une incomplétude, une absence de « totalité », mais comme le signe d'une croissance en train de s'accomplir. Il y a une victoire du temps, non pas par sa négation et son anéantissement, mais parce qu'il est susceptible, en surmontant les contradictions, de nous faire émerger vers un ordre nouveau. L'histoire raconte la structure même du monde, et les événements qui la jalonnent doivent être replacés dans un ensemble de relations, dont chaque étape marque un point dans la voie d'un accomplissement. La rédemption ne se situe donc pas simplement au terme de l'Histoire, mais elle parcourt toute l'Histoire dont elle constitue la réalité intime, la dimension véritable, la respiration profonde. Aussi ne se présente-t-elle jamais comme un retour vers un Paradis perdu, le rétablissement d'une situation antérieure, mais selon le langage du Maharal, comme une « création nouvelle [6] ». Il s'élève à cette notion en se plaçant résolument dans la perspective biblique de l'Alliance, où l'histoire, inaugurée par Dieu et continuée par l'homme, s'ébauche à travers un dialogue, et où le Temps, soutenu par l'Appel et tendu vers la promesse, conserve une créativité toujours renouvelée, sans s'abîmer et se perdre dans la matérialité, sans se figer dans un mécanisme indéfiniment et invariablement répété.

Il est évident que la notion d'un temps historique orienté vers l'avenir, centré sur le développement et la construction de la personne humaine, telle que l'implique la conception du messianisme du Maharal, ne pouvait lui être suggérée que par les sources hébraïques. C'est dans la philosophie de la création que le Maharal taille sa vision de l'histoire et dégage la signification positive de la structure du Temps. Cependant si la tradition juive lui en inspire le contenu, on remarquera qu'il emprunte l'expression technique et la formulation de sa doctrine à la terminologie aristotélicienne. Il n'est pas sans intérêt de suivre cette adoption d'un langage, production d'un autre univers mental, que le Maharal reçoit sans doute à travers les analyses de Maïmonide, mais qu'il adapte et enrichit afin d'y couler ses conceptions et les orienter dans sa propre perspective.

---

6. Cf. *N.I.*, chap. XXXIX.

Toutes les choses liées à la matière, affirme en effet rabbi Liwa, tombent sous l'emprise du temps. C'est lui qui les renouvelle et qui fait passer les potentialités de la puissance à l'acte. Chaque chose est donc étroitement dépendante de son temps, et c'est pourquoi chaque être se réalise dans *son* temps particulier, celui qui lui convient en propre[7]. Comme Aristote, le Maharal lie le temps au mouvement ; il ne se surajoute pas de l'extérieur à un élément stable en lui-même, mais il forme la qualité intrinsèque de tout existant, il est une catégorie de l'être[8].

Nous trouverons donc rarement une analyse abstraite du temps, qui ne donnerait lieu qu'à des considérations vides, tandis que le Maharal s'attachera davantage à la réalité concrète de l'être-dans-le-temps[9]. Or, cette réalité nous amène à considérer l'être en mouvement, et par conséquent à nous interroger sur le sens et la possibilité du devenir comme sur la possibilité de l'efficacité créatrice que le mouvement semble porter en lui. Sur tous ces points, dont nous avons pu constater qu'ils formaient le centre de sa problématique, le Maharal trouvait, sinon une solution, du moins une formulation rigoureuse dans la philosophie aristotélicienne.

Si, fidèle à la mentalité de l'hellénisme, Aristote ne s'interroge jamais sur l'origine radicale de l'être, il se préoccupe cependant de la provenance de l'être à partir du non-être et de la transformation d'un même être en un être différent. Le problème se précise lors de l'analyse du mouvement, l'expérience du mouvement introduisant une séparation dans l'être qui est et à la fois n'est pas ce qu'il est. C'est par la distinction de la

---

7. *N.I.*, chap. XXVII ; *B.H.*, chap. IV ; *D.H.*, chap. IV, 3.

8. Il en est de même de l'espace, et c'est pourquoi espace et temps confèrent aux choses leur réalité concrète. De ce point de vue, « espace et temps ont une même fonction », ils sont l'expression diverse d'une réalité identique (*T.I.*, chap. XXVI ; *D.H.*, chap. III, 5). Le Maharal suit fidèlement la *Physique* d'Aristote, selon laquelle le déplacement local d'un corps est le signe d'un changement de la nature même de ce corps.

9. *N.I.*, chap. VIII et LV.

puissance et de l'acte qu'Aristote tente de résoudre cette dissociation de l'être, et il définira le mouvement comme « l'acte de ce qui est en puissance en tant qu'il est en puissance ». Il est probable que dans sa tentative de définition du mouvement, Aristote veut retenir ce qui demeure identique, ce en quoi le changement conserve une détermination. Dans l'acte imparfait et inachevé qu'est le mouvement, il découvre non une pure contingence, mais des dispositions déterminées. Le devenir ne développe donc que ce qui était déjà donné d'une certaine façon, il ne s'ouvre jamais sur une nouveauté absolument imprévisible, mais révèle et explicite ce qui préexistait déjà. C'est l'identité rationnelle qu'il recherche, si bien que la production et la causalité restent toujours liées dans son esprit à la réalisation d'une idée. Pour lui, la production, comme le syllogisme, dérive de l'essence et finalement on peut affirmer que c'est toujours une exigence rationnelle, un développement logique, une permanence et une identité qu'il recherche. Son objectif semble avoir été, après avoir constaté la contingence des êtres, d'en établir la hiérarchie et d'expliquer la modalité de leurs relations suivant des principes correspondant à sa logique.

On voit bien ce que le Maharal pouvait retenir de cette science de l'intelligibilité : dans l'analyse aristotélicienne du mouvement, ce qui le frappe, c'est le caractère de l'acte inachevé et la façon dont est abordé le problème de l'être. Il apprécie très certainement la formulation rigoureuse du problème, et peut-être également souscrit-il à la description de la structure physique du monde telle qu'elle ressort des analyses d'Aristote. Cependant sous cette formulation identique, l'objectif du Maharal est bien différent de celui d'Aristote. Pour ce dernier, l'acte inachevé pose problème, parce qu'il marque la limite de la science en fixant une marge d'indéfini — tandis que le Maharal y voit la confirmation de sa métaphysique et le fondement de son éthique. Son propos n'est pas de rendre compte de l'ordre de la nature — il peut sur ce point adopter les conclusions d'Aristote — mais bien de s'interroger sur l'essence de cet ordre. Il veut saisir les êtres dans l'originalité de leur apparition, dans la valeur singulière de leur existence propre, et c'est pourquoi son problème commence là où Aristote semble poser les limites de sa réflexion. Ce qui demeure chez Aristote dans l'ordre de l'intelligibilité doit être envisagé, d'après le Maharal, dans l'ordre de l'existence. Son problème fondamental — celui sur lequel Aristote ne s'interrogera jamais — est celui de l'existence du monde, de sa provenance et de sa finalité.

Considérée sous l'angle de cette problématique différente, la terminologie identique du penseur grec et du rabbi de Prague cache cependant une réalité presque toujours distincte. Dans un monde éternel, donné, on ne peut que constater la contingence des choses et leur mutabilité. Mais dans ce monde éternellement mû, quelle est la source du mouvement ? C'est bien le problème de l'origine qui échappe à Aristote, et de fait il a quelque peine à expliquer la cause motrice des êtres : comment une « chose corruptible » pourrait-elle être source d'être ? Aristote passe à côté de ce problème, se contentant parfois de fonder sur l'analogie et l'imitation l'activité créatrice des êtres, sans approfondir ce qui en fait amène l'être à l'existence. Pour le Maharal, au contraire, dans un univers créé « en un commencement », parler de contingence ce n'est pas seulement définir un ordre, mais aussi situer les êtres dans leur essence métaphysique, dans leur contingence radicale à l'égard de l'Etre de Dieu : l'explication des existants est liée à leur raison d'être. Le rapport entre Dieu et les êtres ne s'exprime pas, comme chez Aristote, par une similitude de forme mais par une création, c'est-à-dire une production efficiente, une transmission d'être.

Aussi lorsque le Maharal parle du passage de la puissance à l'acte, il ne s'agit pas simplement d'une explicitation, du développement d'une réalité totalement préexistante, mais il se réfère à un pouvoir dynamique, actif et créateur. Car pour celui qui place le monde sous le signe de la création, la production a sa source dans l'être, c'est-à-dire dans une énergie transmise et communiquée. Là où Aristote désirait introduire une certaine stabilité rassurante pour l'esprit, le Maharal au contraire découvre une progression et une aventure. Nous accordons volontiers qu'il s'agit pour lui d'une aventure orientée, dont les acteurs portent en eux les moyens et les fins, mais dans laquelle précisément la théologie dialectique du Maharal introduit une constante tension, signe d'une efficacité croissante, d'un progrès continu [10].

Nous touchons sans doute ici le point de divergence le plus profond entre le point de vue d'Aristote et celui du Maharal, divergence qu'aucune identité d'expression ne saurait couvrir, et qui culmine dans l'acceptation par le Philosophe d'une matière qui préexiste à l'œuvre, et demeure toujours un empêchement, tandis que pour rabbi Liwa, la création de l'univers par Dieu pose d'emblée la possibilité pour cet univers de passer *totalement* et définitivement de la puissance à l'acte. Sans doute la matière représente-t-elle pour lui la passivité, le manque et la privation, mais les êtres créés, composés de forme et de matière, sont en constante mutation, afin que finalement ils accroissent leur être. La matière est toujours en vue de la forme. L'inachèvement de la création n'est donc, pour le Maharal, qu'une invitation de Dieu à l'effort et à la lutte, afin que l'homme engagé dans la potentialité de la matière libère toutes ses virtualités et atteigne la perfection de son être, grâce au respect des lois qui lui sont propres. Le passage de la puissance à l'acte, qui chez Aristote demeure toujours révélateur et de caractère logique, revêt chez le Maharal, sinon une force créatrice — qui demeure l'apanage de Dieu — du moins un pouvoir producteur qui réalise les buts de l'univers et le fait progresser vers le plus haut degré d'extension possible. Cette assomption du temps fait de l'homme un collaborateur de Dieu, grâce à une confiance agissante qui le maintient constamment disponible pour la réalisation d'une œuvre dont il pressent la grandiose destination.

Le Maharal, en conservant une terminologie qui lui permettait de s'exprimer avec rigueur et de donner à son propos une allure spéculative, en modifiait cependant profondément la signification intime. Le bouleversement qu'il opère dans la problé-

---

10. La pensée du Maharal sur ce point est particulièrement explicite dans son analyse de la notion de vérité. Non seulement il affirme que l'homme, malgré sa contingence, peut aspirer à la connaissance de l'absolu, mais encore il précise sans équivoque le caractère historique de cette aventure, conquête de l'homme dans son inlassable effort, exemplairement expérimentée par Israël dans son existence même (voir *supra*, p. 212 sq.).

matique d'Aristote et dont il faut chercher le fondement dans la notion de création — admise par le Maharal, mais totalement étrangère à la mentalité aristotélicienne — conduit d'abord rabbi Liwa à dépasser et à approfondir les thèses d'Aristote, puis à opérer une rotation qui nous semble le placer dans une perspective absolument opposée à celle à laquelle s'est tenu le philosophe grec [11].

L'aventure humaine peut être une conquête et cette futurition qui mène vers l'infini et s'ouvre comme une brèche à travers le « cycle » du temps, charge chaque instant d'une poussée vers l'avenir, qui est en même temps qu'un refus du présent une constante exigence d'une plus haute spiritualité. La condition métaphysique d'être créé confère à l'homme la possibilité de faire fructifier ce qui lui a été accordé, afin qu'en travaillant à sa propre genèse, il puisse en élever la valeur et en consolider l'être [12].

Si nous nous sommes arrêté à cette confrontation, c'est qu'elle

---

11. Remarquons que si les conclusions du Maharal aboutissent à bouleverser les principes admis par Aristote, rien ne s'opposait cependant à ce que le Maharal lui-même puisse leur accorder une certaine valeur du point de vue de la science. Il distingue en effet avec netteté le plan de la recherche humaine, recherche liée à l'hypothèse, à l'expérience et au progrès, et celui de la tradition révélée, transmise et immuable, qui seule nous renseigne sur l'essence et le caractère métaphysique des choses. La doctrine d'Aristote a donc pu lui servir d' « échelle », d'instrument, pour parvenir à une compréhension, plus suggestive pour son époque, des vérités éternelles révélées. Cf. Neher (A.), *Le Puits de l'Exil, op. cit.*, chap. IV : Les valeurs de la sagesse.

12. Il est tentant d'assimiler cette conception du temps à celle développée par Bergson. Et de fait, sinon dans les *Essais sur les Données immédiates de la Conscience* — où la liberté est une exigence immanente d'approfondissement de ce que nous sommes, et par conséquent une fixation égoïste sur nous-mêmes —, du moins dans les *Deux Sources de la Morale et de la Religion* — où la liberté est un appel au devoir et une tension vers l'avenir — le temps bergsonien se caractérise par une invention continue, par une « création incessante d'imprévisible nouveauté ». La critique de l'hellénisme, qui considérait le devenir comme une dégradation, et le rétablissement par Bergson de la positivité du temps, permettent sans aucun doute de rapprocher, sur ce point précis, les options de rabbi Liwa

nous semble particulièrement significative de la vision messianique de l'histoire dans la conception du Maharal et de ses
implications philosophiques. Elle nous a permis une fois de
plus de percevoir le changement d'optique que le Maharal intro-

---

de celles de l'auteur de *l'Energie Spirituelle*. Il est vrai également
que la matière semble avoir, pour Bergson, même origine que l'esprit,
et qu'elle constitue, en même temps qu'un frein, un tremplin et un
support grâce auxquels la vie de l'esprit prend son essor.
Cependant ces similitudes ne doivent pas nous cacher les différences essentielles, qui nous semblent dériver du fait que l'interrogation sur l'origine radicale — la création du monde par un Dieu transcendant, selon rabbi Liwa — est totalement absente de la philosophie d'inspiration biologique de Bergson. De ce fait, le bergsonisme
est une philosophie de la plénitude, parfois très proche (sur ce point
uniquement, et de l'avis de Bergson lui-même, cf. « Lettre à Jankélé-
vitch », in Revue *Evidences*, Paris, 1951) de Spinoza, qui ignore la
distance entre la créature et Dieu, et par conséquent ne rend pas
compte, sur le plan métaphysique, de la négativité. La présence de
la matière, dans son origine, reste inexpliquée, et à aucun moment
Bergson ne s'engage sur la voie d'une philosophie fondée sur une
économie du salut. Pour lui, le devenir est la positivité la plus parfaite, et l'être n'est toujours qu'un déficit du devenir. Pour le
Maharal, si le devenir est bien la marque d'un changement qui peut
être positif, l'être n'en demeure pas moins la valeur première. Dieu
est à la fois l'Etre et le Devenir ; à travers la discontinuité du changement, une substance demeure. Faute de saisir l'homme dans sa
faiblesse, Bergson n'a pas pu le situer dans sa véritable grandeur ;
il ne s'est pas penché sur les lois qui font que les contraires se
retrouvent dans une fondamentale unité. Il nous semble en tout cas,
malgré le tournant que marquent les *Deux Sources de la Morale et de
la Religion* où l'homme retrouve une vocation, que le bergsonisme
reste profondément imprégné de son indétermination de départ et que
le thème de l'effort humain, de cet indispensable travail d'édification
de l'homme par lui-même, ne prend pas chez lui le souci inquiétant
et la valeur qu'il occupe dans la pensée de rabbi Liwa. Ce qui chez
Bergson est une évolution sereine, un épanouissement naturel, est
pour le Maharal une maturation orientée, dans laquelle l'être peut se
perdre mais aussi se conquérir et se développer. Il nous semble donc
aussi difficile d'assimiler la conception du temps chez le Maharal
à celle de Bergson qu'à celle d'Aristote : tandis que pour Aristote la
puissance, qui de toute manière est une possibilité plus logique
qu'efficiente, s'évanouit dans l'acte, tandis que pour Bergson l'identité ne semble pas se maintenir sous le changement, le Maharal reste
aussi attentif à ce qui demeure qu'à ce qui change. C'est pourquoi
son temps est essentiellement promesse, construction et projet.

duit dans la compréhension juive du messianisme, en insistant sur la valeur éminente de l'éthique dans la préparation de l'avènement. Ethique qui ne se limite pas à la connaissance d'une conduite morale, mais exige un engagement total et s'inscrit dans une façon d'être, une disponibilité à participer à l'ordre divin. L'ouverture sur le temps et sur l'avenir est en effet une des caractéristiques de l'analyse du messianisme de rabbi Liwa. Elle écarte, en retrouvant l'intuition profonde de la Bible et du Talmud, les tentations de pesante passivité et de démission auxquelles la pensée juive durant le Moyen Age — peut-être sous l'influence du christianisme, la dispersion et la vie particulièrement agitée des diverses communautés — n'avait pas su ou n'avait pas toujours pu résister. N'est-ce pas en effet une négation de la participation de l'action humaine à l'histoire qu'implique l'irruption du messie chrétien et la constitution d'une religion pour laquelle l'événement essentiel se situe dans le passé ? Mais n'était-ce pas d'une mentalité identique, ou tout au moins d'une négation du sens de l'histoire, dont faisaient preuve durant tout le Moyen Age tous ceux qui s'évertuaient à scruter les textes afin d'y déceler l'arrivée imminente du Rédempteur ? C'est toujours seulement un événement extérieur, indépendant de notre conduite, qui est attendu comme une intrusion gratuite devant mettre fin à nos angoisses.

S'il est vrai qu'il importe que l'univers parvienne à sa maturité, et qu'un courant rédemptionnel traverse toute l'histoire afin de réaliser la finalité pour laquelle elle a été mise en œuvre, le Maharal complète cette vue schématique en prenant en considération la part proprement humaine qui intervient dans le développement des événements. Dans son évolution générale, l'histoire semble ainsi obéir à une orientation définie, et chaque fait s'insère dans une continuité qu'il prolonge et qu'il renouvelle. Mais il appartient justement à la liberté humaine, à chaque niveau d'activité, d'influer sur les modalités des changements inévitables, et de conférer un sens à chaque épisode par la prise de conscience des forces profondes qui animent le mouvement de l'histoire.

C'est donc à une attitude spirituelle que nous invite le Maharal, en nous demandant de voir dans le messianisme une aspiration à un achèvement, à un dépassement dans lequel il discerne la loi interne de toute l'histoire. Le passé se projette dans l'avenir, et dans cette orientation du temps, l'homme se construit de telle manière que sa liberté échappe à l'indétermination et n'éclate pas dans une voie hasardeuse et gratuite. C'est pourquoi il accroche son espérance au fait de la création et l'inscrit dans le temps de l'Alliance, afin de projeter dans l'avenir les lignes existentielles du passé, disposant ainsi d'une certaine certitude qui oriente la liberté de son action. L'espérance, c'est le dynamisme même d'une action qui se sent sollicitée, et qui progresse en sachant qu'elle peut dépasser ses réalisations actuelles. Dans son existence tourmentée et dans le cadre de l'Alliance, Israël expérimente la force permanente de cet appel, et c'est pourquoi son espérance échappe à l'utopie et se présente comme la réalisation d'une promesse qui n'attend que son effort pour s'actualiser. Ici l'imagination épouse la raison, dans la claire conscience que l'édification de l'homme ne peut s'entreprendre qu'en visant l'au-delà de l'homme.

Nous comprenons ainsi que le Maharal porte tout le poids de sa réflexion non sur la description du monde achevé, mais au contraire sur l'aspect actuel de l'histoire, afin d'y déceler pour les ranimer les étincelles susceptibles de briller d'une plus vive clarté. Dans la dispersion, il perçoit l'unité cachée, et dans l'exil, il pressent les prodromes de la rédemption. Celle-ci ne s'impose donc pas de l'extérieur, en rupture avec les conditions actuelles d'existence, mais émerge comme une conséquence dès maintenant virtuellement réalisable. Le Maharal prend grand soin à ne jamais couper le futur du présent, à ne jamais isoler l'avenir messianique, mais au contraire à le saisir à même le vécu actuel de l'existence juive [13]. Son espérance se défend explicitement de tomber dans le mensonge en rejetant dans le futur toutes les perfections que le présent lui refuse. L'époque messianique ne comporte pas un arrêt du temps, et le Maharal ne semble pas être tombé dans les illusions de ce qu'on a pu appeler le « temporel éternel [14] ». Sans doute appelle-t-il de ses

---

13. Cf. *T.I.*, chap. LVII et LVIII ; *G.H.*, Introduction.
14. Cf. Guitton (J.), *Justification du Temps*, Paris, 1966, p. 23.

vœux ce « monde séparé », que seul l'œil de Dieu a pu contempler, mais en aucune manière il ne se permet de l'identifier avec la période messianique. Celle-ci relève des conditions de ce monde-ci, et quoiqu'elle se rapporte à un univers qui jouit d'un épanouissement maximum et introduit par conséquent des changements notables, elle n'en modifie cependant pas la nature. Il n'en sera pas de même du « monde futur », qui se situe sur un autre plan et échappe à notre compréhension et à nos investigations.

C'est avec force et avec un accent pathétique assez exceptionnel, que le Maharal défend le point de vue exprimé par rabbi Ḥiyya ben Abba [15] au nom de rabbi Yoḥânân :

> Tous les prophètes n'ont prophétisé que pour l'époque messianique. Quant au monde futur, aucun œil ne l'a vu en dehors de Toi, Seigneur, qui agiras pour celui qui t'attend.

Il y a donc une différence de nature entre le monde futur et l'époque messianique, et cette dernière doit être considérée comme un passage qui permet d'accéder à un degré supérieur, mais non au degré ultime [16].

C'est avec la même conviction et un évident souci de cohérence que le Maharal adhère à une autre opinion de rabbi Yoḥânân, qui suggère que les temps messianiques peuvent dépendre du mérite, et que le problème, dans une grande mesure, est lié à l'action humaine :

> Tous les prophètes n'ont prophétisé que pour les repentis. Quant aux justes sans défaillance, aucun œil n'a vu en dehors de Toi, Seigneur, qui agiras pour celui qui t'attend.

Le repentir est la dimension humaine par excellence, précise le Maharal, il témoigne du détachement de la matière, d'une volonté affirmée de progrès, bref d'une qualité qui caractérise ce monde-ci, alors que le juste parfait, qui n'a pas connu de défaillance, n'a pas réalisé l'essentiel de l'effort moral et se situe à un autre niveau. N'est-ce pas pour la même raison que

---

15. *T.B.*, Sanhedrîn, 99 a, commenté dans *T.I.*, chap. LVII.
16. Cf. *N.I.*, chap. XIX : commentaire du *Psaume*, XCII.

la Tôrâh ne nous entretient jamais du monde futur — elle vise les conditions de l'univers présent qu'elle désire élever à une extension la plus totale, sans pour autant nous arracher à ses réalités et nous faire miroiter des récompenses que nous serions incapables de saisir. Aussi les lois de la Tôrâh, qui constituent l'instrument indispensable pour élever le monde à son véritable niveau, cesseront-elles de s'imposer dans leur forme actuellement connue dans le monde futur ; par contre, le Maharal n'évoque jamais la possibilité d'un tel bouleversement pour l'époque messianique.

Il y a donc une continuité entre l'époque historique et les temps messianiques, qui empêche l'espérance juive de verser dans l'utopie. Elle tient au fait que Dieu, Etre et Devenir, est à la fois transcendant et immanent à l'histoire. C'est d'ailleurs la seule possibilité pour que celle-ci ait un sens : les conflits dialectiques dont elle est le théâtre ne prennent signification, ils ne sont possibles qu'à partir d'une contingence radicale dont la Création a déclenché le mouvement. C'est pourquoi le messianisme, selon le Maharal, nous semble résider dans la mission que reçoit l'homme de se faire, mission qui le place dans la reconnaissance d'une dépendance absolue, qui fonde en même temps que ses limites, le dynamisme de sa liberté. Lorsque cette liberté se fige et cesse de se reconnaître dans sa relation essentielle, elle perd sa référence et son orientation, elle se pétrifie, se referme sur elle-même et s'anéantit dans son inconditionnalité. L'aboutissement de l'histoire, son but et non sa fin, est l'avènement d'un monde parfaitement humain, parce que parvenu à la rencontre du divin. Israël est cet homme qui, dans son destin, expérimente cette rencontre dans le cadre de l'Alliance, et à ce titre, témoigne dès ce monde-ci des certitudes d'espérance d'un monde à venir.

Si l'on veut bien convenir que ces certitudes se définissent non seulement par une Promesse, mais également, mais surtout peut-être, par une tâche à accomplir sur soi-même, on comprend aisément que ce processus est soumis à la loi de l'erreur et de l'échec. C'est la prise de conscience de cette dramatique évidence, incarnée sur le plan du destin juif par plusieurs siècles d'exil et culminant dans la tragédie de l'Expulsion des

juifs d'Espagne, qui forme le point central autour duquel le
Maharal développe sa réflexion sur la finalité de l'histoire. Placé
dans une situation si exceptionnelle au regard d'une organisation nationale de la vie sociale, le peuple juif en exil peut, dans
cet échec, ressaisir le sens profond de son existence. Il peut y
mesurer la distance qui le sépare de son être véritable, de son
destin suivant l'expression de Hegel, pour se reprendre et
rajuster sa visée. Découvrant la nécessité immanente de combler
cet inachèvement, il y puise en même temps qu'une approche
nouvelle, plus riche et plus diversifiée de sa raison d'être, le
devoir d'assurer la continuité de son histoire par une initiative
accrue et intensifiée. Cette réaction d'espérance doit être saisie
et insérée dans la densité des relations de l'Alliance à travers
lesquelles Israël peut donner signification et sens plénier à son
geste comme à l'événement : un accomplissement en voie de
réalisation, et non une retombée absurde, une chute dans un
irréparable désespoir ou même la nécessité de l'intervention
d'une grâce extérieure, qui serait le contraire d'une assomption
et la consécration finale d'un destin voué à la mort.

Peut-être l'originalité de l'analyse de rabbi Liwa réside-t-elle
dans la prise en considération de la valeur du négatif, dans ce
que nous aimerions appeler son réalisme, c'est-à-dire son acceptation de l'intégralité de l'expérience. C'est par la lutte, par la
contradiction vaincue, par l'aventure créatrice que se définit
l'existence. Aussi son univers est-il celui d'une tâche à accomplir, dans un cadre où tout n'est pas entièrement donné, dans
un esprit de fidélité et de laborieuse patience. Dans cette édification s'introduit la faille, et c'est pourquoi l'Exil et ses conséquences, qui placent le juif dans une confrontation inévitable
avec l'échec provisoire de l'histoire, l'arrachent à l'assoupisse-
ment et le relancent, avec une impulsion nouvelle, sur la voie
de l'éternité. Lorsque les conditions présentes n'offrent plus les
possibilités de parvenir aux buts ultimes de la création, les réalités de l'Alliance exigent un bouleversement et une révolution
qui sont comme la présence anticipée de la promesse accomplie.

Le Maharal retrouve ainsi, après les déviations du Moyen
Age, dont nous avons résumé les tendances principales dans la
synthèse d'Abarbanel, la tradition authentique du messianisme

juif. Celui-ci, implicite dans la Tôrâh, où la finalité de la création s'exprime par une exigence de la participation de l'homme à l'œuvre de Dieu par l'intermédiaire de la Miṣwâh, s'infléchit sous la pression des événements et se fixe principalement sur le destin du peuple juif. Dans la Bible, le projet initial de la création et de l'élection, en dehors duquel le judaïsme perd toute sa signification, implique l'acceptation d'un univers inachevé et morcelé qui doit progressivement, et grâce à l'effort humain, trouver son unité. L'espérance d'un monde accompli et renouvelé s'identifiait entièrement avec la manière de vivre selon la Loi, celle-ci étant considérée comme l'instrument par excellence de la rédemption ; la civilisation de la Tôrâh, dans ses moments de meilleure réussite et de pleine densité, expérimentait déjà le monde à venir. Le peuple ne saisissait son histoire que comme une tension dynamique engagée dans le processus de la réalisation.

Lors de l'effondrement de l'Etat juif, après la disparition des Dix Tribus et la chute du Temple, devant cette mutation qu'esquissait l'histoire, l'antique espoir s'incarne avec plus d'insistance dans le destin du peuple meurtri vivant dans l'attente du retour. Les tendances à l'Apocalypse qui se manifesteront dès cette époque trouveront leur apogée dans le christianisme, et constituent à notre sens une altération significative de l'espérance primitive. Le messianisme devient ainsi un problème explicite — se posant d'une manière autonome par rapport à la vie vécue selon la Tôrâh —, problème primordial qui ne tardera pas à prendre une place démesurée dans l'économie de la réflexion juive. Une évidence immanente et vécue à travers la vie quotidienne de la nation, doit être élaborée et explicitée, et par là même située sans doute à un niveau qui n'était pas primitivement le sien. D'où les difficultés, les hésitations et les gênes que nous avons relevées lors des premiers essais de codification de la position juive. Les élaborations successives sont souvent l'expression des conflits et des influences extérieures qui se sont parfois superposés à l'intuition centrale. Rien d'étonnant dès lors à ce que nous retrouvions ces diverses tentations qui, telles des alluvions, ont parfois enrichi, mais souvent aussi alourdi, le thème initial.

L'Expulsion des Juifs d'Espagne, en 1492, nous semble introduire une mutation particulièrement importante ; d'une part et
dans l'immédiat, elle cristallise et ramasse tous les mouvements
de pensée antérieurs, dans un suprême espoir de voir se déclen-
cher, dans un avenir très proche, l'avènement tant attendu —
c'est le sens de la codification effectuée par Abarbanel — et
d'autre part à plus lointaine échéance, elle déplace le centre de
gravité du problème et insiste davantage sur la place positive
de l'homme dans le dialogue avec Dieu. L'importance de l'événement — le plus déchirant depuis la chute du Temple de Jérusalem — conduit ceux qui vivaient dans l'attente à y voir le
bouleversement universel dans lequel s'effondrera l'histoire.
Celle-ci, parvenue à sa fin, laisse la place à une réalité nouvelle, qui ne présentera avec la précédente aucun lien de continuité, mais au contraire constituera une rupture radicale par
l'irruption d'un ordre nouveau et totalement différent. Naturellement cette destruction marque, avec la chute du monde
ancien, la libération de l'Exil et la délivrance d'Israël du joug
des nations, en même temps que la rédemption du monde. S'il
est vrai que ces réactions sont inspirées davantage par les
considérations populaires que par les réflexions philosophiques
des Docteurs de la Loi, il faut cependant convenir que de nombreux essais — et en particulier celui d'Abarbanel — donnent
l'écho fidèle de cette approche fiévreuse de la « fin », dans
l'attente de l'apocalypse.

Un demi-siècle plus tard, prenant du recul face à la catastrophe, le Maharal, en penseur, mais aussi en pasteur averti des
angoisses du peuple, tente de faire le point de l'expérience
historique de la nation et d'inclure l'événement dans le cadre
cohérent d'une théologie. Sa synthèse, tout en conservant
l'apport particulier de la réflexion médiévale — le souci de la
délivrance nationale et l'attente de la rédemption divine —,
s'efforce cependant de retrouver dans la tradition la dimension
humaine et universelle de la vocation historique du peuple.

Celle-ci s'était affirmée dès l'origine : Abraham en Chaldée
comme Israël en Egypte, c'est en rupture avec la civilisation
ambiante que le peuple s'était défini, en vue d'une tâche à
remplir : toujours il expérimentait son destin comme différent

de celui des nations. Aussi, dès la Bible, trouverons-nous l'esquisse d'une philosophie de l'histoire, que les aventures d'une nation vivant en marge des peuples, pousseront toujours à une élaboration plus précise, dans la perspective de l'Alliance. La grave crise de l'expulsion d'Espagne, confirmant des siècles de persécutions et d'exils, devait donner encore plus de portée et d'acuité à un problème, en vérité contemporain de l'existence même d'Israël.

Le renversement opéré par le Maharal inclut le développement spécifique d'Israël dans une conception générale de l'ordre et de la nature du monde. L'Exil et la Rédemption, tout en demeurant le problème particulier de la destinée juive, s'inscrivent dans le cadre plus vaste de la réalité du monde de la création et dans l'aventure du Créateur. Le destin d'Israël est un destin exemplaire, qui pousse jusqu'aux limites extrêmes les frontières de la condition humaine.

Dans son expérience historique, dans l'Exil, Israël témoigne de l'état inachevé de la création, il est un symbole et un appel à la conscience humaine, afin qu'elle refuse le confort d'une installation prématurée dans une réalité indigne du projet de Dieu. C'est à la réalisation de ce projet que l'humanité se doit d'apporter son concours, chaque échec n'étant que le rappel que l'affrontement doit se poursuivre. C'est dans le rythme même de l'histoire que le Maharal découvre la progression de la rédemption, non comme une révélation subite et extérieure, mais comme un mouvement interne qui aboutit à l'accroissement de l'être humain et prépare sa rencontre avec l'absolu. Peu importe donc la figure du Messie, nul besoin de scruter les textes afin de déterminer la date de son avènement, point de description imaginative du contenu de l'époque messianique, c'est dans la réalité quotidienne de son histoire qu'Israël cueille la certitude que la vocation de l'homme est au-delà de son destin actuel. En mettant l'accent sur la responsabilité, sur l'assomption du temps de l'histoire, le Maharal introduisait une révolution dans la compréhension du messianisme juif : il replaçait l'espérance juive au niveau d'une réalité cosmique et retrouvait les nappes profondes de la raison d'être de « ce peuple, qui vit solitaire et ne se confond point avec les nations [17] ». Son effort pour saisir la réalité d'Israël comme une approche de l'être, élargit les dimensions de l'aventure juive jusqu'à l'élever à celle de Dieu. L'unité de Dieu est en devenir.

Le Maharal traçait ainsi les limites de tout enracinement qui se voudrait intégral, et en même temps qu'il rappelait à Israël sa particularité et son indissoluble lien avec les nations, il enseignait à ces dernières qu'elles ne sauraient passer indifférentes devant le destin spécifique d'Israël, qui porte en lui la promesse de l'Homme.

Car la « victoire » de l'Homme, la « victoire » de Dieu, n'est-elle pas dans « l'Eternité d'Israël » ?

17. *Nombres*, XXIII, 9.

TRANSCRIPTION DE L'HEBREU

CONSONNES

l	= ל		'	= א
m	= מ		b	= ב
n	= נ		g	= ג
s	= ס		d	= ד
"	= ע		h	= ה
p, ph	= פ		w	= ו
s̲	= צ		z	= ז
q	= ק		h̲	= ח
r	= ר		t̲	= ט
sh	= שׁ		y	= י
s	= שׂ		k	= כ
t	= ת			

VOYELLES

Longues		Brèves	
â	ָ	a	= ַ
ê	ֵ	é	= ֶ ֱ
î	ִ	i	= ִ
ô	וֹ	o	= ָ
û	וּ	u	= ֻ
e	ְ		

(Les voyelles u, û, se prononcent toujours ou)

Pour les noms de personnes et de lieux qui sont passés dans l'usage courant, nous gardons l'orthographe et la prononciation françaises.

Pour ceux des noms qui n'apparaissent que rarement, nous les avons reproduits selon la transcription ci-dessus.

La signification des mots hébreux non traduits est donnée dans le glossaire, en fin de volume, page 361.

ABREVIATIONS

B.H. : Beér Hagôlâh.

D.H. : Dérék Hayim.

G.A. : Gûr Arié.

G.H. : Gevûrôt Hashém.

H.U.C.A. : Hebrew Union College Annual.

M.G.W.J. : Monatschrift für Geschichte und Wissenschaft des Judentums.

N.I. : Nesah Israël.

O.H. : 'Or Hâdâsh.

R.E.J. : Revue des Etudes Juives.

T.B. : Talmud de Babylone.

T.I. : Tif'éret Israël.

BIBLIOGRAPHIE

A. — *ŒUVRES DU MAHARAL*

a) Edition princeps, suivant l'ordre de parution

Gûr 'Ariyé' (Le Lionceau), Prague, 1578.
Gloses sur le commentaire de Rashi sur le Pentateuque.

Guevûrôt Hashém (La Puissance de Dieu), Cracovie, 1582.
La signification de la Sortie d'Egypte et de la Fête de Pâque.

Drûsh leShabbat Teshûbâh (Sermon du Shabbat de la Pénitence), Prague, 1584.
Sermon prononcé à la Synagogue de Prague le Shabbat précédant Yom-Kippour, le Jour du Grand Pardon.

Drûsh leShabbat Hagâdôl (Sermon du Grand Shabbat), Prague, 1589.
Sermon prononcé à la Synagogue de Prague, le Shabbat précédant la fête de Pâque.

Dérék Hayyim (Le Chemin de la Vie), Cracovie, 1589.
Commentaire du traité Abôt de la Mishnâh.

Drûsh al Hatôrâh (Sermon sur la Tôrâh), Prague, 1592.
Sermon prononcé à la Synagogue de Posen à l'occasion de la fête de Shabûôt.

Netîvôt "Olâm (Les Sentiers du monde), Prague, 1595.
Traité d'éthique juive.

Tif'érét Israël (La Gloire d'Israël), Venise, 1599.
La doctrine de la Révélation et la signification de la Fête de Shabûôt, la Pentecôte.

Beér Hagôlâh (Le Puits de l'Exil), Prague, 1600.
Défense et Illustration du Midrash et de l'Aggada.

Nesah Israël (L'Eternité d'Israël), Prague, 1600.
L'Exil et la Rédemption — la doctrine du messianisme et la
signification de la Destruction du Temple.

' *Or Hâdâsh* (La Lumière Nouvelle), Prague, 1600.
La signification de la Fête de Pûrim et commentaire du Livre
d'Esther.

Nér Miswâh (Le Chandelier du Commandement), Prague, 1600.
La signification de la Fête de Hanûkâh, la victoire des Has-
monéens.

Hidûshé Yôré Dé"âh, Fürth, 1775.
Responsa de caractère halakique.

b) EDITIONS RÉCENTES

1) *Editions « Pardes », Tel-Aviv*

Tif'érét Israël, 1954.
Beér Hagôlâh, 1955.
Guevûrôt Hashém, 1955.
Dérék Hayyim, 1955.
Nesah Israël, 1955.
Netîvôt " Olâm, 1956 (2 vol.).
Gûr 'Ariyé ', 1957 (2 vol.).

2) *Editions N. Honig, Londres*

Tif'érét Israël, 1955.
Guevûrôt Hashém, 1955.
Nesah Israël, 1957.
Netîvôt " Olam, 1961 (2 vol.).
Dérék Hayim, 1961.

Beér Hagôlâh et Drâshôt Maharal, 1964.
(contient un commentaire partiel du Magguid de Koznitz).
Les Drâshôt sont les sermons prononcés le Shabbat de la
Pénitence et lors de la fête de Shabûôt. Ce recueil ne contient
pas le sermon du Shabbat Hagâdôl, précédant la fête de
Pâque.

Ḥidûshé Agâdôt Maharal miPrag, 1960, 4 volumes parus.
(Commentaire des Aggâdôt du Maharal de Prague.)
Haggâdâh shél Pésaḥ (Haggâdâh de Pâque), 1960.

3) *Editions Ginzé Rishônîm et Makôn Tôrâh shlémâh, Jérusalem*

Pérûshé Maharal miPrag leagâdôt hashass (Commentaire des Aggâdôt du Talmud par le Maharal de Prague), 4 vol. parus, 1958, 1959, 1960, 1967. — Commentaire systématique sur l'Aggâdâh, édité par Salomon Kasher et Jacob Josué Blacherovitz, d'après des manuscrits d'Oxford. Les deux premiers volumes d'après le manuscrit 101917, qui est annoté de la main même du Maharal, et le troisième d'après le manuscrit 101918. Le premier volume contient une introduction intéressante sur la vie et l'œuvre du Maharal, et le troisième une étude sur les manuscrits.

Drâshôt HaMaharal (Sermons du Maharal), 1959.
Sermons sur la Tôrâh et les Miṣwôt, ainsi qu'une oraison funèbre sur rabbi Aqiba Ginsburg. Comporte une introduction de Salomon Kasher, qui analyse quelques thèmes de l'œuvre du Maharal.

'Or Ḥâdâsh, Nér Miṣwâh, 1960.

B. — ETUDES CONSACREES AU MAHARAL

BOKSER (Abraham ben Zion) : *From the world of Cabbalah. The Philosophy of Rabbi Judah Loew of Prague*, New York, 1954.

BUBER (Martin) : *Bén Am learsô* (Le peuple et sa Terre, en hébreu), Jérusalem, 1945. Le chapitre III est consacré à l'analyse du *Nesaḥ Israël* et aux options politiques du Maharal. Ouvrage traduit en anglais, sous le titre *Israël and Palestine*, Londres, 1952. Réédité sous le titre : *On Zion, the History of an Idea*, New York, 1973.

DREYFUS (Théodore) : *Dieu parle aux hommes, la théologie de la rédemption selon le Maharal de Prague*. Thèse, Strasbourg, 1960, Paris, 1969.
Traduction partielle du *Tif 'érêt Israël* (Le rayonnement d'Israël). Comporte une importante introduction relative à la doctrine du Maharal sur la Révélation et la personnalité de Moïse.

KARIV (Abraham) : *Kitvé Maharal miPrag*, Jérusalem, 1960, 2 vol.
Anthologie de textes choisis, groupés par sujets d'intérêt. Précédée d'une introduction substantielle sur la philosophie du Maharal et suivie de citations extraites de l'ensemble de l'œuvre, présentées sous forme de définitions et de théorèmes.

KLEINBERGER (Aaron Fritz) : *Hamahashâvâh hapedagôgît shél haMaharal miPrag* (La doctrine pédagogique du Maharal de ·Prague), en hébreu, Jérusalem, 1962.
Etude exhaustive du programme pédagogique et de son fondement psychologique.

Lyqûté haMaharal (Extraits du Maharal), Jérusalem, 1961.
Brochure contenant quelques extraits commentés de l'œuvre du Maharal, classés par thèmes. Comporte une brève introduction de Dov Rappel sur la méthode de l'auteur et une analyse sur le Maharal par rapport à son époque de Pinhas Rosenblüt.

MAUSKOPF (Aaron) : *The religious Philosophy of the Maharal of Prague*, Brooklyn, 1949.

NEHER (André) : *Le Puits de l'Exil* (*La théologie dialectique du Maharal de Prague*), Paris, 1966.
Argumenté principalement sur le *Beér Hagôlâh* (Le Puits de l'Exil), cet ouvrage dégage la structure de l'ensemble de la théologie du Maharal. A travers l'étude des principaux thèmes maharaliens, il nous fait découvrir un système de pensée parfaitement organisé et cohérent. Le chapitre IV est consacré au « messianisme humaniste » du Maharal (p. 78-87).

Netîvôt 'Or (Les sentiers de lumière), Tel-Aviv, 1963.
Notes explicatives du chapitre consacré à la « Réprimande » de *Netîvôt " Olam*. Publié sans nom d'auteur, aurait été rédigé par Israël Eliyahou Weintraub.

SARASOHN (Elie) : *Nishmat Hayyîm* (L'âme de Vie), en hébreu, Jérusalem, 1961.
Commentaire suivi du *Dérék Hayyîm*. Préface de Salomon Kasher. Edition Tôrâh Shlémâh.

THIEBERGER (Frédéric) : *The great Rabbi Loew of Prague*, Londres, 1954.
Cet ouvrage, de même que ceux de Bokser et de Mauskopf, tous trois ouvrages de synthèse, en langue anglaise,

qui fournissent des renseignements généraux, mais précis, sur la biographie et la pensée du Maharal. Bokser insiste trop, à notre sens, sur les sources cabbalistiques et pas assez sur l'emploi d'une terminologie pour l'essentiel d'origine philosophique et scolastique.

C. — OUVRAGES SUR LE MESSIANISME JUIF

BAER (Yizhak Fritz) : *Galût* (L'Exil), en allemand, Schocken Verlag, Berlin, 1936.

Etude historique de la conception de la notion d'exil depuis l'époque hellénistique jusqu'aux temps modernes. Vu la place qu'occupe l'élucidation de cette idée dans l'œuvre du Maharal, il est surprenant que son nom ne soit même pas mentionné dans cet opuscule.

— « Hatenûâh Hameshihît Bitekûfat Hagerûsh » (Le mouvement messianique à l'époque de l'Exil d'Espagne, en hébreu, in *Sion V*, Jérusalem, 1933.

BENAMOZEG (Elie) : *Israël et l'Humanité*, Paris, 1961.

Etudie les relations entre Israël et les nations.

BRIERRE-NARBONNE (J.-J.) : *Exégèse des prophéties messianiques*, Paris, 1934.

Exégèse talmudique, 1934
        midrasique, 1935
        targumique, 1936
        apocryphe, 1937.
        zoharique, 1938.

BROWNE (L.-E.) : *The Messianic hope in its historical setting*, Londres, 1951.

— *La Conscience Juive* (Données et débats des Colloques des Intellectuels juifs de langue française), 2 vol., Paris, 1963-1965.

Le second volume comporte un intéressant débat sur le messianisme juif.

COPPENS (J.) : *L'espérance messianique* (ses origines et son développement), Bruges, 1963.

DAVIES (W.D.) : « Torah in the Messianic age and / or the age to come », in *Journal of biblical literature*, Philadelphie, 1952.

FLEG (E.) : *Vers le monde qui vient*, Paris, 1960.

GORDIN (Jacob) : La Galouth, in « Aspects du Génie d'Israël, *Cahiers du Sud*, Paris, 1950.

GREENSTONE : The Messiah Idea in Jewish History (L'idée messianique dans l'Histoire juive), Philadelphie, 1906.

GRESSMANN (Hugo) : *Der Ursprung der israelitisch-jüdischen Eschatologie* (L'origine de l'Eschatologie israélite et juive), en allemand, Goettingen, 1905.

— *Der Messias*, Göttingen, 1929.

IBN-SHMUEL (Yehuda) : *Midreshé ge'ûlâh* (Textes midrashiques relatifs à la Rédemption), Jérusalem, 1953.

KLAUSNER (Joseph) : *Hara "ayôn Hameshihî Beyisraël* (La conception du Messie en Israël), Tel-Aviv, 1956.
Revue des principales idées sur le messianisme des origines jusqu'à l'achèvement de la Mishnâh. Traduit en anglais sous le titre : *The Messianic Idea in Israel from its beginning to the completion of the Mishnah*, Londres, 1956.

LEVINAS (Emmanuel) : *Difficile Liberté*, Paris, 1963.
Recueil d'articles comportant un commentaire des textes messianiques du Talmud, qui se propose de dégager la signification positive du messianisme rabbinique, p. 83 à 131.

MOWINCKEL (S.) : *He that cometh*, Oxford, 1959.

ROSENZWEIG (Franz) : *Der Stern der Erlösung* (L'étoile de la Rédemption), en allemand, Francfort, 1921.

SARACHEK (J.) : *The doctrine of the Messiah in Medieval Jewish Literature*, New York, 1932.
Résumé des principales doctrines messianiques du Moyen Age. Analyse précise des doctrines, mais sans aucune interprétation ni esprit de synthèse.

SCHOLEM (Gershom) : *Judaïca* (en allemand), Suhrkamp Verlag, Francfort-sur-Main, 1963.
La première étude de ce recueil est consacrée à une contribution « à la compréhension de l'idée messianique dans le judaïsme ».

SILVER (Abba-Hillel) : *A history of Messianic Speculation in Israël*, Boston, 1927.
Etude d'ensemble de la plupart des doctrines messiani-

ques, des origines au xvii° siècle. L'auteur distingue, d'une part les « calculateurs », et d'autre part les opposants à la computation de la date de la fin. Présentation des méhodes employées par les calculateurs.

D. — TEXTES ET ETUDES

a) SAADIA

Textes

SAADIA (Gaon) : *Emûnôt vedeôt* (Opinions et croyances).
Traduction hébraïque d'Ibn Tibbon de l'original arabe *Kitâb al-Amânât wa'l Itikâdât*, Leiden, 1881.

Etudes

MALTER (H.) : *Life and works of Saadia Gaon*, Philadelphie, 1921.

— « Saadia Gaon's messianic computation », in *Journal of jewish Lore and Philosophy*, Cincinnati, 1919, p. 45-59.

POZNANSKI (S.) : « Die Berechnung des Erloesungsjahres bei Saadia » (Le comput de l'année rédemptionnelle chez Saadia), in *MGWJ*, 1900, p. 400-416 et 508-529.

VENTURA (M.) : *La philosophie de Saadia Gaon*, Paris, 1934.
L'auteur suit de très près le plan de l'œuvre principale de Saadia, dont il offre au lecteur de langue française un résumé consciencieux, mais souvent lourd. Il ne dégage pas les idées maîtresses et particulièrement originales de Saadia et ne se livre à aucune recherche de sources ni d'influences. Le huitième chapitre est consacré à la doctrine messianique.

b) ABARBANEL (Isaac)

Ouvrages généraux

Commentaire du Pentateuque, Jérusalem, 1956.
Commentaire des Premiers Prophètes, Jérusalem, 1955.
Commentaire des Grands Prophètes, Jérusalem, 1956.
Rôsh Amânâh (Les principes de la Foi), Tel-Aviv, 1958.

Le chapitre XIV est consacré au messianisme ; examen de l'affirmation de Hillel : « Il n'y a plus de Messie pour Israël. »

Atérét Zekenîm (La couronne des Anciens), Varsovie, 1894.

Mif " alôt Elohim (Les Œuvres de Dieu), Venise, 1592.

Nahalat Abôt (L'héritage des Pères), Venise, 1545.
Commentaire du Traité des Pères de la Mishnâh.

Ouvrages sur le Messianisme

Ma"éné hayeshûâh (Les Sources du Salut), Jérusalem, 1960.
Exégèse du livre de Daniel.

Mashmy " a yeshûâh (Le Messager du Salut), Jérusalem, 1956.
Analyse de toutes les prophéties à caractère messianique de la Bible.

Yeshûôt Meshihô (Le Salut de son Oint), Karlsruhe, 1828.
Commentaire des textes talmudiques et des midrashim relatifs au Messie.

Etudes

HEINEMANN (Isaac) : « Abravanels Lehre vom Niedergang der Menschheit » (La doctrine d'Abarbanel au sujet du Déclin de l'humanité), in *MGWJ*, 1938, p. 381.

HESCHEL (Abraham) : *Don Jizchak Abravanel*, en allemand, Berlin, 1937.

NETANYAHU (B.) : *Don Isaac Abravanel*, en anglais, Philadelphie, 1953.

SHEMUELI (Ephraïm) : *Don Yishaq Abarbanel vegirûsh Sepharad* (Don Isaac Abarbanel et l'Exil d'Espagne), Jérusalem, 1963.

BERGMANN (J.) : « Abarbanels Stellung zur Aggada » (La position d'Abarbanel sur l'Aggada), in *MGWJ*, 1937.

c) NAHMANIDE (Moïse ben Nahman)

Textes

« Commentaire du Pentateuque », in *Miqrâôt Gedôlôt*, New York, 1945.

Séfer Hageûlâh, éd. Aronson, Jérusalem, 1959.

d) BAR-ḤIYYA (Abraham)

Texte

Megillat Hamegalleh, édit. par Poznanski, Berlin, 1924.
Introduction de Julius Guttmann, qui insiste en particulier sur les sources d'influences juives et non juives.

e) EISENSTEIN (J.D.)

Texte et étude

Osar Wikûhîm, New York, 1928.
Recūeil des Disputations du Moyen Age, en hébreu.

f) JUDA HALEVY

Texte

Kûzârî, Jérusalem, 1965.

g) MOISE BEN MAIMON (Maïmonide)

Textes

Moré Newûkîm (Guide des Egarés), en hébreu, trad. Ibn Tibbon, Jérusalem, 1959.
Guide des Egarés, original arabe avec la traduction française par S. Munk, 3 vol., Paris, 1856-1866.
Iguérét Téman (Epître aux juifs du Yemen), Vienne, 1875.
Mishné Tôrâh, Jérusalem, 1956.
(Surtout Hilkôt Melakîm.)

h) MIDRASH

Textes

Midrash Rabba, 3 vol., Jérusalem, 1954.
Midrash Tanhûmah, Jérusalem, 1952.
Yalqût Shimoni, Jérusalem, 1959.
Pirqé de Rabbi Eliézer, Tel-Aviv, 1962.

E. — OUVRAGES GENERAUX

ALBO (Joseph) : *Séfer Ha "Iqârîm*, Tel-Aviv, 1951.

AMADO LEVY-VALENSI (Eliane) : *Les niveaux de l'Etre*, Paris, 1962.

ARISTOTE : *Physique*, trad. Henri Carteron, 2 vol., Les Belles-Lettres (coll. Universités de France), Paris, 1952-1956.

ASKENAZI (L.) : « Les nostalgies de Dieu », in *Revue Targoum*, Paris, janvier 1954.

AUBENQUE (P.) : *Le problème de l'Etre chez Aristote, essai sur la problématique aristotélicienne*, Paris, 1962.

AUGUSTIN : *La Cité de Dieu*, 2 vol., trad. vol. I : Pierre de Labriolle, et vol. II : Jacques Perret. Coll. Garnier, Paris, 1941-1946.

BELAVAL (Y.) : *Les conduites d'échec*, Paris, 1953.

BERDIAEFF (Nicolas) : *Essai de métaphysique eschatologique*, Paris, 1942.

BERGSON (H.) : *Essai sur les Données immédiates de la Conscience*, Paris, 1889.

— *Les deux Sources de la Morale et de la Religion*, Paris, 1932.

BLOCH (Ernst) : *Geist der Utopie* (L'esprit d'Utopie), en allemand, Munich, 1918.

— *Das Prinzip Hoffnung*, Berlin, 1954-1959.

BREHIER (E.) : « L'idée du néant et le problème de l'origine radicale dans le néo-platonisme grec », in *Revue de Métaphysique et de Morale*, n° 4, Paris, 1919.

BUBER (Martin) : *Pfade in Utopia* (Les sentiers de l'Utopie), Heidelberg, 1950.

— « Les dieux des peuples et Dieu », in *Revue de la Pensée Juive*, Paris, avril 1950.

BURGELIN (Pierre) : *L'Homme et le Temps*, Paris, 1945.

CALVIN : *Institution chrétienne*, Paris, 1911.

CHAIX-RUY (J.) : *Vie de J.-B. Vico*, Gap, 1943.

COHN (Norman) : *Les fanatiques de l'Apocalypse*, Paris, 1962.

CRESCAS (Hasdaï) : *'Or 'Adonaï*, Vienne, 1589.

DUBNOV (Simon) : *Divré yemé am ôlam* (Histoire du peuple éternel), en hébreu, Tel-Aviv, 1944, vol. VI.

DUMERY (Henri) : *Phénoménologie et Religion*, Paris, 1958.

GILSON (E.) : *L'esprit de la philosophie médiévale*, 2 vol., Paris, 1932.

— *L'Etre et l'Essence*, Paris, 1948.

GRAETZ (H.) : *Geschichte der Juden*, Leipzig, 1874, sq., t. IX.

GROTIUS (Hugo) : *De jure belli et pacis*, Paris, 1625.

GUITTON (Jean) : *Le temps et l'éternité chez Plotin et saint Augustin*, Paris, 1933.

— *Justification du Temps*, Paris, 1966.

GUTTMANN (I.J.) : *HaPhilosophia chel haYahadût* (La Philosophie du judaïsme), en hébreu, Jérusalem, 1952.

HEGEL (W.F.) : *La phénoménologie de l'esprit*, 2 vol., Paris, 1939-1941. Trad. Hyppolite.

— *Leçons sur la philosophie de l'histoire*, trad. Gibelin, Paris, 1946.

HEINEMANN (Isaac) : *Darké haAggâdâh* (Les méthodes de l'Aggâdâh), en hébreu, Jérusalem, 1955.

HESCHEL (A.-J.) : *Man is not alone* (L'homme n'est point seul), New York, 1950.

— *Les bâtisseurs du Temps*, Paris, 1957.

HUSIK (Isaac) : *A history of Medieval Jewish Philosophy*, New York, 1916.

HYPPOLITE (Jean) : *Introduction à la philosophie de l'histoire de Hegel*, Paris, 1948.

IBN GABBAY (Meir) : *Abôdat Hakôdesh* (Le service sacré), Jérusalem, 1954.

IBN VERGA (Salomon) : *Shébét Yehûdâh*, introduction d'Isaac Baer, Jérusalem, 1947.

JACOB (E.) : *Théologie de l'Ancien Testament*, Neuchâtel et Paris, 1955.

— « L'Ancien Testament et la vision de l'histoire », in *Revue de Théologie et de Philosophie*, Lausanne, 1957, p. 254-265.

JANKELEVITCH (W.) : « Bergson et le Judaïsme », in *Mélanges de Philosophie et de Littérature juives*, Paris, 1957.
    Repris in *Bergson*, Paris, 1959.

KADUSHIN (M.) : « Aspect of the rabbinic concept of Israel », in *HUCA*, XIX, 1945-1946, p. 57-96.

— *The rabbinic Mind*, New York, 1952.

Katz (Jacob) : *Ben Yehûdîm laGôyîm* (Juifs et Gentils), en hébreu, Jérusalem, 1960.

Kauffmann (Juda) : *Rav Yom Tob Lipman Mülhausen*, New York, 1927.

Kaufman (E.) : *Gôlâh Vanéker* (Dispersion à l'étranger), en hébreu, 2 vol., Tel-Aviv, 1953.

Krochmal (Nahman) : *Môré Nevûké haZeman* (Guide des Egarés du Temps présent), en hébreu, Londres, 1961.
   Edition critique munie d'une introduction remarquable de S. Rawidovicz sur l'œuvre de Krochmal, et en particulier sur son « hégélianisme ».

Lacroix (J.) : *L'Echec*, Paris, 1964.

Machiavel : *Œuvres Complètes*, La Pléiade, Paris, 1952.

Moles (A.) : *La Création scientifique*, Genève, 1956.
   Voir surtout le chapitre consacré au Mythe du Golem, p. 203 sq.

Nabert (J.) : *Essai sur le Mal*, Paris, 1955.

Neher (André) : *Amos, contribution à l'essence du Prophétisme*, Paris, 1950.

— *L'essence du Prophétisme*, Paris, 1955.
— *Moïse ou la Vocation juive*, Paris, 1956.
— *Jérémie*, Paris, 1960.
— *L'Existence juive*, Paris, 1962.

Nohl (H.) : *Hegels theologische Jugendschriften*, Tübingen, 1907.

Owens (J.) : *The Doctrine of Being in the Aristotelian Metaphysics*, Toronto, 1951, 2ᵉ éd., 1957.
   A Study in the Greek Background of Medieval Thought.

Platon : *Timée*, trad. Albert Rivaud, Les Belles-Lettres, coll. Universités de France, Paris, 1952-1956.

Plotin : *Ennéades*, trad. Emile Brehier, Les Belles-Lettres, coll. Universités de France, Paris, 1956.

Rawidowicz (S.) : *Babel viYerûshâlayim* (Babel et Jérusalem), en hébreu, éd. Ararat, Londres, 1957.

Ricœur (Paul) : *Histoire et Vérité*, Paris, 1955.
— *Philosophie de la Volonté* ; *Finitude et Culpabilité*, 2 vol., Paris, 1960.

Rossi (Azaria Dei) : *Me'ôr "Enayîm* (La lumière des yeux), Edinburgh, 1854.

ROTENSTREICH (Nathan) : *Al haTemûrâh* (Au Tournant), en hébreu, Tel-Aviv, 1953.

ROTH (Cecil) : *Histoire du peuple juif,* Paris, 1957.

SCHOLEM (Gershom) : *Les Grands Courants de la Mystique juive,* Paris, 1950.

— *Sabbataï Sebî,* en hébreu, 2 vol., Jérusalem, 1956.

SCHUHL (P.-M.) : *Essai sur la formation de la pensée grecque,* Paris, 1949.

SERVIER (Jean) : *Histoire de l'Utopie,* Paris, 1967.

SIMON (M.) : *Verus Israël,* Paris, 1948.

SLONIMSKY (H.) : « The Philosophy of the Midrash », *HUCA,* XXVII, Cincinnati, 1956.
Un extrait de cet article a paru en traduction française dans la revue *Evidences,* n° 70, mars, Paris, 1958.

TRESMONTANT (Claude) : *Essai sur la pensée hébraïque,* Paris, 1956.

— *La métaphysique du christianisme et la naissance de la philosophie chrétienne,* Paris, 1961.
Problème de la création et de l'anthropologie, des origines à saint Augustin.

VERMES (G.) : *Scripture and Tradition in Judaism* (L'Ecriture et la Tradition dans le judaïsme), Leyde, 1960.

VICO (J.-B.) : *Œuvres choisies,* Paris, 1946.

WAHL (Jean) : *Malheur de la conscience dans la philosophie de Hegel,* Paris, 1951.

Encyclopaedia Judaïca (Klatzkin et Elbogen), 10 vol. parus, Berlin, 1934.

The Jewish Encyclopedia, New York, 1901 sq.

Lexikon für Theologie und Kirche, Freiburg, 1957-1965.

LEVY (Jacob) : *Wörterbuch über Talmudim und Midraschim,* Berlin et Vienne, 1924.

STRACK (H.L.), BILLERBECK (P.) : *Kommentar zum neuen Testament aus Talmud und Midrash,* 5 vol., Munich, 1922-1928.

BIBLIOGRAPHIE ADDITIONNELLE (1994)

A. — ŒUVRES DU MAHARAL

ÉDITIONS RÉCENTES

Editions Yad Mordekhaï, Jérusalem

Dérék _Hayim, Jérusalem, 1975.
Tif'érét Israël, Tel-Aviv, 1976.
Netîvôt ''Olam (1ᵉʳ vol.), Jérusalem, 1979.
H. PARDES, Peraqim beMishnatô shel HaMaharal miPrag, (Anthologie de thèmes choisis des œuvres du Maharal), Tel-Aviv, 1984.

Editions Makhon HaMaharal

Nér Mi_swâh, Jérusalem, 1993.

Traductions françaises

Le Puits de l'Exil (Beér Hagôlâh), traduit par Edouard Gourévitch, Ed. Berg International, Paris, 1982.
Les Hauts Faits de l'Eternel (Guevûrôt Hashém), traduit par Edouard Gourévitch, éd. du Cerf, Paris, 1994.

Traductions anglaises

The Mizvah Candle (Nér Mi_swâh), traduit par Shlomo Mallin, Jérusalem, 1993.
The Book of Divine Power, Introductions, (Guevûrôt Hashém, Introductions), traduit par Shlomo Mallin et Aryeh Carmell, Jérusalem, New York, 1975.

The Book of Divine Power (Guevûrôt Hashém), chap. 1 à 10, traduit par Shlomo Mallin, Jérusalem, 1979.

B. — *ÉTUDES CONSACRÉES AU MAHARAL*

BREUER(M.) : *Disputation entre le Maharal de Prague et les Chrétiens. Une vue nouvelle sur le Puits de l'Exil*, (hébreu), Tarbitz, 1986.

ELBAUM (J.), *Rabbi Judah Loew of Prague and His Attitude to the Aggada.*, Scripta Hierosolymitana (1971), pp. 28-48.

GROSS (B.), *Hokhmat haSod uPilosofia beMishnato shel ha Maharal miPrag*, Hitgalut, Emuna, Tebuna, Schwartz (M.) et Halamish (M.) Ed., Ramat-Gan, 1976.

KOHEN-YASHAR (Y.), *Bibliografia Shimushit Shel Kitvé haMaharal*, HaMa'yan, 1967, pp. 66-77.

KULKA (O. D.), *L'Arrière-Plan historique de la conception de la Nation et de l'Education du Maharal de Prague*, (hébreu) Zion 50, 1985, pp. 277-320.

NEHER (A.), « Le Sionisme du Maharal de Prague d'après Martin Buber », *Revue internationale de Philosophie* 126, 1978, Fasc. 4.

ROSENBLUTH (P.), *HaMaharal veHaRav Kook*, Proceedings of the Fifth World Congress of Jewish Studies, vol. 3, Jérusalem, 1969.

SAFRAN (B.), *Maharal and Early Hasidism, Hasidism : Continuity or Innovation*, Safran B. Ed., Cambridge (Mass.), 1988, p. 47-144.

SCHATZ (R.), *Torat haMaharal ben Existentia leEschatologia*, (hébreu) Kivunim 8, 1980, repris dans Meshihiyut veEschatologia, Jérusalem, 1984, pp. 301-322.

SHERWIN (B. L.), *Mystical Theology and Social Dissent.* Londres-Toronto, 1982.

MOSES (S.), *L'Ange de l'Histoire*, Paris, 1992.

SCHOLEM (G.), *Le Messianisme juif*, Paris, 1974.

ASKENAZI (E.), *Ma'asse Hashem*, 1583, réimprimé New York, 1962.

BEN-SASSON (H. H.), *Exile and Redemption through the Eyes of the Spanish Exiles,* (hébreu) Yitshaq F. Baer Jubilee Volume, Jérusalem, 1960, pp. 216-227.

COOPERMAN (B.), Ed., *Jewish Thought in the Sixteenth Century,* Cambridge (Mass.), 1989.

Voir ROSENBERG (S.), *Exile and Redemption in Jewish Thought in the Sixteenth Century, Contending Conceptions,* pp. 399-430.

ELBAUM (J.), *Petihut veHistagrut,* Jérusalem, 1990.

MUNELES (O.), Ed., *Prague Ghetto in the Renaissance Period,* Prague, 1965.

NEHER (A.), *David Gans,* Paris, 1974.

GLOSSAIRE

DES MOTS HÉBREUX NON TRADUITS

Ab : Cinquième mois du calendrier hébraïque ; le temple de Jérusalem fut à deux reprises détruit le 9 de ce mois (586 av. notre ère et 70 de notre ère). Cette journée, Tishâh beab, est marquée par un jeûne et différentes cérémonies de deuil.

Aggâdâh (plur. Aggâdôt) : Parties non juridiques du Talmud, composées de récits et d'interprétations morales et philosophiques. Voir Halâkâh et Talmûd.

Ashkenaz (plur. Ashkenazîm) : Juifs originaires d'Allemagne. Par extension désigne tous les juifs de « rite allemand » établis en Europe, par opposition à la branche sepharadite du judaïsme. Voir Sephârad.

Beraïtâh (plur. Beraïtôt) : Partie de la Mishnâh non intégrée dans le canon. Voir Mishnâh.

Elloul : Sixième mois du calendrier hébraïque.

Eres : Pays. Eres-Israël : le Pays d'Israël, la Palestine.

Galût : Exil. La Diaspora.

Gaôn (plur. Gaônîm) : Brillant érudit. Ce titre, donné généralement à des rabbins illustres pour leur science, était attribué aux chefs des Académies de Babylonie, de 589 à 1040 de notre ère.

Halâkâh (plur. Halâkôt) : Parties juridiques du Talmud ; la jurisprudence qui en découle a force de loi. Voir Aggâdâh et Talmûd.

Hanûkâh : Fête des Lumières, qui célèbre la victoire des Macchabées sur les Syriens au IIe siècle av. notre ère. Littéralement : inauguration (du sanctuaire profané).

Haskâlâh : Mouvement né en Russie à la fin du XVIIIe siècle, qui se proposait de familiariser les juifs parlant l'hébreu avec la littérature séculaire. Ce mouvement qui conduisit à une renaissance de la langue hébraïque, aboutit à une laïcisation des valeurs juives.

Hassidisme : Mouvement fondé au milieu du XVIIIᵉ siècle par Israël Baal Shem, qui se proposait une régénération spirituelle, de tendance mystique, du judaïsme.

Karaïte : Secte fondée en Babylonie au VIIIᵉ siècle de notre ère. Rejette l'autorité de la tradition rabbinique pour s'en tenir uniquement à la Loi écrite, à la Bible.

Massôrâh : Littéralement : Tradition. On appelle ainsi l'école de savants qui, vers le Vᵉ siècle de notre ère, établit définitivement le texte biblique. On les appelle les « massorètes ».

Midrash (plur. Midrashîm) : Ensemble de la littérature non juridique de l'époque talmudique et post-talmudique. La majeure partie de cette littérature est incorporée dans le Talmud et forme l'Aggâdâh. Parmi les recueils indépendants, nous avons cité dans notre étude :

— Midrash Rabba (Grand Midrash) relatif aux cinq livres du Pentateuque, au Cantique des Cantiques, à l'Ecclésiaste, aux Proverbes, aux Lamentations, à Ruth et à Esther. Ces récits furent rédigés entre le VIᵉ et le XIIᵉ siècle de notre ère.

(Pour désigner ce Midrash, nous avons fait suivre le titre hébreu du livre commenté du mot Rabba. Ex. Beréshit Rabba = Midrash Rabba sur Genèse.)

— Midrash Tanhumâh : relatif au Pentateuque (IVᵉ siècle de notre ère), nommé d'après le nom de son auteur, rabbi Tanhûmah.

— Pirqé de rabbi Eliézer : se rapporte essentiellement à la Genèse. Attribué à rabbi Eliézer ben Hyrcanos (Iᵉʳ siècle de notre ère), mais rédigé à une époque bien plus tardive, sans doute vers le VIIIᵉ ou IXᵉ siècle de notre ère.

Mishnâh : Recueil des décisions juridiques et commentaires des textes bibliques. Conservées par la tradition orale, ces interprétations furent réunies par Juda le Saint, au IIIᵉ siècle de notre ère. Ces textes seront ultérieurement discutés et commentés dans le Talmud. Voir Talmud.

Miswâh (plur. Miswôt) : Commandement dicté par la Bible ou fixé par les Sages d'Israël.

Pessah : Fête de Pâque, rappelant l'Exode d'Egypte. Célébrée le 15 du mois de Nissân.

Pûrîm : Fête des Sorts, célébrée le 14 du mois d'Adar en souvenir de la délivrance des Juifs, à l'époque d'Esther (v⁰ siècle av. notre ère).

Rôsh-Hashânâh : Fête du Nouvel An : 1ᵉʳ du mois de Tishri.

Sephârad (plur. Sephâradîm) : Juifs originaires d'Espagne. Par extension désigne tous les juifs de « rite espagnol », établis surtout sur le pourtour du bassin méditerranéen.

Shabûôt : Fête des Semaines, Pentecôte, célébrée le 6 du mois de Siwân, en commémoration de la Révélation du Sinaï et du Don de la Loi.

Sûkôt : Fête des Tentes, célébrée le 15 du mois de Tishri, en souvenir de la protection dont les Hébreux furent l'objet après l'Exode d'Egypte.

Talmud : Vaste recueil en hébreu et en araméen, comportant les commentaires des Docteurs de la Loi, sur tous les sujets. On y distingue la Halâkâh et l'Aggâdâh (voir ces termes). Il en existe deux rédactions : le Talmud de Jérusalem et le Talmud de Babylone. Ce dernier, bien plus important par son volume et plus couramment étudié, fut achevé vers l'an 500 de notre ère.

Tôrâh : Enseignement. On désigne sous ce terme les cinq livres du Pentateuque.

Yeshîbâh (plur. Yeshîbôt) : Ecole supérieure talmudique.

Yom-Kippour : Jour du Pardon, le 10 du mois de Tishri.

INDEX

A. — INDEX ANALYTIQUE

B. — INDEX DES AUTEURS CITES

C. — INDEX DES PASSAGES CITES DU MAHARAL

D. — INDEX DES CITATIONS BIBLIQUES

E. — INDEX DES PASSAGES CITES DU TALMUD

TABLE DES ILLUSTRATIONS

TABLE DE MATIÈRES

La reproduction photomécanique de cet ouvrage
a été réalisée par l'Imprimerie BUSSIÈRE,
l'impression et le brochage ont été effectués
sur presse CAMERON dans les ateliers de B.C.A.,
à Saint-Amand-Montrond (Cher),
pour le compte des Éditions Albin Michel.

Achevé d'imprimer en mai 1994.
N° d'édition : 13744. N° d'impression : 1166-94/287.
Dépôt légal : mai 1994.